# Die Kindheit

Kleidung und Wohnen
Arbeit und Spiel
Eine Kulturgeschichte
von Ingeborg
Weber-Kellermann
Insel Verlag

Umschlagbild:
Josef Karl J. Raabe, Die Kinder des Malers Carl Gustav Carus.
Westfälisches Landesmuseum für Kunst- und Kulturgeschichte Münster

Erste Auflage
dieser Ausgabe 1989
© Insel Verlag Frankfurt am Main 1979
Alle Rechte vorbehalten
Quellenhinweise am Schluß des Bandes
Gestaltet von Rolf Staudt und Gerhard Voltz
Druck: Kösel, Kempten
Printed in Germany

*Die Kindheit*

# INHALTSVERZEICHNIS

Einführung 9

## I KINDHEIT VOM MITTELALTER BIS ZUR FRANZÖSISCHEN REVOLUTION 11

### 1. *Kindheit und Gesellschaft* 12
Kind und Familie 14
Die Mode der Erwachsenen 20

### 2. *Kleidung und Wohnen der Kinder* 23
Das Hätschelalter 28
Aristokraten- und Patrizierkinder · Das Gängelband
Der Fallhut · Bürgerkinder · Landkinder · Das Wickelkind
Säugamme und Ammenkorb · Die Wiege
Kinderstühlchen, Gehschulen und Haltevorrichtungen
Das Lernalter 54
Kleidung 57
Knaben · Mädchen · Landkinder
Alltägliche Wohnumgebung 66

### 3. *Arbeit und Spiel* 70
Kindliche Arbeitsbereiche 70
Im Schloß und im Patrizierhaus 70
In der Werkstatt 71
Auf dem Lande 73
Spielwelt und Spielzeug 76

### 4. *Die Kinder der Armen* 86

## II KINDHEIT IM 19. JAHRHUNDERT UND BIS IN DIE ZWANZIGER JAHRE 89
Aussicht in die Sozialgeschichte 90

### 1. *Kleidung und Wohnen der Kinder* 100
Mode der Erwachsenen und Kinderkleidung im Modejournal 100
Kindheit im Schloß 106
Die feingemachten Kinder im Biedermeier,
in der Gründerzeit und nach dem ersten Weltkrieg 112
Das Hätschelalter 112
Das Lernalter 115
Der Matrosenanzug 126
Schülermütze und Klassengeist 132
Turn- und Wanderkleidung 136
Die Kinderstube 138
Arbeiterkinder und Kinderarbeit 156
Kindheit im Dorf 170
Das Ende der Kindheit 186

### 2. *Spielzeug und Spiel* 192
Spielzeug und Kinderarbeit 192
Das Gesellschaftsspiel 218
Spiele im Freien 222

III DIE ZEIT DES FASCHISMUS 231

*Kinder in Uniform* 232

IV KINDHEIT NACH DEM ZWEITEN WELTKRIEG 237

*1. Der Kinder neue Kleider* 239
Die Lederhose 239
T-Shirt und Jeans 244
Sonntagsstaat – ja oder nein? 248

*2. Berliner Kinderspiele* 253

*3. Aussicht in Veränderungsprozesse* 260

Literaturverzeichnis 273
Nachweis der Bildquellen 278
Personenregister 282
Sachregister 284

# EINFÜHRUNG

»Der Hauptreiz der Kindheit«, schreibt Friedrich Hebbel (1813 bis 1863), »beruht darauf, daß alles, bis zu den Haustieren herab, freundlich und wohlwollend gegen sie ist, denn daraus entspringt ein Gefühl der Sicherheit, das bei dem ersten Schritt in die feindliche Welt hinaus entweicht und nie zurückkehrt.« (S. 277)

Damit ist wohl Richtiges angesprochen und jene starke Gefühlsintensität der Kinderzeit gemeint, die sich im späteren Leben nicht mehr wiederholt, an die sich die Erwachsenen aber im Umgang mit den Kindern erinnern sollten.

»Des Kindes Auge sieht nicht wie das Auge des Erwachsenen. Was ein Stäbchen mit einem Lappen ist und eine Fahne sein soll, ist ihm eine wirkliche Fahne, die prächtigste, die etwa dem Heere des Propheten nur je von Gold und Seide vorangetragen wurde. So reich weiß es aus sich zu borgen, aus seiner Einbildungskraft, seinem Herzen zu entlehnen.« (Gutzkow, S. 80)

Wenn gleich zu Anfang dieses Buches aus zwei Dichtermemoiren zitiert wird, so ist das kein Zufall. Es gibt viele Erinnerungsbände berühmter und weniger berühmter Männer und Frauen, vielleicht nicht immer so brillant geschrieben wie Goethes »Dichtung und Wahrheit«, aber nicht weniger eindrucksvoll und das Herz bewegend: so Ulrich Bräkers Kindheitsgeschichte des Armen Mannes vom Tockenburg, eines Kleinbauernsohnes des 18. Jahrhunderts, – oder die Erinnerungen von Heinrich Jung-Stilling, Kind eines Dorfhandwerkers aus Hessen, – die Autobiographie einer Aristokratin wie Marie von Bunsen oder einer Proletarierin wie Adelheid Popp, – die Dresdner Kleinbürgerkindheit Erich Kästners oder das großbürgerliche Kinderleben des Rheinländers Carl Zuckmayer, aber auch die Kindheiten ganz junger Autoren. Hier werden jedoch nicht die Lebensanfänge von Großen abgeschildert, als sie noch klein waren. Künstlermemoiren zu analysieren und zu interpretieren sei anderen Wissenschaften überlassen. Meine Absicht ist es vielmehr, aus Kindheiten verschiedenster Herkunft, Zeit, Landschaft und sozialer Schicht ein historisches Bild von Kindheit überhaupt zu rekonstruieren, und zwar im Zusammenhang mit vielen anderen Daten und dem jeweiligen sozial- und wirtschaftsgeschichtlichen Kontext. Die Autobiographien dienen dabei als Selbstzeugnisse der Kinder, denn sind sie auch aus der Distanz des späteren Erwachsenen geschrieben und zuweilen verklärt und geschönt, so bieten sie doch die einzige Quelle dafür, wie Kinder ihre Kindheit erlebt haben.

Seit der Übersetzung des aufsehenerregenden Werkes aus der Feder des französischen Kunsthistorikers Philippe Ariès ist das Thema Kindheit in Deutschland modern geworden. Es stellte sich erschreckend heraus, daß die Kinder als Gruppe der Gesellschaft bisher nicht genügend erkannt, nicht wissenschaftlich ausreichend untersucht worden sind oder daß man sie nicht anders gesehen hat als in ihrer rührenden Abhängigkeit und ihrem Sozialisationsbedürfnis. Mit dem vorliegenden Buch wird vielleicht ein neues Stück des immer noch weitgehend unerforschten Geländes Kindheit entdeckt, und zwar von der Seite der Europäischen Ethnologie. Vier Bereiche der Kinderkultur stehen im Mittelpunkt der Darstellung: Kleidung und Wohnen, Arbeit und Spiel. Mit reichem Bildmaterial und neuerschlossenen literarischen Texten versuche ich eine Information über die genannten Bereiche der Kinderkultur seit dem 16./17. Jahrhundert zu geben. Jedoch über die Beschreibung der Details hinaus möchte ich den Zeichenwert der Dinge entschlüsseln und deuten im Hinblick auf seine Rolle in der Gesellschaft.

Damit ergeben sich neue Aufschlüsse über die Dauer der Kindheit, des Hätschel- und des Lernalters in den verschiedenen Epochen und sozialen Schichten. Mit welchen Zeichen gab sich das Ende der Kindheit zu erkennen? Wie schätzten die Erwachsenen den Besitz von vielen Kindern ein, die Bedeutung von Kindheit? Wie beurteilten die Kinder selbst ihren Status? Solche Fragen werden zu beantworten versucht, soweit das Material und die angewandten Methoden es erlauben, wobei vieles offenbleibt und nur ein paar Schritte auf neuem Gelände gemacht worden sind.

»Kindheit« wird in diesem Buch verstanden als ein Status, der den wechselnden dynamischen Prozessen in der Gesellschaft zugeordnet ist. Die bunten und auch grauen Zeichen der Kinderkultur sind Marken am Wege, sie sprechen ihre eigene Sprache.

Nun könnte nach den Eingangszitaten vermutet werden, daß hier ein beschwichtigendes Bild im Sinne von »Um 7 Uhr ist die Welt noch in Ordnung« entstehen soll – in Übertragung gewissermaßen der frühen Tages- auf die erste Lebenszeit. Das ist ganz sicher nicht der Fall. Im Gegenteil steht hinter den folgenden Ausführungen das lebhafte Bemühen um eine historisch und soziologisch gerechte Einordnung der vielfältigen Gegenstände von Kinderkultur. Dabei erfahren manche literarischen und bildlichen Darstellungen vielleicht eine andere Interpretation, als der nostalgisch verschleierte Blick zunächst vermutet.

Die kleinen Bauernmädchen waren nicht nur niedlich anzusehen in ihren bunten Trachten, sondern zugleich dadurch ausgewiesen als viel zu junge Teilnehmer an den ländlichen Arbeitsprozessen der Erwachsenen, die ähnliche Trachtenstücke im Normalformat trugen.

Die Knaben des Kaiserreiches im

Matrosenanzug sahen nicht nur stramm und proper aus in ihrem gestärkten Staat, sondern ihre Eltern bezeichneten sie damit zugleich als die Kinder des gesellschaftstragenden Bürgertums, die noch mit 16 Jahren kurzbehost das Gymnasium besuchten und erzogen wurden, um die herrschenden Verhältnisse zu stabilisieren, während ihre Altersgenossen schon zur Arbeit gingen.

Auch um solche Erkenntnisse geht es in diesem Buch, und neben der freundlich gestimmten Umwelt in Hebbels Kindheitsdefinition stehen andere Erinnerungen von der Gleichgültigkeit der Erwachsenen gegenüber dem Geborenwerden und Sterben in einer Zeit der großen Säuglingssterblichkeit. Dem eindrucksfähigen Empfinden eines Kindes sind gerade Geburt und Tod am schwersten zu vermitteln, und diese großen Lebenseinschnitte sollten behutsam besprochen werden, in einer der kindlichen Logik und Weltvorstellung angepaßten Weise, die eben nicht der Erwachsenenlogik entspricht.

»Einmal erlebten wir etwas sehr Interessantes miteinander. Wir gingen im Schloßgarten, als ich die mir von meiner Schwester und den Taufen her sehr gut bekannte, alte, würdige Hebamme Frau Z. sah, wie sie den aufgesprungenen Deckel einer großen Schachtel, die sie im Arme trug, sich vergeblich bemühte, wieder zuzubringen. ›Kann ich helfen?‹ fragte ich und faßte an. Da verschob sich der Deckel ganz, und ich sah zwei, wie ich wähnte, Wachspuppen drin liegen, die mir aber doch einen Schauer einjagten, trotz der rosa gerüschten Häubchen, die sie auf hatten. ›Das sind totgeborene Zwillinge, die ich auf den Kirchhof trage‹, sagte Frau Z. geschäftsmäßig; meine Phantasie beschäftigten aber noch lange diese einander ganz gleichen starren Gestältchen mit den über der Brust gefalteten Händchen.« (Schumacher, S. 349)

1 A. Menzel: Kind beim Spielen. 1863

Ganz sicher war solch Einblick in die Welt der Erwachsenen nicht nur förderlich für ein Kindergemüt.

Die Kapitel über eine institutionalisierte Erziehung, über Schule und Strafe wurden in dieser Untersuchung weitgehend ausgespart. Dennoch tritt hinter den vorgeführten Zeichen der Kinderkultur immer wieder der Patriarchalismus als großes Leitmotiv der historischen Familienstrukturen, und damit auch des Kinderlebens, hervor. Das war die Grundthese meines 1976 erschienenen Buches über »Die Familie«. Inzwischen hat sich in Erkenntnis der Gefahren für das Fortbestehen der modernen Familie durch eben diese starre patriarchalische Ordnung eine Rechtsform der elterlichen Sorge durchgesetzt, die dem sozialgeschichtlichen Wandel Rechnung trägt. Zum ersten Mal in der Geschichte der Familie erhalten Kinder die Rolle von Partnern zugesprochen, deren Wünsche und Vorstellungen z. B. bei der Berufswahl, aber auch bei anderen Lebensqualitäten ernst genommen werden müssen. Das wird manchen Lernprozeß von allen Seiten erfordern, wie übrigens jede Erscheinung der Demokratie. Aber vielleicht befreien sich auf diesem Wege kindliche Kräfte und Fähigkeiten, die die patriarchalische Familie ihrer Struktur gemäß in Fesseln hielt.

In diesem Buch sind viele Autobiographen zu Wort gekommen, die die Verschlingungen ihrer Kinderwege als etwas Selbstverständliches dargestellt und häufig kaum bemerkt haben, wie sehr ihnen die Hierarchien in ihren Familien, die Normen ihres Milieus das Finden zu sich selbst erschwerten. Der Maler Adolf von Menzel (1815-1905) hinterließ ein Heft mit den Anfängen einer Selbstbiographie. Auf dem Deckel stand in schwungvoller Handschrift: *ich*.

Manchen Dank habe ich auszusprechen: besonders an den Verleger und die Mitarbeiter des INSEL Verlages, die mit großzügigem Verständnis und viel Einfühlungsbemühen die Herstellung dieses komplizierten Buches ermöglicht haben. Eine solche Kooperation ist ein großes Glück für einen wissenschaftlichen Autor. – Ich danke meinen Freunden, Mitarbeitern und Studenten für Hilfe, Hinweise und die Überlassung von Bildmaterial, der Philipps-Universität Marburg – und Frau Dorothea Zeh für die selbstlose Bewältigung aller technischen Probleme.

# I. Kindheit vom Mittelalter bis zur Französischen Revolution

*2 Die Alterstreppe. Französischer Bilderbogen des 19. Jahrhunderts*

## 1. KINDHEIT UND GESELLSCHAFT

Zu den beliebtesten Stoffen der Bilderbogendruckereien von Neuruppin bis Epinal gehören ›Die Lebensstufen des Menschen‹: Eine Doppeltreppe, die mit dem Kleinkind im Bettchen und Laufstühlchen beginnt, mit dem fünfzigjährigen würdigen Paar kulminiert und auf der anderen Seite mit den Hundertjährigen auf dem Sterbebett endet, die – wie die Aufschrift sagt – in das Alter der Kindheit zurückgekehrt seien. Das eigentliche Kindsein nimmt auf diesen Blättern kaum zwei Stufen ein; schon die Zehnjährigen wirken trotz Puppe und Trommel wie kleine Erwachsene.

Wie lange also dauert die Kindheit? Die dargestellten Altersstufen des Menschen haben ihre Vorläufer in mittelalterlichen Vorstellungen einer festumgrenzten Lebensordnung, wie sie für uns Heutige kaum noch denkbar ist.

Es dürfte kein Zufall sein, daß das gleiche Denk- und Ausdrucksschema der festgefügten Treppe auch für die Darstellung der Stände gewählt wurde. »Kaiser, König, Edelmann – Bürger, Bauer, Bettelmann«: So heißen nicht nur die Stationen eines kindlichen Ballspiels, sondern so hieß auch die stabile ständische Rangordnung. Der Unterschied zur Alterstreppe besteht in der Tatsache, daß man hier nicht wie normalerweise in einem Lebenslauf alle Stufen kennenlernt, sondern daß man vielmehr auf *seiner* Stufe festgebannt ist. So wollte es die christliche und die ständische Gesellschaftsordnung – bis zum Ausbruch sozialer Bewegungen. Aber bei näherem Zusehen ist der Topos doch sehr ähnlich: Auch bei der Alterstreppe sind die einzelnen Phasen stabilisiert, das Aussehen und Verhalten der Zwanzig-, Dreißig-, Vierzig- bis Siebzigjährigen festgelegt und unverwechselbar. Daß diese Personen in den Bilderbogen des 19. Jahrhunderts nach Kleidung und Gehabe der Bürgerschicht entstammen, verstärkt den Eindruck eines unabdingbaren Anspruches auf die Dauer des herrschenden gesellschaftlichen Systems – ein Anspruch, der um so unrealistischer wurde, je mehr die neuen Formen von Industrie und Wirtschaft eine fortwährende soziale Bewegung und Durchflechtung und dazu eine enorme regionale Mobilität mit sich brachten. War einst der Begriff des *Bürgers* den Bewohnern hinter Stadtmauern vorbehalten gewesen, so sollte er in der zweiten Hälfte des 19. Jahrhunderts nur für die Wohlhabenden gelten, während man die besitzlosen Arbeiter aus den Fabriken der Städte in die Hilfskonstruktion eines *vierten Standes* einordnen wollte, ohne zu bemerken, wie morsch die ständische Treppe bereits geworden war.

Der Hinweis auf die ständischen Ordnungen ist also zugleich ein Hinweis auf ihre Fragwürdigkeit, d. h. auf die Fragwürdigkeit statischer Denkmodelle überhaupt. Das nun führt zurück zu der Frage nach der Dauer der Kindheit, die nicht mit einer Angabe fester Jahresumgrenzungen beantwortet werden kann.

Philippe Ariès (...) hat zutreffend festgestellt, daß die Dauer der Kindheit nach historischen Epochen und

3 Die Ständetreppe. Neuruppiner Bilderbogen des 19. Jahrhunderts

sozialen Schichten differiert (Ariès, S. 76 ff.). Er unterscheidet als kindliche Lebensstufen eine *Hätschelperiode*, die andauert, bis das Kind sich physisch und psychisch einigermaßen zurechtfinden kann, und eine *Lernperiode*, in der das Kind (zumindest bis ca. 1800, also dem Zeitraum, den Ariès beschreibt) auf das zukünftige Erwachsenenleben vorbereitet wird.

Was *Kindheit* bedeutet, wird von den einzelnen Wissenschaften verschieden definiert: Die Mediziner und Anthropologen sprechen beim »Eintritt in die Vorpubertät vom Ausklingen der Kindheit« (Behler, S. 1) – ein »wichtiger Abschnitt des geistig-seelischen und körperlichen Wachstums« (Brockhaus X, 1970, S. 157). Aber solche rein biologischen Abgrenzungen wollen seit Sigmund Freuds Entdeckung der kindlichen Libido und seiner Erkenntnis, daß »das Kind psychologisch der Vater des Erwachsenen [sei] und die Erlebnisse seiner ersten Jahre von unübertroffener Bedeutung [seien] für sein ganzes späteres Leben« (Freud, S. 60), nicht recht überzeugen. Die Sozialisation des Kindes ist gewiß ein viel weiter reichender Prozeß als derjenige der körperlichen Reifung.

In der DDR-Enzyklopädie ›Das Kind‹ wird die Entwicklung des Kindes bis zum 18. Lebensjahr dargestellt; das wäre seine Mündigkeit als Rechtsperson – auch das eine formale Begrenzungsmöglichkeit.

In der amerikanischen Kulturanthropologie spielt der kulturspezifische, d. h. mehr oder weniger ethnospezifische Charakter von Sozialisation und Kindheit eine entscheidende Rolle. Dem ist mit Nachdruck die soziale Komponente hinzuzufügen. Nicht nur die Kindheiten in Nationen und Ethnien sind verschieden, nicht nur die Kindheiten der Jahrhunderte und Epochen, sondern dazu im synchronen Schnitt die Kindheiten in Stadt und Land, die Kindheiten der Armen und der Reichen. Kindheit ist kein Ding an sich, keine *Subkultur* oder Minorität, die mit anderen unterprivilegierten ethnischen oder sozialen Gruppen zu vergleichen wäre. Wohl ist eines ihrer wichtigsten Merkmale die materielle Abhängigkeit und effektive Hilflosigkeit, aber ebenso das Beschützergefühl, das Kinder bei Erwachsenen erwecken – so lange, bis sie groß sind. Kindheit ist also eine Lebensphase, ein Status, der auf jeden Fall eines Tages verlassen und gegen einen anderen eingetauscht wird.

»Kindheit ist eine späte geschichtliche Kategorie. Sie bezeichnet den Freiraum, den eine Gesellschaft ihren physisch, psychisch und intellektuell noch nicht entwickelten Individuen einräumt, damit sie sich spielend und lernend, Erfahrungen sammelnd auf eine mitwirkende Rolle im jeweiligen sozialen Bezugsrahmen vorbereiten können.« (Puppe, Fibel, Schießgewehr, S. 20)

Um aber das Kind auf diese seine »mitwirkende Rolle« vorzubereiten, muß es das *Mitwirken* schon als kleiner Partner seinen Kräften entsprechend erlernen dürfen.

»Die erste Altersstufe ist die Kindheit, die die Zähne einpflanzt, und es beginnt diese Altersstufe, wenn das *Kind* geboren ist und dauert bis zu sieben Jahren, und in diesem Alter wird das, was geboren ist, das Kind genannt, was soviel besagt wie: nicht sprechend, weil es doch in diesem Alter nicht recht sprechen und auch die Worte noch nicht ordentlich bilden kann, denn es hat noch keine wohlgeordneten und gefestigten Zähne, wie Isidor und Konstantin sagen. Nach der Kindheit kommt die zweite Altersstufe [...] man nennt sie *pueritia*, und sie wird so genannt, weil es sich in diesem Alter noch etwa so verhält wie die Pupille zum Auge, wie Isidor sagt, und es dauert dieses Alter bis zum 14. Lebensjahr.

Danach folgt die dritte Lebensstufe, die man *Adoleszenz* nennt.« (Ariès, S. 76)

**Kind und Familie**

Ein wichtiges Kriterium der *Kindheit* ist ihr Status der Abhängigkeit von Eltern und Erziehern.

Diese wichtige Aussage wäre historisch zu belegen, soll aber zunächst nur verdeutlichen, wie sehr *Kindheit* mit den gesamtgesellschaftlichen Verhältnissen in ihrer geschichtlichen und wirtschaftlichen Bedingtheit verbunden ist. Das heißt insbesondere, daß *Kindheit* als ein sozialer Status nicht darstellbar ist, ohne den sozialgeschichtlichen Wandel der Familie als einer gesellschaftlichen Primärform mitzudenken.

Die geschichtlich variierenden Familiensysteme nun sind ihrerseits Teile der gesamten, ökonomisch bedingten Gesellschaftssysteme. Ihre sozialen Interaktionen werden von Regeln bestimmt. Dadurch organisieren sich die Formen der bisexuellen Gesellung, der Verwandtschaft, der Erzeugung und Sozialisierung von Nachkommen, der Verwaltung, Bewirtschaftung, Erbschaft, Erweiterung und Verteidigung des Besitzes und der Erfahrungsvermittlung. Die Sozialgeschichte der Familie vollzieht sich also vornehmlich als Anpassung an diese Regeln, die ihrerseits geschichtlichen Änderungen unterworfen sind und sich in den verschiedenen geschichtlichen Epochen durch unterschiedliche kulturelle Norm- und Brauchsysteme ausdrücken. Diese kulturellen Leistungen werden nun im Funktionsbereich der zwischenmenschlichen Handlungen zu sozialen Tatsachen, die dann wiederum dialektisch auf die tragenden Sozialsysteme zurückwirken. Wie verlief in Mitteleuropa die Geschichte der Familie, in die diejenige der Kindheit eingeflochten ist? (Für den deutschen Sprachraum s. Weber-Kellermann, Die deutsche Familie; Die Familie; weiterhin R. König, Materialien; Tyrell, Familienforschung.)

Die familiale Ordnung unter dem Sippengedanken der frühgeschichtlichen Zeit führte zur Bildung einer feudalaristokratischen Führungsschicht, in die man nur durch Geburt gelangte oder durch Vermögen aufsteigen konnte. Im Mittelalter setzte die Kirche dieser Voraussetzung besitzständischer Ebenbürtigkeit die Forderung nach Glaubensgleichheit entgegen, der sexuellen Freiheit des Mannes das Eheideal der Monogamie und Treue. Sie erließ dazu Ehegesetze im Vierten Laterankonzil von 1215. Dennoch bestanden lange Zeit nebeneinander eine Fülle verschiedener sozialer Verhältnisse: Auf dem Lande feudale grundherrliche Machtstrukturen, die weithin auch die ehelichen und familiären Beziehungen der leibeigenen Bauern bestimmten; in den Städten frühbürgerliche Familienformen mit der alten patriarchalen Gewalt. Die Kirche versuchte eine Verklärung des Mutterbildes durch den

*4 Rembrandt: Die Bettler an der Haustür. 1648*

Marienkult. Die Madonna galt als Vorbild dafür, daß man auch unter ärmsten Bedingungen gebären könne. Mit dem Marienvorbild führte die Kirche aber andererseits eine Abwertung der Sexualität als Schuld herbei und förderte die Ideologie eines klösterlichen Ideals der Keuschheit.

Dieses christliche Leitbild der sexuellen Unschuld bestimmte seit dem Mittelalter auch die Vorstellungen vom Wesen der Kindheit (de Mause, S. 76 f.). Der Maßstab dafür waren das Christkind und jene gleichaltrigen Kinder, die Herodes statt seiner hatte morden lassen. Ihr Gedächtnistag im christlichen Kalendarium, der 28. Dezember, ist der *Unschuldige-Kindleins-Tag*.

Unverdorbenheit und Unkenntnis sexueller Bedürfnisse zeichnete ihren Zustand aber nicht nur vor dem der Erwachsenen aus, sondern begabte

5 Kleine Mädchen in Sizilien bei der Osterprozession. 1955

6 P. Picasso: Kind mit Taube. 1901

sie zusätzlich mit einer *kultischen Reinheit,* die sie in der allgemeinen populären Vorstellung für mancherlei Handlungen im Bereich von Arbeits- und Familienbräuchen befähigte. Wie bedeutsam das Bewußtsein von dieser kindlichen Qualität für die Gesellschaft war, wird dadurch belegt, daß sie sich in einzelnen Zügen besonders auf dem Lande bis in die Gegenwart erhalten hat. So galt es als erfolgversprechend für eine gute Ernte, wenn das Säetuch für die erste Aussaat aus Garn gewebt war, das ein noch nicht siebenjähriges Mädchen gesponnen hatte (Handwörterbuch des deutschen Aberglaubens, im folgenden HdA, Bd. VIII, Sp. 1444) – übrigens zugleich ein Zeichen für die frühen Arbeitsleistungen, die von Kindern gefordert wurden. Auch *Nothemden* für Kriegszeiten sollten von unschuldigen Mädchen gewebt sein. Ihre Berührung und ihr Blut vermochten Kranke zu heilen, und besonders alte Leute wurden angeblich wieder gesund und kräftig, wenn ein unschuldiges Kind mit ihnen im Bette schlief!

War die Unschuld des Kindes gar noch mit Armut gekoppelt, so schienen den Erwachsenen seine magischen Kräfte nach christlichem Tugendkatalog gesteigert. Ein Findelkind als Bauopfer galt als sicherer Schutz für das neue Haus, den wichtigsten Besitz der alten Hausfamilie – und man beruhigte sich damit, daß ja unschuldige Kinder, wenn sie getauft sind, besonders schnell in den Himmel gelangen (HdA, Bd. VIII, Sp. 1445 f.). Ein Nachklang von diesen Vorstellungen erhielt sich in dem vor Einführung der Automatisierung oft geübten Brauch, Lotterielose von Waisenkindern ziehen zu lassen, die ja selbst nicht den geringsten Vorteil davon hatten, sondern nur mit ihren unschuldigen Händen die Garanten

7 J. Steen: Die Kindtaufe. 17. Jahrhundert

für einen ehrlichen Ablauf der Prozedur darstellen sollten.

Ein getauftes Kind galt also oft bis in die Jahre frühester Anzeichen der Pubertät als ausgestattet mit Kräften, die es den Erwachsenen überlegen machte. Freilich konnte es seine geheimnisvollen Gaben nicht zu seinem eigenen Nutzen einsetzen, denn seine Unschuld bestand ja gerade in der Unbewußtheit dieser Fähigkeiten. So führten das Aberwissen und die Macht der Erwachsenen oft zu Schädigungen der kleinen Kinder, von deren Ausmaß die volkstümlichen Aberglaubenssammlungen nur ungefähre Vorstellungen vermitteln.

Das weißgekleidete kleine Mädchen ist auch jenseits magischer Träume ein Topos für Reinheit und Unschuld geblieben. Nicht zufällig malte der zwanzigjährige Picasso (1881-1973) 1901 sein kleines Taubenmädchen, das Liebe, Geborgenheit und Frieden ausstrahlt, im weißen Kleid.

In einem langandauernden Prozeß formte sich das Leitbild der *christlichen Familie* unter der rechtsverantwortlichen Führung des *Hausvaters*. Als Produkt bürgerlichen und bäuerlichen Wirtschaftsdenkens entstand die Haushaltsfamilie als dominierende familiäre Sozialform des späten Mittelalters und der frühen Neuzeit. Damit ist eine familiale Gruppe gemeint, die auf einem Bauernhof, im Handwerker- oder Kaufmannshaus zusammenlebte und gemeinsame Produktionsmittel bewirtschaftete; sie mußte nicht ausschließlich Blutsverwandte umfassen und auch nicht eine Organisation mehrerer Generationsschichten sein. Die Haushaltsfamilie war vielmehr ein Hausverband von Eltern, Voreltern und Kindern als

*8 Frankfurter Wochenstube des 16. Jahrhunderts*

Wie lebten die Kinder in diesen Familienverbänden vor der Epoche, die mit der Französischen Revolution beginnt?

Der soziologische Begriff der *Kleinfamilie* für das 19. und 20. Jahrhundert könnte gegenüber dem Begriff der *großen Haushaltsfamilie* für die vorhergehenden Jahrhunderte zu dem Mißverständnis führen, es handele sich vorwiegend um quantitative Unterschiede: um die kleine Gruppe der Eltern-Kind-Familie im Gegensatz zu den zahlreichen Mitgliedern des *ganzen Hauses*. Hier liegt aber m. E. nicht der Hauptunterschied, der vielmehr in den gewandelten Funktionsbereichen des Familienganzen besteht. Solange sich die Produktionsmittel im Hause selbst befanden, vereinten sich *Arbeit* und *Wohnen* unter einem Dach, wie es für das Gefüge des Bauernhofes noch bis in die Gegenwart selbstverständlich blieb. Nicht nur Werkstatt, Laden oder Kontor befanden sich im Hausinnern, sondern auch alle Arten von Lagerräumen, sowohl für die Materialien wie für die Fertigprodukte. Ständige Bewegung herrschte auf Treppen und Gängen; die Türen zur Gasse waren meist für den Eintritt der Kundschaft und vielerlei Botengänge geöffnet, so daß kaum eine Grenze zwischen öffentlichem und privatem Lebensbereich bestand. In diesem ganz vom wirtschaftlichen Leben der Familie bestimmten Hauswesen liefen die Kinder frei herum, sahen bei den Werkstattvorgängen zu, wurden wohl auch zu kleinen Hilfeleistungen und Botengängen herangezogen und wuchsen auf diese Weise langsam in das Berufsfeld des Vaters hinein.

Aber auch bei allen anderen innerhäuslichen Ereignissen waren die Kinder mit dabei. Selbst bei so intimen Vorgängen wie der Geburt durften sie, gemeinsam mit den Nachbarsfrauen und Gevatterinnen, das Geburtszimmer betreten und sogar dort spielen – was wohl kaum zur Sterili-

Lebens- und Wirtschaftsgemeinschaft, dem auch nicht blutsverwandte Mägde, Knechte, Dienstboten, Gesellen usw. angehören konnten und den der Hausvater in der Gemeinde als Rechtsperson vertrat.

Diese Form der Haushaltsfamilie, die für die ländliche und die städtische Bevölkerung bis ins frühe 19. Jahrhundert bestimmend war, umfaßte *das ganze Haus,* den *oikos*. Dementsprechend setzte sich im späten 16. Jahrhundert das lat. *familia* in der Bedeutung von *Hausgenossenschaft* durch, während Luther noch vom *ganzen Haus* gesprochen hatte.

Der *Hausvater* übte die rechtliche, wirtschaftliche und erzieherische Gewalt über den gesamten *Hausstand* aus und trug die Verantwortung für dessen Mitglieder. Damit entwickelte sich ein patriarchalisches autoritäres Struktursystem, das im Herrschaftsmodell des *Landesvaters* sein Vorbild hatte. Der Königs- oder Fürstenhof kann als erweiterte Haushaltung des Königs verstanden werden (Elias, Höf. Gesellschaft, S. 68 ff.), der über seine Hofgesellschaft die Rechte eines Hausvaters mit entsprechender Hausgewalt ausübte. Im Unterschied zum mittelalterlichen Ständestaat gewannen später König oder Fürst das Übergewicht über die Stände und entwickelten zur Stabilisierung dieser Machtstrukturen entsprechende kulturelle Figurationsgefüge (ebd., S. 95). Die gesellschaftliche Ordnung war also in der frühen Neuzeit ständisch-hierarchisch und patrimonial gegliedert. »Kaiser, König, Edelmann – Bürger, Bauer, Bettelmann!«, wobei nur die oberen Gruppen streng geschieden waren, sich aber im *dritten Stand,* dem quantitativ größten, verschiedene Gruppierungen in wechselnder Intensität zusammenfanden. Sein Anwachsen bedeutete zugleich seine Verarmung. Die feudale Gesellschaftsordnung verhinderte eine freie wirtschaftliche Entfaltung und erzwang statt dessen eine Stabilisierung ihrer alten Rechte. Die Französische Revolution führte das Zerbrechen der alten Gliederung herbei, das Heraufkommen des *Bürgers* mit dem sozialen Ideal einer natürlichen Ordnung und demokratischen Verfassung; der Boden für neue soziale Bewegungen war bereitet.

tät und Minderung der hohen Säuglingssterblichkeit beigetragen haben dürfte. Aber davon wußte man nichts (Tucker, S. 332 ff.). Die Kinder, auch die kleinsten, lernten durch Miterleben: Das galt für Geborenwerden und Sterben, denn auch bei den Begräbnissen waren die Kinder ganz selbstverständlich dabei, wie es auf dem Lande heute noch häufig üblich ist. Im übrigen hatten sie im ganzen Haus, auf der Gasse und im Garten Möglichkeiten zu erlaubten und verbotenen Spielen. Ein eigenes Kinderzimmer besaßen sie nicht und kaum jemanden, der sich ausdrücklich mit ihnen als Kindern beschäftigt hätte. Das entsprach nicht der Struktur dieser Sozialform.

Der Typ der *Haushaltsfamilie* setzt also weder quantitativen Umfang noch qualitativen Reichtum an Produktionsmitteln voraus. Auch der Kleinbürger mit seinem Kramladen, der Flickschuster, der Weber mit Garten oder Feld ist darunter zu subsumieren, sofern er mit seiner Familie und eventuellen Hilfskräften eine gemeinsam wirtschaftende Einheit, eben *das Haus* bildete. Bezeichnend ist vielmehr für diese Epoche, daß die Hausmitglieder nur mittelbar mit den Institutionen der Gesellschaft verbunden waren, *unmündig* gewissermaßen, vertreten durch den Hausvater als Rechtsperson. Diese patriarchale Familienstruktur mögen drei literarische Beispiele erläutern.

»St. Cloud, den 11. Juni 1720.
Des Königs in Engelland Geburtstag erinnere ich mich, als wenns heute wäre. Ich war schon ein mutwillig, vorwitzig Kind. Man hatte eine Puppe in einen Rosmarinstrauch gelegt und mir weis machen wollen, es wäre das Kind, wovon meine Tante niedergekommen; in der Zeit hörte ich sie abscheulich schreien, denn Ihro Liebden waren sehr übel; das wollte sich nicht zum Kinde im Rosmarinstrauch schicken. Ich tat als wenn ichs glaubte, aber ich versteckte

9 Votivbild: Familie mit 8 gestorbenen Kindern. 1775

mich, [...] glitschte mich in meiner Tante Zimmer, wo Ihro Liebden in Kindsnöten waren, und versteckte mich hinter einem großen Schirm, so man vor die Tür bei dem Kamin gestellt hatte. Man trug das Kind gleich zum Kamin, um es zu baden, da kroch ich heraus. Man sollte mich streichen, aber wegen des glücklichen Tages ward ich nur gescholten.« (Liselotte von der Pfalz, S. 428)

»[...] teils sollte ich anfangen, soviel es meine Kräfte gestatteten, ihm bei seinen Arbeiten Hülfe zu leisten. Um mich darauf vorzubereiten, rief er mich, als er zufälligerweise von dem bedeckten Gange in den Hof des Hauses hinabsah, und sprach zu mir: ›Sieh einmal da hinab, und sage mir, siehst du da nichts Merkwürdiges?‹ – ›Ich sehe da nichts‹, sagte ich, ›als den Holzhacker, der mit seinem Knaben Holz sägt.‹ – ›Das ist eben das Merkwürdige, das ich meine‹, sprach der Vater. ›Du siehst da, wie der Sohn, sobald er hinreichende Kräfte hat, seinem Vater bei dessen Arbeit helfen müsse. So mußt du mir auch jetzt in der Kanzlei helfen!‹ Das Bild des dürftig gekleideten Tagwerkers und seines blaß aussehenden, noch etwas schwächlichen Sohnes, der seinem Vater mit aller Anstrengung und allen Kräften willig half, schwebt mir noch jetzt vor Augen.« (Chr. v. Schmid, S. 67)

»Mein Vater hatte im ganzen Hauswesen eine Classification von Geschäften und Arbeiten, die unter den Kindern verteilt waren, eingeführt.

*10 J. A. Herrlein: Bauernfamilie. 18. Jahrhundert*
*11 P. E. Ströhling: Kaufmann mit seinem ältesten Sohn. 1791*

Mit jedem Jahre stieg jedes Kind zu einer höhern Classe. Das brachte eine vollkommene Ordnung in das Hauswesen. Jedes Kind wußte schon, sobald es frühe aufgestanden war, größtenteils, was es den Tag über zu tun hatte. Man gewöhnte sich so zu der bestimmten Arbeit, daß von Seiten der Eltern kein Zwang, keine Drohung, kein Schelten nötig war. Es bedurfte oft nur eines Winkes, um jedes Kind unverdrossen bei seiner Arbeit zu sehen. Es hatte auch noch die gute Folge, daß man die höhere Classe von Arbeiten als eine ehrenvolle Auszeichnung ansah und sich auf das folgende Jahr, da man höher stieg, freuete. Ich wenigstens erinnere mich noch genau, wie sehr mich diese Art von Ehrgeiz belebte. Ich konnte oft die bestimmte Zeit nicht erwarten, da gewisse Arbeiten an mich kamen. So bat ich einst meinen Vater dringend, mir, da ich damals kaum acht Jahre alt war, zu erlauben, daß ich bei der Ernte mit meinen ältern Geschwistern das Getreide abschneiden dürfte. Als es mir erlaubt wurde, ging ich mit Freuden auf einen Gerstenacker, um mit denselben die Arbeit des Schneidens vorzunehmen. Ich wollte dabei meine Schwester, die drei Jahre älter war, übertreffen, und schnitt daher so eilfertig, daß mir die Sichel in die Spitze des kleinen Fingers der linken Hand fuhr und einen Teil davon abnahm. Nun wurde mir das Getreideschneiden verboten, bis nach der gemachten Einteilung die Ordnung an mich kommen würde. Aber eine andere Art von Arbeit, zu der ich mich auch zu frühe hingedrängt hatte, wurde mir nicht abgenommen: und das war das Dreschen. Da ich schon mit dem sechsten Jahre anfing, Musik zu lernen, so ergötzte mich vorzüglich der genaue Takt, der beim Dreschen beobachtet wird. Ich wollte daher versuchen, ob ich den Takt bei diesem Geschäfte auch treffen könnte. Ich bat daher meinen Vater um die Erlaubnis, mit dreschen zu dürfen. Als es mir erlaubt wurde, so fand ich mich gleich in den nötigen Takt, der nach der Anzahl der Dreschenden verschieden ist. Das gefiel mir eine Zeitlang sehr; aber endlich wollte ich doch wieder austreten, was mir aber nicht gestattet wurde. Ich mußte sogar zu Nacht mit aufstehen und an dieser Arbeit Teil nehmen, ob ich gleich kaum acht Jahre alt war.« (Schad, Bd. 1, S. 9 f.)

»Um aber auf die vorige Begebenheit wieder zurückzukommen, so stellte mein Vater nach verrichtetem Dankgebete eine Untersuchung in Rücksicht auf die Entstehung der so glücklich und, wie es schien, wunderbar abgewendeten Feuersgefahr an, und forderte jedes seiner Kinder auf, die etwaige Unvorsichtigkeit und Verschuldung, deren es sich bewußt wäre, zu gestehen. Nach einigem Stillschweigen sagte endlich mit schluchzender Stimme meine Schwester, daß sie vor dem Tische mit einem Holzspan in der Kammer gewesen sey, um die nötigen Teller und das Tischzeug zum Abendessen zu holen, bei welcher Gelegenheit sie vielleicht unvorsichtiger Weise eine Kohle auf die leicht brennbaren Sachen hätte fallen lassen. Mein Vater sagte darauf, daß, weil sie ihre Unbehutsamkeit redlich gestanden hätte, sie auf keine Weise bestraft werden sollte; es gezieme sich auch nicht, daß irgend eines seiner Kinder zu trauern Ursache hätte, da in dem ganzen Hause nur dankbare Freude herrschen müßte. Aber für die Zukunft drohete er Jedem die strengste Strafe, der sich eines brennenden Spans außer dem Wohnzimmer zu irgend einem Geschäfte bedienen, und sich sonst einen Leichtsinn rücksichtlich des Feuers würde zu Schulden kommen lassen. Dabei stellte er das Unglück, das seiner ganzen Familie hätte begegnen können, so rührend vor und bestätigte seine Ermahnung, in dieser Sache alle mögliche Vorsicht zu gebrauchen, durch so viele Beispiele von Unglücksfällen, daß von dieser Zeit an die größte Sorgfalt im Gebrauche des Lichts und des Feuers beobachtet wurde.« (Ebd. S. 61 f.)

## Die Mode der Erwachsenen

Als Mode bezeichnet man den periodischen Stilwechsel nicht nur der Kleidung, sondern auch anderer kultureller Erscheinungen. Um die Beteiligung der Kinderkleidung am Modewechsel besser verstehen zu können, folgt hier ein kurzgefaßter Überblick. Es wird damit auf manches hingewiesen, das nicht näher ausgeführt werden kann – vor allem auf die Vielfalt der Motivationen, die ein solches Phänomen wie Kleidung bestimmen und begleiten. Selbst ein so beschränkt erscheinendes Teilgebiet wie die Kinderkleidung ist also bei näherer Betrachtung eingebunden in ein höchst kompliziertes ökonomisch-soziales, ästhetisch-psychisches, praktisch-technisches Geflecht von Beziehungen, dem sicher jeweils noch andere Komponenten wie die der Magie und Religion, der Machtausübung und der Triebanreize hinzuzufügen sind.

In der Kostümgeschichte Mitteleuropas (Nienholdt; R. König, Kleider; u. a.) treten diese Verhaltensantriebe in verschiedenen Zusammenhängen und als Interessendominanten der Stände und Epochen auf. Das geschichtlich bestimmte Normverhalten bewirkt dabei ein wechselndes System von Beziehungen zwischen den verschiedenen Bekleidungselementen. Was hier folgt, will nicht mehr sein als eine kurzgefaßte Vorinformation für die Zeit bis etwa um 1800.

Das älteste Kleidungsstück ist das Hemd, seit dem Altertum ein Haupt- und kein Untergewand, und zwar sowohl in der Frauen- wie in der Männerkleidung. Es war ein Schlupfkleid, aus einem Stück geschnitten, mit Seitennähten, und wurde über den Kopf gezogen; in dieser Grundform hat es sich als Alltags- und Arbeitskleidung durch viele Jahrhunderte erhalten. Daneben vollzog sich eine kostümgeschichtlich-modische Entwicklung. Der eine Blickfang war der Halsaus-

*12 R. Brakenburgh: Bauerntanz. 17. Jahrhundert*

schnitt: Hier wurde das reich gefältelte Hemd zum Kräuschen zusammengezogen, woraus sich dann ein Stehkragen mit hart gefältelter Krause bildete. Dieser Kragen wuchs sich mehr und mehr zum selbständigen Kleidungsstück aus und gelangte mit der Versteifung des gesamten Kleidungsstils infolge der spanischen Mode des 16. Jahrhunderts zu einem Prestige-Zeichen von großer Bedeutung. Das betraf die holländische Mühlsteinkrause ebenso wie die deutsche *Kröse* und den englischen Maria-Stuart-Kragen. Dazu kam als neues, kostbares Material die Spitze, die wiederum in sich einen Repräsentationswert darstellte. Die Wandlungen dieser Standeszeichen und ihr Einfluß auf die verschiedenen Stände gehört zu den spannungsreichen Kapiteln der Sozialgeschichte.

*13 P. Moreelse: Kleines Mädchen mit Krinoline. Um 1600*

Der andere Blickfang war der untere Hemdrand. Da das Hemd ja als wichtigstes Kleidungsstück galt (zur *Leibwäsche* wurde es erst im 19. Jahrhundert), wurde je nach Klima, Stand und festlichem Anlaß eines dieser Schlupfgewänder über das andere gezogen. Das war der Kleidungsstil bis zum Ende des Mittelalters, und zwar für Männer und Frauen. Der modische Unterschied bestand in den Materialien, dem Schnitt der Ärmel, den Raffungen, Gürteln usw.

Mit dem Beginn der Neuzeit, dem Aufsteigen des Stadtbürgertums und einer stärkeren ständischen Gliederung differenzierte sich auch die Kleidung, und zwar zunächst vor allem im Material (Tuche, Pelze), in der Verfeinerung der Schnitte (Aufkommen des Schneiderhandwerkes) und im Schmuck (Schnallen, Knöpfe, Gürtel, Ketten).

Es begannen die *Kleiderordnungen* als wichtiges frühkapitalistisches Regulierungsinstrument. Diese Kleiderordnungen bezogen sich zuerst insbesondere auf *ein* Kleidungsstück, den Rock (Männer- und Frauenrock). Seit dem 12. Jahrhundert zeigten sich hier zuerst ständische Unterschiede: Die Bauern und unteren Stände trugen den kurzen gegürteten Rock der Frühzeit (Arbeitskleidung); die herrschenden Schichten verlängerten den Oberrock schließlich bis zum Knöchel und komplizierten seinen Schnitt durch eingesetzte Keile. Damit wurde äußerlich der Kontrast zur Arbeitskleidung dokumentiert.

Im 13. Jahrhundert entwickelt sich dieses rockähnliche Gewand als ärmelloser Überrock, mhd. *suggenie* (von slaw. *sukne* = Tunika, ein Wort, das während der Kreuzzüge nach Westeuropa gelangte). Dieses ungegürtete Übergewand, bekannt aus den Bildern der Manessischen Handschrift, hatte als besonderen Modegag den aus Byzanz kommenden *Hängeärmel*.

In der zweiten Hälfte des 14. Jahrhunderts, mit der Überwindung des Mittelalters, setzte ein grundlegender Wandel des Kleidungsverhaltens ein: Adel und Rittertum verloren ihre modische Monopolstellung, und das aufstrebende patriziale Bürgertum beteiligte sich nun selbständig an der Modegestaltung. Der jahrhundertealte *(gotische)* Stil des über den Kopf gestreiften Hängegewandes wurde verlassen zugunsten eines knöpfbaren Kleides, das man nicht überzog, sondern anzog. Der männliche Rock dieser Zeit, die *Schecke*, wurde körpereng – schließlich zum *Wams* mit gebauschten Ärmeln. Modisches Zubehör, wie die *Almosentasche*, gab Gelegenheit zur Besitzdarstellung.

Der gleichzeitige Frauenrock war der *Schecke* ähnlich, eng und vorne geschlossen, mit neuem, ovalen Ausschnitt: das erste *Kleid* – ohne sichtbares Unterkleid.

Als Arbeitskleidung der unteren Schichten blieb weiterhin das Hemd mit übergestreiftem Rock erhalten.

Die Renaissance und die spanische Mode brachten mit der Überbetonung der Taille die entscheidende Änderung der mitteleuropäischen Frauentrachten: ihre Zweiteilung in Mieder und Rock. Damit wurde die Sonderentwicklung des Rockes möglich, und es entstand die erste Krinolinenmode. Der Kegelform des Oberkörpers entsprach der über einem Gestell trichterförmig gespannte Rock, was besondere Schneidertechniken erforderte; die Mode wurde wieder höfisch. Die Krinoline spreizte das Kleid unten trichterförmig auseinander; Schleppe und Raffungen verschwanden. Als Mittel dienten eingesetzte Metallreifen und dann Versteifungen durch Fischbein, der sogenannte *panier* (Hühnerkorb). Er bedeutete die Fortsetzung der spanischen *Vertugale* aus der Renaissancemode.

Die Nachfrage nach dem Fischbein führte im 18. Jahrhundert zur Gründung eigener Aktiengesellschaften für den Walfang, wodurch die Krinolinenmode wiederum wirtschaftlich angeheizt wurde.

Im Verlauf des 18. Jahrhunderts – im Rokoko – fand die Krinoline ihre größte Ausformung in der Breite, allerdings nur für die höfische Mode.

Für die Männerkleidung setzte gleichfalls ein entscheidender Wandel ein.

Im 16. Jahrhundert hatte man die Oberschenkelhose und farbige Strümpfe, dann die Pluderhose mit farbigen Schlitzen, die *Heerpauken* getragen. Ihnen folgte die spanische Mode mit ihrer schwarzen, strengen Silhouette.

Im 17. Jahrhundert verlor sich die Steife zugunsten eines saloppen Trachtenstils des Dreißigjährigen Krieges; weite Hosen bis zum Knie und Schaftstiefel wurden modern, danach eine weite Kniehose mit Bändern und Schleifen für den französischen À-la-Mode-Kavalier. Frankreich wurde in der Mode tonangebend.

Das 18. Jahrhundert brachte eine farbenreiche Männerkleidung mit tailliertem Frack, dem *Justaucorps*, und engen seidenen, am Knie geknöpften Hosen = *culottes*. Hofanzug und Uniform bestimmten den Kleidungsstil.

Die Modeführung des französischen Hofes unter Ludwig XIV. (1643-1715) im 17. Jahrhundert, deren macht- und wirtschaftspolitische Hintergründe deutlich erkennbar waren, erfuhr also im 18. Jahrhundert weitere Steigerungen. Die französische Mode schrieb der adligen Gesellschaft mit dem Zwang zur *Etikette* vier Stufen der Kleidung vor:

*14 J. M. Mettenleiter: Schulszene. Um 1800*

1. das Hofkleid,
2. die *grande parure* (voller Anzug),
3. die *parure* (Halbputz) und
4. das *négligé* (Alltagskleidung).

Das *Hofkleid* war in seiner steif und kostbar gestickten Form am meisten uniformiert, Vorbild der Galauniformen, und erlaubte am wenigsten eine weitergehende modische Entwicklung.

Mit der Epoche der Französischen Revolution vollzog sich eine tiefgehende Änderung des Kleidungsstils: Für die Frauen brachte sie die Abschaffung von Perücke, Korsett und Taillenrock; man kleidete sich einfach, *demokratisch*, natürlich – im langwallenden antiken Hemdkleid, unter der Brust leicht gegürtet –, seit 100 Jahren die erste Mode, die für alle Schichten möglich war. Für die Männer bot sich durch die Kleidung eine Zeichensetzung besonderer Art an: Im Gegensatz zu den seidenen Kniehosen der abgewirtschafteten Aristokratie, den *culottes*, trug der neue Bürger *Sans-Culottes*, die Röhrenhose, übernommen von der Werktagskleidung der Marseiller Hafenarbeiter.

*15 J. K. Seekatz: Bettelknaben beim Kartenspiel. 18. Jahrhundert*

An diesen Wandlungen der Mode und ihrer Zeichensprache nahmen auch die Kinder entsprechend dem Stand ihrer Eltern teil. So tragen die beiden Königskinder Kröse und gebauschte Ärmel der Renaissance (Abb. 16, 17). Das kleine Mädchen des 17. Jahrhunderts zeigt stolz am Arm die Almosentasche (Abb. 48), und bei den musizierenden Bettelknaben des 18. Jahrhunderts ist trotz der zerfetzten Ärmel die Mode der Zeit mit Weste, Frack und Dreispitz zu erkennen (Abb. 15).

*16/17 J. Seisenegger: Maximilian von Österreich und Erzherzogin Eleonora als Kinder. 1530*

## 2. KLEIDUNG UND WOHNEN DER KINDER

Wohl ist es wichtig, die kostümgeschichtlichen Entwicklungen zu kennen, die auch die Kinderkleidung bestimmten, aber das reicht zu ihrem Verständnis noch nicht aus.

Die Europäische Ethnologie beschäftigt sich mit der Kulturanalyse sozialer Gruppen, wobei ihr die kulturellen Erscheinungen als Zeichen für soziales Verhalten dienen. In den gesellschaftlichen Kommunikationsprozessen der Vergangenheit werden hier Kleidung und Wohnen zu einem Code, der entschlüsselt werden kann. Nach volkskundlichem Verständnis ist die Kleidung der Kinder, sind die Gegenstände ihrer Umgebung so etwas wie eine non-verbale *Sprache,* in der die jeweilige Epoche und die jeweilige Sozialschicht ihre Einstellung zum Kind und ihre Einschätzung von Kindheit bewußt und unbewußt zum Ausdruck bringen.

Wenn man *Familie* als gesellschaftliches Teilsystem definieren darf, dann folgt daraus, daß sie als eine Struktur mit den anderen Strukturen der Gesellschaft in Beziehungen steht, die freilich einem ständigen historischen Wandel unterworfen sind. Das heißt z. B., daß die Kleidermoden der Epochen auch von den Familien befolgt werden, und zwar weniger in einer individuellen Weise als vielmehr in der Form, die den innerfamiliären Rollen der einzelnen Familienmitglieder entspricht. Die Art also, wie Eltern ihre Kinder in die herrschenden Moderichtungen mit einbeziehen – oder auch nicht berücksichtigen –, läßt etwas über ihre Vorstellung von Kindheit erkennen.

Jeder Mensch weiß aus der Erinnerung an seine eigene Kindheit, welch wichtige Rolle die Kleidung bei der Kindererziehung und für die kindlichen Entwicklungsprozesse gespielt hat. In dieser Lebensphase war das Kind stets weitgehend von den ökonomischen Möglichkeiten, aber auch von Geschmack, Modebewußtsein und Gesundheitsvorstellungen seiner Eltern abhängig. Früher kamen dazu noch die Normen und Begrenzungen durch die Standeszugehörigkeit. Ein historischer Rückblick auf die Art und Weise, wie Kinder gekleidet waren, beleuchtet neben der Kostümgeschichte auch die psychologische Verständnisebene zwischen Erwachsenen und Kindern und sagt etwas aus über die jeweilige Einschätzung des Kindes als Persönlichkeit, der Kinder als sozialer Gruppe – oder der Kindheit als einer Durchgangsphase, eines Vorstadiums zum Erwachsensein. Kinderkleidung ist damit ein kulturelles Zeichen für gesellschaftliche Prozesse.

Emotionales und ästhetisches, praktisches und hygienisches Wollen, verbunden mit ökonomischem Vermögen, dazu Repräsentations- und Prestige-Rücksichten entschieden über Kleidung und Wohnen der Kinder, ohne daß diese gefragt wurden. Die historisch überlieferten Gegenstände der kindlichen Umgebung bilden also die sichtbare Funktion für das Verhältnis der Erwachsenen zu den Kindern.

»Wo das Kind als ›kleiner Erwachsener‹ betrachtet wird, ist die Kleidung für alle gleich; in diesem Falle werden nur die Geschlechtsunterschiede betrachtet. Wo dagegen die kindliche Lebensform als etwas Besonderes angesehen wird, haben auch die Kinder einen eigenen Bekleidungsstil.« (R. König, Kleider, S. 58)

In der ›Pädagogischen Provinz‹ des ›Wilhelm Meister‹ trägt Johann Wolfgang von Goethe (1749-1832) in den Ausführungen des Vorstehers ein Erziehungsmodell vor, das er wohlgemerkt außerhalb des Elternhauses und der ständischen Abgrenzungen ansiedelt und ebenso unabhängig von den Zwängen der Mode wie von den Rangordnungen der Uniform entwickelt:

»Die große Mannigfaltigkeit in Schnitt und Farbe der Kleider fällt mir auf, und doch seh' ich nicht alle Farben, aber einige in allen ihren Abstufungen vom Hellsten bis zum Dunkelsten. Doch bemerke ich, daß hier keine Bezeichnung der Stufen irgend eines Alters oder Verdienstes gemeint sein kann, indem die größten und kleinsten Knaben untermischt so in Schnitt und Farbe gleich sein können, aber die von gleichen Gebärden im Gewand nicht miteinander übereinstimmen.« (Goethe, Wilhelm Meister, Bd. 19, S. 175)

»Ein anderer Anblick reizte heute wie gestern des Wanderers Neugierde: es war die Mannigfaltigkeit an Farbe und Schnitt der Zöglingskleidung; hier schien kein Stufengang obzuwalten, denn solche, die verschieden grüßten, waren überein gekleidet, gleich Grüßende waren anders angezogen. Wilhelm fragte nach der Ursache dieses scheinbaren Widerspruchs. ›Er löst sich‹, versetzte jener, ›darin auf, daß es ein Mittel ist, die Gemüter der Knaben eigens zu erforschen. Wir lassen, bei sonstiger Strenge und Ordnung, in diesem Falle eine gewisse Willkür gelten. Innerhalb des Kreises unserer Vorräte an Tüchern und Verbrämungen dürfen die Zöglinge nach beliebiger Farbe greifen, so auch innerhalb einer mäßigen Beschränkung Form und Schnitt wählen; dies beobachten wir genau, denn an der Farbe läßt sich die Sinnesweise, an dem Schnitt die Lebensweise des Menschen erkennen. Doch macht eine besondere Eigenheit der menschlichen Natur eine genauere Beurteilung gewissermaßen schwierig: es ist der Nachahmungsgeist, die Neigung, sich anzuschließen. Sehr selten, daß ein Zögling auf etwas fällt, was noch nicht dagewesen, meistens wählen sie etwas Bekanntes, was sie gerade vor sich sehen. Doch auch diese Betrachtung bleibt uns nicht unfruchtbar; durch solche Äußerlichkeiten treten sie zu dieser oder jener Partei, sie schließen sich da oder dort an, und so zeichnen sich allgemeinere Gesinnungen aus: wir erfahren, wo jeder sich hinneigt, welchem Beispiel er sich gleichstellt. Nun hat man Fälle gesehen, wo die Gemüter sich ins Allgemeine neigten, wo eine Mode sich über alle verbreiten, jede Absonderung sich zur Einheit verlieren wollte. Einer solchen Wendung suchen wir auf gelinde Weise Einhalt zu tun, wir lassen die Vorräte ausgehen; dieses und jenes Zeug, eine und die andere Verzierung ist nicht mehr zu haben; wir schieben etwas Neues, etwas Reizendes herein; durch helle Farben und kurzen knap-

*18 J. B. S. Chardin: Spielender Knabe. 18. Jahrhundert*

pen Schnitt locken wir die Muntern, durch ernste Schattierungen, bequeme faltenreiche Tracht die Besonnenen und stellen so nach und nach ein Gleichgewicht her. Denn der Uniform sind wir durchaus abgeneigt: sie verdeckt den Charakter und entzieht die Eigenheiten der Kinder, mehr als jede andere Verstellung, dem Blicke der Vorgesetzten.‹« (Ebd., S. 193 f.)
Das maßvolle Selbstbestimmungsrecht der Zöglinge über ihre Kleidung sollte also einerseits den Erziehern einen Einblick in deren Psyche gewähren, zum andern den Kindern große Freiheiten der Phantasie und der Bequemlichkeit auf dem Gebiete des Sich-Kleidens eröffnen, die für ihre Kinderpersönlichkeit so wichtig sind: Eine Kindheits-Utopie von erstaunlicher Weitsichtigkeit. Zu Goethes Zeiten (die ›Wanderjahre‹ erschienen 1821) war der langsame Prozeß eines neuen Verständnisses für das Wesen der Kinder gerade in der bürgerlichen Gesellschaft in vollem Gange. Anregungen für seine ›Pädagogische Provinz‹ scheint er durch Berichte über die Fellenbergschen Erziehungsanstalten in der Schweiz empfangen zu haben (Alt, Bd. 2, S. 223).

Bis aber um 1800 die spekulativen Voraussetzungen für eine solche Utopie entstehen konnten, war eine lange Zeit vergangen, in der den Kindern im allgemeinen kein eigener Persönlichkeitswert zustand. Die Vorstellung, daß bereits Kinder vollständige Menschen wären, war der Gesellschaft fremd (Ariès, S. 99). Man siedelte sie in einer Art Zwischenzone an, die charakterisiert war durch dauernde Gefährdung und möglichen Tod. Tatsächlich stieg die Sterblichkeitsquote der Säuglinge und Kleinkinder ständig, aber sie wurde aufgefangen durch das christliche Gebot: »Seid fruchtbar und mehret Euch!« Konkrete Zahlenangaben sind Zufallsfunde: Ein Felix Platter heiratete 1529 seine erste Frau Anna, die ihm 4 Kinder gebar, wovon nur 1 Sohn überlebte. Zwei Monate nach ihrem Tode verehelichte er sich 1572 mit Esther Groß, mit der er im hohen Alter von 73-80 Jahren noch 6 Kinder zeugte. Albrecht Dürers Vater bekam von seiner (einzigen) Frau zwischen 1468-1492 18 Kinder, von denen 1524 nur noch 2 lebten. Ein Christoph Grohmann hatte im Alter von 78 Jahren 36 eheliche Kinder (Boesch, S. 120).

19 L. Cranach d. J.: Personenreiche Stifterfamilie. 16. Jahrhundert
20 Petrarcameister: Findelhaus im Walde. 1532

Auch in den Fürstenhäusern war die Zahl der Geburten groß, allerdings auch die Kindersterblichkeit und die Aussetzung illegitimer Nachkommenschaft in Findelhäuser. Eine Erzherzogin Marie, eine bayrische Prinzessin des 17. Jahrhunderts, gebar in 18 Jahren 15 Kinder; Ernst von Gotha hatte 18 Kinder; Johann von Pfalz-Neuburg 17 Kinder (Flemming, S. 188). Königin Anna von England (1665-1714) erlitt 18 Schwangerschaften, doch keines ihrer Kinder wurde älter als 11 Jahre.

Wenngleich über Kinderpflege nur aus Schlössern und Patrizierhäusern berichtet wird, dürfte auch hier die Zahl der überlebenden Kinder nicht groß gewesen sein. Ein Brief der Liselotte von der Pfalz (1652-1722) belegt diese katastrophal anmutenden Zustände:

»An Raugräfin Luise, Marly, den 14. Mai 1711.

Herzallerliebste Luise, gestern habe ich Euer liebes Schreiben vom 4. dieses Monds zu Recht empfangen. Ich werde aber Mühe haben, drauf zu antworten, denn ich habe den ganzen Tag bitterlich geweint, und nicht ohne Ursach, denn ich habe heute die betrübte Zeitung erfahren, daß meine Tochter noch ihren ältesten Sohn und letzte Tochter verloren, und die zwei jüngsten Prinzen seind noch nicht außer Gefahr, also zu fürchten, daß innerhalb acht Tagen meine Tochter alle ihre schönen und lieben Kinder verlieren wird. Ich fürchte, sie wird aus Leid sterben oder den Verstand verlieren; denn die artigen Kinder waren meiner Tochter einzige Lust und Freude. Alle Menschen, die sie sahen, lobten ihren Verstand und Schönheit. Es penetriert mich ganz. Die guten Kinder, die drei, so tot sein, schrieben mir alle Woch; nun habe ich nur zu viel Zeit, zu schreiben [...]« (Liselotte von der Pfalz, S. 331)

Noch für das 18. Jahrhundert kann aus den Daten geschlossen werden, daß ein Drittel bis ein Fünftel der

*21 Petrarcameister: Vom kläglichen Tod eines Kindes. 1532*

zahlreichen Neugeborenen nicht einmal ihr erstes Lebensjahr vollendeten. Nur die Hälfte der Bevölkerung erreichte ein Alter von zehn Jahren. Ja, es wird behauptet, daß im allgemeinen der vierte Teil der Bevölkerung im 16.-18. Jahrhundert gestorben ist, ohne das dritte Lebensjahr zu erreichen (Kulischer, Bd. 2, S. 10). Der Grund dafür war Not, mangelnde Hygiene und medizinische Unkenntnis sowie als Folge davon ein ungeheurer Aberglaube.

Das dauernde Erlebnis von Geburt und Kindertod mußte die Mütter, aber auch die Gesellschaft überhaupt, emotional abstumpfen und dieser Gruppe der Kleinen eine Einstellung entgegenbringen, die auf Verlust gefaßt war und gefaßt machte. Auch das gehört zum Thema *Kindheit*. Das Gesamtbild dokumentiert sich nun in einer Fülle von kulturellen Phänomenen, von denen hier einige vorgestellt und interpretiert werden sollen.

»Den 19ten März 1745 ward ich zu Rotalben geboren. Mein Vater, welcher elternlos erzogen worden und nur durch äußerste Anspannung seiner Kräfte zu etwas gekommen war, behielt, bei all seiner Liebe für seine Familie, immer etwas Rauhes in seinem sonst gutmütigen Charakter. Die Anfälle seines Aufbrausens waren für seine Kinder oft schreckend. In einem derselben befahl er meiner Mutter, die mich als ein neun Monate altes Kind an ihre Brust legen und damit mein lautes Geschrei stillen wollte, sie solle das Zimmer mit mir alsogleich verlassen! Sie hoffte, mich zum Schweigen zu bringen. Der Befehl ward zum zweitenmale wiederholt, und als dieses nichts nützte, griff mich der Erzürnte bei der Brust und warf mich hastig zu der offenen Türe, auf eine weite Strecke hinaus.« (Frank, S. 9 f.)

Wie kann man die betreffenden aussagekräftigen Erscheinungen der Kinderkultur erfassen und einordnen, um ihre *Sprache* zu verstehen und zu deuten?

Mit Hilfe gewisser Untersuchungsraster wurde ikonographisches und literarisches Material in großem Umfang geprüft, und zwar nach aufschlußreichen Gesichtspunkten, nach einem Fragenkatalog, der allerdings nicht überfordert werden darf. Die folgenden Ausführungen bringen keine umfassenden Antworten für jede historische Epoche oder für jede soziale Schicht. Hinterfragt wurden Lebenserinnerungen und Briefwechsel, Familienbilder und Kinderporträts, Modejournale und Fotoalben,

*22 P. Ykens: Familienbild. 17. Jahrhundert*

Interieurs und Möbelkataloge und manche andere Quelle, um das Bild der Kindheit zu konkretisieren und zu illustrieren.

Die benutzten Raster können dem interessierten Kulturhistoriker, Kunstgeschichtler, Sozialwissenschaftler, Pädagogen und Ethnologen eine Hilfe für einschlägige Studien und teilnehmende Beobachtungen sein, weshalb sie im folgenden wiedergegeben werden.

Die Kindheit wird, Ariès folgend, in die erste Kindheit, die sogenannte ›Hätschelperiode‹, und einen zweiten Abschnitt, die sogenannte ›Lernperiode‹, eingeteilt. Innerhalb dieser Phasen gibt es für die Analyse von *Kleidung* folgende Gesichtspunkte:

I. *Unterscheidung von Altersklassen durch Kleidung:* Jungen und Mäd-

*23 J. Steen: Bauernfamilie. 17. Jahrhundert*

chen; Sommer und Winter; Fest und Alltag; Kleidung im Haus und außerhalb des Hauses; Kleidung in der Schule, zur Arbeit, in der Freizeit; spezielle Spiel- und Arbeitskleidung.

II. *Einzelheiten der Kinderkleidung* wie z. B.: Schuhe und ihre Bedeutung; Kopfbedeckungen und ihre Bedeutung; Rocklänge – Hosenlänge als soziale Kennzeichen; Accessoires wie Schmuck, Handschuhe, Taschen, Mappen.

III. *Eigengefühle der Kinder im Hinblick auf ihre Kleidung:* Rollenverständnis als Junge oder Mädchen; arm oder reich usw.; Rivalitäten durch Kleidung; Zwangscharakter von Kleidungsstücken oder der Art, sie tragen zu müssen; Möglichkeiten freier Auswahl und Mitbestimmung; kindliche Beurteilung von Erwachsenenkleidung.

Für das *Wohnen* werden folgende Ordnungsgesichtspunkte nach historischer, sozialer und geschlechtsspezifischer Unterscheidung angeboten:

I. Wo *schläft* das Kind?
Im eigenen Bett, eigenen Zimmer oder mit anderen; das Aufstehen und Zubettgehen; Rolle der Erwachsenen; Hygiene, Schamgefühl, Spiele; Kind und Krankheit.

II. Wo *ißt* das Kind?
Alltags und festtags – in welchem Raum; an besonderen Möbeln; mit welchen Personen; Ge- und Verbote.

III. Wo *spielt* das Kind, und wo hält es sich auf?
Sommers und winters; alltags und festtags; besonderer Bereich für Spielzeug und eigenen Besitz.

IV. Wo *arbeitet* das Kind?
a) Schularbeiten an eigenem Tisch oder nicht; im eigenen Bereich für seine Lernwelt oder nicht.
b) Mithilfe bei körperlicher Hausarbeit oder manuelle Lohnarbeit.

Nach diesen Gesichtspunkten ist das Material befragt worden; sie ordnen die folgende Darstellung.

## Das Hätschelalter
*Aristokraten- und Patrizierkinder*

»Ich hab zwei dolle Heilige, welche den ganzen Tag ein Geras mit Trummeln machen, daß man weder hören noch sehen kann; jedoch ist der älteste (2 Jahre) seit 14 Tagen etwas stiller gewesen, denn es seind ihm in der Zeit fünf Zähne durchgebrochen, worunter die Augenzähne mitbegriffen sein. Diesen Herbst wird man ihn entwöhnen, denn er frißt ein groß Stück Brot aus der Faust wie ein Bauer. Der Kleinste (1 Jahr) ist noch stärker als er und fängt schon an, am Leitband zu gehen und will springen wie sein Brüderchen, ist aber noch grindig.« (Liselotte von der Pfalz, S. 32: Brief aus Versailles vom 22. August 1675 an ihre Tante, die Herzogin Sophie in Hannover)

»Wenn Euer Liebden meine Tochter (5 Jahre) jetzt sehen sollten, sollte sie Euer Liebden noch wohl mehr daran gedenken machen, denn es ist ebenso eine dolle Hummel, wie ich war, in allen Stücken, bis auch in den Rock zu kacken und nichts nach der Ruten zu fragen, mit einem Wort: Es ist eine rechte Liselotte.« (Ebd., S. 71: Brief aus Paris vom 23. Januar 1682)

So ging es also in den vornehmsten Familien zu, denn Liselotte war die Schwägerin Ludwigs XIV., die Gattin von *Monsieur*, seinem Bruder, und lebte am Hof von Versailles. Solche deftigen Lebensbeschreibungen wollen allerdings wenig passen zu den überlieferten Gemälden der Aristokratenkinder aus dem Jahrhundert vor der Französischen Revolution.

Das Auffallendste auf den berühmten alten Kinderporträts ist das Phänomen der *Knaben in Mädchenkleidern*, was zu manchem Mißverständnis und zu mancher Fehlbenennung in der kunstgeschichtlichen Literatur geführt hat. Dieser Kleidungsstil betraf die Kinder bis zum Alter von 4-5 Jahren, also die Hätschelperiode (Purrucker; Ariès, S. 114 ff.). Ein sozialer Unterschied ist in dieser Hin-

*24 C. de Vos: Familie von Hutten. 17. Jahrhundert*
*25 J. M. Monelaer: Der Geruch. 17. Jahrhundert*

sicht nicht zu bemerken; *alle* Stände verfuhren so mit ihren Kindern, wenn sich die Mode auch verschieden ausdrückte: bei den Bauern ein lockeres Hemdchen und Kittelchen, bei den Vornehmen ausgeformte Kostüme aus kostbaren Stoffen.

Hier begegnet also dem Kulturbetrachter die Einstellung der Gesellschaft zu den kleinen Kindern in einer deutlichen Zeichensetzung. Ich würde diesen Kleidungsstil für die kleinen Jungen allerdings nicht mit dem Etikett *Knaben in Mädchenklei-*

*dern* belegen. Das könnte eine Rollenzuweisung vermuten lassen, die nicht gemeint war. Vielmehr betrachtete man beide Geschlechter in diesem Alter als neutral, was sicher teilweise auch mit der Einschätzung des Kleinkindes als unschuldig und ungeschlechtlich zusammenhängt. Aber der Hauptgrund war wohl der, daß die Kinder im allgemeinen bis zum Alter von 3-4 Jahren ihre Entleerungen nicht zu beherrschen gelernt hatten und die hygienischen Bedingungen das Sauberwerden erschwerten.

26 A. Erich: Landgraf Moritz von Hessen mit seiner Familie. Um 1630

Bei dem berühmten holländischen Gemälde über den ›Geruch‹ handelt es sich keineswegs mehr um ein Kleinkind, das saubergeputzt wird.

Daß nach dem Abschluß der Hätschelperiode die Knaben einen männlich spezialisierten Anzug erhielten, während für die Mädchen mehr oder weniger die Kleidung aus der Zeit des Neutrums beibehalten wurde, mag – neben manchem anderen, z. B. sprachlichen Hinweis – etwas aussagen über die Einschätzung der Mädchen in der Gesellschaft. (So sagt man z. B. noch heute in Hessen umgangssprachlich für Töchter und Frauen: *das* Monika, aber für Söhne und Männer: *der* Thomas.) Jedenfalls belegt die Darstellung auf den repräsentativen Porträts durch mehrere Jahrhunderte die modische Norm dieses Kleidungsverhaltens. Woran waren die Knaben in ihren fußlangen Kleidchen von den Mädchen zu unterscheiden?

Wie ein Schaubild wirkt in dieser Hinsicht die vordere Kinderreihe auf dem Familienporträt des hessischen Landgrafen, auf dem die geschlechtsspezifischen Spielzeuge die Kinder kennzeichnen. Daneben gibt es noch andere mögliche Symbole und Attribute (nach Purrucker, S. 71 f.):

*Knaben*
Waffen
Trommel
Peitsche
Steckenpferd
Vogel auf dem Finger
Männerhut oder Barett über dem Häubchen
Straußenfeder am Häubchen mit Bandrosette befestigt
glatter Kragen
seit etwa 1630: Patenpfennig an Kette oder Band schräg über der Schulter (wie ein Ordensband)
auf Familienbildern:
Plazierung auf der Männerseite in Farbenharmonie mit dem Vater

Die Koralle als Amulett gegen den bösen Blick trugen Knaben wie Mädchen, die Vornehmen in reicher Silberfassung. Man glaubte auch, daß Korallen das Kind stark und tugendhaft machten (Boesch, S. 19).

*Mädchen*
Puppe
Häubchen
Spitzenkragen
Patenpfennig an einer Halskette
Plazierung auf der Frauenseite

*27 H. Holbein d. J.: Prinz Edward. 1539*

Als berühmtes Muster für die vorgetragenen Kriterien kann Hans Holbeins d. J. (1497/98–1543) Gemälde des kleinen Prinzen Edward von 1539 gelten, auf dem der Junge über dem Häubchen den Federhut trägt.

Eine wichtige hygienische Motivation für die Kinderröcke im Hätschelalter hat Liselotte von der Pfalz angedeutet: die weiten Röckchen waren nicht so empfindlich wie Hosen. Zudem konnte man die Herrenmode jener Zeit mit kurzen Pluderhosen und langen engen Strümpfen für kleine Knaben weder als praktisch noch als warm genug ansehen. Denn Unterhöschen gab es nicht: die Kinder waren unter den langen Röcken und Unterröcken nackt. Erasmus (um 1466–1536) gibt uns in ›Le mariage chrétien‹ eine Beschreibung der damaligen Kinderkleidung: »Man versieht sie mit einer Unterjacke, ordentlich warmen Strümpfen, einem dicken Unterrock und dem Obergewand, das Schultern und Hüften umhüllt und das aus einer Fülle von Stoff und Falten besteht, und macht ihnen klar, daß sie wunderbar darin aussehen.« (Nach Ariès, S. 114)

Alle kleinen Kinder trugen unterschiedslos Lätzchen und Schürze, was bei den keineswegs *pflegeleichten* Kleiderstoffen unbedingt erforder-

*28 A. Cuyp: Knabe mit Falken. 16. Jahrhundert*

lich war. Das Ablegen des Lätzchens mit 4-5 Jahren empfanden die Kinder oft stolz als ersten Schritt zum Großwerden.

Als nach 1600 die spanische Mode führend wurde mit einer deutlichen Zweiteilung in Rock und Oberteil, änderte sich auch die Kinderkleidung: Die kleinen Knaben trugen nun ein Wams mit Schoß über ihren langen Röckchen, die zuweilen vorne gespalten waren und einen seidenen oder warmen langen Unterrock sehen ließen.

*29 Rembrandt: Der ungezogene Knabe. 17. Jahrhundert*

Hätschelalter: Knaben in Röcken

30 J. W. Delff: Kinderbildnis. 1581

*31 A. van Dyck: Die englischen Königskinder. 1636*

Die Bilder Anthonis van Dycks (1599–1641) von den englischen Königskindern, die er 1635 und 1636 malte, zeigen die neuen Moden – und übrigens Prinz Karl auf Bild 31 mit 5½ Jahren zum ersten Mal behost (Purrucker, S. 74).

»Als ich auf die Züge / des Kleinen blickt', um dreiundzwanzig Jahre / war ich zurückversetzt, sah unbehost / Im grünen Samtwams mich, den Dolch im Maulkorb, / Daß er nicht beiße seinen Herrn und sich, / Wie oft ein Zierrat, zu gefährlich weise. / Wie glich ich, dünkt mich, damals dieser Krabbe, / Dem Knirps, dem Junker dort!«
(Leontes, in: Shakespeare, Das Wintermärchen, S. 147)

*32 A. van Dyck: Die englischen Königskinder. 1635*

*35 J. H. Tischbein: Zweijähriger aristokratischer Knabe. 1744*

*36 Knabe im Justaucorps. 18. Jahrhundert*

*33 A. Dürer: Maria mit der Birne. 1511*
*34 F. Hals: Kind und Amme. 17. Jahrhundert*

Um die Wende zum 18. Jahrhundert änderten sich wiederum auch die Moden für die kleinen Kinder, und statt der hochgeschlossenen Wämser und steifen Radkragen bekamen selbst die kleinsten Mädchen ein Dekolleté und über dem langen Röckchen ein Fischbeinmieder, bzw. die Knaben ein tailliertes Fräckchen – nach der Mode des Justaucorps.
Nach Purrucker (S. 143) verschwanden zu Ende des 18. Jahrhunderts mehr und mehr die nationalen Kleidungsunterschiede unter dem nivellierenden Einfluß der Modejournale, aber auch bestimmter sozialer und kultureller Bewegungen, von denen in Kapitel II die Rede sein wird. Doch bis zu diesem Zeitpunkt sind für die kulturell führende Oberschicht und ihre Art der repräsentativen Kinderbekleidung keine allzu wesentlichen Unterschiede festzustellen. Vielleicht, daß in Italien früher für die kleinen Knaben einfachste Höschen aus leichtem Stoff angefertigt wurden und sie in vornehmen Häusern länger kostbar gestickte, lange Schlupfkleider bekamen.

In den Niederlanden entwickelten sich die Verhältnisse ähnlich, nur war die Schicht der Wohlhabenden, die auf repräsentativen Gemälden ihre kostbar geputzten Kinder darstellen ließen, relativ viel größer als in den Nachbarländern. Nicht die Aristokratie, sondern der Kaufmannsstand bildete die wirtschaftlich starke und geistig mündige Oberschicht in einer quantitativ großen Verbreitung über zahlreiche Städte. So formierte sich bis zum 17. Jahrhundert eine Bürgeraristokratie mit einer sehr gleichmäßig verteilten Gruppe von Kulturkonsumenten, was die außerordentliche Höhe der holländischen Kunst im 17. Jahrhundert mit erklärt (Huizinga, 1872–1949, Holländ. Kultur, S. 55 ff., 107 ff.).

Die holländischen Kinderbilder dieser Zeit sind zahllos und weltberühmt. Hier sei eines der bekanntesten vorgestellt, ›Kind und Amme‹ von Frans Hals (um 1580-1666). Das Kind im kostbaren Kleid aus flandrischem Brokat, mit Kragen und Häubchen aus Brüsseler Spitze, repräsentiert den Wohlstand seiner Eltern; die Amme trägt die Tracht der verheirateten Calvinistin, puritanisch und kleinbürgerlich in Material und unmodernem Schnitt. Welchen Zeichenwert die Birne besitzt, die sie in der rechten Hand hält, ist schwer zu beurteilen. Auf einem Dürerbild ›Maria mit der Birne‹ (1511) versucht die Mutter, die volle irdische Frucht dem Kinde darzubieten, doch dieses schaut ernst aus dem Bild, das Händchen zu frommer Geste erhoben. Auch das holländische Kind beachtet nicht das Birnenangebot aus der bescheidenen Hand seiner Amme; es blickt im Besitz weit kostbareren Zeitvertreibs lächelnd auf den Betrachter: zwei ähnliche Bildinszenierungen mit gegensätzlichem Inhalt.
Frans Hals hat ›Kind und Amme‹ als Auftragsbild gemalt und mit der Darstellung des aufgeputzten Kindes dem Repräsentationsbedürfnis des wohlhabenden Vaters Rechnung getragen. Aber er nahm sich die Freiheit zu einer aussagekräftigen Komposi-

tion, in der er Reichtum und Tugend liebenswürdig zusammenschloß.

Ein wichtiges und bisher nicht voll geklärtes Kindheitszeichen für Knaben ist ein kleiner Vogel, den viele der gemalten Kinder auf dem Zeigefinger halten. Er darf nicht mit dem armen Tierchen am Faden der damals üblichen Vogelspiele verwechselt werden (Abb. 112). Mit Recht wird von seiten der Kunstgeschichte auf den religiösen Symbolgehalt des Zeichens *Vogel* in der christlichen Ikonographie verwiesen (Warnke, S. 20 ff.), die den Vogel als entschwebende Seele interpretiert. Auch in der volkskundlichen Literatur wird diese Deutung angeboten (HdA, Bd. VIII, Sp. 1677). Auf den Bildern könnte er dann also als Attribut des Todes verstanden werden für ein gestorbenes Kind. Aber das trifft nur in wenigen Fällen zu. Wohl galt in der älteren Symbolsprache der Vogel als Vermittler zwischen Erde und Himmel, aber mindestens seit der Antike auch als Zeichen der Männlichkeit (Doucet, S. 152 f.). Hinzuzufügen ist die Rolle des Vogels (Falken) als Abzeichen aristokratisch-ritterlicher Jägertugenden. Den kleinen Jungen gab man einen entsprechend kleinen Vogel auf die Hand. So mögen sich hier verschiedene Verständnisebenen zusammengefügt haben, um den Vogel zum Attribut der kleinen vornehmen Knaben zu stilisieren.

Läßt man die feinen Kleinkinder jener Epochen an seinem geistigen Auge vorbeispazieren, so drängt sich die Frage auf, wie denn die Kinder sich in dieser schweren und unbequemen Kleidung bewegen konnten. Nicht nur die fußlangen Röcke standen einer freien Körpersprache im Wege – auch für die Armbewegungen gab es mancherlei Hindernisse.

*37 J. van Ravesteyn: Knabe mit Papagei. Um 1600*

### Das Gängelband

Mit dem Aufkommen der anliegend taillierten spanischen Mode um 1600 auch für die Kinder hatte sich die Schulterpartie durch eine Art von *Flügeln* in Form dekorativer Stoffrollen an den Achseln verbreitet. Manchmal waren die Kleidchen ärmellos, und nur ein Hemdärmel sah unter den *Flügeln* hervor; zum Rücken hin gab es darunter breit hängende Stoffbänder, die Ariès (S. 116 ff.) als typische Zeichen der Kindheit erklärt. Sie seien Überbleibsel der mittelalterlichen Hängeärmel, eine funktionslose Rückbildung der *falschen* Ärmel aus einer vergangenen Mode und gerade in diesem Sinne Kinderabzeichen. Auf keinen Fall seien sie als *Gängelbänder (lisières)*

*38 N. Hilliard: Königin führt ihren kleinen Sohn am Gängelband. 1610*

*39 J. G. Cuyp: Zwillinge. 17. Jahrhundert*

*40 C. de Vos: Die Töchter des Malers. 17. Jahrhundert*

benutzt worden, die vielmehr gesondert als gewundene Schnur angebracht worden seien. Dem widersprechen die Ausführungen von Cunnington/Buck (S. 37), die diese *leading strings* ausdrücklich in ihrer Funktion als Haltevorrichtung beim Laufenlernen des Kindes bezeugen. Zwar waren die Flügelärmel und Bänder tatsächlich Relikte vergangener Moden, aber sicher nicht funktionslos.

Den Beweis dafür liefert die Abbildung einer englischen Königin um 1600, die für ihren kleinen Sohn eben diese Ärmelreste als Gängelband benutzt (Abb. 38). Auch auf dem Bild der Zwillinge (Abb. 39) sind die herunterhängenden gesäumten Bänder sehr gut als Gängelband zu verstehen.

*41 J. B. S. Chardin: Kind mit Fallhut. 18. Jahrhundert*

Das Gängelband, das Ariès wohl zu Recht als Abzeichen der Kindheit erkennt, ist nur eine der erstaunlichen Sicherheitsvorrichtungen dieser Epoche und Gesellschaft. Einerseits waren die Kinder kostbar im Erwachsenenstil gekleidet, andererseits mußte man sie wegen ihrer kindlichen Unbeholfenheit vor Unfällen schützen, was auf eine wenig kinderfreundliche Umgebung schließen läßt.

*Der Fallhut*
Ein wichtiges Mittel zum Schutz der Kinder war der seit dem 16. Jahrhundert übliche *Fallhut*: ein unter dem Kinn festgebundener, kranzartiger Wulst aus dickem Stoff oder Pelz, zuweilen wie ein Sturzhelm mit einer Kappe versehen (Stephan, S. 23) – ein ungemein lästiger Zwang für das Kind, der bis 1800 wohl in allen Schichten und auf dem Lande noch länger gebräuchlich war.
Für Schweden und Dänemark ist diese kindliche Kopfbedeckung nur aus aristokratischem Milieu überliefert (Lindström), doch das sagt wenig aus über die Möglichkeit einer tatsächlichen weiteren Verbreitung.

*42 Fallhut aus einem schwedischen Museum. 19. Jahrhundert*

Das kleine Kind von Peter Paul Rubens (1577-1640) (Abb. 43) ist ein Muster für die Kleidung der Hätschelkinder der oberen Schichten während mehrerer Jahrhunderte: fest den Fallhut um den Kopf gebunden,

*45 D. Chodowiecki: Kind mit Fallhut. 18. Jahrhundert*

am Gängelband geführt, ein Schürzchen über Hemd und dickem Röckchen, tappelt es unbeholfen seinem Ziel entgegen.

Gängelband und Fallhut sind Abzeichen der Kindheit ebenso bei Jan Steen (um 1626-1679) wie bei den zahlreichen Kinderbildern des Rokoko von Jean-Baptiste Siméon Chardin (1699-1779) bis zu Daniel Chodowiecki (1726-1801). Die Kinder schienen völlig an diese Marterhelme gewöhnt, die sie wohl so lange trugen, bis ihre Stirnen über den Gefahrenbereich der Tischkanten und Türknöpfe hinausgewachsen waren. Diese Situation ist besonders deutlich auf dem Chodowiecki-Bild (Abb. 44) zu erkennen, auch die Lässigkeit der Erwachsenen gegenüber dem Tun der Kinder. Solche Schutzvorrichtungen behüteten aber nicht nur die Kinder, sondern bewahrten auch die Eltern, Gouvernanten und Ammen vor allzu großer Mühe und Sorgfalt.

*43 P. P. Rubens: Kinderbild. Um 1600*
*44 D. Chodowiecki: Küchenszene. 18. Jahrhundert*

46 Bürgerfamilie. 1598

## Bürgerkinder

Die Frage nach den Hätschelkindern der Bürger und Kleinbürger jener Jahrhunderte bringt keine überraschenden Aufschlüsse. Sie wurden im Stil wohl ähnlich gekleidet, wie es die Aristokratenmode vorschrieb, mit zwei wesentlichen Unterschieden:

1. Die Stoffe waren einfacher, im Sommer oft Leinen für die Kittelchen, und im übrigen wohl häufig aus Resten von Erwachsenenröcken zusammengeschneidert. Solch ein Durchschnittskindchen zeigt der Petrarcameister (1532), ist aber auch auf dem Familienbild von 1598 zu erkennen, wo es mit Lätzchen, Schürze und Fallhut auf dem Schoß der Mutter sitzt. Seine Halskrause ist noch dürftig; in kompletter Form wurde sie ihm erst dann angelegt, wenn alle Zähne da waren (Cunnington/Buck, S. 52) (Abb. 47 u. 46).

Die Zeichenhaftigkeit der Kleidung im kleinen wie im großen kann man sich nicht ausgeprägt genug vorstellen. Im öffentlichen Bereich wurde sie durch *Kleiderordnungen* bestimmt, die als Gesetze der Obrigkeit die Luxusentfaltung steuern sollten. Das Prestigebedürfnis war in allen Stän-

47 Petrarcameister: Bürgerkind. 1532

den bedeutend, die ständische Gesellschaftsordnung jedoch so stark, daß man keine Grenzüberschreitungen dulden und jeden Stand an seiner Kleidung erkennbar machen wollte. In einer Kleiderordnung von 1530 heißt es:

»Kurfürsten, Fürsten und Stände haben gemäß der kaiserlichen Erklärung sich zu der Ordnung der Kleider vereiniget und verglichen, nachdem ehrlich, ziemlich und billich, daß sich ein jeder, wess Würden und Herkommen der sey, nach seinem Stand, Ehren und Vermögen trage, damit in jeglichem Stand unterschiedlich Erkäntnüß seyn mög.« (Fiedler, S. 90)

Allerdings war die Opposition gegen diese Beschränkungen so stark, daß die Kleiderordnungen vielfach erneuert werden mußten und es zwischen 1450 und 1550 in Deutschland nicht weniger als 75 Erlasse gab.

2. Nicht nur äußere, offizielle Zeichensetzungen machten sich geltend, sondern auch solche, die die *in-group* betrafen, die innerfamiliäre Ordnung.

So verfuhren die Großbürger mit ihren Kindern nach dem Muster der

Hätschelalter: Bürgerkind

48 G. Flinck: Kind mit Almosentasche. 1640

49 G. Metsu: Knabe mit Papagei. 17. Jahrhundert
50 A. Hanneman: Mädchenbildnis

Adligen: Auch der Sohn des Kaufmanns Geelvink trug den Papagei auf der Hand, den Federhut als Abzeichen, daß er ein Knabe ist, und noch als etwa Sechsjähriger den geschlitzten Schoßrock (Abb. 49). Auf der *Frauenseite* des Bildes beschäftigen sich Mutter und Amme mit den entsprechend gekleideten Mädchen.

100 Jahre später hatte sich die Szene verändert. Wohl trugen die Kleinen noch ausgeschnittene Kleidchen – die Mädchen bereits oft mit Fischbeinmieder –, aber die Knaben wurden ab einem Alter von etwa 3 Jahren, wenn sie sauber waren, in reguläre kleine Anzüge gesteckt (Cunnington/Buck, S. 74). Das bedeutete wohl einen früheren Beginn der Selbständigkeit, aber auch eine Verkürzung der ersten, verantwortungsfreien Kindheit.

*51 J. Umbach: Kinder im Hühnerhof. 17. Jahrhundert*

## Landkinder

Was die kleinen Kinder auf dem Lande anhatten, ist weitgehend aus älteren Bildquellen zu erschließen: Je nach der Witterung zog man ihnen alles übereinander, was sie an Kleidung besaßen, oder schickte sie im einfachen Hemdchen auf den Hof.

Auf manchen Bildern scheint es, als hätte man ihnen auch noch alle erreichbaren Tücher von Erwachsenen um Kopf und Schultern gewickelt. Grundkleidungsstück der Kleinkinder war ein weites, am Halsausschnitt gekraustes Hemdchen, wie es Jonas Umbach (1624-1693) dem kleinen Mädchen auf dem Hühnerhof übergestreift hat (Abb. 51) und wie es auch das Jesuskind auf Darstellungen der Heiligen Familie trägt. Darunter waren Jungen wie Mädchen nackt, was man auf älteren Bildbelegen deutlich erkennen kann. Sie trugen aber auch weder Gängelband noch Fallhut, und die Bilder und schriftlichen Quellen jener Zeit scheinen ein Kindsein widerzuspiegeln, das nach dem Gehenlernen im fast unbeachteten Mitleben mit den Erwachsenen bestand, im Hineinwachsen in die Welt der Großen durch ständiges Dabeisein. Auf Bruegels Jägerbild steht das Kleinkind wie eine Miniaturausgabe der Erwachsenen frierend bei den gefährlichen Beschäftigungen der Großen dabei, ohne daß man es auch nur beachtet (Abb. 53). –

*52 C. A. Krause: Bauernfamilie*
*53 P. Bruegel d. Ä.: Kind am Feuer. 16. Jahrhundert*

Die ländlichen Wirtshausbilder des 17. wie des 18. Jahrhunderts zeigen die gleiche lässige Behandlung der Kleinkinder. Ihre Kindheit bildete keinen Status mit eigenen Gesetzen, sondern nur eine Übergangsstufe in jene Lebensphase, in der sie zu kleinen Tätigkeiten und Hilfeleistungen innerhalb der Hofarbeit herangezogen werden konnten.

Die Konsequenzen, die man aus dem Wissen um die dauernde Gefährdung der Kleinen zog, bestanden in materiellen Schutzmaßnahmen, mit denen man die Kinder wie *Sachen* ohne eigenes Empfinden versorgte. Aus diesem Verhalten scheint eine gewisse Gleichgültigkeit gegenüber den Babys zu sprechen; sie schienen den Eltern nicht so besonders wichtig gewesen zu sein, eine unproduktive Kategorie von Wesen, bis zum siebten Jahr ohne Verstand, Stärke, Geschicklichkeit und Nutzen (Tucker, S. 326 f.). Eine Ausnahme war die Geburt des ersten Sohnes: bei den Aristokraten der Thronfolger und Stammhalter, bei den Besitzbürgern und Bauern der Erbe und zukünftige Hausvater.

54 *A. van Ostade: Bauernfamilie. 17. Jahrhundert*
55 *D. Ryckaert: Wirtshausszene. 17. Jahrhundert*

*56 A. Mantegna: Jesus als Wickelkind. 15. Jahrhundert*

## Das Wickelkind

Ganz allgemein wurden die Babys fest gewickelt, und zwar in einer Art von Bandagierungsmethode vom Hals bis zu den Zehen, Arme und Beine eingeschlossen (Cunnington/ Buck, S. 13 ff.) – wie es alte Marienbilder überliefern (Abb. 56, 57). Dazu kam ein festes warmes Häubchen, was der üblichen Sitte steter Kopfbedeckung für jung und alt entsprach (Ariès, S. 120; Pinon, L'enfance, S. 44 ff., mit Zeichnung). Jedermann erschien das feste Wickeln unerläßlich. Es sollte die zarten Säuglinge, deren Glieder wie junge Zweige seien, nicht nur vor Schäden aller Art schützen, sondern, wie man glaubte, auch Rücken und Gliedmaßen gerade halten (Tucker, S. 343 f.).

Nach 4-6 Monaten hörte man mit dem festen Einbündeln auf, und das Kind konnte wenigstens seine Ärmchen freier bewegen. Aber es ist merkwürdig, wie *richtig* den Menschen bis weit ins 18. Jahrhundert hinein diese Art der Säuglingsbehandlung erschien, die dem heutigen Kinderarzt und -psychologen als das Äußerste an Entwicklungsschädigung vorkommen muß (de Mause, S. 81). Zahlreiche Madonnendarstellungen zeigen das Jesuskind als festgebündeltes Wickelkind, und auch in die Südtiroler Spielzeugherstellung ist dieses *Fatschenkind* als feste Form eingegangen. Tatsächlich muß das Wickelkind in seinen Tüchern und

*57 G. de La Tour: Jesus als Wickelkind. 17. Jahrhundert*

*60 Tiroler Spielzeugdocken. 20. Jahrhundert*

*58 D. des Granges: Englische Wochenstube. 1635*
*59 Tiroler Weihnachtskrippe um 1750*

Bändern fest wie eine gedrechselte Holz-Docke gewesen sein (Abb. 60). War schon das Verhalten gegenüber den lauffähigen Kindern von dem vorherrschenden Gedanken des physischen Schutzes bestimmt (bei den Oberschichten kam das Bedürfnis nach Repräsentation hinzu), so galt das noch viel stärker für die Säuglinge. Psychische Auswirkungen auf die Kinder wurden von den Erwachsenen offenbar überhaupt nicht reflektiert, und es wäre ein falscher Ansatz, hier von einem Nach-Rousseauschen Kindheitsverständnis auszugehen.

Es war den Eltern bewußt, daß sich die Säuglinge in einer Grauzone der Gefährdung befanden, balancierend am Abgrund zum Tode. Sie akzeptierten diese Vorstellung – wie Liselotte von der Pfalz 1721 schreibt:

»Ich beklage alle die, so ihre Kinder verlieren; denn nichts ist schmerzlicher in der Welt. Ein klein Kind von etlichen Monaten ist eher zu verschmerzen, als wenn sie gehen und reden können. Wie ich meinen ältesten Sohn verloren, so noch nicht gar völlig drei Jahr alt war, bin ich sechs Monat gewesen, daß ich meinte, ich müßte närrisch vor Betrübnis werden.« (S. 449)

»Das Wickeln war oft so kompliziert, daß es zwei Stunden dauerte, bis ein Kind angezogen war. Der Vorteil dabei war für die Erwachsenen enorm: waren die Kinder erst einmal eingeschnürt, brauchten die Erwachsenen ihnen kaum noch Aufmerksamkeit zu widmen. Wie eine neuere medizinische Untersuchung über das Wickeln gezeigt hat, sind gewickelte Kinder extrem passiv; ihre Herzen schlagen langsamer, sie schreien weniger, sie schlafen weitaus mehr und sind im allgemeinen so in sich gekehrt und träge, daß die Ärzte, die die Untersuchung durchführten, sich fragten, ob man es nicht wieder mit dem Wickeln versuchen sollte. Die historischen Quellen bestätigen dieses Bild.« (de Mause, S. 62 f.)

61 R. Brakenburgh: Holländische Familie. 17. Jahrhundert

62 C. Bega: Säugamme. 17. Jahrhundert

*Säugamme und Ammenkorb*
Neben der Kleidung der Kleinkinder ist ihre Pflege von Interesse für die Rolle, die sie in Familie und Gesellschaft spielten. Bis ins 18. Jahrhundert hinein scheint es üblich gewesen zu sein, daß wohlhabende Leute ihre Kinder zuweilen bis zum dritten Lebensjahr in das Haus einer Säugamme gaben, ehe sie das Kleinkind wieder zurückholten und es der Obhut häuslicher Bediensteter überantworteten (de Mause, S. 55 ff.).
Aus Paris liegt für 1780 eine Statistik vor, nach der 21 000 Geburten/Jahr stattfanden, 17 000 der Neugeborenen zu Säugammen aufs Land kamen, 700 von Säugammen in der Stadt verpflegt wurden, 2-3000 in Heime kamen, und nur 700 von ihren eigenen Müttern gestillt und aufgezogen wurden (ebd., S. 60).
Es ist hier nicht möglich, diese Daten zu überprüfen. Ihre Tendenz dürfte insofern richtig sein, als der Beruf der Amme und Kindermagd tatsächlich eine weitverbreitete und begehrte Frauenbeschäftigung war und Ammen oft eine ganze Schar kleiner Pensionäre besaßen. An Sorgfalt ließen es manche von ihnen beträchtlich mangeln, zumal die Eltern sich nur wenig um die Verhältnisse bei der Amme kümmerten, besonders wenn diese auf dem Lande lebte. Aber nicht nur reiche Leute gaben ihre Kinder gerne fort, sondern auch weniger Wohlhabende, wenn die leiblichen Mütter oft infolge der vielen Geburten kränklich waren und deshalb unfähig, für ihre Kleinkinder richtig zu sorgen (Tucker, S. 345).
Eine traurige Tatsache scheint es zu sein, daß die Säugammen oft nur das oberflächlichste Interesse an den Kindern nahmen, sie mit Alkohol und Opiaten vollstopften, damit sie sich ruhig hielten. Bekannt ist das leinene Lutschbeutelchen mit Mohn, das die Babys in eine Dauerschläfrigkeit versetzte und auf dem Lande übrigens bis weit in die Gegenwart benutzt wurde. –
»Wenn wir die mannigfachen Schlafmittel nennen hören, welche die Ammen anwendeten, sobald der allgebräuchliche ›Zulp‹ oder ›Nutschbeutel‹ (›das Nutschel‹) nicht mehr genügen wollte, die Kleinen zur Ruhe zu bringen, so verstehen wir wohl, wie verderbenbringend solche Personen sein konnten. Da wurde das unruhige Kind mit Branntwein eingerieben oder mit einer Abkochung von Mohnköpfen getränkt. Ja, die Kinderwärterinnen wissen die Tugenden der Lilien in der Kinderstube, des himmlischen Theriaks, des Regnies Nicolai, der Knoblauchslatwerge und des Opiums, und wenn sonst nichts zu haben ist, des Summens und Wiegens zu schätzen.« (Stephan, S. 20)
Etwa ein Jahr lang stillte die Amme die ihr anvertrauten Kinder recht und schlecht; wenn dann vier Zähne durchgebrochen waren, erhielten sie feste Nahrung, vor allem Brot. Daß bei solcher Behandlungsweise, zu der man sich die mangelnde Hygiene, die Unkenntnis von infektiösen Kinderkrankheiten und den törichten Aberglauben hinzudenken muß, die Säuglingssterblichkeit große Ausmaße erreichte, kann nicht verwundern. Die Auswahl einer Kindermagd oder Säugamme war also eine Sache auf

*63 A. van Ostade: Frau mit Kind im Ammenkorb. 17. Jahrhundert*
*64 Rembrandt: Alte Frau mit Kind im Ammenkorb. 17. Jahrhundert*

Dieses Gerät, das für Holland seit Pieter Bruegel d. Ä. (um 1525-1569) vielfach belegt ist, war ein in Spiraltechnik geflochtener Korb aus Stroh, in dem ein erwachsener Mensch sitzen und sich mit Rücken und Füßen stützen konnte (Abb. 65). Auf niederländisch heißt dieser Korb *bakermat*, was mit Warmhalten und Versorgen zusammenhängt, der das Kind aber auch vor der Glut des offenen Kamins schützen soll (Weyns, S. 2). Tatsächlich sitzt die Amme in Pieter Bruegels ›Magerer Küche‹ wohl in wärmender Nähe, aber doch in sicherer Entfernung vom Feuer und füttert das Kleinkind mit Hilfe eines Kuhhornes, des Vorläufers der Säuglingsflasche, was schon aus den nordischen Sagas überliefert ist (Weber-Kellermann, Die Familie, S. 17 / Boesch, S. 34). Auch bei Adriaen van Ostade (1610-1685) steht der Ammenkorb, in dem das Kind gefüttert wird, in der Nähe des offenen Kamins. Es mag also tatsächlich ein Pflegekorb gewesen sein, der zugleich auch die pflegende Frauensperson vor der Feuchtigkeit des Lehmbodens schützte und ihr das Einschlafen sowie ein Erdrücken des Kleinkindes während des Fütterns und Säugens unmöglich machte (Abb. 63, 64).

Leben und Tod. Dazu kamen die fragwürdigen Schlafgelegenheiten für die Kleinkinder. Oft wurden sie einfach zu den Erwachsenen ins Bett gesteckt, zumindest bei nächtlicher Stilltätigkeit, wobei viele durch Ersticken oder Erdrücken im Schlafe den Tod fanden. Gerade beim nächtlichen Stillen schlief die Amme offenbar häufig ein und legte sich, ohne es zu merken, über das hilflose Kind. In Italien scheint man um 1700 aufgrund solcher Erfahrungen ein Gerät erfunden zu haben, eine hölzerne Latte mit einer Einbuchtung für die säugende Brust, die das Kind von dem Körper der Amme trennte (Caulfield, S. 490 ff.). Auch ein *Arcuccio*, ein korbartiges Schlafgehäuse, wird genannt (vgl. Pieske, S. 48).
Eine andere Schutzmaßnahme für die Kleinen, zumindest teilweise in dieser Richtung, war wohl der *Ammenkorb*.

*65 P. Bruegel d. Ä.: Die magere Küche.
16. Jahrhundert*

»Nun merk mit Fleiß, was ich dir sag':
Das Kind soll baden alle Tag,
Mit lauem Wasser, und so bald
Nach dem Bad du es salben sollst
Mit Rosenöl, ist ihm gesund.
Du sollst auch ihm zur selben Stund
Seine Glieder streichen auf und ab,
Wann es dieselben strecken mag.
Du magst sie ihm auch lenken fein,
Dieweil sie noch so linde sein,
Nach deim Gefallen, wie du willst,
Damit sie werden wohlgebildt.
Desgleichen magst du auch dem Kind
Sein Ohren, dweil sie noch lind sind,
Die Nas', dazu das Häuptlein sein
Sänftiglichen formieren fein
Mit deinen Händen auf das Best
Das Bäuchlein streich ihm auch zu-
 letzt.« (Boesch, S. 17)

*66 J. von Meckenem: Niederdeutsche Wochenstube. 15 Jahrhundert*

67 W. Hogarth: Edward in der Wiege. 18. Jahrhundert

68 F. Boucher: Kleiner Haushalt mit Wiegenkind. 18. Jahrhundert

*Die Wiege*

Die Einstellung einer Gesellschaft zu ihren Kindern läßt sich in besonderem Maße an den Gebrauchsgegenständen erkennen, die sie ihnen zugesteht. Wo also schliefen die Kleinkinder?

Im Königspalast wie in der Bauernkate gab es Wiegen, die sich sozial nicht durch ihre Form, sondern durch Größe und Qualität unterschieden. Die Herrschaftskinder scheinen länger in solchen Wiegen geschlafen zu haben. So berichtet Ariès vom französischen Königshof des 17. Jahrhunderts, daß der Dauphin mit drei Jahren der Wiege entwachsen war und ein eigenes Bett bekam (S. 115). Dementsprechend groß waren die Wiegen der Herrschaftskinder, wie sie z. B. William Hogarth (1697-1764) oder Chodowiecki gemalt haben – ja, die uns heute ganz unverhältnismäßig erscheinende Größe dieser Wiegen ist aus ihrem langen Gebrauch als Kinderbettchen zu erklären: ein kulturelles Zeichen für die Verlängerung der verschiedenen Kindheitsstufen bei den gehobenen Ständen (Abb. 67).

Bei den Formen der Wiegen unterscheidet man Längs- und Querschwinger, wobei die Querschwinger am meisten verbreitet sind, wie eine Umfrage des ›Atlas der deutschen Volkskunde‹ von 1930 ergab. Da die Wiegen nach 1800 mehr und mehr aus den Adels- und Bürgerhäusern verschwanden und nur noch auf den Dörfern zu finden waren, wurden sie ein Forschungsgegenstand jener Volkskunde, die sich als *Bauernkunde* verstand.

In den Epochen vor 1800 aber waren die Wiegen das Kinderbett der Kleinen – solange man eben ihre Unbeholfenheit und Babyhaftigkeit akzeptierte. Das Schlafen in der Wiege hatte nach der Volksmeinung drei Vorteile: 1. Das Kind schläft rascher ein; 2. Glieder und Gleichgewicht werden durch das Schaukeln besser geübt; 3. es befindet sich in einer Wiege sicherer als im Bett (Tucker, S. 343).

Um diese letzte Bedingung zu erfüllen, verschnürte man die gebündelten Kinder nochmals fest in ihrer Wiege. Das Kleinkind in seinem Schaukelbettchen sanft zu wiegen war ein wichtiger Teil der Kinderpflege, wonach die englischen Kindermädchen *rocker* genannt wurden, von ihrer Pflicht, die *rocks* = Kufen der Wiege zu bewegen (Cunnington/Buck, S. 70).

In den Bauernhäusern der gleichen Zeit waren die Wiegen freilich klein und dürftig: ein schmaler Holzrahmen mit aufgesetztem Flechtwerk oder einfach ein grober Kasten mit kleinen Kufen, wie Jan Bruegel d. Ä. (1568-1625) ihn malte (Abb. 69).

## Kinderstühlchen, Gehschulen und Haltevorrichtungen

Auf diesem Bruegelbild ›Vornehmer Besuch in der Bauernstube‹ ist viel zu sehen, was das Thema *Kindheit* beleuchtet. Links steht die erwähnte Wiege, aus der die Mutter das kleine magere Baby genommen hat, um es zu stillen und zu säubern (derweil es sich ein Hund in der Wiege bequem macht). Sie wärmt ihre linke Hand vor der Berührung des nackten Kindes am Feuer und hat eine Rolle Stoff zum Einwickeln des Kindes bereitliegen. Gleichzeitig aber blickt sie neugierig zu der vornehmen Frau hinüber, womit dem Bilde eine außerordentliche soziale Spannung gegeben ist. Die Dame nestelt in ihrem Geldbeutel, um das größere barfüßige Kind im Hemd für seinen stramm aufgesagten Gruß zu belohnen. Bald wird es ebenso devot wie sein Vater die Mildtätigkeit der Herrschaft entgegenzunehmen wissen. Ein drittes Kind sitzt auf einem wackeligen Flechtstuhl am Feuer und ist durch ein zwischengeschobenes Querholz vor dem Herausfallen geschützt. Es nützt die Abgelenktheit seiner Eltern, um aus einem viel zu großen Krug – vielleicht Bier – zu trinken.

Ein bäuerlicher Wohnraum also, in dem sich das gesamte Leben abspielt und die Kinder einfach mit-leben. Der Maler gibt zu verstehen, daß es nicht armselig zugeht, ein Riesenkessel über dem Feuer brodelt, der Tisch im Hintergrund sauber gedeckt ist und für jeden ein Kump Suppe oder Milch mit Brot und Butter bereitsteht. Knecht und Magd arbeiten an einem großen Butterfaß, was auf eine gewisse Behäbigkeit schließen läßt. Sogar einen wandernden Kesselflicker kann man beschäftigen, der seinen Ranzen auf der Bank neben sich abgestellt hat. Dennoch kennzeichnet der Maler überdeutlich den Standesunterschied zwischen Besuch und Bauernfamilie und dokumentiert damit die Schichtung der Gesellschaft. Obgleich die Bauern doch damals die größte Bevölkerungsgruppe bildeten und nahezu zwei Drittel der Gesamtbevölkerung umfaßten, waren sie durch die Kleider- und Luxusordnungen von allen besseren Gebrauchsgütern ausgeschlossen. Der vornehme Herr scheint dem Bauern

69 *J. Bruegel d. Ä.: Vornehmer Besuch in der Bauernstube. Um 1600*

einen Zuckerhut zu übergeben, den dieser mit völlig überraschtem Gesicht empfängt, war doch die Familie im allgemeinen auf Honig als Süßstoff beschränkt. Die feudalständische Ordnung wollte die Bauern zu Hausfleiß und darüber hinaus höchstens dem Konsum einheimischer

70 *Hängesitz für Kinder in einer schwedischen Bauernstube. 19./20. Jahrhundert*

Produkte verpflichten; »ausländisch Gewand« war ihnen streng verboten (Fiedler, S. 90). So konnte auch der wohlhabende Bauer in dieser Richtung sein Prestigebedürfnis nicht befriedigen. Nur allzu deutlich offenbarten sich die Standesunterschiede in der Kleidung. Wie schade, daß Bruegels ›Vornehmer Besuch‹ kein Kind in seiner Begleitung hat!

Neben den vorgeschriebenen Standesunterschieden kamen die innerfamiliären Kleidungsgesetze zur Geltung, die Stellung des Kindes in der Bauernfamilie als zukünftige Arbeitskraft. Die Situation der Kleinkinder auf dem Bauernhof hat sich seit der Bruegelzeit in den folgenden Jahrhunderten wenig in der Richtung verändert, daß eine Zuwendung zu ihrem Kindsein stattfand. Solange sie klein waren, galt es, sie vor äußeren Gefahren so zu schützen, daß die Mutter bei der Verrichtung ihrer Arbeiten nicht gehindert wurde. »Bauersfrauen, die den ganzen Tag auf dem Felde arbeiten mußten, konnten ihre kleinen Kinder kaum anders denn als Plage erleben und scheuten vor keinem Mittel zurück, sie ruhig zu halten« (de Mause, S. 8 f.). Zu diesem Zwecke gab es alle möglichen häuslichen und dörflichen *Erfindungen,* wie z. B. lederne Hängesitze, in denen das Kind vor dem Fallen und vor streunenden Tieren gesichert wurde und auch selbst nichts anstellen konnte. Dort hockte es oft stundenlang in einer Zwangslage, die seinem natürlichen Bewegungs- und Entdeckungsdrang genau entgegenwirkte. Es ist sicher unzutreffend, solche Geräte als *Schaukeln* zu bezeichnen, wie es in Museen zuweilen geschieht, und damit eine Vorstellung von schwebendem Kinderglück zu erwecken. Sie waren nichts anderes als Haltevorrichtungen und betrafen nur die physische Sicherheit des Kindes (Abb. 70).

Ein weiteres Sicherheitsgerät für die erste Kindheit waren die *Gehschulen*: kleine Gitterkäfige mit vier Rädchen,

in denen sich das Kind in der Stube oder auch auf dem Hof gehen lernend fortbewegen konnte, ohne zu fallen und ohne daß sich die Erwachsenen darum zu kümmern brauchten. Diesen Eindruck vermitteln deutlich die alten Bilder, auf denen die Kinder sich ganz selbst überlassen sind und sogar in einer Wochenstube frei herumrutschen, während die vielen dort vorhandenen Frauen den Gebärenden helfen oder sich mit einem Imbiß stärken. Freilich nahm das Kind auf diese Weise immer teil am Leben der Erwachsenen, aber diese »Freiheit« scheint mir durchaus problematisch gewesen zu sein (Abb. 8).

71 J. Steen: Verkehrte Welt. 17. Jahrhundert
72 Petrarcameister: Familienstube 1532

*73 C. de Vos: Kind im Stühlchen. 17. Jahrhundert*

Die vage Situation des nur äußerlich gesicherten Aufwachsens zeigt ein Holzschnitt des 16. Jahrhunderts mit den acht Kindern einer Patrizierfamilie (Der Petrarcameister, 1532, Abb. 72). Im Hintergrund sitzt eines von ihnen sicher im verschlossenen Kinderstühlchen und besorgt wohl sein Geschäftchen; ein zweites tappelt in der Gehschule, die es vor Stoß und Fall beschützt; im Vordergrund futtern zwei Kleine ungeschickt mit Holzlöffeln aus einem langstieligen Breinapf, der in einem Gestell so befestigt ist, daß er nicht umkippen kann; ein etwas größerer Junge in Kittel und Federhut reitet auf einem Steckenpferd und scheint den Gehschulenbruder wie in einem Wagen ziehen zu wollen; ein kleines Mädchen mit Gefräns begrüßt den Vater, während die größere Schwester sich mit einem Körbchen nützlich machen will und die Mutter das Jüngste aus der Wiege genommen hat, um es zu stillen. Eine ältere Verwandte sitzt spinnend im Hintergrund und überwacht die Kinderszene mit halbem Auge. Es kann ja auch eigentlich nichts passieren, denn alle Kinder sind irgendwie gesichert, und auch der Säugling wird fest eingebunden sein, wenn er wieder in der Wiege liegt. Dennoch läßt das Bild eine wirkliche Zuwendung zu den Kindern und ihren kindlichen Vorstellungen vermissen. Die Mutter ist ganz dem Vater zugekehrt, der, zum Ausgang gekleidet, kurz das Zimmer betritt und mit einer herrischen Geste Ruhe gebietet. Diese dominierende Haltung des Pater familias sagt deutlich etwas aus über die damalige familiäre Situation.

Eines der wenigen Kindermöbel waren die *Stühlchen,* in denen man die Kleinen ebenfalls fest gesichert wußte. Sie hatten eine Lehne und vorne eine Querleiste, die zu einem kleinen Pult für den Eßnapf oder das Spielzeug verbreitert werden konnte. In dieser Form handelte es sich dann um ein Möbel der besseren Gesellschaft. Solche Stühlchen sind oft gemalt worden und bargen in ihrem Innern zumeist noch ein Töpfchen, so daß man sich auch um diese Bedürfnisse des Kleinkindes nicht regelmäßig zu kümmern brauchte (Abb. 73).

Eine sarkastische Darstellung äußerster Vernachlässigung der Kinder hat Jan Steen in seinem Gemälde ›Verkehrte Welt‹ geliefert. Nicht nur, daß das Schwein die Rosen der Liebe frißt, der Erpel die Weisheit symbolisiert und die Meerkatze die Uhr zum Schlagen bringt! Auf der linken, der Kinderseite ist die Mutter oder Kindsmagd vom Alkohol beduselt eingeschlummert, und der Hund hat sich auf dem Tisch über das Essen hergemacht. Die größeren Kinder benutzen die Gelegenheit, um Tonpfeife zu rauchen und an den Wandschrank zu gehen, in dem Medizin und Liköre aufbewahrt wurden. Das Kleine aber ist an sein Stühlchen gebunden und hat dazu noch den unvermeidlichen Fallhut auf dem Kopf. Immerhin konnte es unbemerkt seine Breischüssel auf den Boden werfen, und Löffel und Rosenkranz werden bald folgen (Abb. 71).

Schildert Steen hier fast so etwas wie

74 Familienstube um 1700

das Gegenteil von Erziehung, so darf der Spott dieses Bildes mit den Freiheiten der unbeaufsichtigten Kinder nicht über deren wahre Lage hinwegtäuschen.

Das Bild eines norddeutschen Malers um 1700 zeigt, wie es normalerweise in einer Familienstube zuging (Abb. 74). Rechts und links im Vordergrund schlummern zwei Kleinkinder, das eine im Körbchen, das andere in einem verschlossenen Kinderstuhl, in dem die Erwachsenen es sicher aufbewahrt wußten, ohne sich intensiv mit ihm beschäftigen zu müssen. Die daneben sitzende Frau macht kunstvolle Handarbeiten, und das auf dem offenen Schrank stehende Spinnrad läßt vermuten, daß der Raum in der Hauptsache den verschiedenen weiblichen Arbeiten zugeordnet war. Die Kinder, obgleich sechs an der Zahl, waren hier nicht die Hauptpersonen, und es ist kein einziges Spielzeug zu erblicken. In der Mitte gängelt eine jüngere Frau ein kleines Ding beim Laufenlernen, das zum Schutz den damals üblichen dicken Fallhut auf dem Kopfe hat. Und eine ältere Kindsmagd im linken Vordergrund ist damit befaßt, einem kleinen, vor ihr knienden Knaben das Lesen beizubringen, hat sich aber offenbar dabei unterbrochen und die Brille abgesetzt. Denn ein größeres Mädchen, das zur Buße für eine Missetat an der Wand knien muß, scheint weiteren Anlaß zur Strafe zu geben und soll gerade mit der Rute gestrichen werden. Diese Aktion erregt die Aufmerksamkeit aller im Zimmer Anwesenden bis auf die Kleinen. Auch ein etwa fünfjähriger Junge, noch in Mädchenröcken, mit einer Peitsche in der Rechten, zeigt sich an dieser Exekution äußerst interessiert. Im Hintergrund ist ein Mann an einem Pult mit Schreiben beschäftigt, und durch die geöffnete Tür sieht man eine der Damen des Hauses in pikanten Verhandlungen mit einem Kavalier. Nichts von besonderer Zuwendung und immanenter Kinderwelt in unserem Sinne ist hier zu bemerken. Die Kinder wachsen mit Schlägen in die Welt der Erwachsenen hinein, und kindliche Möbel dienen höchstens ihrem physischen Schutz, aber nicht der Entfaltung spezifisch kindlicher Fähigkeiten.

Die gern gepriesene Freiheit dieser Kinder bestand wohl doch hauptsächlich darin, sich den Normvorstellungen der Erwachsenen anzupassen oder sie zu unterlaufen. Dirigiert wurden die Regeln des Zusammenlebens jedenfalls von oben.

Der Pädagoge C. G. Salzmann äußert sich 1805 zur Kindererziehung: »Was ist Erziehung?

Seitdem es Menschen gibt, sind dieselben auch erzogen worden. Gleichwohl hat man noch keinen bestimmten, allgemein angenommenen Begriff von der Erziehung. [...]

Erzieht man das Kind zum Menschen, so werden alle seine Kräfte entwickelt und geübt; erzieht man es

75 *Kinder James' I. 1613 – Ein Knabe und zwei Mädchen mit Spielzeug und Gehschule*

aber für ein gewisses Geschäft, so hält man es für nötig, daß man nur diejenigen, die zur Verrichtung desselben erforderlich sind, in Tätigkeit setze, und andere, die der Wirksamkeit derselben nachteilig sein können, schlummern lasse oder gar lähme, [...]
Um die Gehkraft der Kinder zu entwickeln und zu üben, steckte man sie ehedem in Laufbänke oder legte ihnen Laufzäume an, und sie wurden oft krummschenklig und hochschultrig, und wenn man ihnen den freien Gebrauch ihrer Glieder zuließ, hatten sie dieselben nicht in ihrer Gewalt, strauchelten oft, zerschlugen sich die Köpfe, oder bekamen andere Beschädigungen. Jetzt sind Laufbänke und Laufzäume aus allen Kinderstuben verbannt, wohin das Licht der besseren Erziehung gedrungen ist. Man sieht da die Kinder, wie junge Tiere, herumkriechen; fühlen sie mehr Kraft in ihren Schenkeln, so richten sie sich empor und treten an Stühle. Man setzt nun mehrere Stühle in kleiner Entfernung von einander hin, legt Bilder und Spielwerk drauf, um sie zu reizen, von einem Stuhle zum anderen zu wandeln. Nach einigen Tagen lassen sie die Stühle stehen, und wandeln, ohne sich an etwas zu halten, durch das Zimmer. Verlieren sie das Gleichgewicht, so setzen sie sich gewöhnlich auf den Hintern. Bei dieser Übung bleiben die Glieder gesund und unverletzt. Wie lange währt es, so sieht man die nämlichen Kinder, die erst krochen, laufen und springen ...
So wie man bei dieser Anleitung zum Gehen die Gehkraft nicht eher zu üben sucht, bis die Kriechkraft hinlänglich geübt ist, und jene hinlänglich sich äußert, so darf man auch nicht andere Kräfte zu entwickeln suchen, bis sie wirklich da sind, und diejenigen, aus welchen sie hervorzugehen pflegen, hinlängliche Übung bekommen haben. [...]
In der Folge äußert sich der Verstand durch Urteile, die er über Gegenstände fällt, die in die Sinne fallen. Zugleich fangen die in den Händen befindlichen Kräfte an, ein Streben nach Tätigkeit zu äußern. Das Kind greift nach allem, betastet alles, wirft es von einem Orte zum andern. Gibt man ihm in der Folge ein hölzernes Pferd, so baut es von Büchern oder Stühlen einen Stall, legt ihm Futter vor, zieht es heraus, bindet es an einen Stuhl, oder sonst etwas, das des Pferdes Wagen sein und von ihm fortgezogen werden soll u. dgl. Erst bei dem Austritte aus dem Stande der Kindheit fängt die Vernunft an durch Vorstellung von übersinnlichen Gegenständen sich tätig zu beweisen. Hierdurch hat uns die Natur die Ordnung vorgezeichnet, in welcher wir ihr bei Entwicklung der jugendlichen Kräfte behilflich sein müssen.« (Salzmann, Ameisenbüchlein, S. 47 ff.)

## Das Lernalter

Nach Ariès (S. 45 ff.) umfaßt in der »traditionellen Gesellschaft« die Kindheit nicht mehr als das zarteste Kindesalter, eben die *Hätschelperiode*. Dann werde das Kind übergangslos in die Welt der Erwachsenen integriert, und das Zusammenleben mit ihnen beruhe dergestalt auf einem Lehrverhältnis, daß es deren Verhalten durch Helfen und Zusehen erlerne. (Im Kap. ›Lernen und Leben‹)

Seit dem 19. Jahrhundert werde dann die Schule zur Institution Erziehung und das Kind zum Zwecke ihres Besuches von den Eltern getrennt; die Familie aber gerinne nun zu einem Ort »unabdingbarer affektiver Verbundenheit«, an dem dem Kind und seinen Studien eine neue zentrale Bedeutung zukomme.

Das ist wohl irgendwie richtig, aber für welche sozialen Schichten? Darauf bleibt Ariès die Antwort schuldig, die für die 1. These lauten müßte, daß es sich hier eben um den *oikos,* die gemeinsam wohnende und wirtschaftende Haushaltsfamilie handelt, deren Verhaltensweisen und Erziehungsmuster als Funktion ökonomischer Bedingungen in der Bauernfamilie bis weit in unser Jahrhundert erhalten blieben. Seine 2. These aber trifft nur auf das bürgerliche Familienmodell zu, und auch das ist soziologisch und ökonomisch gesehen kein Zufall. Trotz dieser Einschränkungen beendet Ariès den Lebensabschnitt Kindheit im großen und ganzen mit dem siebten Lebensjahre. Diese Grenze wird häufig gesetzt und beendet auch im Volksglauben die Zeit der kindlichen Unschuld. Zeugnisse der mittelhochdeutschen Dichtung wie das achtjährige Mädchen im ›Armen Heinrich‹ des Hartmann von Aue (um 1170-1210/20) scheinen solche Altersbegrenzungen zu bestätigen. Das einfache Bauernkind, das dem aussätzigen Manne dient, will sich opfern, als es vernimmt, daß das Herzblut einer reinen Jungfrau den

76 Ehrenjungfrauen empfangen die russische Zarin. 19. Jahrhundert
77 Ehrenjungfrauen beim 50. Jubiläum eines Eisenbahnwerkes. 1912

Kranken retten könne. Todesverachtung der kleinen Heiligen aus den Legenden (Geering, S. 77) vermischt sich hier mit der voläufigen Vorstellung von den heilenden Kräften der unschuldigen Kinder, die sie um das siebte oder achte Jahr herum verlieren.

In der aristokratischen und dann auch in der gehobenen bürgerlichen Gesellschaft späterer Jahrhunderte bekamen die jungen Mädchen als *Ehrenjungfrauen* im weißen Kleid mit Schärpe repräsentative Aufgaben, für deren Erfüllung sie eigentlich auch nichts anderes als ihre Jugend und Unschuld qualifizieren sollten. Diese Tradition fiel freilich allzuoft den Standes- und Familienrücksichten zum Opfer. Aber der alte Gedanke von den besonderen Kräften der weißgekleideten Unschuld war auch in solchen Bräuchen noch enthalten (Abb. 76, 77).

Es könnten hier viele weitere Beispiele von den Symbolen der *Kindheit* angeführt werden, die es kaum vertretbar erscheinen lassen, den Abschluß dieser Kindheit theoretisch auf einen bestimmten Zeitpunkt festzusetzen. Die historischen Wandlungsprozesse der Gesellschaft um-

78 A. van Dyck: Kinderehe. 17. Jahrhundert im Hause Oranien

fassen die Kindheitsphase genauso wie die anderen Lebensalter. Wenn ich Ariès in der Begrenzung der *Hätschelperiode* mit dem Ende der vollständigen Abhängigkeit von Mutter und Amme folge – auch das eine fluktuierende Grenze –, so sicher nicht in der These einer absoluten Abgrenzung der zweiten Phase. Ihre Beendigung hängt von den verschiedensten Bedingungen ab: Beginn der Lehrzeit, Aufnahme in die Kirchengemeinschaft (Konfirmation), Rechts- und Strafmündigkeit, Heiratsfähigkeit könnten solche Grenzen sein (Hardach, S. 2), obgleich sie ja wohlgemerkt mehr die Normen der Öffentlichkeit betreffen als die der familiären Privatheit. Für das 16. und 17. Jahrhundert erwähnt Boesch (S. 106 f.), daß die Knaben ab 14 Jahren, die Mädchen ab 12 zu den Erwachsenen gezählt wurden. In Nürnberg mußte 1615 jeder Bürger, der einen oder mehrere Söhne hatte, sie mit 14 Jahren auf das Rathaus bringen und ihren Namen in das Bürgerbuch einschreiben lassen, damit der Rat wisse, wie viele mannbare Bürgersöhne in der Stadt seien. Jeder mußte sich mit einem leiblichen Eid zum Gehorsam verpflichten. Ab 12 Jahren wurden die Handwerker- und Kaufmannssöhne schon mit kleineren Geschäften beauftragt, und 14 Jahre war auch die untere Grenze für die Aufnahme an eine Universität. Das alles galt als Regelung des öffentlichen Lebens. Wann jedoch im privaten Familienzusammenhang die Kindheit beendet war, ist nicht so eindeutig festzulegen. Der Beginn materieller Unabhängigkeit und Eigenverantwortung wäre theoretisch wohl als Grenze zu setzen. Da die Söhne in dieser Zeit der Hausfamilie jedoch zumeist in das Geschäft, die Werkstatt oder Wirtschaft des Vaters oder eines Verwandten eintraten, wurde auch dieser Übergang zu einer fließenden Grenze. Wann im binnenfamiliären Sinne die Kindheit vorbei war, hing von vielen Unwägbarkeiten ab, u. a. auch von der Einstellung der Eltern. Die Verkürzung oder Verlängerung dieses Lebensabschnittes ist kulturgeschichtlich, sozio-ökonomisch und erziehungspsychologisch zu interpretieren.

Wenn in der hier in Frage stehenden Epoche vom 16.-18. Jahrhundert die Aristokratie aus dynastischen Gründen Kinderehen förderte, Heiraten zwischen 10-12jährigen, so drückte sie damit ihre gnadenlose Vorstellung vom frühen Abschluß der Kindheit im Interesse politischer Ziele aus (Abb. 78).

Andererseits ließen die Patrizierfamilien ihre Töchter mit kostbar ausgestatteten Puppenhäusern spielen, bis sie Bräute waren. Das war eine spielerische Vorbereitung auf die Pflichten einer Ehefrau, aber auch eine Verlängerung der Kindheit, eine Verlängerung der Zeit eines verantwortungsfreien Spiels. Man kann es jedoch auch interpretieren als den unmittelbaren Übergang von der Verfügungsgewalt der Eltern in die Verfügungsgewalt des Ehemannes.

Die christliche Vorstellung vom Geborenwerden in Sünden und davon, daß auch zu große elterliche Liebe

Sünde sei, durchwirkt die Geschichte der Kindererziehung und scheint die Moralisten zu harten Methoden und häufigem Gebrauch der Rute ermutigt zu haben. Eine absolute Anpassung an die Lebensnormen der Erwachsenen galt als hervorragendes Erziehungsziel. Was konnte in diesem Verhaltenssystem ein besseres Vorbild abgeben als die Lebensläufe der Heiligen! Kindheitslegenden der Heiligen gehörten deshalb zur frühen Lektüre und malten Idealbilder von Kindern, die wie kleine Erwachsene mit einer weitgehend unkindlichen Entscheidungsfähigkeit ihre eigene Bestrafung als wünschenswert schätzten (Gray, S. 48). Immer lebten die Kinder in einem durch Macht bestimmten Beziehungssystem; sie befanden sich *unten,* solange sie Kinder waren, und erstrebten ein *oben* mit dem Ziel, selbst einmal Macht ausüben zu können. Dieses Machtschema – das versteht sich – hatte zahlreiche soziale, geschlechts- und altersspezifische Nuancen und soll hier nur etwas Allgemeines aussagen über das Verhältnis von Erwachsenen zu Kindern, dem schwächsten Teil der Gesellschaft. Es soll damit durchaus nicht Vorhandensein und Möglichkeit der freundlichsten, positiven Eltern-Kind-Beziehungen bestritten werden. Aber daß diese Beziehungen in der Vergangenheit trotz aller Liebe immer von einem Machtgefälle bestimmt waren, gewissermaßen als erste kindliche Erfahrung, scheint mir ein wichtiger Erkenntniszugang zum Thema Kindheit zu sein. Zwei Zitate aus dem Abstand von etwa hundert Jahren, um 1700 und um 1800, mögen diese Tatsache belegen:

»Ich finde, daß es eine rechte Liebe ist, wenn man Kinder scharf hält. Wenn man räsonnabel wird, erkennt man, aus welcher Ursache es geschehen, und weiß denen am meisten Dank, so mit solcher Affektion uns zum Besten vor uns gesorgt haben. Denn von Natur sind alle Kinder

*79 Familienbild um 1570*

zum Bösen geneigt, drum muß man sie kurz halten.« (Liselotte von der Pfalz, S. 379)

»Hier wäre nun zu bemerken, daß in dem versteckten Fulda das bürgerliche Familienleben so eng, wie es die damalige Zeit überhaupt hergebracht hatte, sich vielleicht noch länger als in vielen anderen Städten erhielt. Eine schlichte, ehrbare Sitte und das abgeschlossene Gefühl innigster und ungeteilter Angehörigkeit machte die Substanz desselben aus. Und indem Kirche und Schule sich beeiferten, Herz und Geist durch strenge Lehre und fromme Angewöhnungen in häuslicher Abgeschlossenheit zu bewahren, trat der Staat hinzu, das Zellengewebe der Familien zu keiner höheren Entwicklung kommen zu lassen, das Familienleben vom öffentlichen, ja vom Gemeindeinteresse abzuhalten. Willfährigkeit und Gehorsam war das sittliche Erbe, das vom Großvater auf die Enkel überkam. Nur zu geselligem Verkehr und festlichen Genüssen erweiterte sich die Familie zur Sippschaft, bei Gelegenheit von Verlobungen, Hochzeiten, Kindtaufen. Man kam zum Gefühl der Vetter- und Basenschaft. Die ärmeren Familien blieben wohl gar beim Meister Nachbar und der Frau Nachbarin. Persönlich freie Wechselanziehung oder Association von Interessen störten nicht das liebe Herkommen, noch die hohe Verbindung, die man sogar mit der fürstbischöflichen Regierung darin gemein hatte, Alles beim Alten zu lassen.« (Koenig, S. 61)

*80 St. Lochner: Knaben in der Kirche. Um 1447*

*81 H. S. Beham: Magd mit Herrschaftskind. 1531*

## Kleidung

Die Kleidung der Kinder nun ist eines der kulturellen Zeichen, mit denen die Gesellschaft ihre Meinung über Dauer und Wesen der Kindheit artikuliert. In die ständische Sozialordnung war auch die Kinderkleidung miteinbezogen. Die *Knaben der aristokratischen Oberschicht* wurden nach Abschluß der ersten Kindheit ganz entsprechend der herrschenden Männermode gekleidet. Im 15. und frühen 16. Jahrhundert bestand diese aus langen oder knielangen Schlupfkitteln, zuweilen – und das war ein wichtiges Kindheitszeichen – im Unterschied zu den Erwachsenen nicht oder nur leicht gegürtet und lose am Hals sitzend. Der Aufwand der Vornehmen zeigte sich in kostbaren Stoffen und Pelzbesatz (Cunnington/Buck, S. 23 ff., Abb. 80).

Je mehr sich die Männermode auf Wams und Hose einstellte und die spanische Silhouette an Bedeutung gewann, um so wichtiger wurde auch für die Knabenkleidung neben dem Wams die Hose und das Anlegen der ersten Hose ein bedeutsamer Einschnitt – fast wie eine Initiation. Was dieses Ereignis auch für die Mutter bedeutete, beschreibt Liselotte von der Pfalz in einem ihrer Briefe:

»An Frau von Harling, St. Cloud, den 10. April 1681. Unterdessen muß ich Euch noch sagen, daß ich nun eine alte Mutter bin, denn mein Sohn ist in Hosen und Wams, sieht all artlich aus. Ich wollte, daß Ihr ihn so sehen könntet, denn er ist nun viel menschlicher und räsonnabler als er war, wie Tante hier war.« (S. 66)

Es gibt dafür schon ältere Belege. Als Hermann von Weinsberg 7 Jahre alt war, ca. 1525 in Köln, bekam er die damals übliche männliche Tracht, den Bruch, die Hosen, das Wams und den Überrock. Felix Platter – etwa zur gleichen Zeit – konnte sich der Freuden erinnern, als ihm mit fünf Jahren die ersten Hosen angelegt wurden.

»Sie waren rot und wurden an einem Sonntag eingeweiht mehr als gut gewesen.« Denn er aß so viele Kirschen, »daß mein Freud in Leid verkehrt wardt und man mich wider ufnestlen und die Hosen abziehen mußt und wäschen.« (Boesch, S. 39 f.)

Im 16. Jahrhundert trugen die Knaben Pluderhosen bis über die Knie und anliegende Strümpfe, denn seit etwa 1580 war in England die Technik des Strickens aufgekommen und erlaubte die Mode enganliegender Strümpfe (Abb. 81).

Auf dem Kopfe hatten die Knaben Hüte und Kappen mit Federn, und die oft aus kostbarem Metall gefertigten Hutbänder waren also ein aristokratisches Standeskennzeichen. Denn die Kleidung der *Bürgersöhne* unterschied sich weniger in der Form als hauptsächlich durch die Materialien.

Bemerkenswert und für das soziale Verhalten bezeichnend ist die Tatsache, daß auch die Knaben der oberen Stände an Trauersitten beteiligt wurden und schwarzgekleidet zu Begräbnissen gingen. Damit erwiesen sie sich als Teilnehmer der Erwachsenenwelt.

Um die Mitte des 17. Jahrhunderts änderte sich deutlich die Knabenmode; das Wams wurde durch ein langes Jackett ersetzt, das zunächst bis zu den Knien reichte, Rücken- und Seitenschlitze und eine Knopfreihe aufwies (Abb. 83). Darunter

*82 J. Olis: Familienbildnis mit Männer- und Frauenseite. 17. Jahrhundert*

*83 F. Bol: Knabenporträt. 1656*

hatten die Knaben der Oberklassen farbige Unterwäsche, während die einfachen Leute und vor allem die Dienstleute blaue Hemden trugen. Eine weitere Neuheit war der Dreispitzhut.

Die Kleider der aristokratischen Knaben war ihren Jahren entsprechend streng normiert, – ja fast wie eine Rangordnung uniformiert.

Der Dauphin erhält 1602 mit ca. 14 Monaten sein erstes Kleid mit Gängelband; mit 3 Jahren, 2 Monaten: sein erstes Kleid ohne Gängelband; an seinem 4. Geburtstag: Kniehosen unter dem Kleid; mit 5 Jahren bekommt er statt der Kinderhaube einen Männerhut;

1606: Es wird ihm gesagt: »Jetzt, da man Ihnen die Haube abnimmt, sind Sie kein Kind mehr, sondern beginnen, ein Mann zu werden.«

1608, also mit 7 Jahren, bekommt er Wams und Kniehosen, Mantel und Degen (als zukünftiger Herrscher). (Nach Ariès, S. 115 f.)

Ariès stellt die These auf, daß die Knaben von Stand die soutaneartige Kleidung der vorangegangenen Mode von vor ca. 100 Jahren trugen und damit der *Stand* des Kindes in dieser auf Standesgrenzen so sehr bedachten Zeit bezeichnet wurde (S. 119 ff.). Die gleiche These hatte er bereits bei der Erklärung der Flügelärmel vorgetragen, die er ausschließlich als Reste der mittelalterlichen Hängeärmel deuten wollte. Diese These ist m. E. nicht aufrechtzuerhalten. Kostümgeschichtlich haben die geknöpften langen Jacken der Knaben einen ganz anderen Charakter als die Schlupfkittel der vorhergehenden Mode; sie sind vielmehr der Beginn der Rokokomode mit ihrem *Justaucorps*. Und inhaltlich ist Ariès auch nicht zuzustimmen, da auf den Porträts vornehmer Familien des 16. und 17. Jahrhunderts, gleichgültig ob in Deutschland oder den Niederlanden, die Knaben stets wie ihre Väter, also der Zeitmode entsprechend gekleidet sind. Zutreffend ist der Hinweis auf die große Kostbarkeit der standesgemäßen Knabenkleidung und damit auf den repräsentativen Aufwand, der hier getrieben wurde. Wenn man nach Symbolen der Kindheit sucht, so findet sich vielleicht ein Hündchen, eine weichere Haarlocke, ein schlichteres Barett. Aber die Kinder sind ernst, fast voll Trauer, und ohne Zuwendung seitens der Eltern (Abb. 82).

Diese Zuwendung fehlt gleichfalls auf den holländischen Bildern aus dem Bürgermilieu, wenn es dort auch ungezwungener zugeht, die Erwachsenen mit sich selbst beschäftigt sind und die Kinder sich besser amüsieren. Sie trugen bequeme lange Kittel oder Jacken und weite Hosen bis unters Knie, dazu Mützen oder Hüte.

Das 18. Jahrhundert nun bietet einen großen Bestand von Bildquellen für die aristokratische Kinderkleidung. Am Anfang findet man die Knaben noch wie ihre Väter im Pomp des Barock. Aber dann setzte sich der klarere Kleidungsstil des Rokoko durch – mit einer Vorliebe für die ordengeschmückte Kinderuniform. Damit hatte auch die Kinderkleidung teil an der Demonstration von Macht, die für diese Zeit des Absolutismus so typisch war. Goldbordüren, Silberknöpfe, Seidenstickerei, Spitzenjabots und -manschetten dokumentierten einen Kleiderluxus, der den mittleren und unteren Schichten in jeder Hinsicht verboten war.

*84 J. H. Tischbein: Der junge Karl August von Weimar. 18. Jahrhundert*

*85 G. M. Kraus: Bildnis eines Knaben. 18. Jahrhundert*

Die wohlhabenden Bürger aber folgten der Aristokratenmode, und der alte Johann Wolfgang von Goethe erinnert sich in ›Dichtung und Wahrheit‹ an die eitlen Gefühle seiner Kinderjahre beim Anlegen neuer Kleider:

»Mir träumte neulich, in der Nacht vor Pfingstsonntag, als stünde ich vor einem Spiegel und beschäftigte mich mit den neuen Sommerkleidern, welche mir die lieben Eltern auf das Fest hatten machen lassen. Der Anzug bestand, wie ihr wißt, in Schuhen von sauberem Leder, mit großen silbernen Schnallen, feinen baumwollenen Strümpfen, schwarzen Unterkleidern von Sarsche und einem Rock von grünem Berkan mit goldenen Balletten. Die Weste dazu, von Goldstoff, war aus meines Vaters Bräutigamsweste geschnitten. Ich war frisiert und gepudert, die Locken standen mir wie Flügelchen vom Kopfe.« (Bd. 22, S. 56)

Den dreieckigen Hut trug er unter dem Arm, an der Seite den Degen, der am Bügel mit einer langen seidenen Bandschleife geschmückt war.

Das hört sich anmutig an, doch die engen Westen, die am Knie fest geschnürten Hosen, die Schuhe mit hohen Absätzen erregten manch Bedenken hinsichtlich der Gesundheit dieser Kleidung (Stephan, S. 50).

Solch Knabenputz war alles andere als kinderfreundlich, aber jeder, der etwas auf sich hielt, folgte dieser Mode, und so berichtet der Pächterssohn von Rügen, Ernst Moritz Arndt (1769-1860), welch schreckliche *Kopfmarter* es war, wenn sie als Kinder zu größeren Festlichkeiten modisch frisiert wurden.

»Oft bedurfte es einer vollen ausgeschlagenen Stunde, bis der Zopf gesteift und das Toupet und die Locken mit Wachs, Pomade, Nadeln und Puder geglättet und aufgetürmt waren. Da ward, wenn drei bis vier Jungen in der Eile fertiggemacht werden sollten, mit Wachs und Pomade draufgeschlagen, daß die hellen Tränen über die Wangen liefen. Und wenn die armen Knaben nun in die Gesellschaft traten, mußten sie bei jedermänniglich, bei Herrn und Damen, mit tiefer Verbeugung die Runde machen und Hand küssen.« (Arndt, S. 49)

Drastisch ist die Schilderung eines 1790 geborenen Autobiographen, der seinen Zopf kurzerhand einem wandernden Haarhändler verkaufte:

»Das dichte Haardach meines Zopfes hatte mich eines heißen Sommertags recht ungeduldig und knabenhaft ungebärdig gemacht, als die Mutter, am offnen Fenster nähend, ausrief: Ach! ein Haarkäufer! Nun kannst du deinen Zopf loswerden, Heinrich Joseph! Da ist einer, der ihn abschneidet. Ich raffte mich von der Diele auf, wo ich lag, noch zweifelhaft, ob es Spaß oder Ernst sei. Doch als ich durch das Fenster den stattlichen Fremden erblickte, verwirrte mich der Gedanke, wie mir wohl ohne Zopf zu Mute sein werde. Ich hatte nicht Zeit zu überlegen, nicht Mut zu widerstreben; denn schon war auf einen Wink der Mutter jener Mann in die Stube getreten und kam unter dem Balkendurchzug gebückt an die Fenster hervor – fremdartig gekleidet, zwei buntseidne Tüchlein an die Schultern gesteckt, die wie zwei Flügel flatternd ein niedliches Ränzchen auf dem Rücken halb bedeckten. Er befühlte meinen Zopf, ward mit der Mutter des Handels einig, und in wenig Minuten lag das lange Haar abgeschnitten da, und das kurze zurückgebliebene war gestutzt, wie unsere Bauern es unter einem sichelförmigen Kamm trugen und wie es heut von den modischen Herren rund und dicht im Nacken getragen wird.

Der Fremde ging, und ein seidnes Tuch blieb auf dem Schoße der Mutter zurück. Ihr Auge ruhte lange darauf und füllte sich, wie mir schien, mit Tränen. Und war's nicht wunderbar? Der Zopf wie der Cocon, in den sich die Seidenraupe des Eigensinns eingesponnen, war verschwunden; abgefädelt, gesponnen und gewebt lag die Seide vor uns. Doch, das ist meine Betrachtung von heut. Damals war mir wunderlich zu Mute, wie ich so mit der Hand im Nacken vor der gerührten Frau stand. Ich wagte nicht zu klagen, so leid es mir ums Herz war, weil ich sie selbst leidmütig erblickte. Was sie aber empfand, wußte ich nicht. Es war wohl Leid um das Haar, mit welchem so viel Mutterpflege in die Fremde wanderte. Schwerlich träumte sie, daß der Kopf, von dem es genommen war, ihr vielleicht dereinst Seide spinnen werde. Eher bangte sie wohl, ob nicht

86 J. Zoffany: The Bradshaw Family. 1769

mit dem Haare bösen Menschen oder Wesen eine Zaubermacht über ihren Knaben gegeben sei.« (H. Koenig, S. 85-87)

Aber um diese Zeit hatte die Geltung der Rokokomode schon längst ihren Höhepunkt überschritten. Mehr und mehr gewannen endlich Gedanken Raum, die zuerst der Arzt und Naturphilosoph John Locke (1632-1704) ausgesprochen hatte, daß ein gesunder Leib und eine gesunde Seele die Hauptstützen aller Glückseligkeit seien. Zur Kindermode bemerkte er, »daß man die Kleider der Knaben nie zu enge machen lasse, besonders um die Brust herum. Man lasse der Natur Freiheit, den Leib zu bilden, wie sie es für gut findet. Sie wirkt allein gelassen besser als nach unseren Anweisungen. Sollte oft die Bildung der Kinder im Mutterleibe den Müttern selbst überlassen sein, so würden gewiß so wenig vollkommene Kinder geboren werden, als wir wenige wohlgestaltete unter denen finden, die enge verschnürt worden sind, oder an denen man viel gekünstelt hat. Diese Betrachtung, dünkt mich, sollte die geschäftigen Leute (ich möchte nicht gern sagen, die unwissenden Ammen und Schnürbrustmacher) abhalten, sich nicht in Dinge zu mischen, die sie nicht verstehen. Sie sollten es sich zur Gewissenssache machen, die Natur bei Bildung des Leibes nicht zu stören, da sie den inneren Bau des geringsten und kleinsten Teiles nicht kennen. Ich weiß viele Beispiele von Kindern, bei denen das enge Schnüren und Einpressen die nachteiligsten Folgen hatte, und ich konnte nicht umhin, daraus den Schluß zu ziehen, daß es außer den Affen auch noch andere Geschöpfe gibt, die nicht viel klüger sind und ihre Jungen durch unvernünftige Zärtlichkeit und zu häufige Liebkosungen ersticken.

Die üblichsten und alltäglichsten Folgen der Schnürleiber und engen Kleider sind: Engbrüstigkeit, kurzer und übelriechender Atem, verdorbene Lungen und Rückgratverkrümmung. Das Mittel also, dessen man sich bedient, den Wuchs fein und schlank zu machen, dient nur dazu, ihn zu verderben.« (Locke, S. 21 f.)

Es dauerte jedoch noch 100 Jahre, bis die Lehren Lockes befolgt und die Kinder von den Zwängen der Frisuren, Schnürleiber, engen Kniehosen und Hackenschuhen befreit wurden – eine Befreiung, die einherging mit einer der größten gesellschaftlichen Freiheitsbewegungen überhaupt.

87 Gotische Kostümstudie. 15. Jahrhundert

88 D. Velazquez: Die kleine Infantin. 17. Jahrhundert

89 Mädchenbildnis von 1588

Die *Mädchenkleidung* dieser Jahrhunderte war nicht so normiert und gewissermaßen nach Rangordnungen gestuft wie die der Knaben. Nach Beendigung der ersten Kleinkindphase wurden sie in den vornehmen Familien mit einigen Vereinfachungen ganz der Damenwelt entsprechend gekleidet, was der Anschauung von den Mädchen als bald zu verlobenden kleinen Frauen entsprach.

Die gotischen *surcoats,* die über dem Hemd getragen wurden, die ausladenden *chaplets* des 15. Jahrhunderts (Abb. 87) wichen der zweiteiligen Mode des 16. Jahrhunderts. Für sie war der lange, steife, dreieckige, dekorative Brustlatz bezeichnend – ein Kostümelement übrigens, das sich als Schneppe sehr lange erhalten hat und später in die Volkstrachten übergegangen ist. Daß dieser Brustlatz eine gut entwickelte weibliche Anatomie erforderte und den kindlichen Körper nur drücken konnte, beweist einmal mehr den fiktiven Erwachsenencharakter dieser Kleidung.

In der zweiten Hälfte des 16. Jahrhunderts kam zum erstenmal die Krinoline auf als Überbetonung der neuen geteilten Silhouette in Oberteil und Rock. Den steifen Unterröcken folgten die Radgestelle, in denen Diego Velázquez (1599-1660) die bemitleidenswerte kleine spanische Infantin eindrucksvoll gemalt hat (Abb. 88). Allein das Köpfchen war frei mit schleifengeschmücktem offenem Haar. Um 1620 verschwand die Krinoline zunächst wieder aus der Damenmode, und die Unterröcke und Schürzen kehrten zurück.

Die *Bürgermädchen* dieser Zeit scheinen sehr viel einfacher gekleidet gewesen zu sein, in Holland und dem protestantischen Deutschland puritanisch schwarz, aber auch mit freiem Kopf (Abb. 89).

Das 17. Jahrhundert brachte dann andere Zwänge: Wenn die Knaben behost wurden, fing man an, die Mädchen wie ihre Mütter anzuziehen, d. h. sie erhielten Miederkorsetts aus Walfischbein zur Erlangung einer schlanken Taille (Cunnington/Buck, S. 88), und diese qualvolle Beengung mußten alle Aristokraten- und besseren Bürgermädchen bis zum Ende des 18. Jahrhunderts erdulden. Darüber hat sich bereits Christian Gotthilf Salzmann (1744-1811) in seinen pädagogischen Schriften geäußert; in einer scharfen Kritik aus dem 19. Jahrhundert wurden die Bedenken gegen den *Schnürleib* für Kinder nochmals zusammengefaßt:

»In Bezug auf die Kleidung begann man schon in dieser frühen Kinderzeit einen wesentlichen Unterschied zwischen Knaben und Mädchen zu machen; bei den letzteren trat die Schnürbrust oder die *Fätsche* ihre Herrschaft an. Um einen schönen Wuchs zu erzielen, preßte man Brust und Unterleib des kleinen Mädchens in ein durch Fischbein- oder Holzstäbe möglichst steif gemachtes Leibchen gleich als in einen Panzer ein. ›Gewisse Erhabenheiten verschobener Knochen‹ suchte man dadurch in Ordnung zu bringen, daß der Schnürleib ganz durch Eisenstäbe gesteift wurde. Die falsche Sorge um eine schöne Gestaltung des kindlichen Körpers verleitete vorzugsweise ›vornehme Standespersonen‹ sogar zur Anlegung solcher Harnische schon im Säuglingsalter; selbst die Nacht befreite die armen Geschöpfe nicht von diesem Marterwerkzeug. Die Tyrannei, die die Mode ausübt, hatte hierin ihren Höhepunkt erreicht [...] Das Haar trugen die kleinen wandelnden Glocken, und wenn sie auch erst 4 oder 5 Jahre alt waren, bereits modisch frisiert. Als Schutz des gepuderten Toupets bedeckte meist noch ein dünnes Häubchen, eine kleine ›Flor-dormeuse‹, den Scheitel. Die Füßchen steckten in hohen unbequemen Stelzenschuhen. Handschuhe

und einige Schmuckgegenstände vervollständigten den Anzug.« (Stephan, S. 23 f.)

Die Kritiker dieser Moden haben mit Recht deren verheerende Gesundheitsschädigung angeprangert. Es ist kaum anzunehmen, daß die damaligen Mütter solche Dinge nicht auch bemerkt hätten, aber sie nahmen sie nicht ernst, und das ist bezeichnend für die damalige Vorstellung von *Kindheit*. Der Anblick der mageren kindlichen Dekolletés vermittelt in einer rührenden Weise die völlige Nichtachtung des Kinderstatus. Durch die Fischbeinkorsetts (als eines der äußeren Zeichen) wurden die Kinderjahre der Mädchen gewissermaßen umgebogen zu einer Vorfraulichkeit, die zweite Kindheit übersprungen. Die Erotisierung des Kindes zeigte sich aufs deutlichste in diesem Kleidungsverhalten, das nur von den Gesichtspunkten einer Erwachsenenwelt gesteuert war (Abb. 91).

Da das große Dekolleté ein Vorrecht der aristokratischen Damen war und mehr oder weniger zum Hofzeremoniell gehörte (die Frauen der anderen Stände trugen Tücher im Ausschnitt), könnte sich hier eine Einübung durch Kleidung auf die spätere Kombination von Macht und Sexus andeuten, aber auch auf die Verfügbarkeit der Frauen in diesem Spiel. Von Kindlichkeit waren solche Moden weit entfernt.

*90 J. B. S. Chardin: Die Morgentoilette. 1740*

»Mein Fieber minderte sich gegen Morgen und zwei Tage nachher war ich außer Gefahr [...] Sobald ich nur etwas sprechen konnte, kam der König zu mir. Er war so erfreut, mich außer Gefahr zu finden, daß er mir befahl, mir eine Gnade von ihm zu erbitten. ›Ich will dir ein Vergnügen machen‹, sagte er zu mir, ›und Dir alles bewilligen, was Du begehrst.‹ Ich besaß Ehrgeiz; ich war böse darüber, daß ich noch immer wie ein Kind behandelt wurde, entschloß mich also gleich und bat ihn, mich von nun an wie eine erwachsene Person zu behandeln und die Kinderkleider ausziehen zu lassen. Er lachte herzlich über meine Idee. ›Nun denn‹, sagte er, ›Du sollst zufriedengestellt werden, und ich verspreche Dir, daß Du nicht mehr im Kinderkleide erscheinen sollst.‹ Ich habe nie eine größere Freude gehabt. Ich hätte bald darüber einen Rückfall bekommen, und man hatte alle nur mögliche Mühe, meine erste Erregung zu mäßigen. Wie glücklich man doch in diesem Alter ist! Die geringste Kleinigkeit unterhält und erfreut uns. Der König hielt Wort, und trotz der Hindernisse, welche die Königin dagegen aufstellte, befahl er ihr ausdrücklich, mir den Manteau anlegen zu lassen. Erst 1720 konnte ich mein Zimmer wieder verlassen. Ich war vollkommen glücklich, aus den Kinderkleidern getreten zu sein. Ich stellte mich vor meinen Spiegel, um mich zu betrachten, und hielt mich in meinem neuen Anzuge nicht für gleichgültig. Ich studierte alle meine Bewegungen und Haltungen, um das Ansehen einer erwachsenen Person zu haben; mit einem Worte, ich war mit meiner kleinen Figur sehr zufrieden.« (Bayreuth, S. 51 f.) So beschreibt die damals elfjährige Schwester Friedrichs II. dieses entscheidende Kindheitserlebnis (vgl. Abb. 90).

91 J. B. Perronneau: Mädchen mit Katze. 18. Jahrhundert

Die Kleidung der *Landkinder* in diesen Jahrhunderten ist verhältnismäßig undifferenziert, denn spezifische Regionaltrachten bilden sich erst nach 1800 heraus. Die Bruegels malten für das 16. Jahrhundert in den Niederlanden die Kinder wohlverpackt in knöchellangen Röcken mit rückwärtigem Schlitz, unter dem das Hemd hervorschaut, mit Schürzen, Jacken und Kopftüchern (Purrucker, S. 143) – die Jungen in formlosen Hosen und Joppen. Bruegels genauer Beobachtung ist die Art und Weise zu glauben, in der er die Kinder der Erwachsenenwelt integriert. Wie Gnome tapsen sie neben der Welt der Großen her und in sie hinein. Das einzige Symbol für Kindheit scheint auf dem Kirmesbild das Glöckchen zu sein, das man dem Kleinen an den Ärmel genäht hat – ein Erkennungssignal wie für kleine Hunde, Lämmer und Kälber (Abb. 92).

100 Jahre später sehen die Bauernkinder auf den berühmten niederländischen Gemälden kaum anders aus – mit der Ausnahme vielleicht, daß die Jungen Hüte trugen, z. T. mit Federn wie die oberen Stände, wenn auch nicht vom Pfau, sondern vom Hahn. Kleidungsdetails sind selten zu erkennen. Immer war alles ein bißchen zu groß, zu weit, besonders die Sachen der Jungen, die Hosen und Hüte, die zuweilen Erbschaften vom Vater oder großen Bruder vermuten lassen. Da gab es Risse und hängende Strümpfe, Unpassendes wurde zusammengestellt, Schlupfkleider über den nackten Po gezogen (Abb. 93).

Die Maler dieser Zeit beabsichtigten keine Bauernverherrlichung. Sie wollten im Gegenteil diesen Stand in seiner dummen Plumpheit verspotten. Was nun die Kinder anbetrifft, so gelang ihnen statt dessen eine äußerst realistische Alltagsbeschreibung. Überall waren sie dabei, sobald sie laufen konnten: beim Schlachten wie beim Wundarzt, beim Moritatensänger und Quacksalber und natür-

lich auf der Kirmes. Wohl können sie sich mit den Kindern mit Spitzenkragen und Federhut auf den schönen Porträts der gleichen Zeit nicht vergleichen. Aber während diese meist ernst und ein wenig traurig auf den Betrachter blicken, lassen die Maler die Bauernkinder lachen. Unbeaufsichtigt von den Erwachsenen eroberten sie sich ihren Teil an deren Welt und erfuhren höchstens die Schelte des Großvaters aus dem Fenster, wenn sie gar zu laut schrien.

Freilich darf man sich von diesen Genrebildern nicht zu falschen Schlüssen verleiten lassen. Die Ungezwungenheit der Bauernkinder, die sich auch in ihrer lockeren Kleidung ausdrückte, war gleichbedeutend mit einer aussichtslosen Existenz in einem überlasteten, abstumpfenden,

92 P. Bruegel d. Ä.: *Bauernkind auf der Kirmes* 16. Jahrhundert
93 D. Teniers d. J.: *Bauernjungen.* Um 1650

94 J. Victors: *Der Quacksalber. 17. Jahrhundert*
95 A. Brouwer: *Kinder beim Quacksalber.*
*17. Jahrhundert*

schweren Bauernleben. Auf den Bildern scheinen die Bauernkinder ihren Pflichten entschlüpft zu sein, kurze Freuden, wie sie Ulrich Bräker (1735-1798) in seinen Lebenserinnerungen geschildert hat:

»Alle Frühjahr mußte der Vater mit dem Vieh oft weit nach Heu fahren und es teuer bezahlen. – Indessen kümmerte mich alles dies kein Haar. Auch wußt ich eigentlich nichts davon und war überhaupt ein leichtsinniger Bube, wie's je einen gab. Alle Tage dacht ich dreimal ans Essen und damit aus. Wenn mich der Vater nur mit lang anhaltender oder strenger Arbeit verschonte oder ich eine Weile davon laufen konnte, so war mir alles recht.« (S. 98 f.)

Die vielfältigen Zeichensetzungen jedenfalls, die bei der Kinderkleidung der oberen Stände in diesen Jahrhunderten aufgefallen waren, treten bei den Landkindern zugunsten einer auf Mangel beruhenden Beliebigkeit zurück. Die Bauernkinder zogen das an, was gerade da war. Der allgemeine Eindruck ist der einer gewissen Dürftigkeit. Wirklich reiche Bauern gab es in Deutschland nur in den wenigen Freibauerngebieten, alle anderen waren abhängig und abgabepflichtig. Von Prestige- und Rangkennzeichen, die die Trachten des 19. Jahrhunderts in so reichem Maße aufweisen, ist für die Landkinder aus diesen Jahrhunderten nichts bekannt (Abb. 94, 95).

**Alltägliche Wohnumgebung**
Über das Wohnen der größeren Kinder in der Epoche des 16.-18. Jahrhunderts erfährt man aus den ikonographischen und literarischen Quellen weit weniger als z. B. über die Schlafmöbel der Hätschelkinder. Sobald sie der Wiege und dem Kinderstuhl entwachsen waren, scheinen sie mehr oder weniger wie Große behandelt worden zu sein. Selten sind Angaben wie die folgende:
»Als des Paulus Behaim Kind (1550) gerade 1 Jahr alt geworden, zahlt er dem Schreiner 4 Pfd. für einen Kinderwagen. [...] 1493 ließ Michael Behaim für seine Kindlein einen Tisch und Bänklein machen.« (Boesch, S. 39) Mit dem Kinderwagen war ein ziehbares Holzwägelchen gemeint.
Aber solche besonderen Kindermöbelchen scheinen nicht die Regel gewesen zu sein. Auch hier gilt die Voraussetzung, daß *Wohnen* die kulturelle Funktion einer sozialen Situation ist, ein Sich-Verhalten als Reaktion auf eine gesellschaftliche Wirklichkeit. »Jeder Art eines Beisammenseins von Menschen entspricht ihre Ausgestaltung des Raumes« (Elias, Höf. Gesellschaft, S. 70). Was bedeutete das für die der Wiege entwachsenen Kinder?
Die Adelsfamilien hatten ihre Schlösser und Gutshäuser – und daneben häufig ein Stadtpalais. Dort lebte die erweiterte *Familie* in, wie Elias (ebd., S. 78) sagt, »ständiger räumlicher Nähe und ständiger sozialer Ferne«. Trotz der großen Rolle, die gerade auf den Schlössern die Geselligkeit spielte, waren die heranwachsenden Kinder zwanghaft der herrschenden Etikette unterworfen, die unter den kulturellen Figurationen die größte Macht ausübte als Markierung der Hierarchie durch angeordnete Verhaltensweisen.
Die Leiden eines Königskindes unter den Intrigen der Erzieherinnen und Hofdamen schildert erschütternd die Schwester Friedrichs II.

*96 Interieur eines Bürgerhauses des 17. Jahrhunderts*

»So wie ich in meinem Zimmer war, fragte mich dieses Mädchen, wie gewöhnlich, nach den Neuigkeiten des Tages. Ich saß mit ihr auf einem Tritte von zwei Stufen in der Fensterbrüstung. Ich antwortete ihr, daß mir die Königin diktiert habe. Damit begnügte sie sich nicht, und legte mir so viele Fragen vor, daß sie mich in Verlegenheit setzte. Als sie jedoch sah, daß sie durch Güte bei mir nichts ausrichte, geriet sie in eine furchtbare Wut, gab mir mehrere Schläge auf den Arm und stieß mich von dem Tritte herunter. Meine Gewandtheit beschützte mich, nicht Arm oder Bein zu brechen. Ich kam mit einigen blauen Flecken davon.
Dieser Auftritt wiederholte sich am nächsten Tage, aber mit größerer Heftigkeit. Sie warf mir einen Leuchter an den Kopf, der mich fast getötet hätte. Mein ganzes Gesicht war blutig. Auf mein Geschrei kam meine Bonne Mermann hinzu, die mich den Klauen dieser Megäre entriß. Sie wusch ihr tüchtig den Kopf und drohte ihr, das Vorgefallene der Königin anzuzeigen, wenn sie nicht anders sich gegen mich benehme. Die Letti bekam Furcht. Mein Gesicht war ganz beschunden, und sie wußte nicht, wie sie sich dabei helfen sollte. Sie verbrauchte eine Menge kopfschmerzenstillendes Wasser, das man die ganze Nacht über auf mein armes Gesicht legte, und ich gab tags darauf bei der Königin vor, daß ich gefallen sei.« (Bayreuth, S. 26 f.)

Eindringlich hat Ariès anhand der Tagebücher des Dr. Heroard, Leibarzt des jungen Ludwig XIII., die Einbeziehung der Kinder in die frivolen Spiele der Hofgesellschaft geschildert (S. 175 ff.). Er beschreibt auch, wo der Dauphin ab 5-6 Jahren geschlafen hat: in einem Raum mit einer Kammerfrau, »deren Bett dicht bei dem seinen stand. Seine Diener, die manchmal verheiratet waren, schliefen in demselben Zimmer wie er, und seine Gegenwart brauchte sie nicht sehr zu genieren.«. (S. 177)
Es scheint an den Adelshöfen allgemein üblich gewesen zu sein, daß die Kinder keine eigenen Zimmer hatten – mit der Möglichkeit eigener Lebensordnung. Die Mädchen und die Knaben schliefen wohl zumeist mit ihren Kammerfrauen, Erzieherinnen oder Hofmeistern, und die Knaben verließen oft sehr früh – mit 8-10 Jahren – das Elternhaus, als Pagen oder um in vormilitärischen Erziehungsanstalten im Sinne soldatischer Tugenden erzogen zu werden.
Ebensowenig konnte in den *Bürgerhäusern* von Kinderzimmern die Rede sein. Die typische Raumaufteilung jener Zeit sei nach Konstruktionsforschungen skizziert, die im Zuge von Marburger Sanierungsmaßnahmen vorgenommen wurden (Dittrich). Der mittelalterliche Ständerbau erlaubte eine bis zu vier Geschossen reichende Bauhöhe, die wie ein Rastersystem aufgeteilt war. Eine Halle reichte durch Erdgeschoß und

97 A. Pesne: Prinzessin Wilhelmine mit ihrem Bruder Friedrich. 18. Jahrhundert

ersten Stock und diente der Werkstatt, den Lagern, dem Verkauf und der Küche; die Wohnräume befanden sich nach der Straße zu im ersten Obergeschoß und vielleicht auch noch darüber. Ein mittlerer Flur- und Treppentrakt erlaubte die Heizung und Durchräucherung des Hauses. Ein rückwärtiger Kammerbereich diente der Aufbewahrung von Kleidung und Lebensmitteln, vielleicht den Schlafräumen von Dienstboten und anderen Hausinsassen. Vom Treppenteil aus gelangte man auch auf die Aborterker. »Das deutsche Haus [gemeint ist das Bürgerhaus. W.-K.] wurde in der Regel nur von einer Familie bewohnt. Als [...] das Miethaus Verbreitung fand, erlitten die alten Häuser auch vielfach durch Umbau Veränderungen, wobei besonders die Diele durch Einziehen einer Zwischendecke in Mitleidenschaft gezogen wurde.« (Carl Schäfer, nach Heinrich Winter, S. 57)
Diesem sinnvoll gegliederten Hauswesen, das der Sozialstruktur der Haushaltsfamilie entsprach, folgte das Fachwerkhaus im Rähmbau, das aber nach und nach unabhängige Stockwerkkonstruktionen erlaubte. Mit der Zunahme der Bevölkerung und der gleichzeitigen Abnahme der größeren Haushaltungen ergab sich so die Möglichkeit, einzelne Stockwerke als Mietwohnungen herzurichten.

Die alte Koppelung von Hausbesitz mit Handwerksgerechtigkeit und Bürgerrecht, wie sie der Familie als Haus- und Wirtschaftsgemeinschaft entsprach, wurde im Laufe des 18. Jahrhunderts insofern durchbrochen, als allmählich nur noch zwei Drittel der Kleinbürger auch Hausbesitzer waren (Möller, S. 116). Wie wohnten nun die Kinder unter solchen Bedingungen? Im alten Handwerker- oder Handelshaus werden sie bei den Eltern oder den Mägden oder den Gesellen geschlafen haben. Kinder und Mägde benutzten häufig auch eine Schlafbank, oder es gab Bettfächer in Kommoden und Kastenbetten, die abends unter dem großen Bett hervorgezogen wurden. Spezielle Kinderbetten sind nicht bekannt. Dafür war zuwenig Platz, und das entsprach auch nicht den Vorstellungen von Kindheit als einem gesonderten Status.

Die Philanthropen des 18. Jahrhunderts, wie Salzmann, kritisierten die unheilvollen Einflüsse des allzu engen Zusammenschlafens von Erwachsenen und Kindern. Ein Schutz für die elterliche Intimsphäre werden die Himmelbetten mit ihren Vorhängen gewesen sein. Nur in einem Punkte verwöhnte man sich: mit dem Gebrauch großer Federbetten, auch als Unterpfühle. John Locke warnte bereits vor den gesundheitlichen Schäden, die diese Federbetten hervorriefen:

»Das Bett eines Kindes muß hart und lieber eine Matratze als ein Federbette sein. Ein hartes Lager stärkt die Glieder, dahingegen ein weiches, wo man alle Nächte gleichsam in den Federn begraben liegt, den ganzen Körper verzärtelt, oft Kränklichkeit verursacht und den Menschen vorzeitig ins Grab bringt ... Es würde also gut sein, wenn man oft das Bett der Kinder änderte. Bald müßte der Kopf hoch, bald tief liegen, damit sie sich nicht über jede kleine Veränderung beklagen, der sie sich doch aussetzen müssen, wenn sie nicht bestimmt sind, ihr Lebenlang in dem Hause ihrer Eltern zu schlafen und beständig eine Wärterin bei sich zu haben, die alles nach der größten Bequemlichkeit anordnet.« (S. 34)

Die freundlichen Darstellungen eines integrierten Kinderlebens in die fröhliche Welt der Erwachsenen, wie es besonders die holländische Malerei des 17. Jahrhunderts glauben machen will, trifft ganz sicher für die Kleinbürgerwelt des 18. Jahrhunderts nicht zu. Sehr litten die Kinder unter der räumlichen Enge, zumal häufig noch in die Wohnung Kostgänger aufgenommen wurden, Kinder vom Lande, die in der Stadt in die Schule gingen.

»Günther, der als Schüler in Haida bei einem Schneider untergebracht worden war, mußte an der Ofenbank kniend seine Aufgaben machen, da der Meister in der Regel den Tisch zum Zuschneiden benötigte, und [...] in derselben Stube wohnen und auf dem Boden schlafen.« (Nach Möller, S. 121)

Mit dem Mietwohnungselend des ausgehenden 18. Jahrhunderts kündigen sich schon jene Lebensformen an, die der Arbeiterwohnmisere der kommenden Epoche ein so erschütterndes Gepräge geben.

Freilich sind für die Zeit vor 1800 auch andere bürgerliche Wohnverhältnisse zu denken, besonders in den großen Städten. Ob Franz Grillparzers (1791-1872) Schilderung seiner Kindheit in einem großen Wiener Miethaus typisch ist, sei dahingestellt; die Familienwohnung erscheint als eine merkwürdige Mischung zwischen dem alten *Haus*, dem *oikos* der Familiengemeinschaft, und der neuen bürgerlichen Wohnweise mit ihren spezialisierten Stuben, ohne allerdings noch die Wohnqualitäten des Biedermeier zu erreichen. Das Kinderzimmer jedenfalls begegnet dem Leser nicht als Kinderparadies, sondern als ein Alptraum: »In diesem Hause wurde ich geboren und verlebte meine ersten Knabenjahre. Finster und trüb waren die riesigen Gemächer. Nur in den längsten Sommertagen fielen um die Mittagszeit einzelne Sonnenstrahlen in das Arbeitszimmer unseres Vaters, und wir Kinder standen und freuten uns an den einzelnen Lichtstreifen am Fußboden.

Ja, auch die Einteilung der Wohnung hatte etwas Mirakuloses. Nach Art der uralten Häuser war es mit der größten Raumverschwendung gebaut. Das Zimmer der Kinder, das so ungeheuer war, daß vier darin stehende Betten und einige Schränke kaum den Raum zu verengen schienen, empfing sein Licht nur durch eine Reihe von Glasfenstern und eine Glastüre von einem kleinen Hofe auf gleicher Ebene mit dem Zimmer, also wie das Zimmer selbst im ersten Stockwerke. Dieser Hof war uns streng versperrt, wahrscheinlich infolge einer Konvention mit dem grämlichen Hausherrn, der den Lärm der Kinder scheute. Hierher verlegten wir in Gedanken unsere Luft- und Sommerfreuden.

Nächst der Küche lag das sogenannte

98 *A. van Ostade: Bauerninterieur mit Kindern. 17. Jahrhundert*

Holzgewölbe, so groß, daß allenfalls ein mäßiges Haus darin Platz gehabt hätte. Man konnte es nur mit Licht betreten, dessen Strahl übrigens bei weitem nicht die Wände erreichte. Da lag Holz aufgeschichtet. Von da gingen hölzerne Treppen in einen höheren Raum, der Einrichtungsstücke und derlei Entbehrliches verwahrte. Nichts hinderte uns, diese schauerlichen Räume als mit Räubern, Zigeunern oder wohl gar Geistern bevölkert zu denken. Das Schauerliche wurde übrigens durch eine wirkliche, lebende Bevölkerung vermehrt, durch Ratten nämlich, die in Unzahl sich da herumtrieben und von denen einzelne sogar den Weg in die Küche fanden. Ein bei uns lebender Neffe meines Vaters und mein zweiter Bruder begaben sich manchmal, mit Stiefelhölzern bewaffnet, auf die Rattenjagd, ich selbst konnte mich kaum ein paarmal entschließen, das Gewölbe zu betreten und mir Angst und Grauen zu holen.

Von der Küche ab ging ein zweiter langer Gang in ein bis zu einem fremden Hause reichendes, abgesondertes Zimmer, das die Köchin bewohnte, die infolge eines Fehltritts mit dem auch Schreibersdienste leistenden Bedienten verheiratet war, welche beide dort eine Art abgesonderten Haushalt bildeten. Sie hatten ein Kind und zu dessen Wartung ein halberwachsenes Mädchen, als Magd der Magd. Der Zutritt auch zu diesem Zimmer war uns verboten, und wenn manchmal das schmutzige Mädchen mit dem unsaubern Kinde, wenn auch nur im Durchgange erschien, so kamen sie uns vor wie Bewohner eines fremden Weltteils.« (Grillparzer, S. 3 f.)

Das *ländliche Wohnen* der Kinder bei den mittleren und kleinen Bauern scheint sich seit dem 18. Jahrhundert bis in die erste Hälfte unseres Jahrhunderts nur wenig verändert zu haben. Weder gab es eigene Kinderstuben noch auch zumeist ein eigenes Bett für jedes Kind. Häufig schliefen zwei oder sogar drei Kinder kreuz und quer in einem Bett, wie es gerade kam. Die persönliche Zuordnung zu Dingen und Möbeln, die Möglichkeit einer eigenen Ordnung, gab es für die

*99 J. Steen: Bauernfamilie beim Tischgebet. 17. Jahrhundert*

*100 G. M. Kraus: Bauernkind beim Essen. 18. Jahrhundert*

Kinder auf dem Lande noch weniger als im bürgerlichen Milieu.

Die künstliche Geschlossenheit bäuerlicher Innenräume, die die Museen gern vermitteln, ist sicher nicht auf die historische Wirklichkeit übertragbar. Nach der anderen Seite jedoch zeichnet wohl ein Maler wie Adriaen van Ostade ein ebenso falsches Bild in seinem ›Bauerninterieur mit Kindern‹ mit einer übertrieben wüsten Unordnung, die nichts mit der vertrauten Benutztheit gemein hat, die Bruegels Bild (S. 48 f.) so glaubhaft macht (Abb. 98). Bei einer Befragung in Siebenbürgen im Jahre 1974 erzählten die Bauern, wie in ihrer Jugend im Winter die ganze Dreigenerationenfamilie in der Wohnküche geschlafen habe als dem einzigen geheizten Raum. Die Ehepaare hätten jeweils ein Bett für sich gehabt, und die Kinder hätten zu mehreren in einem Bett geschlafen. Wie froh wären sie gewesen, wenn der Sommer kam. Dann konnte man schlafen, wo man wollte – am liebsten auf dem Heuboden.

In den vergangenen Jahrhunderten wird es nicht anders gewesen sein. Also hatten die Bauernkinder einen erweiterten Lebensraum, eine größere Freiheit, aber sie waren auch weniger geschützt und somit weit gefährdeter. Als der heranwachsende Ulrich Bräker nach langer schwerer Krankheit, offenbar einer Hirnhautentzündung, auf dem Wege der Besserung ist (wo er sein Krankenlager hat, wird nicht berichtet), sagt sein als gütig und freundlich geschilderter Vater zu ihm:

»Danke deinem Schöpfer! [...] er hat dein Flehen erhört und dir von neuem das Leben geschenkt. Ich zwar, ich will dir's gestehen, dachte nicht wie du, Uli, und hätt dich und mich nicht unglücklich geschätzt, wenn du dahingefahren wärst. Denn ach, große Kinder, große Sorgen! Unsere Haushaltung ist überladen. Ich hab kein Vermögen. Keins von euch kann noch sicher sein Brot gewinnen. Du bist der Älteste. Was willst du nun anfangen?« (Bräker, S. 126)

## 3. ARBEIT UND SPIEL

Arbeit und Spiel scheinen im sozialen Beziehungssystem reziproke Begriffe zu sein: Je höher der Stand, um so geringer ist die aktive Begegnung des Kindes mit der Arbeitswelt, um so eindrucksvoller diejenige mit dem Spiel – und umgekehrt. Aber nicht immer geht die Rechnung so einfach auf. Dauer und Bedeutung von Arbeit und Spiel hängen wiederum zusammen mit der familiären und gesellschaftlichen Vorstellung von der Kindheit, ihren Eigenarten und ihrer Dauer.

### Kindliche Arbeitsbereiche

Die Kinderarbeit ist ein Begriff, der in den verschiedenen Epochen, Regionen und Schichten jeweils besonders definiert werden müßte. Im folgenden Kapitel wird keine Sozialgeschichte im Sinne einer statistischen Aufarbeitung dieser Probleme geleistet (vgl. letzthin Hardach, S. 32 ff.). Die Frage lautet vielmehr, wie die Kinder dieser vorindustriellen Epochen die Begegnung mit der Kategorie *Arbeit* erlebten und was man dazu aus ikonographischen und autobiographischen Zeugnissen entnehmen kann.

### Im Schloß und im Patrizierhaus

Aristokraten- und Großbürgerkinder, so liest man in der wirtschaftsgeschichtlichen Literatur (z. B. Hardach, S. 32), nahmen nicht an der Produktion teil. Es wäre jedoch falsch, daraus zu schließen, daß sie mit Arbeit nicht in Berührung gelangten.
Das geschah vielmehr einmal auf dem Wege über die zahlreichen Bedienten und zeitweise beschäftigten Handwerker. Ihnen bei ihrer Arbeit zuzusehen, Fragen zu stellen und spielerisch kleine Hilfeleistungen auszuführen, war auch das Vergnügen der Schloß- und Herrschaftskinder. Eine andere aktive Begegnung adliger Kinder mit der Arbeit war das

*101 J. Toorenvliet: Page bedient eine kranke Dame. 17. Jahrhundert*

*Pagenwesen* (Tucker, S. 354). Als Page wurden sie in andere vornehme Häuser zum Lernen geschickt, und zwar oft schon in sehr frühem Alter, wie aus einem Brief der Liselotte von der Pfalz von 1673 hervorgeht. Sie lernten dort, Dienstleistungen zu verrichten und sich höfisch zu benehmen, und wurden so frühzeitig von ihrer eigenen Familie isoliert. Da sie aber auch in der elterlichen Umgebung großenteils Zofen und Hofmeistern anvertraut gewesen waren und die Eltern als Bezugspersonen keine dominierende Rolle spielten, veränderte diese neue Situation nicht viel an ihrer emotionalen Erziehung. Doch lernten sie früh die Erfüllung kleiner Pflichten – allerdings wohl auch, da sie bei großen Gesellschaften dabei waren, eine Menge Freiheiten, die ihrem Alter nicht entsprachen (Abb. 101).
[...] »Ich hab ihn apart von den andern in ein Haus logieren lassen, allwo die Frau im Haus Sorg vor ihn hat, um ihn alle Tag zu kämmen, sein Weißzeug zu waschen und ihn beten zu machen. Ich lasse ihm auch ein klein Bettchen mit einem Pavillon machen, damit er allein schläft, und er ißt an meiner Jungfern Tafel, daß ihm also, wie ich hoffe, nichts mangelt. [...] Sein erster Dienst hier ist gewesen, daß er einer von den hübschesten Jungfern hier im Lande hat an [der] Tafel aufwarten müssen, welches ihm dann nicht übel gefallen, denn sobald man von Tafel aufgestanden, hat ihn die Jungfer ein paarmal geküßt. Dieses hätte er gern in eine Gewohnheit gebracht; und als sie einmal nicht dran dachte, stellte das kleine Männchen sich vor sie und hielt ihr den Backen dar; sie sagte zu ihm: er wäre gar zu artlich, sie könne es ihm nicht abschlagen, und küßte ihn.« (Liselotte von der Pfalz, Brief an Frau von Harling, St. Cloud, den 30. Mai 1673; S. 26 ff.)
Das Pagenwesen hat sich als Teil aristokratischer Erziehung lange erhalten und betraf Knaben im Alter von 7–14 Jahren. In Bayern z. B. gab es später eigene Pagenschulen, während in Preußen und Sachsen ältere Zög-

*102 D. Chodowiecki: Mädchen beim Garnwickeln. Um 1770*
*103 G. M. Kraus: Kesselflicker und Bauernkind. 18. Jahrhundert*

linge der Kadettenanstalten zu Pagendiensten herangezogen wurden. War die Kindheit dieser Aristokratensöhne damit beendet? Aus dem Blickwinkel der Erwachsenen wohl bis zu einem gewissen Grade. Andererseits ist zu bedenken, daß die biologische Familie als Stätte der Sozialisation damals nicht die entscheidende Rolle spielte wie später im bürgerlichen Denken. Das Bewußtsein, *von Familie* zu sein, umfaßte den gesamten Adelsstand und erklärt die Leichtfertigkeit, mit der man noch junge Kinder an oft weit entfernte Höfe schickte.

Die Patrizier und reichen Handelshäuser übernahmen diese Prinzipien, allerdings mit dem ganz konkreten Ziel, ihre Söhne in befreundeten Geschäftshäusern gute kaufmännische Kenntnisse erwerben zu lassen. Solche Vereinbarungen wurden meist im Austausch geschlossen (z. B. Escherich, S. 121). Und hier erscheint ein weiteres Feld der Begegnung mit der Arbeit. Fast immer trat der Sohn in das Geschäft des Vaters ein, und so wurde er schon von klein auf an die Arbeitsumgebung gewöhnt, die auch einmal die seine werden würde.

Die Mädchen des gehobenen Bürgertums lernten früh den Sinn oder Unsinn weiblicher Handarbeiten. Dem geringen Bildungsstand wurde etwas Putzmachen hinzugefügt (Hensel, S. 16 f.), und für das Sticken und Stricken war das Garn aufzuziehen. Auch das Färben nahm man zuweilen im Hause vor, und das Trocknen auf eigenen Gestellen gehörte in den Pflichtenbereich der Mädchen (Abb. 102).

**In der Werkstatt**

Zur gleichen Zeit, als die aristokratische Kinderkleidung durch ein Übermaß an Spitzenkragen und -manschetten ausgezeichnet war, besorgten größere Kinder und junge Mädchen die Herstellung dieser Luxuswaren bereits in Heimarbeit. Die berühmten venezianischen Spitzen wurden bald in anderen Regionen nachgefertigt, zuerst bei den Fischerfrauen der Normandie und in Belgien – und dann schon seit dem 16. Jahrhundert im Erzgebirge. Dort hatte Barbara Uttmann (1514-1575), Tochter und Witwe von Bergunternehmern und Schülerin des Adam Riese (um 1492-1559), seit 1561 ein Klöppel-Unternehmen mit 900 Klöpplerinnen organisiert und in einer Art von Verlagssystem von Annaberg aus ihre Aufträge mit Hilfe des Klöppelbriefes, der ihre Erfindung sein soll, über die notleidenden Dörfer gestreut. Im 18. Jahrhundert soll dann das Erzgebirge durch Spitzenhandel eine jährliche Einnahme von 700 000 Reichstalern gehabt haben, die allerdings nur zum geringen Teil die Heimarbeiterinnen erreichten. – Hier wird zum erstenmal aktenkundig, daß Heimarbeiterfrauen und -kinder für die Luxuskleidung von Kindern aus einer anderen Sozialschicht arbeiteten. Nur der produzierte oder konsumierte Gegenstand also war es, der sozial so weit voneinander entfernte Menschengruppen verband in einer Gleichzeitigkeit, die *Geschichte* ausdrückt. Das Spielzeug wird weitere eindrucksvolle Zeugnisse dafür liefern.

Die Kinder der unteren städtischen Gruppen, der kleinen Handwerker und Gewerbetreibenden, wurden frühzeitig in eine Lehre gesteckt, für die die Eltern Lehrgeld zahlen mußten und während deren Dauer die Lehrlinge zum Haushalt des Meisters gehörten, der auch das Züchtigungsrecht hatte (viele Beispiele bei Probst).

Die lange Dauer des Arbeitstages im 17. und 18. Jahrhundert, der 13-14 Stunden und mehr umfaßte, galt auch für die beschäftigten Kinder, deren Zahl außerordentlich groß war. Von 5-7 Jahren an wurden sie zur Arbeit angehalten – und zwar nicht nur aus Gewinnstreben der Eltern und zur notwendigen Hilfe bei der Existenzbewältigung. Arbeit war im Verständnis der damaligen Gesellschaft ein so hoher ethischer Wert, daß Kinder nicht früh genug daran gewöhnt werden konnten: sie bewahre die Kinder vor Müßiggang und der Vergeudung ihrer Zeit mit Spiel und Nichtstun. Die Errichtung einer Spinnschule für arme Kinder auf dem Friedenskongreß von Rastatt 1714 wurde als ein besonders schönes und menschenfreundliches Ergebnis betrachtet (Kulischer, Bd. 2, S. 187)

Samuel George Crompton (1753 bis 1827), der Erfinder der Spinnmühle, schildert seine Kindheit:

»Sobald ich überhaupt nur laufen konnte, wurde ich bei der Baumwollweberei mitbeschäftigt. Meine Mutter pflegte das Garn in einem Drahtsieb zu schlagen, worauf es mit einem starken Seifenaufguß in einen tiefen braunen Trog getan wurde. Dann schürzte mir meine Mutter die Röckchen und stellte mich in den Trog hinein, damit ich das Garn treten sollte. War dann die zweite Lage fertig, so wurde ich herausgenommen, es wurde Wasser zugegossen, und ich begann wieder zu treten. Das wurde so lange fortgesetzt, bis der Trog so voll war, daß ich nicht mehr sicher in ihm stehen konnte. Dann stellte man einen Stuhl daneben, an dessen Lehne ich mich festhielt.« (Nach Kulischer, Bd. 2, S. 188)

Vor allem in England, aber auch auf dem Kontinent war seit mindestens der Mitte des 18. Jahrhunderts Kinderarbeit vom sechsten Lebensjahr an in den Bergwerken, der Baumwoll- und Seidenindustrie eine Selbstverständlichkeit. Von der Hausindustrie und den Manufakturen dieser Epochen gehen die Anfänge aus, die dann das Elend der Kinderarbeit in den Fabriken des 19. Jahrhunderts so erschütternd erscheinen lassen. In den neuen mechanischen Baumwollspinnereien des späten 18. Jahrhunderts waren in England beschäftigt: 340 000 Personen insgesamt. 150 000 Männer, 90 000 Frauen und 100 000 Kinder (Rübberdt, S. 22).

Für Deutschland sind ähnliche Entwicklungen mit einer gewissen zeitlichen Phasenverschiebung zu beobachten.

Die Probleme und Mißstände der Kinderarbeit wurden häufig dargestellt (s. bes. Kuczynski). Hier sei darüber hinaus die Frage erörtert, was

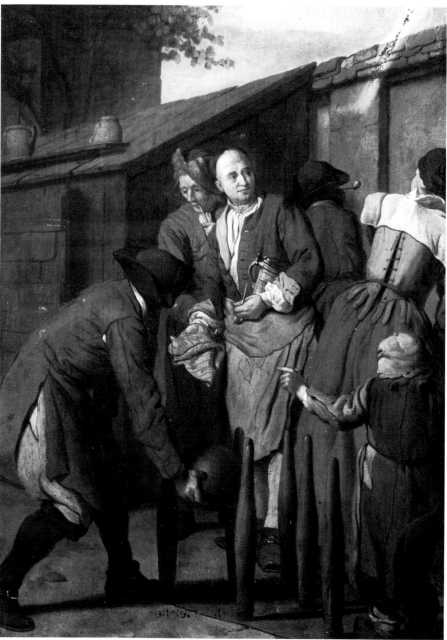

*104 J. J. Hoxmanns: Kegeljunge bei der Arbeit. Um 1700*

denn die bloße soziale Tatsache im Hinblick auf die Einstellung der Eltern und Erwachsenen überhaupt bedeutete. Die Mitarbeit von Kindern im Handwerker- und Bauernhaus spielte sich immerhin im Rahmen der gemeinsam wirtschaftenden Haushaltsfamilie ab, in deren Aufgabenbereich und Lebensstil die Kinder durch Übung hineinwuchsen. Hier gingen also eine Art von Berufsausbildung und das Sammeln von Erfahrungen für die zukünftige Lebensweise mit ihren Sitten und Verhaltensnormen nebeneinanderher. Wenn die Kinder jedoch als kleine Lohnarbeiter viele Stunden außer Hause fest an einen Arbeitsplatz gebunden waren, so befanden sie sich damit in einem anderen Status als dem von Kindern als Teil der Familie. Von der Beanspruchung her wie Erwachsene gefordert, wurden sie jedoch weder der Lohnhöhe nach noch sonst wie Erwachsene behandelt, sondern eher wie Gefangene. Das Argument, daß sie nun ihren Lebensunterhalt selbst verdienen konnten, scheint mir auch nicht zutreffend, da ihr Verdienst ja dem Gesamteinkommen der Familie zufloß, und sie nicht innerhalb der Arbeiterschaft eine Gruppe für sich

105 M. H. Duplessis: *Arbeit auf dem Bauernhof. Um 1800*

bildeten. Sie befanden sich also in einem Zwischenstadium. Ihre Hände hatten nach Maßgabe ihrer Kräfte zu arbeiten, aber ihr Verstand und ihr Gemüt wurden nicht auf die Lebensweise der Erwachsenen vorbereitet. Das konnte die Arbeiterfamilie nur in seltenen Fällen leisten. Da in der christlichen Weltordnung Müßiggang als Sünde und nur Arbeit als Tugend galt, zumindest für die Armen, konnte man die ständige Beschäftigung der Kinder auch als *gute Tat* werten. Es erwies sich einmal mehr, daß sie der schwächste Teil der Gesellschaft waren.

*Wir*
Arbeiter = Arbeitende
Arbeiter-Frauen = Arbeitende
Arbeiter-Kinder = Arbeitende
*Die anderen*
Unternehmer = Geschäftsleute
Unternehmer-Frauen = Frauen
Unternehmer-Kinder = Kinder

Diese soziale Opposition macht deutlich, daß die Kinderarbeit für die Kinder der arbeitenden Bevölkerung einen fast nahtlosen Übergang vom frühesten hilflosen Kindesalter in das Nicht-mehr-Kind-Sein bedeutete. Der Unterschied zum Erwachsenenleben war nur ein gradueller, kein absoluter – die Kindheit unverhältnismäßig stark verkürzt.

Die hausindustriell beschäftigten Kinder wurden wohl auch sehr früh in den Arbeitsprozeß eingegliedert – oft schon im Alter von 4-5 Jahren (Weber-Kellermann, Die Familie, S. 175 ff.) –, aber sie schafften wenigstens innerhalb des familiären Milieus, wobei allerdings die Ausbeutung der eigenen Kinder durch die Eltern um der dürftigen Existenz willen eine besonders harte soziale Tatsache gewesen sein dürfte.

### Auf dem Lande

Daß auch die Kindheitsdauer der Landkinder sehr verkürzt war, wurde schon mehrfach erwähnt. Ihre Beschäftigung im Haus und auf dem Feld diente zugleich der Vorbereitung für ihr Erwachsenenleben, denn an ein Abweichen war normalerweise nicht zu denken, ja, in den Zeiten der Gutsabhängigkeit und Leibeigenschaft nicht einmal an Ortsveränderungen. Das oberste Interesse galt der Hofarbeit, neben der alles andere zurückstehen mußte. Dazu gehörte die Schule, soweit es etwas Derartiges gab. »Ich bin in meinen Kinderjahren (1752) nur wenige Wochen in die Schule gegangen.« (Bräker, S. 115) Noch strenger war jede andere Ablenkung verpönt.

In den wenigen Lebenserinnerungen aus ländlicher Umgebung ist oft von dem dauernden Beschäftigungszwang die Rede, mit dem die Eltern

106 A. Le Nain: Singende und musizierende Bauernkinder. 17. Jahrhundert

die Kinder bedrängten, und von den Versuchen der Kinder, dem zu entfliehen. Eine besonders beliebte Beschäftigung war das Spinnen, zu dem Knaben und vor allem Mädchen von klein auf angehalten wurden. Von einem fünfjährigen Mädchen aus dem 16. Jahrhundert wird berichtet, daß es, als es von einem kaiserlichen Reichstag sprechen hörte, geseufzt haben soll: »Ach du lieber Gott, wenn sie doch auch ernstlich verordnen möchten, daß so kleine Mädchen nicht spinnen dürften!« (Boesch, S. 57)

Die beliebteste ländliche Kinderarbeit, vielleicht aber auch die gefährlichste, war sicher das Hüten.

»›Ja, ja‹, sagte jetzt eines Tages mein Vater, [...] ›von nun an muß er mir die Geißen hüten.‹ ›Ach‹, sagte meine Mutter, [...] ›nein, nein! Er ist noch zu jung.‹ ›Was jung?‹, sagte der Vater, ›ich will es drauf wagen, er lernt's nie jünger, die Geißen werden ihn schon lehren; sie sind oft witziger als die Buben. Ich weiß sonst doch nichts mit ihm anzufangen.‹ Mutter: ›Ach, was wird mir das für Sorg und Kummer machen. Sinn ihm auch nach! Einen so jungen Bub mit einem Fasel Geißen in den wilden einöden Kohlwald schicken, wo ihm weder Steg noch Weg bekannt sind und's so gräßliche Töbler hat. Und wer weiß, was vor Tier sich dort aufhalten und was vor schreckliches Wetter einfallen kann. Denk doch, eine ganze Stund weit! Und bei Donner und Hagel, oder wenn sonst die Nacht einfällt, nie wissen, wo er ist. Das ist mein Tod, und du mußt's verantworten.‹

Ich: ›Nein, nein, Mutter! Ich will schon Sorg haben und kann ja dreinschlagen, wenn ein Tier kommt, und vorm Wetter unterm Felsen kreuchen und, wenn's nachtet, heimfahren, und die Geißen will ich, was gilt's, schon paschgen [meistern].‹ Vater: ›Hörst jetzt! Eine Woche mußt mir erst mit dem Geißbub gehen. Dann gib wohl Achtung, wie er's macht, wie er die Geißen alle heißt und ihnen lockt und pfeift, wo er durchfahrt und wo sie die beste Weid finden.‹

›Ja, ja‹, sagt ich, sprang hoch auf und dacht: Im Kohlwald, da bist du frei, da wird dir der Vater nicht immer pfeifen und dich von einer Arbeit zur andern jagen.« (Bräker, S. 101 f.)

# Arbeit und Spiel: Bauern

»Als ich nach Banz in der Qualität eines Singknaben kam, war ich noch nicht volle zehn Jahre alt. Und dennoch hatte ich schon in diesem Alter die meisten Bauersarbeiten, selbst einige schwere nicht ausgenommen, mitgemacht. [...]
Einst kam ich an einem heißen Sommertage ganz ermüdet vom Felde, wo ich gegraset hatte, gegen Mittagszeit nach Hause. Aber anstatt mir einige Ruhe zu gönnen, jagte mich meine Mutter wieder auf's Feld, mit dem Befehl, einige Büschel Ähren zu lesen in einer Gegend, wo eben Getreide gebunden wurde. Meine Mutter sagte, das Mittagsessen werde erst in einer Stunde fertig, und es sei nicht recht, wenn ich diese Zeit mit Müßiggang verschwenden wollte.« (Schad, Bd.1, S. 127 f.)

*107 E. Leonhardi: Das Reisigfeuer. 1854*

*108 G. M. Kraus: Hirtenjunge. 18. Jahrhundert*

In den folgenden Kapiteln schildert Bräker die Freuden und Leiden des jugendlichen Hirtenlebens und schließlich auch die fragwürdige Kameradschaft mit anderen Hirtenbuben, die ihre eigenen Gesetze des Zusammenlebens entwickelten. Hier stellt sich wieder die Frage, ob diese ländliche Kinderarbeit, das Hüten, als Ende der Kindheit anzusehen ist. Die Tatsache der Selbständigkeit und eigenen Verantwortung könnte dafür sprechen; sie lebten den ganzen Tag in einer Welt außerhalb der familiären oder überhaupt der Erwachsenenkontrolle. Daß man jedoch achtjährige Kinder mit solchen Aufgaben betraute, ist ein weiteres Zeichen für die Gedankenlosigkeit gegenüber ihrer Persönlichkeitsentwicklung.

## Spielwelt und Spielzeug

Wenn man der Definition von Roger Pinon folgt – und vieles spricht dafür –, so gibt es kein Spiel ohne Spielzeug.

»Darum muß natürlich die Definition des Spielzeuges möglichst genau sein, und ich bin der Meinung, daß es *primäre Spielzeuge* gibt, d. h. speziell für das Spiel bestimmte Fabrikate, – *sekundäre,* aus utilitaristischen Objekten verfertigte Spielzeuge, – *zufällige* Spielzeuge, – *lebende* Spielzeuge – und *ideologische* Spielzeuge.« (Pinon, Probleme, S. 14)

In dem zitierten Aufsatz hat sich Pinon kritisch mit der kulturgeschichtlichen und volkskundlichen Spielforschung auseinandergesetzt und ihr mit Recht eine zu große Hinwendung auf Motiv- und Ursprungsgeschichte vorgeworfen. Diese Seite des Themas *Spiel* soll hier nicht erörtert werden, auch nicht die psychologische (Rüssel). Spiel als Zusammenwirken »eines Themas, einer Spielweise und eines Spielzeugs« (Pinon, Probleme, S. 15) wird vielmehr wiederum zum Zeichen und Indikator für *Kindheit* in den verschiedenen historischen und sozialen Zusammenhängen.

Für die erste angeführte Kategorie, die *primären Spielzeuge,* seien aus der Zeit vor 1800 Drache und Kreiselspiel mit Peitsche genannt und das Steckenpferd; für die *sekundären Spielzeuge* das Astwägelchen des Lucas Cranach (Abb. 109); als *zufälliges Spielzeug* führe ich die Schweinsblase an, die wie ein Topos als Spielzeug der Bauernkinder auf allen Schlachte-Darstellungen erscheint (Abb. 110), vom Mittelalter bis zu Ludwig Richter. *Lebendes Spielzeug* war vor allem in der grausamen Form des angebundenen Vogels sehr beliebt, wozu Conrad Meyer (1618 bis 1680) ein erklärend moralisierendes Gedicht mitteilt:

»Der Knab darin sein Kurzweil findt,
ein Spätzlein an ein Faden bindt,
und wann der Vogel will zu weit,

109 L. Cranach d. Ä.: *Kind mit Astwägelchen. 16. Jahrhundert*
110 C. Meyer: *Spiel mit der Schweinsblase. 1657*

*111 P. P. Rubens: Kind mit Vogel. 17. Jahrhundert*

112 P. P. Rubens: Die Söhne Albert und Nikolaus mit dem Vogelspiel. 1626

*113 F. Hals: Kinder mit Ziegenbock. Um 1620/22*

*114 J. Pantoja de la Cruz: Kinderbildnis. 16. Jahrhundert*

nicht höher! ihm der Jung zuschreit, und ob er gleich gern höher wär, zeucht er ihn doch beim Faden her. Wohin, o Mensch, so grausam hoch? Wohin führt euch Begierde doch? Schon steht euch offen Meer und Feld, Jedoch ist euch ein Ziel gestellt, und wann das Schnürlein ist am End, vergeblich ist es dann gerennt.« (S. 56) (Abb. 112).
Aber auch die Kinder mit dem Lamm und mit dem Geißenwagen beschäftigen sich mit lebendem Spielzeug und sind durch ihre Kleidung (Knabe mit Flügelärmeln) deutlich als Kinder der oberen Stände bezeichnet. Für Bauernkinder waren Tiere kein Spielobjekt in diesem Sinne (Abb. 113).

*Ideologisches Spielzeug* könnte man z. B. die Dinge nennen, die sich mit dem magischen Schutz des Kindes verbanden (Abb. 114), wie Glöckchen, Beiß-Amulette, Korallenrassel und Trinkhörnchen, mit denen das kleine Mädchen behängt war. Ideologische Spiele sind wohl auch all jene, in denen Kinder ihre religiösen und kirchlichen Erlebnisse spielend verarbeiten und sich Unverstandenes verständlich zu machen suchen. Ein Ackerbürgerkind aus dem streng katholischen Fulda des späten 18. Jahrhunderts berichtet von einem solchen Spiel:
»Ich weiß nicht mehr, wie ich endlichen auf den Vorschlag kam – wir wollen ›Ewigkeits‹ spielen. Das Neue und Rätselhafte fand Aufnahme, und ich hatte als Angeber die Sache anzuschicken, wobei mir die gute Kenntnis des Katechismus zu statten kam. Oheim Velten war nach Gras ausgefahren, Tante und Mutter saßen bei Nachbarinnen vor dem Hause, und so gebot ich über die Räumlichkeiten unseres Hofes. Aus den Reisigwellen in der Halle wurden drei Höhlen als Hölle, Fegefeuer und Himmel hergerichtet und die Gespielen nach meiner Gnadenwahl darin verteilt. Das am jüngsten Maivorabend geweihte Ziegenställchen hatte unter schrägem Dache einen knappen Bodenraum für das tägliche Futter. Jetzt, da er eben leer war, erhoben wir drei ältesten Buben unser liebes Katharinchen als Maria zu diesem himmlischen Sitz und umgaben sie als Dreifaltigkeit. Während nun die Seligen im Reisighimmel sich mit Jubel und Jauchzen genug taten, ließen es die Verdammten an überbietendem Heulen und Zähneklappern nicht fehlen; wie denn auch die in der dritten Höhle ihre um Erlösung flehenden Hände auszustrecken nicht ermüdeten. Die Sache ging lustig und nachhaltig genug; indem dann und wann einer, der des höllischen Heulens müde war, in den Himmel überlief, um auch einmal zu jauchzen. Daß inzwischen die beunruhigte Ziege meckerte, hätte uns für die Schelmen-

*115 C. Saftleven: Kinder mit Rummelpott und Schellen. 17. Jahrhundert*

*116 Gedenkblatt eines frühverstorbenen Kindes mit Spielzeug. 16. Jahrhundert*

stimmen des bösen Feindes gelten sollen; wir achteten aber nicht darauf. Denn wir Dreieinige, um Käthchens willen heimlich etwas uneinig, wollten uns nun doch auch, gleich unsern Seligen und Verdammten, passend betätigen. Ich als Gottvater schon etwas verdrossen, daß Sohn und Geist die Maria in ihre Mitte genommen und mich beiseit gedrängt hatten, schickte jenen hinab, einige Seelen aus dem Fegefeuer zum Himmel zu erlösen. Etwas ungeneigter als der Sohn zeigte sich der Geist, dem ich aus dem Katechismus bewies, daß er vom Vater und Sohn ausgehen müsse. Doch folgte er endlich und hüpfte als Taube mit flügelartig gebreiteten Armen im Hof umher.

Nun rückte ich der freundlichen Maria etwas näher. Doch diese dritte Bewegung war zuviel für die Umstände: die halbe Schütte Stroh, auf der wir saßen, rutschte; Maria konnte sich auf diesen goldenen Strahlen unseres Himmels nicht halten und glitt in den Hof hinab. Ihr Wehgeschrei brachte Himmel, Hölle und Fegefeuer in Aufruhr; Selige und Verdammte vermischt umstanden die Gefallene, die sich endlich erhob und mit einer Quetschung am Bein nach Hause hinkte. Über uns andere kam die Ahnung eines Strafgerichts für unser frevelhaftes Spiel, so daß wir kleinlaut davonschlichen.« (H. Koenig, S. 102 f.)

Die Gesetze der Imitation von Vorgängen aus der Erwachsenenwelt auf der kindlichen Ebene gelten auch für andere Rollenspiele wie das oft dargestellte Hochzeitsspiel – und damit stößt man schon an die Grenze strenger Spielkategorien (Abb. 121).

An den älteren bildlichen Darstellungen fällt die Gleichartigkeit der Spielsituationen auf, bei den Nürnberger Gedenkblättern früh verstorbener Knaben des 16. Jahrhunderts (Abb. 116) oder den Barockputten des Jacques Stella (1596-1657), wie den Spielszenen des Conrad Meyer oder auf den Stichen des Daniel Chodowiecki. Windrädchen und Drache, Reifen, Murmeln und Triesel sind die wiederkehrenden Spielgegenstände, Blindekuh, Auszählen und viele **Wettbewerbsspiele die üblichen Spielhandlungen.**

Daß sowohl Stella wie auch Meyer ihre Kinder gern als nackte Putten zeichneten, mag neben dem Zeitstil mit der damaligen Kinderkleidung der oberen Stände zusammenhängen, die so wenig spielfreundlich war und bei der Darstellung kindlicher Spielszenen dem Maler unnatürlich vorgekommen sein mag.

Aus dem optischen Eindruck der gemalten Kinder darf man aber nur mit Vorbehalten auf schichtenspezifisches Spielen schließen. Wie phantasievoll ein armes Landkind auch ohne vorgefertigtes Spielzeug spielen konnte, berichtet Ulrich Bräker für das 18. Jahrhundert:

»Im Sommer sprang ich in der Wiese und an den Bächen herum, riß Kräuter und Blumen ab und machte Sträuße wie Besen, dann durch alles Gebüsch den Vögeln nach, kletterte auf die Bäume und suchte Nester. Oder ich las ganze Haufen Schneckenhäuslein oder hübsche Steine zu-

*117/118/119 C. Meyer: Kinderspiele im Freien. 17. Jahrhundert*

sammen. War ich dann müd, so setzt ich mich an die Sonne und schnitzte zuerst Hagstecken, dann Vögel und zuletzt gar Kühe; denen gab ich Namen, zäunt ihnen eine Weid ein, baut ihnen Ställe und machte immer wieder schönere. Ein andermal richtete ich Öfen und Feuerherd auf und kochte aus Sand und Lett [Lehm] einen saubern Brei. Im Winter wälzt ich mich im Schnee herum und rutschte bald in einer Scherbe von einem zerbrochenen Napf, bald auf dem bloßen Hintern die Gähen hinunter. Das trieb ich dann alles so, wie's die Jahreszeit mitbrachte, bis mir der Vater durch den Finger pfiff oder ich sonst merkte, daß es Zeit über Zeit war.« (S. 99)

In ähnlicher Weise schildert Ernst Moritz Arndt seine ländlich freie Kinderwelt im Pommerschen:
»Wir wohnten nun zu Dunsewitz fünf oder sechs Jahre, ich meine, bis zum Jahre 1780. Wir waren ein Viergespann von Buben, und es kam hier bald noch eine Dirne und ein Knabe hinzu; so daß in Dunsewitz das halbe Dutzend voll ward, das späterhin noch um zwei Geschwister vermehrt werden sollte. Dies hier sind die Jahre der aufdämmernden Kindheit, und aus diesen sind mir die anmutigsten und idyllischsten Lebensbilder übriggeblieben, und auch glaube ich, sie haben meine glücklichsten Tage enthalten. Was nun das Äußere betrifft, so waren wir freilich aus dem Palast in die Hütte versetzt. Dunsewitz war ein häßlicher, zufällig entstandener Hof, mit einem neuen aber doch kleinlichen Hause; indessen doch hübsche Wiesen und Teiche umher, nebst zwei sehr reichen Obstgärten, und in den Feldern Hügel, Büsche, Teiche, Hünengräber, alles in dem unordentlichen, aber romantischen Zustande eines noch sehr unvollkommenen und ursprünglichen Ackerbaues. Die Natur war, mit Goethe zu reden, gottlob noch nicht reinlich gemacht und ihre ungestörte Wildheit mit Vögeln, Fischen, Wild und Herden desto lustiger; auch streiften wir, dem fröhlichen Jäger, dem Vater und seinen Hunden folgend, oft darüber hin. Das hatten wir alles zu genießen, behielten aber Schoritz, wo uns ganz nahe befreundete Leute wohnten, und das nahe Silmnitz, worauf Ohm Moritz Schumacher als Pächter gezogen war, eigentlich immer noch als unsere Heimat, weil die Nachbarn und Nachbarskinder immer wöchentlich, oft auch täglich zusammenliefen. Dies geschah am meisten in dem Walde Krewe, wovon ein Teil zu Dunsewitz gehörte, und worin wir bei der Vogelfängerei und Vogelstellerei meistens freundlich, zuweilen auch feindlich zusammenstießen. Wir hatten überhaupt ein glückliches Leben. Es war die zwanzig bis fünfundzwanzig Jahre nach dem Siebenjährigen Kriege eine stille, heitere Zeit, und die Menschen fühlten sich außerordentlich wohlig und wählig, und ließen bei Besuchen, Zusammenkünften und Festlichkeiten und bei Reisen zu entfernten Verwandten die Kinder an allem freundlich mitteilnehmen. Das Beste aber war, daß wir mit keinem frühen Lernen gequält wurden und auch diese Dunsewitzer Jahre noch so spielend durchspielen durften.« (Arndt, S. 39 f.)

Eine Anleitung seitens der Erwachsenen erfuhren diese Kinder nicht; auf dem Lande konnten sie sich in Feld und Wald verhältnismäßig frei bewegen, während sie in den Städten mit ständigen Verboten rechnen mußten, was mit der Enge der alten ummauerten Ortschaften zusammenhing, aber auch die bürgerliche Kinderfeindlichkeit oder, besser, das gänzliche Unverständnis gegenüber kindlichen Bedürfnissen belegt. Es gab eigene obrigkeitliche Spielgesetze, so 1426 in Nördlingen, wonach den Kindern nur noch *brave* Spiele wie Windrädchen, Topfschlagen, Kreisel und Kugelschieben erlaubt blieben. Neben dem Toben waren alle Arten von Glücksspielen streng verboten, wozu im 16. Jahrhundert auch das *Klickern* zählte – und zwar bei Strafe der *Gätterei*, was ein Schleudern des Kindes in einer hölzernen Drehmaschine bedeutete (Wehrhan, S. 102 ff.). In den Städten nahm das Unwesen der Spielverbote bis zum 18. Jahrhundert noch zu und kulminierte z. B. 1738 in einem Straßburger Verbot des Drachensteigenlassens.

Schulordnungen des 16. Jahrhunderts geben darüber Auskunft, wo denn den Kindern das Spielen überhaupt noch gestattet wurde. Häufig wird hier der Kirchhof erwähnt, und eine Schulordnung des 15. Jahrhunderts zeigt, wie sehr die Öffentlichkeit das Spielen der Kinder einengte:

*120 D. Chodowiecki: Kinderspiele. 1774*

*121 P. Bruegel d. Ä.: Hochzeit spielen. 16. Jahrhundert*

*122 J. Steen: Kinder bei einer Abendgesellschaft. Um 1660*

»Desgleichen wollen sie, daß der Schulmeister allezeit seine Kinder dazu hält, daß sie heiligen Tages von 12 bis 2 Uhr sollen auf dem Kirchhofe sein und da spielen und nirgends anders, das ist: nicht auf der Straße noch außerhalb der Tore und nimmermehr unter den Gezeiten. Desgleichen sollen die Kinder nur einmal in der Woche werktags spielen gehen öffentlich auf den Kirchhof, es wäre denn auf besondere Bitten ehrwürdiger Personen, die zu verweigern nicht anstünde. Und allezeit sollen sie spielen gehen auf den Kirchhof und nicht davon gehen, es sei denn mit Erlaubnis des Meisters und zwar dann von 12 bis 2 Uhr und von 2 bis 4 Uhr in der Schule sitzen zu lernen und dann von 4 Uhr weiterspielen, bis zu der Zeit, da der Meister wieder in die Schule ruft.« (Gray, S. 143 f.)

Auch für Zürich (Meyer, S. 14 f.) ist das Spielen der Kinder in den Kirchhöfen belegt – ebenso die Anordnung bestimmter Spielzeiten, die sich keinesfalls mit den Gottesdiensten überschneiden durften.

Das berühmteste Bild der Kinderspiele, Pieter Bruegels großes Gemälde von 1560, ist mehr ein Katalog der damals üblichen Spiele im Freien als eine Darstellung lebendiger Zusammenhänge (vgl. Hills).

Doch die Kleinbürgerkinder der Städte gestalteten sich ihre eigene Spielwelt im Freien trotz aller Verbote.

»Am Tage wurde auf den Straßen, auf dem Kasernenhof [...] gespielt und getobt, je nachdem die Jahreszeit und die Witterung es mit sich brachten und gestatteten, denn darauf wurde strenger gehalten als auf geschriebene Gesetze. Man weiß, daß *Kühler* [Murmeln] nur im ersten Frühlinge, Ball nur um die Osterzeit, Drachenziehen im Herbste gespielt wurden, Zeck aber zu allen Zeiten«, schreibt Karl Friedrich von Klöden (1786-1856) in seinen Jugenderinnerungen (S. 30), und Boesch berichtet die gleiche jahreszeitliche Gebundenheit bestimmter Spiele schon für die vorhergehenden Jahrhunderte:

»Ebenso wie das Schussern bezeichnete auch das Kreiseltreiben den Beginn des Frühjahrs. Das hohe Alter dieses Spiels verkündet die Sage, daß die Gräfin Alberade im fränkischen Banzgau das Stift Banz begründet habe, weil ihr Knabe, am gefrornen Main den Kreisel treibend, dort ertrunken sei. Im Mittelhochdeutschen war der Kreisel Topf genannt. Und nun im Frühling spielte man auch Ball, man kegelte und trieb den Reif. Man haschte, schaukelte, spielte Blindekuh, machte Seifenblasen, lief auf Stelzen, spielte Verstecken, sprang Bock, tanzte Reihen, spielte die goldene und die faule Brücke, führte das Schelmspiel auf, bei dem ein Teil Diebe, der andere die Häscher darstellte, spielte ›Gerad und Ungerad‹, ›Platzwechseln‹, ›Schneider leih mir deine Scher‹, ›Herr König, ich diente gern‹, ›Lachen verhalten‹ oder ›Gramüseli machen‹, Knöcheln, Fingerziehen, Hakeln usw. Der Eintritt kälterer Jahreszeit brachte das Drachensteigen mit.« (S. 73-77) (Abb. 123).

Die Tatsache der Saisonspiele, die sich ja bis heute fortgesetzt hat, ist eine von den Kindern selbst gesetzte Ordnung, ein Charakteristikum der Kinderkultur. Man kann also nicht an der These festhalten, daß die Kinder keine eigene Spielwelt hatten und nur die gleichen Spiele wie die Erwachsenen spielten (Tucker, S. 355, für England im 15./16. Jahrhundert). Die gleiche Behauptung findet sich bei Ariès:

»Vom 3. oder 4. Lebensjahr an [...] spielt das Kind, sei es mit anderen Kindern, sei es im Kreise der Erwachsenen, dieselben Spiele wie die Großen.« (S. 137)

Das mag für die aristokratische Gesellschaft zutreffen. Aber selbst wenn viele der Spiele in spielfreudigeren Jahrhunderten ebenso von Erwachsenen gespielt worden sind (vgl. Baader, Bd. 1, S. 28), so ist doch dieser Tatbestand nicht hinreichend für eine

*123 D. Chodowiecki: Kinderspiele. 1774*

solche Aussage. Die Spielbeschreibungen aus den Memoiren erweisen, daß im Bereich der Spiele im Freien die Bürger- und Bauernkinder Spielregeln und -ordnungen erfanden, die nur ihrem eigenen logischen System immanent waren, Muster ihrer Kultur. Kleidung und Wohnen erlebten sie als ihnen aufgezwungene Milieubedingungen, an denen sie wenig ändern konnten. Aber das Spiel erlaubte ihnen, auch gegen den Willen der Erwachsenen und ohne deren Leitung, ein Verhalten, das ihrer Entwicklungsstufe entsprach. Das Spiel ist eine Handlung von besonderer und selbständiger Art, die aus den gewöhnlichen Arten von Betätigung herausfällt. »Spielen ist kein Tun im gewöhnlichen Sinne« (Huizinga, Homo ludens, S. 43), sondern eine phantasievolle Umsetzung in ein anderes logisches System mit anderen Regeln und Gesetzen. Spielen war also für die Kinder eine Möglichkeit der Auseinandersetzung mit ihrer Umwelt. Dabei stießen sie an die Grenzen der Standesgesellschaft mit ihren Privilegien – lernten aber auch die Folgen gar zu aggressiver Spiele kennen, wie ein Beispiel des 17. Jahrhunderts zeigt:

»Einstmals, an einem Neujahrstage, [...] kam mein Bruder, Meister Paul, welcher sehr wild war und mich sehr verführte. Nahm mich unter andere Jungen mit, welche unten auf dem Alten Markt mit den Schlitten fuhren und einen Zank mit den Hall-Jungen hatten und sich nicht von dem Platze treiben lassen wollten. Schwenkten wir ihnen mit Gewalt zu, und warfen ein Hallmägdlein rücklings über den Haufen, welche gleich tot war. Jeder retirierte sich nach Hause, vor Schrecken halbtot. Allein die Scharwache holte uns alle, bis auf der vornehmen Leute Kinder, so dabei waren. Ich wurde mit noch zweien ins Gefängnis geworfen und hart verwahret. Obgleich mein Vater Kaution machen wollte, half es nichts. Ich mußte kümmerlich so lange sitzen, bis das Mädchen durch Doktor und Barbier außer Lebensgefahr gebracht.« (Dietz, S. 21)

Aus dieser Jugenderinnerung wäre mancherlei zu entnehmen: einmal die Tatsache, daß die Knaben die Gesetze ihrer Spiele im Freien selbst bestimmten (und freilich dabei auch ihre Unreife bewiesen); zum andern aber auch, daß die Erwachsenen die Bestrafung nach den Ordnungen der Erwachsenenwelt ausführten – mit unnachgiebiger Härte – und vornehmer Leute Kinder dabei schonten. Von einer Identität des Kinder- und Erwachsenenspiels kann also gar keine Rede sein.

»Was aus dem Spiel wird, wenn wir älter werden, hängt sehr stark von unseren sich wandelnden Vorstellungen hinsichtlich der Beziehung der Kindheit zum Erwachsensein und des Spiels zur Arbeit ab ... Eine solche Trennung macht das Leben einfacher und erlaubt es den Erwachsenen, die häufig unangenehme Vermutung beiseitezuschieben, daß der Spieltrieb ebenso im Mittelpunkt lebenswichtiger Interessen der Erwachsenen wie der Kinder seinen Platz hat« (Erikson, S. 13).

Die *Spielgegenstände* dagegen – d. h. die hergestellten käuflichen Spielwaren, mit denen vor allem die Kinder der oberen Stände spielten – sind wiederum als vorgeprägte Angebote der Erwachsenen an die Kinder aufzufassen. Auf den Familienporträts waren die kleineren Kinder des Hätschelalters oftmals nur an ihrem Spielzeug als Mädchen oder Knaben zu erkennen: an Puppe oder Steckenpferd und Trommel.

Die Tradition der *Puppe* führt weit zurück (vgl. letzthin Bachmann und die dort angeführte Literatur). In Nürnberg gab es schon um 1320 eine Zunft der Dockenmacher, so daß die gewerbliche Herstellung dieses Spielzeugs lange belegt ist.

*124 J. Amman: Mädchen mit Puppe. 16. Jahrhundert*

»Eine Anzahl Puppen, Wickelkinder, Reiter und Puppengeschirr, aus weißem Tone gebrannt, ward 1859 in Nürnberg unter dem Pflaster gefunden. Sie zeigen das Spielzeug des 14. Jahrhunderts, wie es von der Spielwarenstadt par excellence schon damals in ferne Gegenden versendet wurde. Einzelne dieser Puppen haben auf der Brust eine kreisrunde Vertiefung, in welche wohl der Patenpfennig eingesetzt wurde. Ein Dockenmacher Ott kommt 1400, ein anderer, H. Meß, 1465 urkundlich in dieser Stadt vor. Auch vornehme Puppen wurden bald daselbst gefertigt. Eine junge Nürnbergerin, Margaretha Schleicher, erbat sich 1584 als Reisegeschenk eine Nürnberger Kronbraut, also eine mit der Brautkrone geschmückte Puppe in der reichen Tracht der Patrizierinnen dieser Stadt.« (Boesch, S. 63)

*125 Puppenhaus der Nürnberger Patrizierfamilie Stromer. 1639*

Aber gerade dieses letzte Beispiel zeigt, daß nicht nur Kinder die Zielgruppe solcher Puppenherstellung waren.

Die Puppen vor 1800 erscheinen als Puppendamen, die modellhaft dem Kind seine spätere Stellung in der Gesellschaft verdeutlichten. Es ist schlecht vorstellbar, daß die kostbar gekleideten feinen Puppen als regelrechtes Kinderspielzeug dienten. Vielleicht waren sie daneben auch so etwas wie Mannequins und Modepuppen für die Mütter? 1571 läßt die Herzogin von Lothringen offenbar bei einem Puppenmacher ein Wöchnerinnengeschenk bestellen:

»Sie bittet Sie, ihr vier bis sechs nicht zu große Puppen zu schicken, die schönstangezogenen, die Sie finden können, um sie dem Kind der Herzogin von Bayern zu schicken, die vor kurzem niedergekommen ist« (Ariès, S. 136 f.), – also wohl kaum ein Kinderspielzeug.

Dem kindlichen Abhängigkeitsstatus, in dem auch heranwachsende Mädchen und junge Frauen verbleiben sollten, entsprach die Ambivalenz des Spielzeugs Puppe. Das galt besonders für die Anziehpuppe, die gewissermaßen ein Vorläufer der Modejournale gewesen ist.

Ziel von Puppe und Puppenstube als

*126 Niederländisches Puppenhaus von 1750*
*127 Kinderzimmer aus einem Ausschneidebuch des 18. Jahrhunderts*

Erziehungsinstrument der Mädchen war die Anpassung an die patriarchale Familienstruktur, in die sie hineinzuwachsen hatten. In dem 1809 zu Nürnberg bei Friedrich Campe erschienenen Kinderbuch ›Kinderfreuden. Ein angenehmes Bilderbuch für die Jugend‹ wird diese Kindergruppe direkt auf ihre späteren Pflichten hin angesprochen, die sie beim Puppenspiel zu erlernen habe:

»Auf diesem Blatt sehen wir eine Gesellschaft junger Mädchen bei ihrem liebsten Spiel, bei der Puppe. Traulich sitzen sie und putzen ihr kleines Püppchen, nähen manches für dasselbe und lernen so im kleinen ganz unvermerkt ihren künftigen Beruf kennen. Rauschende Spiele passen für die weibliche Jugend nicht. Sittsame Häuslichkeit, Fleiß und möglichste Kenntnis aller wirtschaftlichen Arbeiten, das sind die Grundlagen, worauf sie ihr künftiges Glück bauen müssen. Was könnte sie darauf besser vorbereiten als das Spiel mit ihrer Puppe? Die Puppe ist das kleine hülflose Wesen, für das sie sorgen müssen. Da werden Kleidungsstücke, Strümpfe, Hemden und Hauben gemacht, da wird an- und ausgezogen, sie hat ihr kleines Bett, das immer in Ordnung gehalten werden muß, sie besitzt ihre Küche, wo Haushaltungsgerät angetroffen wird [...] Dies alles führt die Kleinen spielend in ihren Wirkungskreis, und sie können schon eine sehr gute Richtung für ihren weiblichen Charakter gewinnen, die bleiben wird, wenn verständige Eltern ihre Spiele sorgsam anordnen und zuweilen ein Auge darauf werfen. Möget Ihr lieben kleinen Mädchen, die Ihr dies Buch bekommt, das Puppenspiel immer so benutzen, um künftig recht brav und glücklich zu werden!« (Zitiert nach Bachmann, S. 70)

Aber damit ist schon ein Blick in das 19. Jahrhundert geworfen, das das große Jahrhundert des Spielzeugs werden sollte.

Für die Knaben läßt sich ritterlich-kämpferisches Spielzeug ebenso ins Mittelalter zurückverfolgen wie für die Mädchen die Puppe. Aber das eigentliche, typische und sie charakterisierende Spielzeug war das *Stecken-* und *Schaukelpferd*.

»Paulus Behaim in Nürnberg kaufte 1559 seinem Sohne ein Pferd, wohl ein hölzernes, und eine Badehose. Der kleine Balthasla, der Sohn des Balthasar Paumgartner in Nürnberg, erbat sich von seinem Vater als Mitbringen von der Frankfurter Messe (1591) ein Pferd, so mit Geishäuten überzogen sei. Er versichert: ›Ich will gar fromm sein und flucks lernen und nimm mit dem Schreiben vergut; ich wills bald besser lernen.‹« (Boesch, S. 64)

Pferdchen, Wagen und Trommel blieben die bevorzugten Spielzeuge der feinen Knaben, womit ebenso auf ihre Zukunft (und die erforderlichen ritterlichen Tugenden) erzieherisch hingearbeitet wurde wie beim Puppenspiel der Mädchen. Die Rollenfixierung begann im frühen Kindesalter.

## 4. DIE KINDER DER ARMEN

Die *gute alte Zeit,* als die die Epoche vor der Industrialisierung gern gepriesen wird, stellt sich bei näherem Zusehen für den Großteil der Bevölkerung als ein harter Kampf um die bloße Existenz dar.

Das 16. Jahrhundert mit einer deutlichen Populationszunahme ermöglichte dennoch den Bauern, die den größten Teil der Bevölkerung ausmachten, wegen der feudalen Gesellschaftsstruktur keine förderlichen sozialen Beziehungen. Die großen politischen Bewegungen des 16. und 17. Jahrhunderts sind nicht erklärbar ohne die ökonomischen Hintergründe, die ungeheure Kluft zwischen arm und reich, die sich immer wieder auftat und sich mit der Entwicklung von Manufakturen und den sie begleitenden gesellschaftlichen Strukturen noch verbreitete (Strobach, S. 14 f.). Der 30jährige Krieg brachte in Mitteleuropa nicht nur einen enormen Bevölkerungsrückgang, sondern auch eine allgemeine Stagnation der Population, so daß die große Mehrheit im 18. Jahrhundert arm war (Hardach, S. 10 f.).

*128 A. van de Venne: Bettlerfamilie am Feuer. 18. Jahrhundert*
*129 Petrarcameister: Barmherzigkeit vor der Kirche. 1532*

Armut ist eine relative Größe, und ihre Grenzen können nur im jeweiligen gesellschaftlichen Zusammenhang definiert werden. Sie äußerte sich in jenen Zeitläufen vor allem im Nahrungsmangel, und die immer wiederkehrenden Mißernten und Hungersnöte trafen die Schicht der Armen ohne Vorräte und Erwerbsmittel am härtesten. Im Mittelalter war *arme Leute* ein ständischer Begriff, der alle jene umfaßte, die keinen eigenen *Rauch und Herd* besaßen. Die christliche Armenlehre sah die Armen als Teil einer gottgewollten Weltordnung und die Fürsorge für sie als eine christliche Pflicht der Besitzenden, als die *guten Werke der Barmherzigkeit.* Eine *Almosentasche* als Teil des mittelalterlichen Ko-

*130 Bettelknabe mit Großmutter. 19. Jahrhundert*

*131 J. de Bray: Beschenkung armer Kinder mit Kleidern. 1663*

stüms beinhaltete solche Gaben besonders beim sonntäglichen Kirchgang, wenn sich die Armen, wie es die Sitte gebot, vor den Kirchentüren versammelten. Das Bettelwesen wurde von der Kirche regelrecht gefördert, da es ja eine institutionalisierte Fürsorge nicht gab (Abb. 129). Diesem System war die Situation der Kinder völlig integriert. Welch große Rolle neben der Ernährung die Kleidung im Feld der Armut spielte, geht aus einer mittelalterlichen Marienlegende hervor, in deren Verlauf ein frommer Schüler im Kirchenchor mitsingen möchte, aber keine Schuhe besitzt. Barfuß darf er jedoch den Dom nicht betreten und wird deshalb vom Schulmeister aus der Kirche gejagt. Der Knabe betet nun zu Maria um ein Paar Schuhe, die ihm als das Zeichen des *In*-der-Kirche-singen-Dürfens erscheinen. Maria aber überzeugt ihn, daß das ewige Leben wichtiger sei als dieser materielle Herzenswunsch (Gray, S. 41), d. h., daß er sich mit seiner barfüßigen Rangordnung bescheiden solle. Die Muttergottes unterstützt in dieser Legende also nicht die christliche Frömmigkeit, sondern die ständische Gesellschaftsordnung.

Schuhe erscheinen hier als *das* Kleidungsmerkmal, dessen Fehlen wirkliche Armut bedeutet, besonders in der Kindheit – ein Motiv, das in der Geschichte der Armen durch Jahrhunderte hindurch immer wieder auftritt. Groß war die Zahl der elternlosen und ausgesetzten Kinder, die in den Spitälern der Klöster und in Armenhäusern aufwuchsen (Gray, S. 37; Elisabethen-Legende). Hin und wieder wurden ihnen Kleidungsstücke und Brot gegeben, wobei nicht mehr als die üblichen Hemden, Röcke und Joppen nötig waren. Der Vergleich mit der gleichzeitigen Kleiderpracht der Kinder der Vornehmen zeigt die große gesellschaftliche Kluft der damaligen Zeit und den sozialen Zeichencharakter der Kleidung (Abb. 131).

Die Vorstellungen der heutigen christlichen Sozialethik, daß Armut die Menschenwürde bedrohe und zu asozialem Verhalten führen könne, waren den damaligen Jahrhunderten ganz fremd. Das Betteln galt als völlig legitim und führte in den Jahrhunderten des Zunftwesens als wirtschaftlicher Führungsinstitution sogar zu eigenen Bettlerzünften, wobei man die an die Stadt gebundenen Bettler von den ambulanten Landstreichern zu unterscheiden hat. Im Kinderspiel ist diese alte Rangordnung überliefert: »Kaiser, König, Edelmann – Bürger, Bauer, Bettelmann.« (Abb. 128)

Barfüßige, zerlumpte Kinder, die in ungeordneten Verhältnissen von der Hand in den Mund lebten, wurden zu einem Topos der Malerei. Hatten die einen das Recht zum Betteln, so bedeutete das für die anderen die Pflicht zum Geben. Betteln wurde zu einer festen sozialen Beziehung auf Gegenseitigkeit zwischen den Ständen und war nicht unbedingt verbunden mit emotionalen Empfindungen wie Nächstenliebe und Mitleid. Das bedeutete zunächst für den Armen den weitgehenden Fortfall des Gefühls von Beschämung (vgl. Simmel, S. 346). »Bettelarm« zu sein war keine soziale Schande.

Das galt erst recht für die Kinder, die in diese meist kaum veränderbare Lebenssituation chancenlos hineingeboren wurden.

»Der Bettelkinder nahmen sich die Obrigkeiten gleichfalls an. Der Danziger Rat verordnete 1551, daß sie die Schule besuchen sollten. Der Schulmeister sollte darauf sehen, daß sie alle acht Tage ein weißes Hemd bekämen und nicht verlausten. Je zu Beginn des Unterrichtes sollte er die Kinder verlesen, ob sie auch alle da wären. Fehlten einige, so sollte der Lehrer die Eltern deswegen befragen; er sollte auch darauf sehen, daß diese die Kleider, die ihnen der Rat gab, nicht verkaufen. Auswärtige Kinder sollten in der Schule keine Aufnahme finden, die Bettelkinder sollten ein Zeichen tragen und dadurch gewissermaßen das Privileg zu betteln erhalten. Hierfür hatten sie drei Schillinge zu entrichten, die in eine Büchse kamen, deren Inhalt zum Ankaufe von Tinte, Papier, Fibeln, dem Donat und anderen Büchern für die Kinder bestimmt war. Diejenigen Kinder, welche Sommers die Schule nicht besuchten, erhielten im Winter keine Kleider. Die Kinder sollten die Leichen mit christlichem Gesange zum Grabe begleiten, wofür ihnen eine kleine Entschädigung zu Teil ward. Diejenigen Hausarmen, welche Mädchen hatten und solche nicht zur Ehrbarkeit und Gottesfurcht aufziehen konnten, sollten solche in das Kinderhaus bringen. In jedem Kirchspiele gab es nicht nur eine deutsche, sondern auch eine lateinische Schule für die armen Kinder. Die Eltern anderer Kinder wurden ermahnt, diese nicht ohne genügende Aufsicht und sie nicht mit dem Bettlervolke spielen zu lassen, da das nachteilige Folgen für die Jugend haben könnte. Man vergaß nicht, die Mahnung beizufügen, die begabteren Knaben zur Schule zu halten, ›damit man auch weiter möchte Leute haben, die uns das Wort des Herrn predigen‹. Sorg-

*132 F. Ch. Janneck: Kindliche Taschendiebe an der Trödelbude. 18. Jahrhundert*

ten die Obrigkeiten nicht für die Kinder, denen Verwahrlosung drohte, so wurden sie wohl von den betreffenden Fürsten oder besorgten Landesmüttern hiezu veranlaßt.« (Boesch, S. 118)

Diese Kinder erlebten also ihre Umwelt nur als hart begrenzte Standesgesellschaft, in der ihre Existenz aus dem Nehmen bestand. Daß dabei die Übergänge in die Kriminalität nicht selten waren, sich gerade die Betteljungen im verbotenen Glücksspiel übten und der Taschendiebstahl in den Städten um sich griff, bildete einen Teil des strukturellen Systems.

Aber nicht nur die Kinder dieser untersten Gruppe gehörten zu den armen Kindern. Not herrschte auch bei Kleinbauern und Tagelöhnern, kleinen Handwerkern, Gewerbetreibenden und Beamten. In welcher Armut Karl Friedrich von Klöden, der Sohn eines heruntergekommenen adligen Unteroffiziers, in Berlin aufgewachsen ist, schildert er in seinen Lebenserinnerungen:

»Zu Ostern 1793 mußten wir die Kaserne verlassen. Meine Mutter hatte eine geringe Wohnung in der kleinen Hamburgerstraße an der Ecke der Linienstraße gemietet, die wir natürlich nun bezahlen mußten. Von meinem Vater fehlten alle Nachrichten. Unser Leben wurde immer ärmlicher. Ich lief im Sommer barfuß und hatte nur leinene Hosen, ein Hemde und eine Weste. Gar bald war meine Mutter so weit, daß sie keine andern Kleidungsstücke besaß, als die, welche sie auf dem Leibe trug.

Ich mußte nun meinen kleinen Bruder warten und die Aufsicht über meine Schwester führen. Sobald die Witterung es erlaubte, legte ich Schuh und Strümpfe sowie die bis dahin noch einigermaßen zusammengehaltene blaue Tuchjacke ab. Eine Kopfbedeckung hatte ich weder im Sommer noch im Winter. Von Hals- und Schnupftüchern wußte ich nichts.« (S. 45)

Der Besitz von Schuhen und einer Kopfbedeckung, im 18. Jahrhundert der Dreispitz, scheint für die Knaben das äußerste Zeichen gewesen zu sein, doch noch nicht der untersten sozialen Stufe anzugehören.

## II. Kindheit im 19. Jahrhundert und bis in die zwanziger Jahre

**Aussicht in die Sozialgeschichte**

Hatte die Französische Revolution dem Bürgerstand eine Führungsrolle in der neuen sozialen Hierarchie ermöglicht, so brachte die sogenannte Industrielle Revolution mit den technischen Veränderungen der Arbeitsprozesse eine tiefgreifende Umwandlung der sozialen und emotionalen Beziehungen in der Familie mit sich. Als Folge der produktionstechnisch-organisatorischen Umwälzungen im Fabrik- und Verwaltungswesen wanderte die Arbeit in den Städten allmählich fort aus dem Haus und der Familie in eigene Fabrikhallen und Büros. Damit vollzog sich zunehmend eine Trennung von Arbeitsplatz und Wohnstätte. Wie eng sich die alte Hausgemeinschaft gestaltet hatte, berichtet ein Apothekersohn aus Pirmasens noch gegen Ende des 18. Jahrhunderts:

»Unsere Hausgenossenschaft war zahlreich. Vater und Mutter und Großmutter mit sechs Kindern bildeten schon eine ziemliche Anzahl. Hiezu kam der Provisor. Da nun auch die Magd, nach damaliger patriarchalischer Sitte, mit der Familie speiste, so versammelten sich täglich elf Personen um den Tisch.« (Bruch, S. 14)

Das entspricht genau der Vorstellung von der damaligen Hausfamilie, deren Formen sich nun, den veränderten wirtschaftlichen Bedingungen zufolge, allmählich aufzulösen begannen. Für die Kinder des Hauses brachte das auch ein Verkümmern der mit ihr zusammenhängenden sozial-kulturellen Erscheinungen mit sich, wie der Vielzahl von Bezugspersonen, Tanten, Großeltern, Mägden, Ammen. Statt dessen entwickelte sich in der bürgerlichen Gesellschaft mehr und mehr die Eltern-Kind-Familie als dominierende Sozialform. Die Struktur der Familienbeziehungen hatte sich geändert: der Vater verließ die Wohnung, um seiner Arbeit nachzugehen, und die Mutter war ganz auf den Haushalt und die Kinderpflege konzentriert. Das bedeutete für die Hausfrau eine Reduktion ihrer Möglichkeiten wie gleichzeitig eine Eröffnung neuer Tätigkeitsfelder und förderte im Bereich des Wohnens, des alltäglichen Zusammenlebens ganz frische Figurationen. So entfaltete sich zu Beginn des 19. Jahrhunderts eine nach innen gerichtete blühende Bürgerkultur, der Geist biedermeierlicher Gemütlichkeit. Es entstand ein bisher unbekanntes Wohngefühl für die Familie mit der intimen Spezialisierung einzelner Zimmer und vor allem der Kinderstube. Ihre Ausstattung mit Kindermöbeln und einer großen Menge von Spielzeug, das den Kindern zum Weihnachtsfest beschert wurde, war eine typische Erscheinung der damaligen bürgerlichen Gesellschaft.

So sah die eine Seite der Entwicklung aus; die andere betraf die innere Struktur des familiären Zusammenlebens.

Mit der Ausgliederung der Berufsarbeit aus dem häuslichen Bereich verlor der Patriarchalismus seine sachlich-ökonomische Notwendigkeit, denn der Hausvater hatte nun nicht mehr die Hauswirtschaft als Produktionsstätte zu organisieren und zu leiten. Statt dessen hätte sich ein zunehmend partnerschaftliches Verhältnis zwischen den Ehegatten ergeben können, die Gleichstellung von Mann und Frau als zweier selbständiger Personen, wie es das Naturrecht ermöglichte. Solche Tendenzen beschränkten sich jedoch auf Ausnahmen, und es blieb, gewissermaßen als ein Bewußtseinsrückstand, die alte soziale Machthierarchie auch in der Familie weitgehend bestehen – ja, sie wucherte im Laufe des Jahrhunderts allmählich aus zu einer väterlichen Autoritätsideologie (Weber-Kellermann, Die Familie, S. 96 ff.). Der paternalistische Machtbereich des Vaters und die wachsende Unselbständigkeit der Mutter und *Gnädigen Frau* erzeugten eine Wertskala, auf der die körperliche Arbeit ganz unten rangierte. Berufslosigkeit der höheren Töchter als eine streng befolgte gesellschaftliche Norm, Überheblichkeit gegenüber den Dienstboten und wachsender Standesdünkel bei ebenso wachsender Bildungslosigkeit kennzeichneten das Bild der Bürgerdame. Die Romanciers der damaligen Zeit, besonders Theodor Fontane, wählten die oft tragischen Konflikte zum Thema, die aus solch begrenztem Denken erwuchsen.

*133 Biedermeierfamilie. 1825*

Es entstand im Verlauf des 19. Jahrhunderts die Klasse der Bourgeois, der Emporkömmlinge und Neureichen, die die Standesgrenzen nach oben durch gekauftes aristokratisches Zubehör und vorgespielte Sentimentalität zu überwinden suchten. In der Figur der Frau Jenny Treibel, die er »den Typus einer Bourgeoise« nannte, beschrieb Theodor Fontane (1819-1898) diese Schicht:

»Jenny Treibel hat ein Talent, alles zu vergessen, was sie vergessen will. Es ist eine gefährliche Person und umso gefährlicher, als sie's selbst nicht recht weiß und sich aufrichtig einbildet, ein gefühlvolles Herz und vor allem ein Herz ›für das Höhere‹ zu haben. Aber sie hat nur ein Herz für das

134 H. Bürkner: Bürgerlicher Familienabend. Um 1860

135 Familienbild um 1890

Ponderable, für alles, was in's Gewicht fällt und Zins trägt, und für viel weniger als eine halbe Million gibt sie den Leopold nicht fort, die halbe Million mag herkommen, woher sie will. [...] Und je mehr es nach Hof schmeckt, desto besser. Sie liberalisieren und sentimentalisieren beständig, aber das alles ist Farce; wenn es gilt, Farbe zu bekennen, dann heißt es: Gold ist Trumpf und weiter nichts.« (S. 81)

Vorbei waren die Zeiten, da Bürger und *Volk* sich als eine nationale Einheit verstanden hatten. Nun spaltete sich das Bürgertum in die Klassen der Großbürger, der Bildungsbürger und der Kleinbürger, die sich nur in einem Punkte einig waren: der bewußten Abgrenzung nach unten.

In ihrem Streben nach Stabilisierung des Erreichten nahm diese Gruppe den nachdrücklichsten Einfluß auf die Erziehung ihrer Kinder, für die die unteren Gesellschaftsschichten möglichst außer Betracht bleiben sollten.

Hatte die Biedermeier-Hausfrau die Wohnung zu einem familiären Refugium gestaltet, so diente sie der Gründerzeit-Familie vor allem zur Repräsentation, was sich in den Ausmaßen der Etage und den imitierten Möbelstilen symbolisierte. Der Blick *nach oben* kennzeichnete diese Lebenshaltung und wurde auch den Kindern eingeübt. Adel war wieder Trumpf. Dabei bildeten sich ganze Tugendkataloge heraus, die die Erziehung der heranwachsenden Kinder bestimmten und für die Mädchen in einer Fülle von Backfischliteratur (wie z. B. die Trotzkopfserie der Emmy von Rhoden) ihren Niederschlag fanden (Oberfeld/Weber-Kellermann). Familienglück, wie es das Mädchenbuch pries, wurde zum Leitbild manchen Mädchenherzens.

Die bürgerliche Gesellschaft hatte sich damit weit von den Freiheits- und Gleichheitsidealen des Jahrhundertbeginns entfernt. Nun sagte eine bürgerliche Frauenbewegung dieser auf Vaterautorität fixierten Gesellschaft den Kampf an, und ihre Führerinnen setzten sich für eine bessere Ausbildung der Mädchen ein, für Frauenstudium, Frauenberufe und weibliche Berufstätigkeit. Die erkämpfte Emanzipation betraf jedoch nur die alleinstehende Bürgertochter und setzte die Alternative: Beruf oder Mutterschaft, und es dauerte noch geraume Zeit, bis die Vorstellungen einer Gleichberechtigung überhaupt bewußt wurden.

Je mehr für die Bürgerfamilie der Gründerzeit die Linien nach oben verschwammen, um so stärker befestigte sie die Grenze nach unten.

Die Klasse, deren »Gewalttätigkeit« man fürchtete und von der sich abzugrenzen ein so dringendes Bedürfnis bürgerlichen politischen Verhaltens und familiären Erziehens wurde, war die der *Arbeiter*. In den Städten hatte sich diese neue Gruppe ohne soziale Hilfe von außen und ohne kulturelles Vorbild einrichten müssen; ihre Möglichkeiten für eine förderliche Familiengestaltung waren aufs äußerste reduziert. Angewiesen auf den Arbeitslohn aller ihrer Mitglieder, auch der Kinder ab mindestens 10 Jahre, mit unmäßig langen Arbeitstagen und ebenso unmäßig kurzer Freizeit, mit schlechten Wohnverhältnissen und mangelhafter Ernährung, konnten sie ihren Kindern keine Zukunftschancen bieten. Die Trennung von Wohnstätte und Arbeitsplatz hatte sich außer bei den Bürgern gerade für diese Sozialgruppe am konsequentesten vollzogen. Aber während in der Bürgerfamilie damit für die Frau und Mutter ein neuer Freiraum entstanden war, der der Zuwendung zur Wohnung und zu den Kindern zugute kam, brachte der gleiche soziale Wandlungsprozeß der Arbeiterfamilie ganz andere Folgen. Ihre Wohnung war nur noch Schlafstätte und verlor immer mehr die Qualitäten von Geborgenheit und Intimität. Wie sollte eine Frau bei 10-12 Stunden Fabrikarbeit Zeit und Kraft für die Gestaltung ihrer Häuslichkeit finden – von den materiellen Mitteln ganz zu schweigen. Von vielen Schwangerschaften geplagt, empfand sie Kinder nicht als »Segen« und vermochte nicht, ihnen den Schutz dessen zu vermitteln, was man als *Familie* begriff.

Daß die Gesellschaft jedoch an diese Gruppe die gleichen moralischen Anforderungen wie an eine Bürgerfamilie stellte und jedes Versagen als asozial denunzierte, war unmoralisch; daß die meisten der Arbeiter selbst nach bürgerlichen Familienidealen strebten, wirkte sich negativ für sie aus.

Auch in der Arbeiterfamilie – das stellte August Bebel (1840-1913) schon 1878 mit Empörung fest (Die Frau, S. 93 ff.) – wiederholten sich die Zwänge des bürgerlichen Familienmodells, und zwar nicht nur objektiv in der rechtlichen Situation der Frauen als »abhängiges, unterdrücktes Geschlecht« (S. 265), sondern auch subjektiv in ihrem Verhältnis zu Mann und Kindern. Die als selbstverständlich hingenommenen Differenzen in den Löhnen für Mann und Frau widerspiegelten ihre ebenso selbstverständlich hingenommene untergeordnete Stellung auch in der Ehe. Bebel erkannte, daß die Situation der Frau durch die bestehende, mit der Produktionsweise eng verbundene Gesellschaftsordnung bedingt sei und daher ihre volle Emanzipation nur durch deren Veränderung verwirklicht werden könne. Für dieses Ziel forderte er die Frauen auf, solidarisch mit den Arbeitern zu kämpfen. Aber sein Ruf nach der Befreiung der Frau aus der häuslichen Enge, nach ihrer vollen Teilnahme

*136 F. v. Uhde: Wäscherin und Kind. 1893*

am öffentlichen Leben des Volkes (S. 227), verhallte ebenso ungehört wie die Bestrebungen der proletarischen Frauenbewegungen, die in die gleiche Richtung zielten. Wie die anderen sozialistischen Bewegungen wollten auch sie das Proletariat aus der Knechtschaft des Kapitals befreien – zugleich aber der Frau ein neues humanes Selbstbewußtsein vermitteln und sie aus der Knechtschaft von Mann und Haushalt erlösen. Die Errungenschaften der Technik sollten ihr für die Vereinfachung des Haushaltes zugute kommen, die Betreuung der Kinder weitgehend auf Institutionen übertragen werden. Solche modern anmutenden, der weiblichen Lebensqualität dienenden Familienziele sozialistischer Theoretiker wie August Bebel und Clara Zetkin standen aber nicht nur im krassen Gegensatz zum bürgerlichen Familienideal. Wie sehr dessen eingelebte Struktur die allgemeinen Vorstellungen und Wünsche beherrschte, beweist die ablehnende Haltung, die auch die Arbeiterschaft im allgemeinen den progressiven Vorschlägen ihrer eigenen Führer entgegenbrachte. Gewollte Berufsarbeit von Müttern als Teil einer neuen persönlichen

Sozialgeschichte

137 K. Kollwitz: Familie beim Pflügen. 1902

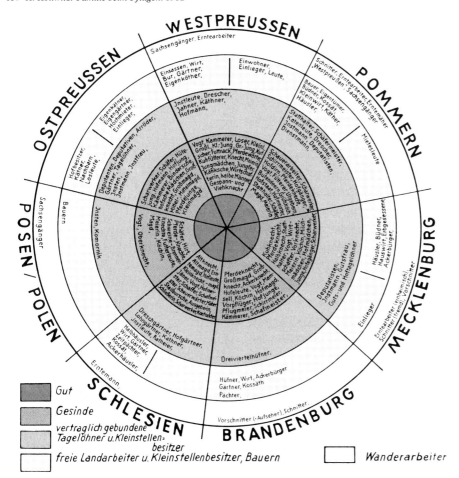

Die Zahl der Arbeiter war im 19. Jahrhundert in unaufhaltsamem Tempo angestiegen und hatte zu einem enormen Wachstum der Städte geführt, die zunehmend zum industriellen Standort wurden. Die Großstädte entwickelten sich als Wanderungsziel vornehmlich besitzlos gewordener Landarbeiter, die hier Arbeitsplatz und Wohnstätte suchten. Diese Binnenwanderungen nahmen zwar regional einen unterschiedlichen Verlauf, führten aber im ganzen zu einem Zuwachs in den Großstädten Deutschlands zwischen 1871 und 1910 um 602 %. So hatte allein Berlin von 1900-1910 einen Wanderungszuwachs von 648 000 Einwohnern (Köllmann, S. 275).

Mit solchen Zahlen, mit den Mietskasernen und Hinterhöfen der Großstädte, mit den Tatsachen der 10-14stündigen Fabrikarbeit ganzer Familien verbindet sich das graue Bild einer Menschengruppe ohne soziale Bindung und Geborgenheit, ohne Zeit, Kraft und materielle Mittel, um eine eigene Kultur und Lebensqualität zu gestalten. Wie sich unter diesen Bedingungen das Leben der Kinder entwickelte, wird an vielen Zeichen deutlich werden.

Der große Zustrom zu den Fabriken kam in Deutschland meist vom Land, und zwar besonders aus den östlichen Provinzen. Wie sah die *Landfamilie* in dem Jahrhundert aus, das den agrarischen Reformbestrebungen und der Befreiung der Bauern aus der Leibeigenschaft folgte?

Die Agrarreformen hatten in Ostelbien das Entstehen eines besitzlosen Landarbeiterstandes gefördert, der in materieller Abhängigkeit von der Gutsherrschaft lebte und mehr und mehr verarmte. Ähnliches galt in der Epoche des Agrarkapitalismus in Ostdeutschland auch für zahlreiche mittel- und kleinbäuerliche Existenzen (Weber-Kellermann, Erntebrauch, S. 356, vgl. Graphik).

Aus dieser Gruppe rekrutierte sich

Freiheit konnte man sich nach den Erfahrungen der Fabrikarbeit nicht vorstellen.

»So blieb das bürgerliche Familienmodell, das dem Manne allein die Funktion des Ernährers wie auch des Vermittlers zur Welt vorbehielt, der Mutter aber die Erziehungs- und Haushaltsaufgaben, in der Arbeiterschaft lebendig, ja es wurde hier treuer bewahrt als im Bürgertum.« (Pfeil, S. 142)

zum größten Teil das Kontingent der Fabrikarbeiter in den deutschen Großstädten. Dazu kamen die zahlreichen *Heimarbeiter,* deren Situation sich auf dem Lande unter dem Druck der industriell weiter fortgeschrittenen ausländischen, besonders englischen Konkurrenz immer weiter verschlechtert hatte. Aber auch in den anderen Teilen Deutschlands nahm der Pauperismus zu, und die unterbäuerliche Schicht umfaßte eine immer größere Zahl immer ärmer werdender Landbewohner (vgl. z. B. Virchow für den Spessart und Oberschlesien, Schnapper-Arndt für den Taunus).

Es soll damit nur angedeutet werden, daß die Vorstellung von der Geschlossenheit eines in sich ruhenden, in seinen überlieferten Ordnungen beharrenden Bauerntums, wie sie die heimatkundlichen, agrarromantischen Darstellungen des 19. und 20. Jahrhunderts in ihrem Bemühen um einen ländlich-ständischen Idealtyp gerne übermitteln, für die Realitäten einer doch außerordentlich differenziert gestaffelten Sozialstruktur im agrarischen Bereich nicht zutreffen. Neben Gutsherrn, Grundherrschaft und einer Bauernschaft, die sich nach Besitzgröße und Erbrecht vielfältig unterschied, stellte sich das mächtige Heer der unterbäuerlichen Schicht: Gesinde, Kleinstbesitzer, besitzlose Landarbeiter und mobile Saisonarbeiterschaft. Die Ungleichheit ihrer wirtschaftlichen Lage, ihres Herkommens und ihrer Erziehung, ihrer Familien- und Lebensziele bot das Spektrum einer kaum überschaubaren regionalen und sozialen Mannigfaltigkeit.

Der mittel- und nordwestdeutsche Bauernstand folgte nach den Ablösungen im 19. Jahrhundert verhältnismäßig schnell dem modernen Wirtschaftsdenken. Landwirtschaftliche Vereine und Schulen, Genossenschaften und Kassen führten den Landbewohner zum Anschluß an

*138 Hessische Familie in evangelischer Tracht. 19. Jahrhundert*

rationale Wirtschaftsmethoden und an die vom Kapitalismus gebotenen Aufstiegswege. Diese Umstellung der Bauern vom Gemeindemitglied zum eigenverantwortlichen Einzelnen, der im wirtschaftlichen Konkurrenzkampf durch ständige Leistungssteigerung bestehen und gewinnen wollte, führte auch zu einem Umbau der alten Ordnungen in Sitte und Brauch.

Demgegenüber verharrte die süd- und südwestdeutsche Bauernschaft viel länger in den überlieferten Lebensformen von Gemeinde und traditioneller Bauernfamilie.

Die *Landfamilie* war – im Gegensatz zur Bürgerfamilie des 19. Jahrhunderts – eine Institution der Arbeitswelt. Wohl besaß die Frau ihre selbständigen innerhäuslichen Bereiche, aber die repräsentative Autorität innerhalb der Dorfgemeinde lag – dem alten Haushaltsfamiliendenken entsprechend – beim Manne. Diese Ausschließlichkeit der Rollenverteilung

*139 Brautpaar aus einem hessischen evangelischen Dorf. 1921*

wirkte retardierend auf die Partnerschaft in der Ehe, aber auch hemmend auf den Generationenzusammenhang.

Die Bauernfamilie besaß eine mehrgenerative Familienstruktur mit mindestens zwei, aber auch drei bis vier Generationen, die auf einem Hof gemeinsam wirkten. Die Arbeitsleistung mußte ständig gesichert und der nötige Arbeitsbesatz ständig reproduziert werden. Das heißt nichts anderes, als daß die Bauernfamilie auf eine ausreichende Kinderzahl angewiesen war und sich darüber hinaus durch ledige Verwandte und Gesinde erweitern konnte (Planck, S. 169 ff.). Für die Gebiete mit Realteilung trifft das allerdings nicht im gleichen Maße zu.

Die Rollenzuordnung der Familienmitglieder und die Erziehung der Kinder folgten bei den Bauern bis weit in die Gegenwart dem alten Hausvaterprinzip mit vorgeschriebenen Normen und Lebensläufen. Das Erlernen dieser Lebensweise übten die Eltern ihren Kindern von klein auf ein, und die Kinder wuchsen unmerklich in das dörfliche Kommunikationssystem hinein. Damit festigten sich aber auch von Generation zu Generation althergebrachte Ordnungen und soziale Anschauungsweisen, die vornehmlich durch den Landbesitz und dessen mögliche Erweiterung bestimmt waren und vor denen gefühlsmäßige Beziehungen zurückstehen mußten.

Die Versorgung aller Angehörigen in der Familie bedeutete ein völliges Aufeinanderangewiesensein, eine Geborgenheit, aber unter Umständen auch totale Ausweglosigkeit für den Lebensabend. Das läßt sich nicht von den modernen bürgerlichen Werten und Normen aus betrachten, sondern nur innerhalb des gesamten Systems, das diese Lebensläufe umgab.

Solche kritische Einschätzung ist besonders für das Eltern-Kind-Verhältnis in der agrarischen Gesellschaft angebracht, das sehr früh, d. h. unmittelbar nach der *Hätschelperiode*, zu einem Arbeitsverhältnis wurde, in dem das Kind der Verfügungsgewalt der Eltern unterstellt war. Persönliche Entfaltungschancen oder überhaupt das Kindsein als eigene Lebensphase wurden nicht reflektiert.

Über diese Dinge ist viel geschrieben worden, aber sie sind schwer zu fassen, beruhen sie doch auf ihrer festen Verankerung in einer ungemein zwingenden Systemimmanenz. Die alte Bauerngesellschaft verlangte von ihren Mitgliedern die bedingungslose Akzeptierung ihrer harten Gesetze; nur der Insider konnte in ihr existieren. Wer diese innere Logik des wirtschaftlichen und sozialen Systems nicht bejahte, war sofort draußen. Die hierarchische Schichtung der alten Dorfgesellschaft war mit den Familienstrukturen, besonders mit den Heiratsregeln, verbunden, mit dem alten Sippengedanken und seiner am Besitzstand orientierten Endogamie. ›Romeo und Julia auf dem Dorfe‹ ist ein Topos, wenn auch nicht immer, wie bei Gottfried Keller (1819-1890), ein tragischer Ausgang mit solchen Konflikten verbunden war, sondern die Jungen sich meist den Gesetzen der bäuerlichen Besitzhierarchie fügten. Ein alter donauschwäbischer Mann erzählt aus seiner Jugend: »Ja, es gab schon Schwierigkeiten, aber nur, wenn die Kinder nicht gefolgt haben. So wie meine liebe Schwester, die hat einen Schönen, einen Armen heiraten wollen, und da hat meine liebe Mutter einen schönen Teller und einen garstigen vor sie beim Essen nebeneinander gestellt. In den schönen hat sie zwei Kartoffeln 'nein gelegt, und in den garstigen hat sie gebratenes Fleisch und Bratwürst 'nein. Da hat meine liebe Mutter gesagt: ich übe keine Grobheit über dich. Wennst den Schönen willst, bekommst doch dein Erbteil, aber gleich kannst gehen! Mutter brauchst nicht mehr zu mir zu sagen! Und hat meine Mutter bitterlich angefangen zu weinen. – Ja, meine Schwester hat nimmer gesagt, sie will den Schönen!« (Weber-Kellermann, Interethnik, S. 19 ff.)

Dieses Einlenken in die Normen des üblichen Familiendenkens war *richtig* innerhalb des herrschenden Systems. Die Eltern bestimmten, wie man sich zu verhalten hatte, und man mußte ihnen folgen, wenn sich auch das Gefühl dagegen sträubte. Marie von Ebner-Eschenbach (1830-1916) hat in einer ihrer Erzählungen die Ausweglosigkeit dieses Wertsystems dargestellt; in Erinnerung an ihren Taugenichts von Vater sagt das Mädchen:

»Ausgestanden hab ich gnug durch ihn, bös bin ich durch ihn nicht geworden. Was dein Vater tut, muß dir recht sein, hab ich immer von der Mutter gehört, und vom Herrn Pfarrer: Was der liebe Gott tut, muß uns recht sein. Ob also der Vater dreingeschlagen hat oder der Blitz, etwas anderes als: duck dich! ist mir zuletzt dabei nicht mehr eingefallen. Eine Heimsuchung vom lieben Gott ist das, einen Lumpen zum Vater zu haben, der alles vertut, einem das Dach überm Kopf verspielt und die Kleider vom Leib [...].« (Die Totenwacht, S. 457)

Das entspricht dem System der altbäuerlichen Ordnung. Der spätere Berliner Hofpfarrer Carl Büchsel erzählt in seinen Lebenserinnerungen von 1860:

»Als die Kinder in der Kirche versammelt waren, fiel es mir auf, daß sie sich in einer anderen Reihenfolge gesetzt hatten, wie in der Schule. Obenan saß der Sohn des Schulzen und Kirchenvorstehers, dann folgten die Bauernsöhne, dann die Büdnersöhne usw., der letzte war des Deckers Sohn. In ähnlicher Weise hatten sich auch die Mädchen geordnet. Der Küster riet sehr dazu, daß ich die Kinder sollte so sitzen lassen, weil sonst viel Lärm entstehen würde, und weil es überhaupt bedenklich sei, in solchen Sachen zu ändern.« (Büchsel, S. 37)

So zeigten sich die innerdörflichen Autoritätsstrukturen in einer deutlichen zeichenhaften Sprache. Das gleiche Ordnungsdenken bestand auch im Familieninnern, und zwar in allen Schichten der Landbevölkerung. Standes- und Mannesautorität bestimmten die Lebensformen und prägten das Denken der Landkinder von frühester Jugend bis zur Militärzeit, wo sie erst recht den Mechanismus *von oben nach unten,* von Befehlen und Gehorchen als eine institutionalisierte Wahrheit kennenlernten.

Wenn man diese Verhältnisse für die Agrargesellschaft näher überdenkt, so ahnt man Schlußfolgerungen, die von der Wissenschaft vielleicht bisher noch nicht genügend beachtet worden sind. Das – von Riehl so sehr gepriesene – Hausvaterverhältnis, das in der Gemeinde entsprechend den Besitzsituationen über das Familiäre hinaus erweitert wurde, beinhaltete ja nicht nur den Geist der Vaterschaft als Schutz- und Machtprinzip mit Lohn und Strafe, Belobigungs- und Züchtigungsrecht. Es versetzte doch gleichzeitig auch die Mitglieder

140 *F. von Uhde: 3 Bauernkinder. Um 1900*

der Haushaltsfamilie – und dann in sozialer Übertragung auch die Besitzlosen des Dorfes – in einen langandauernden Kindheitszustand, d. h. einen Zustand der Abhängigkeit und Unselbständigkeit. Wenn dann Magd und Knecht aus wirtschaftlichen Gründen lange Zeit nicht heiraten konnten und abhängig blieben, so war ihnen damit auch im Dorfdenken das sexuelle Erwachsensein verwehrt, das doch für die gleichaltrige verheiratete Bauerntochter nicht als anstößig galt. Dazu kamen die gleichlautenden Moralordnungen der Kirche. Die große Zahl der ländlichen Kindsmörderinnen wäre vielleicht auch einmal auf diesem Hintergrund zu interpretieren.

Zu dem Kapitel der unehelichen Mütter auf dem Lande ein Beispiel: In Marburg wurde um 1800 eine Entbindungsanstalt gegründet, die insbesondere uneheliche Geburten zu betreuen hatte (Vanja, S. 151 ff.). Die sittsame Bäuerin gebar ihr Kind mit Hilfe der Hebamme zu Hause. Daß die schwangere Magd als eine *Unbe-*

*141 A. Neuhuys: Bäuerin mit ihren Kindern beim Buttern. Um 1900*

ihr Produktionsmittel, die Maschine, selbst besaßen. Damit aber war das patriarchalisch geordnete Gesellschaftssystem des alten Bauerndorfes auf einem Teilgebiet aus den alten ständischen Grenzen herausgetreten.

Mit der Zunahme einer Technisierung der Landwirtschaft verringerte sich der ländliche Arbeiterbedarf und der Anteil der ländlichen Bevölkerung an der Gesamtzahl.

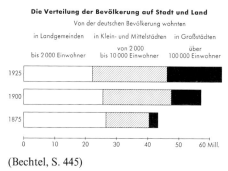

(Bechtel, S. 445)

Was hat sich nun entscheidend für die Familie der genannten Schichten und Klassen nach 1800 geändert? (Hier werden vor allem die Verhältnisse im deutschsprachigen Gebiet zugrunde gelegt, die aber wohl strukturell mit den anderen Industrienationen Ähnlichkeit besitzen, während die Nationen mit einer vorwiegend agrarischen und feudalen Gesellschaftsordnung andere Entwicklungen durchliefen.)

Eine wichtige Tatsache ist der zunehmende Geburtenrückgang, der sich statistisch folgendermaßen darstellt:

*hauste* ins Marburger Spital zu wandern hatte, war für sie in vieler Hinsicht eine moralische Strafe – zugleich aber auch ein Zeichen für die beginnende Auflösung der alten Haushaltsfamilie mit ihrer Fürsorgepflicht.

Was nun veränderte sich durch die Industrialisierung grundlegend für die Bauernfamilie alter Ordnung? Die *Industrialisierung* auf dem Lande begann mit der Einführung der Dreschmaschine; sie war das Signal einer beginnenden Technisierung. Was bedeutete das für das soziale dörfliche Beziehungssystem? Nun gab es ein wichtiges Arbeitsgerät, das nicht mehr einzelnen Hofbesitzern, sondern der Gemeinde gehörte oder einer herumziehenden Dreschermannschaft. Diese Dreschermannschaft war die erste Form einer Gruppierung, die das vertikale System der Agrargesellschaft durchbrach: ein Techniker mit einer angelernten Arbeitsgruppe, die von Hof zu Hof und von Dorf zu Dorf zogen, für Bar- und Naturallohn arbeiteten und oft

| Ehejahrgang | Von 1000 Ehen haben nach ca. 20 Jahren | | | | |
|---|---|---|---|---|---|
| | keine Kinder | 1 Kind | 2 Kinder | 3 Kinder | 4 u. mehr K. |
| 1899 u. früher | 87 | 90 | 116 | 123 | 584 |
| 1900 | 100 | 105 | 150 | 147 | 498 |
| 1905 | 100 | 133 | 188 | 164 | 415 |
| 1910 | 119 | 167 | 213 | 168 | 333 |
| 1915 | 157 | 201 | 240 | 163 | 239 |

(Nach Wirtschaft und Statistik, 1962, S. 199)

Wesentlich ist – ohne daß hier eine eingehende Kommentierung dieser

*142 Dampfdreschmaschine und Heupresse aus der 2. Hälfte des 19. Jahrhunderts*

Statistik vorgenommen werden könnte – die Abnahme des Kinderreichtums in den Familien. Was diese Prozesse für die Lebenswirklichkeit der Familien bedeuteten, mögen die folgenden Tabellen verdeutlichen. Die Tabellen sind vertikal und horizontal zu lesen. Die Vertikale zeigt in der ersten Spalte für Bürger und Bauern eine weitgehend übereinstimmende Tendenz, die durch die dominierende Sozialform der gemeinsam wirtschaftenden Haushaltsfamilie bestimmt ist. Der Adel setzt sich in mancher Beziehung durch andere materielle Bedingungen und seine Internationalität davon ab.

In den folgenden Vertikalspalten wird der große Wandel nach der Französischen und der Industriellen Revolution deutlich. Die Trennung von Arbeitsplatz und Wohnplatz führt ein neues, flexibleres Verhalten bei den Bürgern herbei und bestimmt zwingend das soziale Verhalten der Arbeiter ihren Frauen und Kindern gegenüber.

Eine horizontale Betrachtung der Tabelle macht weiterhin die Dynamik des geschichtlichen Prozesses deutlich. Während Aristokratie und Bauern in einer gewissen Statik des Bewußtseins länger wirkenden Lebensregeln folgen, den Mächten des Beharrens, herrscht die größte Dynamik und Flexibilität jeweils in der Rubrik der Bürger: Sie verändern ihre Wirtschaftsweise, individualisieren allmählich – wenn auch unter Rückschlägen – Erziehungsziele und Rollenverteilung in der Familie. Kurzum: An dieser Gruppe sind die Bewegungen der Gesellschaft am klarsten zu verfolgen, sei es im affirmativ-stabilisierenden wie auch im emanzipatorischen Sinne.

Diese kurzen Hinweise mögen als sozialgeschichtlicher Hintergrund genügen. Die gegenständlichen Zeichen der Kinderkultur, die nun in den Vordergrund treten, werden immer wieder ihre Bedeutung im sozialen Kontext zu erkennen geben.

## Die Familie
**Vorherrschende Formen des Wirtschaftens und der gesellschaftlich bedingten Verhaltensweisen**

| | | Bis 1800 | 19. Jahrhundert | Nach 1945 |
|---|---|---|---|---|
| **WIRTSCHAFTS WEISE** | Adel | Ökonomischer Zusammenhalt im Sippenverband; Grund- und Gutsbesitz; Dienst als Hofbeamte und Offiziere. | | Guts- und Unternehmensbesitz; bürgerliche Berufe. |
| | Bürger | "Große Haushaltsfamilie" wirtschaftet gemeinsam im Mehrgenerationenzusammenhang. | Trennung von Arbeitsplatz und Wohnplatz; Form der Großen Haushaltsfamilie bleibt nur in einzelnen Handwerken und in kaufmännischen Betrieben bestehen, hört in den meisten Dienstleistungsberufen, bei Beamten und Angestellten auf. | Die Form der "Großen Haushaltsfamilie" vereinzelt in Gastwirtschaften und Geschäften, sonst Gattenfamilie mit Trennung von Arbeits- und Wohnplatz. |
| | Bauer | Gemeinsam wirtschaftende "Große Haushaltsfamilie" | | Abnehmend; Tendenz zur bürgerlichen Kleinfamilie bzw. Unternehmen. |
| | Arbeiter | | Trennung von Arbeitsplatz und Wohnplatz. | |

|  |  | Bis 1800 | 19. Jahrhundert | Nach 1945 |
|---|---|---|---|---|
| **BERUFSWAHL** | Adel | Söhne: durch die Familie bestimmt; Gutsbesitzer, Offizier, Hofbeamter. Töchter: berufslos, evtl. Gouvernante. | | Mehrheitlich individuell. Freie Berufswahl. |
| | Bürger | Söhne: meist durch Interessen und Besitz des Vaters und der Familie bestimmt. Töchter: berufslos. | Gleichbleibend bei Groß- und Besitzbürgern; im Mittelstand zunehmend individuell. Töchter: berufslos; zu Ende des Jahrhunderts zunehmende Tätigkeit vor allem in "weiblichen" Berufen; Frauenstudium. | Für Söhne und Töchter mehrheitlich freie, individuelle Berufswahl. |
| | Bauer | Söhne: durch den Familienbesitz bestimmt. Töchter: Bäuerin. | | Durch den Familienbesitz verpflichtet, aber zunehmend freie Berufswahl. |
| | Arbeiter | | Durch Industrialisierung und Besitzlosigkeit gezwungen; später "Facharbeiter" Frauen berufstätig. | Zunehmend freie Berufswahl. |
| **GATTENWAHL** | Adel | Durch Stand und Namen bestimmt. | | Zunehmend freier. |
| | Bürger | Durch Stand, Besitz und Familienbeschluß weitgehend bestimmt. | Im Großbürgertum gleichbleibend; im Mittelstand Beginn von Individualisierung. | Mehrheitlich freie Partnerwahl. |
| | Bauer | Durch Besitz und Familienbeschluß bestimmt. | | Zunehmend freiere, individuelle Wahl. |
| | Arbeiter | | Aus der eigenen Schicht, Klassenbewußtsein. | Individuell. |
| **ROLLE DES MANNES UND VATERS** | Adel | Patriarchalistisch–autoritär; bestimmt das Verhalten der Familie. | | |
| | Bürger | Patriarchalistisch–autoritär; absolut bestimmend. | | Zunehmend partnerschaftlich. |
| | Bauer | Patriarchalistisch–autoritär; absolut bestimmend. | | Weitgehend gleichbleibend. |
| | Arbeiter | | Autoritär. | Autoritär bis partnerschaftlich. |
| **ROLLE DER FRAU UND MUTTER** | Adel | Gesellschaftlich repräsentierend, aber abhängig-unemanzipiert, die Erziehung der Kinder nicht bestimmend (Hauslehrer, Gouvernante). | | Zunehmend selbständig, der bürgerlichen Oberschicht entsprechend. |
| | Bürger | Wirtschaftlich und bei der Erziehung mitbestimmend; mitarbeitend. | Zunehmend unselbständig, angepaßt, der männlichen Führung untergeordnet; nicht berufstätig. Dagegen: bürgerliche und sozialistische Frauenbewegung. | Zunehmend gleichberechtigt und partnerschaftlich; berufstätig. |
| | Bauer | Der männlichen Führung angepaßt, aber mitarbeitend und partnerschaftlich bestimmend. | | |
| | Arbeiter | | Berufstätig, aber ohne selbständige Vorstellungen; der männlichen Führung im Allgemeinen untergeordnet. | Zunehmend selbständiger. |
| **ZIELE DER KINDERERZIEHUNG** | Adel | Standesgemäße Lebensführung, Stabilisierung der Verhältnisse, rollenfixiert. | | |
| | Bürger | Kurze Kindheit, früh an Mitarbeit gewöhnt, aber auch frühe Selbständigkeit; geschlechtsrollenfixiert; Stabilisierung der ständischen Gesellschaft. | Neue Einstellung zum Kind; Verlängerung der Kindheit und damit auch der Unselbständigkeit, Abhängigkeit, Erweiterung der Tabubereiche; rollenfixiert, gesellschaftsaffirmativ. | Kindheit als Lebensphase; zunehmend frei und selbständig; freie Ausbildungschance. |
| | Bauer | Kurze Kindheit; frühe Mitarbeit, aber auch Selbständigkeit und Teilnahme am Erwachsenenleben. | | Zunehmend entsprechend den bürgerlichen Vorstellungen. |
| | Arbeiter | | Kurze Kindheit; früh an Lohnarbeit gewöhnt im Bereich der familiären Existenzbewältigung; Ausschluß aus dem Kindheitserleben der Gleichaltrigen, aber weniger Tabubereiche und frühere Selbständigkeit. | Zunehmend entsprechend den bürgerlichen Vorstellungen. |
| **WOHNEN** | Adel | Schloß und Gutshof, Stadtpaläste; mehrere Generationen. | | Gleichbleibend und der bürgerlichen Oberschicht entsprechend. |
| | Bürger | Mehrere Generationen und das Gesinde leben unter einem Dach. | Zunehmend Kleinfamilie und Zwei-Generationenhaushalt; Mietwohnungen, Villen. | Kleinfamilie; zunehmend Eigenheim. |
| | Bauer | Bauernhaus mit Altenteil; Große Haushaltsfamilie unter einem Dach. | | Zunehmend Einzelhaushaltungen der Kleinfamilie. |
| | Arbeiter | | Mietskasernen, vereinzelt Fabriksiedlungen. | Mietwohnungen, zunehmend Eigenheim. |

# 1. KLEIDUNG UND WOHNEN DER KINDER

## Mode der Erwachsenen und Kinderkleidung im Modejournal

Seit der Französischen Revolution bestimmte ein neuer Kleidungsgedanke die Mode (Bringemeier, Wandel, S. 5). Schon in der zweiten Hälfte des 18. Jahrhunderts hatte die Auseinandersetzung zwischen der französischen Modeführung und der englischen, zumindest in der Herrenmode, begonnen. Die Werther-Kleidung trat an die Stelle des bestickten Anzuges. Von der englischen High-Society, in die Unternehmer, Fabrikanten, Kaufleute und Ingenieure aufgestiegen waren, gingen neue bürgerliche Impulse aus, die besonders die Herrenmode veränderten.

Einen völligen modischen Umbruch aber brachten die Ideen der Französischen Revolution. Kniehose *(culottes)* und gepuderte Zopffrisur wurden zu Symbolen des verhaßten Ancien régime. Der bewußte Bürger trug *Sansculottes*, das lange Beinkleid, die Pantalons; der Arbeitsanzug der Marseiller Hafenarbeiter wurde damit zum Symbol einer revolutionären Bewegung. Die sogenannte *Röhrenhose* blieb bis heute das typische männliche Kleidungsstück der bürgerlichen Mode, während sich in der ländlichen Kleidung die alte Kniehose in vielen Regionaltrachten noch länger bewahrte.

Aber nicht nur die Männerkleidung, auch die Frauenkleidung änderte sich total unter den Einflüssen revolutionären Denkens. Die von Rousseau gepredigte *Rückkehr zur Natur* brachte die Verbannung von Perücke, Korsett und Krinoline. Man kleidete sich natürlich und *antik* im langwallenden, leicht gegürteten Chemisenkleid mit kurz geschnittener *Titusfrisur*, und diese bequeme, unaufwendige *demokratische* Kleidung eroberte zum ersten Mal wieder alle Schichten.

*143 J. H. Tischbein: Knabe im Skeleton mit seiner Schwester. Um 1780*

Eine derartige Tendenz zur Vereinheitlichung der Kleidung verlor sich jedoch schon wieder nach etwa zwei Jahrzehnten, was mit der sozial- und wirtschaftsgeschichtlichen Entwicklung zusammenhing, vor allem mit den neuen Schichtungsprozessen in der bürgerlichen Welt. Im Gegensatz zur Männerkleidung machte die Damenmode im 19. Jahrhundert die erstaunlichsten Veränderungen durch. Die Biedermeier-Hausfrau trug wieder Korsett und einen kugelig weiten Rock mit vielen Unterröcken. Um 1850 tauchte der *panier* des Rokoko erneut als Krinoline auf und erreichte 1860 seine größte Weite. Im späten Biedermeier folgte dann eine gewisse Ausgeglichenheit der Silhouette, bis die Gründerzeit (ab 1871) eine Überladung mit Spitzen, Rüschen und einer künstlichen Versteifung über dem Hinterteil aufbrachte, der *Tournure*. Ihr folgte die Schleppenmode der reichgewordenen Bürgersfrau und dann von neuem (nach 100 Jahren) der *Cul de Paris* mit Korsett, Raffungen, Schleifen und Spitzen: Eine Mode, die die Distanz verdeutlichte, die die Dame der Gesellschaft zur Welt der Arbeit hatte.

# LA VIE DE L'HOMME.
## Das Leben des Menschen.

Il est en nourrice.
Er ist bei der Säugamme.

On lui apprend à lire.
Man lernt ihn lesen.

Il est en récréation.
Er spielt.

Il étudie.
Er studirt.

Ses premières amours.
Seine erste Liebe.

Il va faire son tour de France.
Er geht auf Reisen.

Son mariage.
Seine Heirath.

Il devient père de famille.
Er wird Familienvater.

Il est dans le commerce.
Er ist im Handel.

Il devient joueur.
Er wird Spieler.

Il est retiré des affaires.
Er hat sich von den Geschäften zurückgezogen.

Sa mort.
Sein Tod.

Fabrique de PELLERIN, Imprimeur-Libraire, à ÉPINAL.

144 *Der Lebenslauf des Menschen. Französischer Bilderbogen des 19. Jahrhunderts*

Frauenbewegung und Sozialismus um die Jahrhundertwende veränderten den Geist der Mode, zuerst mit dem Aufkommen von Kostüm und Hemdbluse und dann entscheidend mit der Reformkleidung und dem Fortfall des Korsetts. Aber stets trugen die Frauen fußlang, und erst im ersten Weltkrieg wurde der Frauenrock zum erstenmal verkürzt und *Bein* gezeigt. Seitdem wechselten die Modetendenzen schnell. Die zwanziger Jahre brachten den Garçon-Stil mit Bubikopf und *kniefreien* Röcken, woran die Seidenstrumpfindustrie lebhaft beteiligt war.

Wie entwickelte sich nun die *ländliche Kleidung* nach der Französischen Revolution? Solange nur die Aristokratie die internationale Mode bestimmt hatte, waren Bürger- und Bauernkleidung ähnlich, wenn auch regional stark unterschieden. Im 19. Jahrhundert übernahm das Bürgertum die Modeführung in Europa, und nun begannen sich Stadt und Land in schroffem kostümlichen Gegensatz gegenüberzustehen. Diesen Prozeß schildert ein Zeitgenosse plastisch für Straßburg um 1795:

»Die Straßburger Frauentracht, von welcher Goethe so anmutig erzählt, habe ich auch noch gesehen, und zwar in ihrer letzten Zeit, denn im Verlaufe der Revolution scheint sie schnell seltener geworden und bald gänzlich verschwunden zu sein. Das Bild meiner Mutter als Braut war schon in französischer Kleidung gemalt, das Haar aber dabei noch im altbürgerlichen Staat der unendlichen Zöpfe. Jetzt waren auch diese nebst den kurzen runden Röcken nur noch in den untersten Klassen üblich und am vollständigsten in den kleinern Orten auf dem Lande.« (Varnhagen, Bd. 1, S. 26)

Von großem Einfluß auf die neue Modeentwicklung, die ja einen viel größeren Kreis als die bis dahin modeführende Aristokratie umfaßte, wurden die *Modejournale*. Das in Pa-

*145/146 Kinderkleidung in Modejournalen der Biedermeierzeit*

*147 Kinderkleidung im Modejournal der Gründerzeit*

*148 E. A. Bayard. Der Schneider nimmt Maß. Um 1860*

Deutschland wendete sich der englischen Mode zu (Bringemeier, Wandel, S. 19), d. h. einem neuen Stil der Vereinfachung *à la grecque* nach der Epoche französischer Künstlichkeit.

In diesem Geiste bewegte sich auch das berühmte ›Journal der Moden‹, das Friedrich Justin Bertuch (1747 bis 1822) seit 1786 in Weimar herausgab. Es beschränkte sich nicht auf Kleidermoden, sondern berichtete allmonatlich über alle Arten neuer Moden und Erfindungen in Mitteleuropa.

Anhand dieser Journale ist die Modeentwicklung des späten 18. und des 19. Jahrhunderts getreulich nachzuvollziehen und ergibt als Neuheit, daß die Herrenkleidung immer einheitlicher wird, diejenige der Damen aber immer heller und duftiger, was vielleicht vorsichtige Rückschlüsse auf die von Männern beherrschte Arbeitswelt zuläßt, von deren Anblick die Damen der Gesellschaft verschont bleiben sollten.

Die Vermittlung der Moden durch Journale umfaßte auch die Kinderkleidung, die sich lebhaft von den Erwachsenen zu unterscheiden begann. Das war neu und widerspiegelte eine veränderte Anschauung von der Kindheit, die seit Jean-Jacques Rousseaus (1712-1778) pädagogischem Lehrbuch ›Emile‹ (1762) immer weitere Kreise der Gebildeten mit seiner Vorstellung beflügelte:

»Die Natur will, daß die Kinder, ehe sie Männer werden, Kinder sein sollen [...] Die Kindheit hat eine nur ihr eigene Art und Weise zu sehen, zu denken, zu empfinden; nichts kann ungereimter sein als das Bemühen, ihr dafür die unsrige unterschieben zu wollen.«

Die Modejournale und Almanache verbreiteten diese neue Gesinnung für eine vernünftigere Kinderkleidung; seit etwa 1790 befreite der Knabenanzug *à la matelot* z. B. die Jungen von der beengenden Hals-

ris erscheinende ›Cabinet des Modes‹ begann seinerseits, die neue englische Mode zu verbreiten, die zunächst erst auf dem Wege über Frankreich zu internationaler Anerkennung gelangte. Auch die frühen deutschen Modejournale, wie ab 1798 das ›Journal des Dames et des Modes‹ in Frankfurt am Main, erschienen noch in französischer Sprache. Aber die englische Mode begann schon damals, ihre Führungsrolle zu übernehmen, und auch die durch Goethe berühmt gewordene Werthertracht war englischen Ursprungs. Die Sympathie der führenden Schicht auch in

*149 F. de Goya: Aristokratisches Familienbild von 1786, die Knaben im Skeleton*

binde (vgl. ›Matrosenanzug‹, Seite 126 ff.). Jedoch wählten die Damen der Gesellschaft und die Modistinnen nicht nur nach den Journalen. Es entstand daneben die Anziehpuppe im Ausschneidebogen, die durchaus nicht nur als Spielzeug für Mädchen anzusehen ist, sondern auch von den Erwachsenen als Modemuster benutzt wurde. Auf den Modeblättern, auf den Ausschneidebögen erscheinen nur feine Kinder, geputzt, gekämmt, artig und sauber. Sie vertraten die Reiche-Leute-Welt und die ihr Nachstrebenden, bis kurz vor dem ersten Weltkrieg die Kinderkonfektion einem breiteren Bevölkerungskreis die Teilnahme an Kindermoden eröffnete. Die hier angeführten Beispiele zeigen also die veränderte Einstellung zum Kind mit seinem eigenen Kleidungsrepertoire, doch weniger den kostümgeschichtlichen Ablauf in seinem sozialen Kontext.

Ausblicke auf dieses kulturhistorische Feld bieten die nächsten Abschnitte.

150 *C. F. Koepke: Zwei Kinder in Biedermeierkleidung. 1831*
151 *Englische Anziehpuppe im Biedermeierkostüm*

## Kindheit im Schloß

Statistisch gesehen spielten der Adel und das höhere Bürgertum mit einem Anteil von 0,5 und 3% im Mittel in der Bevölkerungsstruktur des 19. Jahrhunderts für Deutschland kaum eine Rolle (Hardach, S. 13). Die Aristokratie beherrschte die Führung der Armee und das Hofbeamtentum; im Landadel, dem Junkertum, tradierten sich weitgehend unverändert die feudalen Vorrechte der Vergangenheit, und auch in der Bürokratie und Verwaltung hatten alter und neuer Adel im allgemeinen das Sagen. So zeigte sich das Bewußtsein von Herrschaft und Führung für diese Gruppe als sehr beständig, und die Erziehung ihrer Kinder bewegte sich auch im neuen Jahrhundert häufig nach den alten standesgemäßen Etiketten und Vorschriften. Sie umspannte die Kinder von klein auf – wenn auch nicht mehr mit dem Fischbeinkorsett der Rokokozeit, so doch mit den strengen Zwängen eines harten Komments, gerichtet auf das Ziel elitärer Absonderung. Bei den Knaben nahm die Kindheit meist mit dem Eintritt in die Kadettenanstalt oder das Internat ein frühes Ende, bei den Mädchen mit dem Besuch von Pensionaten und Klosterschulen.

Die hohen Lebenswerte althergebrachter Ordnung und Disziplin wurden gerade in diesen Kreisen in außerordentlichem Maße betont und gepflegt. Als Hauptforderung galt dabei die absolute Unterordnung der Kinder. Da sie mit ihren Eltern oft nur bei den Mahlzeiten zusammentrafen, bedrängte sie die Artigkeitspflicht dann besonders stark:

»Es war bei Tische. Obenan saß unsere liebe Mama, unsere Großmutter zu ihrer Rechten, unser Vater zu ihrer Linken. Dann war ein langer Zwischenraum an dem großen, ovalen Tische, und dann kamen wir zwei, meine Schwester und ich. ›Kann sie vielleicht noch nicht lesen? Hat im Frühjahr angefangen, lernt jetzt

*152 D. Mosler: Aristokratenkind. Um 1830*

*153 F. von Rayski: Kinderbildnis. Um 1860*

schon den ganzen Sommer und kann noch nicht lesen?‹ setzte Papa sein Verhör fort, und ein Strafgericht drohte aus seiner Stimme.« (Marie von Ebner-Eschenbach, Kinderjahre, S. 32)

Wenn in mittel- und norddeutschen Adelshäusern die Rokokomöbel überdauerten und den vergoldeten Spiegelrahmen das Medaillon-Porträt Friedrichs des Großen zierte, so verband sich mit solch altmodischem Wohnverhalten die politische Gesinnung eines Festhaltens am alten Ständestaat, in dem ein jeder von Geburt an gewußt hatte, wo er hingehörte. Die Kinder und Enkel sollten diese gottgewollten zwischenmenschlichen Beziehungen zustimmend erkennen lernen, doch viele von ihnen waren sich längst des historischen Abstands bewußt. Auf einem brandenburgischen Gutshof spielte sich um 1830 jeden Sonntag die gleiche Szene in folgender Ordnung ab:

»Mein Großvater war über achtzig Jahre alt, seit meine Erinnerung reicht; seinen beiden Söhnen hatte er benachbarte Güter übergeben, die sie bewirtschafteten; sie waren, bei seinem Leben, verheiratet und hatten je einen Sohn und eine Tochter. Jeden Mittwoch verlangte er seine Söhne zu Tisch bei sich zu haben und jeden Sonntag die beiden Familien. Da galt keine Entschuldigung, und alles Geschäftliche mußte sich diesem Unumstößlichen fügen. Punkt elf mußten wir da sein, nicht früher, nicht später. Das war für die Eltern ein fühlbarer Zwang, wir Kinder nahmen es für etwas Selbstverständliches, und trotz der Scheu, die uns der alte Herr einflößte, trotz der Ermahnungen der Eltern, uns in seiner Gegenwart vollkommen ruhig zu verhalten, war es immerhin eine Abwechslung, auf die wir uns freuten und die mit manchem Geheimnisvollen und Fremdartigen unsere Neugier und Phantasie anregte.

Ich will versuchen, solchen Sonntag zu schildern. Die beiden Familien kommen fast zu gleicher Zeit an, und da man die Wege, die zum Wohnort des Großvaters zusammenliefen, weithin übersehen konnte, ließen die, welche einen Vorsprung hatten, die Pferde langsamer gehen, um sich zu treffen. Wenn wir eintraten, saß der alte Herr der Tür gegenüber auf dem Sofa und erhob sich halb zur förmlichen Begrüßung. Wir Kinder mußten zu ihm herantreten, und er reichte uns die Hand. Er war ein kleiner, verwachsener Mann, aber es lag et-

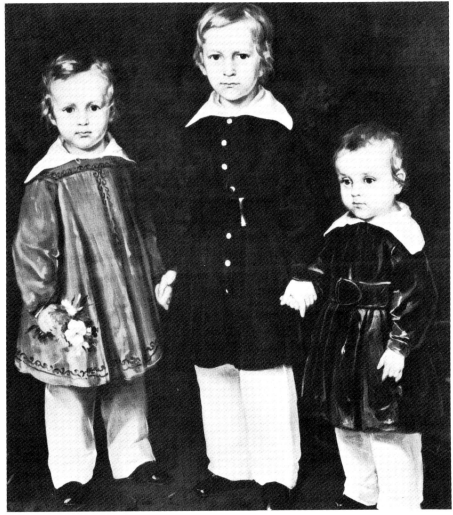

154 F. von Rayski: *Drei freiherrliche Kinder von 1838*

155 J. Kriehuber: *Die kaiserlichen Kinder in Wien. 1838*

was Achtunggebietendes, Einschüchterndes in seinem strengen Wesen, etwas Imponierendes in dem schönen Auge. Die Söhne nannten ihn ›Du‹, und auch wir Kinder hatten diese Anrede uns herausgenommen. Die Schwiegertöchter redete er ›Frau Tochter‹ und mit ›Sie‹ an, und nach kurzem Gruß nahmen sie die Plätze an dem einen Fenster ein, während wir Enkel uns in das andere drängten. Der Großvater führte allein die Unterhaltung; unangeredet durfte niemand sprechen; alles Flüstern oder gar Lachen wies er streng zur Ruhe. [...] Punkt zwölf Uhr öffnete sich die Tür, und der Diener, ein Riese von nahezu sechs Fuß, trat ein und setzte die Suppenterrine auf den Tisch. [...]
Er wurde mit ›Er‹ angeredet und hatte etwas sehr Devotes, dabei aber eine ungewöhnliche Findigkeit für seine Obliegenheiten, trotz einer gewissen Tölpelhaftigkeit seiner Manieren. [...]
Der Mittagstisch war so einfach als der ganze Zuschnitt des Hauses und bestand aus drei Gerichten, zu denen ›nur für die Kinder‹ eine Mehlspeise hinzugefügt war, die uns aber zur Pein wurde. Denn jedesmal, wenn die Reihe an uns kam, davon zu nehmen, rief der Großvater: ›Gera, stelle Er die Teller der Kinder ins Fenster, sie verbrennen sich sonst.‹ Da stand nun die ersehnte Speise, die Eltern waren längst fertig damit, wir aber mußten lautlos warten und bekamen dann kalt, was uns zugedacht war.« (Gustav zu Putlitz, 1821-1890, S. 12 ff.)
In den allerhöchsten Adelskreisen verlief die Erziehung der Prinzen und Prinzessinnen gänzlich im alten Stil und äußerte sich auch in den traditionellen kulturellen Zeichen. Über die Kindheit des 1830 geborenen späteren österreichischen Kaisers Franz Joseph I. berichtet seine Mutter in ihren Tagebüchern, daß er in seinem ersten Lebensjahr der Pflege einer Amme anvertraut war, dann *wie ein Mädchen* gekleidet war in Kleidchen und mit grünem Hut. Schon mit 4 Jahren repräsentierte er auf Hoffesten in weißen Hosen und blauem Samtjäckchen mit goldenen Litzen. Mit 6-7 Jahren war dann die erste Kindheit beendet.
»Der junge Erzherzog erhält nun seine eigene Kammer, die neben Erziehern einen Kammerdiener, einen Kammerjungen, zwei Leiblakaien, einen Zimmerputzer, einen Hausknecht und ein Kammerweib umfaßt. Auf seinen Diener ist Franzi ganz besonders stolz. [...] Zu allem Anfang erhält er in der Woche dreizehn Stunden Unterricht, und zwar in Religion, Deutsch, Französisch, Schreiben und Geographie. Diese sollen bis zu seinem siebenten Geburtstag auf achtzehneinhalb in der Woche erhöht werden.« (Corti, S. 132)
»Mit dem neuen Schuljahr beginnt für Franz Joseph scharfe Arbeitszeit. Er muß nun in seinem neunten Lebensjahr bereits siebenunddreißig Lehrstunden in der Woche über sich ergehen lassen, wobei alle körperlichen Übungen nicht eingerechnet sind.« (Ebd., S. 152)
Auffallend ist bei den Kindheitsschilderungen aus Adelskreisen nach wie vor die hart gesetzte Grenze zwischen den Lebensphasen. Die Hierarchie

der Altersklassen, die Ariès für die vorangegangenen Epochen so eindrücklich geschildert hat (S. 285 ff.), bewahrte offenbar der Adel unnachsichtig und ohne Rücksicht auf den Gefühlshaushalt des Kindes. So bedeutete die 6-Jahres-Grenze für den kleinen Franz Joseph eine totale Trennung von seiner geliebten Kinderfrau; er erhält ein eigenes Appartement neben dem seiner Mutter und Geschwister.

Als ein 13jähriger kleiner Junker von seinem märkischen Gutshof nach Magdeburg ins Internat geschickt wird, erlebt er den Ortswechsel als tiefen Einschnitt und Abschluß der Lebensphase als Herrschaftskind, ja, als Abschluß der eigentlichen Kindheit:

»Der 2. Januar 1834 war der Tag meiner Abreise vom Elternhause. Wie viel bittere Tränen flossen nicht beim Abschied, denn ich war der Liebling des Hauses und aller Derer, die ihm zugehörten. Ich selbst war nicht am wenigsten betrübt und fühlte, daß mein Ausscheiden ein Ereignis war für alle, eine Lücke ließ, die unausfüllbar erschien. Damals bestand eine feste Zusammengehörigkeit zwischen der Herrschaft und ihren Untergebenen, und das Kind des Herrenhauses war das Kind des ganzen Ortes. Von Allen wurde Abschied genommen, als gälte es ein Nimmerwiedersehen, und Jeder empfand es wie eine Grausamkeit, ›das Kind‹ hinauszuschicken in die weite Ferne, unter die fremden Menschen, denn damals schien Magdeburg fast unerreichbar von meinem Heimatsort.« (Gustav zu Putlitz, S. 152)

Seinen Vater aber lernte er bei dieser Gelegenheit zum erstenmal als Menschen kennen, der eines Gefühlsausdruckes fähig ist:

»Mein Vater war mir immer ein liebevoller, nie ein zärtlicher Vater gewesen; er vermied den äußeren Ausdruck des Gemütes, die Zeichen der Empfindung. Wie einen jüngeren Freund hatte er mich behandelt; aber ich entsann mich nicht, daß er mir je einen Kuß gegeben, noch daß ich bei irgendeinem Ereignis eine Träne der Rührung oder Trauer in seinem Auge bemerkt hätte. Als wir nun dastanden auf dem dunklen Vorflur, von dem ich in einen neuen Lebensabschnitt eintreten sollte, den ich mit bangem Herzen begann, beugte sich mein Vater zu mir nieder, küßte mich, und ich fühlte eine Träne auf meine Wange fallen. Dann faßte er sich schnell, und gleich darauf fiel die schwere Tür der Pforte dröhnend hinter ihm zu.« (Ebd., S. 156 f.)

Die Strenge des Vaters, die Ablehnung jeder Art von Zärtlichkeit als unmännlich und statt dessen der Aufbau einer entschiedenen Distanz in Furcht und Angst, das alles kennzeichnet in vielen, nicht nur aristokratischen Lebenserinnerungen die Vater-Sohn-Beziehung. Damit ist vom Erwachsenen her eine Gesinnung ausgedrückt, die es nicht für nötig hält, auf kindliche Veranlagungen einzugehen, sondern ein ›männliches Verhalten‹ vom Sohn als selbstverständlich erwartet.

Diese Attitüde betraf insbesondere die adligen Knaben, deren Kindheit im allgemeinen mit etwa 10 Jahren beendet war, wenn sie in die Kadettenanstalten eintraten und dort auf ihre vorgeschriebene Zukunft als Offiziere vorbereitet wurden. In Preußen hatte Friedrich Wilhelm I. 1716 das *Preußische Kadettencorps* gegründet; dazu existierten mehrere Anstalten mit den Klassen Sexta bis Obertertia in der Provinz, während die Oberklassen mit dem Fähnrichspatent als Abschluß im Hauptkadettenkorps zu Berlin-Lichterfelde absolviert werden mußten. Auch Sachsen, Bayern und natürlich Österreich-Ungarn besaßen solche Internate für die Erziehung der Offiziers- und Beamtensöhne als Offiziersnachwuchs (nach dem ersten Weltkrieg wurden diese Anstalten aufgelöst oder in

staatliche Realschulen umgewandelt).

Die frühzeitige Festlegung der Knaben aus den Aristokratenfamilien auf eine militärische Laufbahn galt oft als Selbstverständlichkeit. An eine freie Berufswahl war gar nicht zu denken. Tony Schumacher berichtet von ihrem 1780 geborenen Großvater Fidel Carl Joseph Guntram von Baur, er habe schon mit 10 Jahren sein Fähnrichspatent erhalten, mit 14 Jahren wäre er *Souslieutenant* geworden und mit 21 Hauptmann (S. 16). Solche Blitzkarriere war freilich später nicht mehr möglich. Um so unausweichlicher gestaltete sich der vormilitärische Werdegang der Knaben, der von vielen unter ihnen durchaus bejaht und keineswegs problematisiert wurde. In dieser Rich-

156 Die Einsamkeit eines spielenden Fürstenkindes. Um 1860

tung sind die Erinnerungen Paul von Hindenburgs (1847-1934) an seinen Eintritt in eine Kadettenanstalt zu interpretieren:
»An einem Frühlingsabend des Jahres 1859 sagte ich als elfjähriger Knabe am Gittertor des Kadettenhauses zu Wahlstatt in Schlesien meinem Vater Lebewohl. Der Abschied galt nicht nur dem geliebten Vater, sondern gleichzeitig meinem ganzen bisherigen Leben. Aus diesem Gefühl heraus stahlen sich Tränen aus meinen Augen. Ich sah sie auf meinen Waffenrock fallen. ›In diesem Kleid darf man nicht schwach sein und weinen‹, fuhr es mir durch den Kopf; ich riß mich empor aus meinem kindlichen Schmerz und mischte mich nicht ohne Bangen unter meine nunmehrigen Kameraden.

Soldat zu werden, war für mich kein Entschluß, es war eine Selbstverständlichkeit. Solange ich mir im jugendlichen Spiel oder Denken einen Beruf wählte, war es stets der militärische gewesen. Der Waffendienst für König und Vaterland war in unserer Familie eine alte Überlieferung.
Das Leben in dem preußischen Kadettenkorps war damals, man kann wohl sagen, bewußt und gewollt rauh. Die Erziehung war neben der Schulbildung auf eine gesunde Entwicklung des Körpers und des Willens gestellt. Tatkraft und Verantwortungsfreudigkeit wurden ebenso hoch bewertet als Wissen.« (s. Goldschmit-Jentner, S. 492, 497)
Die spartanische Erziehung der jungen Kadetten bezog sich oft auf reine Äußerlichkeiten, denen ein über-

triebener Wert beigemessen wurde:
»Auch das, was uns Rode aus seinem früheren Leben erzählte, ward mit Teilnahme aufgenommen. Er mochte damals etwa 40 Jahre zählen, seine Jugend reichte also in die Zeit des großen Friedrich hinauf, dessen Bild in Heroengröße vor seiner Seele stand. Früh seiner Eltern beraubt, kam er in das Berliner Kadettenhaus und verlebte hier eine freudlose Jugend, ohne den erquickenden Genuß des Familienlebens, nach dem er sich so innig sehnte. Kost und Behandlung waren in jener Anstalt wohl ganz gut, aber welcher Qual wurden die Kinder zuweilen durch den leidigen Kamaschendienst ausgesetzt. An den großen Paradetagen, die zum Glück im Jahr nur ein- oder zweimal vorkamen, mußten die Kadetten mit steif frisierten und gepuderten Haaren erscheinen, an denen nicht die geringste Unordnung sich zeigen durfte. Der Friseur konnte natürlich nicht alle 100 Kadetten am Morgen vor der Parade adonisieren, daher wurden die ältesten Knaben am Abend vorher frisiert und mußten die ganze Nacht aufrecht auf Stühlen sitzen, ohne den Kopf anzulegen, weil sonst der künstliche Haarputz verdorben wurde! Anfangs, sagte Rode, sei ihm dies ganz unmöglich gewesen, und er habe mehr als einmal Disziplinarstrafen für seine zerdrückten Locken erhalten.« (Gustav Parthey, S. 398 f.)
Diese strengen, formalistischen disziplinarischen Anforderungen an die kleinen preußischen Junker galten mit verändertem Inhalt auch für die Kadettenerziehung im 19. Jahrhundert.
Mit der Uniformierung des Kindes verbanden sich vielerlei Komponenten des sozialen Bewußtseins. Eine davon bestand in der Deplaziertheit einer so extrem männlichen Bekleidung wie der Uniform auf einem Kinderkörper. In einem seltenen Zeugnis der Zeit (etwa 1805) werden solche

reflektierten Kindergefühle beschrieben:
»Mit meinem Vater aber reiste der Großvater, als jener kaum 12 Jahre alt war, nach Berlin, ihn dem König Friedrich Wilhelm III. persönlich vorzustellen, um ihn bei der Leibgarde einschreiben zu lassen. Dem Knaben blieb diese Audienz durchs Leben in unauslöschlicher Erinnerung. Nachdem er einige Fragen, die der König an ihn richtete, fest und entschieden beantwortet hatte, forderte der General von Köckeritz, der der Vorstellung assistierte, ihn auf, durch die geöffnete Tür in das Nebenzimmer zu schreiten und bis an das Ende zu gehen, wo ein grüner Schirm stand. Hinter diesem trat die Königin Luise hervor, richtete an das verlegene Kind ein paar aufmunternde Worte und streichelte ihm die Backen. Von nun an hatte der Knabe das Recht, die Junkeruniform zu tragen, Cordon und Offiziersfederbusch und den Säbel mit dem Offizier-Portepee anzulegen. Aber er erinnerte sich auch sehr deutlich, daß er schon damals die Empfindung gehabt hätte, es sei nicht würdig, daß Kinder Kleidung und Ehrenzeichen wie eine Spielerei trügen, die Männer in voller Kraft als Schützer des Vaterlandes bezeichneten, und nur mit Tränen des Ärgers und der Scham, nur gezwungen hätte er als Knabe die Uniform angelegt.« (Gustav zu Putlitz, S. 115 f.)
Die Erwachsenen zogen derartige Empfindungen nicht in Betracht; für sie war die militärische Erziehung schlichtweg *standesgemäß* und die Offiziersuniform das äußere Zeichen ihrer Kaste und ihrer Stellung in der hierarchischen Rangstufenleiter.
Für die Altersgruppe *Kindheit* bedeutete eine so frühe und ausschließliche Festlegung des Lebensweges, verbunden mit der dazugehörigen Uniform, Einengung und Privilegierung zugleich. Der Zwang bestand in absoluter Anpassung an ein sehr eingeschränktes und einseitiges Denk- und

*157 Kaiser Wilhelm II. mit 5 Söhnen in Uniform. Um 1900*

Verhaltenssystem mit einem überscharfen Ehrenkodex, aus dem es kein Entrinnen gab. Als Privileg formte sich ein aristokratisch-elitäres Wir-Gefühl mit seinen Solidaritäts- und Schutzfunktionen, verstärkt durch den auszeichnenden Glanz der Uniform. Kinderfeindlich und familienfeindlich zugleich bewirkte die Kadettenerziehung eine Ablösung aus der Individualrolle des Knaben innerhalb seiner Familie zugunsten seiner Aufnahme in die große *Familie,* die aristokratische Führungsgruppe des Militärs. Und die kindliche Uniformierung entkleidete ihn noch zusätzlich aller Individualität.
Aber auch die innerfamiliäre Erziehung des Aristokratenkindes erlaubte wenig Entfaltungsmöglichkeiten. Der schmale Weg der Etikette, Haltung zu bewahren, *Tenue* zu zeigen: das alles lenkte wohl die Lebensbahnen, brachte aber auch gerade für das Kind soziale Vereinsamung (Abb. 156).
Ein auffallendes Phänomen der Schloßerziehung ist die häufig erwähnte kühle Distanz zu den Eltern. Wohl wird in den Kindheitserinnerungen die Mutter zumeist als schön und elegant gepriesen, der Vater als streng und imponierend, zuweilen auch lustig – aber ihre Schilderung bleibt häufig merkwürdig blaß.
»Hätte ich Kinder gehabt«, schreibt Marie von Bunsen (1860-1941) (S. 28), »hätte es mir nicht genügt, eine so geringfügige Rolle während ihrer Kindheit zu spielen. Da immer neue Geschwister ankamen, wußte die Erzieherin von uns mehr als die in Anspruch genommenen Eltern.«

158 *Großmutter, Enkel und Kindermädchen. Um 1910*

160 *Herrschaftskind und Dienstmädchen. Um 1890*

159 *A. Menzel: Die entschwundene Kinderfrau. 1860*

Diese Kindsmägde und Erzieherinnen, die eine eigene Hierarchie innerhalb der Alters- und Geschlechterhierarchie der Kinder bildeten, waren oft viel engere Bezugspersonen für die Kinder als ihre eigenen Eltern.

»Von meinen Eltern«, schreibt Marie zu Erbach-Schönberg, »erinnere ich mich nicht viel in jenen Jahren; wir Kinder lebten mit Adele und der Bonne, erst Evi, die alte Kinderfrau, später Hortense, eine Schweizerin, und Harriet, eine Engländerin, ganz für uns. Papa sahen wir meist in Uniform und zu Pferde – [...] Vor Mama fürchteten wir uns immer etwas, weil sie streng war und verlangte, daß wir französisch mit ihr sprächen.« (S. 12)

Aber die Beziehungen zu Erzieherin und Gouvernante waren durchaus nicht immer liebevoll. Die Schweizerin Angèle, die Mechtilde von Lichnowsky (1879-1958) in ihren Kindheitserinnerungen schildert, ist eine wahre Künstlerin im Erfinden entehrender Strafen.

»Henriette und Christiane waren gewöhnlich um neun Uhr früh schon auf alle Strafen im voraus abonniert, und die Enthaltsamkeit betreffs der süßen Speise mittags wurde oft, wie sie für den Tag selbst ohnehin schon erzwungen war, auf die vierundzwanzig Stunden spätere Mahlzeit ausgedehnt. Besonders unbeliebt war, stehend essen zu müssen in Gegenwart des patzigen Kammerdieners [...] Die Gurgel wollte schluchzen, durfte aber nicht, das war Ehrensache, die Lippen sollten den Löffel umschließen, aber sie zitterten [...] und der Steher, sonst ein Knirps, der in der Masse anderer Knirpse nicht auffiel, überragte alle Sitzenden, sein Kopf war in der Tafelrunde der höchste Punkt.« (S. 71 f.)

Solche von der Gouvernante verhängten Quälereien akzeptierten die Eltern ohne Diskussion.

Es scheint so, als wäre hier das Familienleben häufig ohne ein entwickeltes emotionales Bezugssystem zwischen Eltern und Kindern verlaufen. Im Gegenteil: die Eltern standen zu hoch, als daß die Freuden und Nöte ihrer Kinder sie als Wirklichkeit erreichen konnten. So wurden Erzieher und Bediente zu den Bezugspersonen der Kindheit – eine wechselnde Gruppe mit wechselnden Interessen. Selbstlose Zuwendung über eine längere Zeit kam sicher vor, aber nur als Glücksfall. Wohl konnten die Aristokratenkinder von sich sagen, daß sie *von Familie* waren, oft einen berühmten Familiennamen und zahlreiche hochgestellte Verwandte besaßen. Sie hatten nützliche Familienbeziehungen, aber nur selten ein wärmendes Familiennest. Das gehörte nicht zum sozialen System dieser Gruppe mit ihren Herrschaftsinteressen und ihrer strategischen Familienpolitik.

Das *Kind im Schloß* ist wohl nicht immer glücklich gewesen.

## Die feingemachten Kinder im Biedermeier, in der Gründerzeit und nach dem ersten Weltkrieg

### Das Hätschelalter

Es fällt auf, daß die feinen Kleinkinder des neuen Jahrhunderts bequemer und kindlicher gekleidet waren als in den vorangegangenen Epochen. Die Länge der Kleidchen wurde schon für die Babys um etwa ein Viertel gekürzt und später, wenn sie laufen lernten, nochmals. Für die vornehmen Kinder galt als Farbe nur Weiß (während bei den armen Leuten die farbigen Unterröckchen zur Oberbekleidung avancierten und der Unterschied zwischen reich und arm sich überhaupt eher in Material und Farbe als im Schnitt ausdrückte). Es kamen knöpfbare Achselhemdchen auf, leger und offen: zum erstenmal eine bewegungsfreundliche Kleidung, wenn die Kleinkinder die frühen Monate der warmen, breiten, gewickelten Bänder hinter sich hatten.

Alle Babys trugen Häubchen, die feinen mit reichem Rüschenbesatz; ob Junge oder Mädchen, war höchstens an einer Rosette aus Seidenband zu erkennen, die bei den Knaben an der linken Seite des Häubchens befestigt war, bei den Mädchen in der Mitte. In diesem Zusammenhang wird auch zuerst die Farbe Blau für Knaben erwähnt (Cunnington/Buck, S. 150).

Die Babyfarben Himmelblau für kleine Jungen und Rosa für kleine Mädchen scheinen jetzt in den besseren Kreisen aufzukommen. Doch hilft die Farbsymbolik kaum weiter bei der Erklärung dieses Phänomens, das mehr in den Bereich zunehmender Rollenfixierung zu gehören scheint als in denjenigen magischen Schutzes.

An ihrem sonstigen Aussehen waren auch in dieser Epoche die Kleinkinder des Hätschelalters nach dem Geschlecht schwer auseinanderzuhalten. Bis zum 2.-3. Lebensjahr, also solange sie sich noch leicht naß mach-

*161 J. Raabe: Biedermeierfamilie*
*162 F. C. Gröger: Vornehmer Knabe im Hemdkittel. Um 1800*

ten, trugen Mädchen und Knaben das ganze Jahrhundert hindurch Kleidchen ohne Unterhöschen – vor allem wohl aus Gründen der Hygiene. Dabei nahm zu Ende des Jahrhunderts die Kleiderpracht bei den Reichen wieder zu, wurde im Zuge des allgemeinen Repräsentationsbedürfnisses stoffreich und üppig, und es entstand die bezeichnende Mode des *Tragekleidchens*. Erst als sich die von England kommende Strickmode mehr und mehr durchsetzte, mit Unterhöschen, die man im Schritt knöpfen konnte, kamen die Knabenkleider ab und wichen den bequeme-

*163/164/165 Ein Junge, ein Mädchen, ein Junge in »Mädchenkleidern«. Um 1900*

*166 Das repräsentative Tragekleid. 1906*

ren Kittelanzügen (Cunnington/Buck, S. 157). Diese praktische Strickmode aus Baumwolle für die Unterwäsche blieb bis in unser Jahrhundert bestehen (Abb. 168).

Das Leben im Zustand eines *Neutrums* fand für die Knaben sein langersehntes Ende mit der *ersten Hose*.

Zwischen etwa 1780 und 1830 war als Anzug für kleine Knaben der *Skeleton* in Mode gekommen (Abb. 149), was Schlittenanzug bedeutete und auf die sportliche Bewegungsfreiheit des Kindes hinwies. Dem Empirestil entsprechend schnitt man die Bluse sehr kurz, und die Hose reichte bis unter die Arme, was Charles Dickens (1812-1870) zu der spöttischen Bemerkung veranlaßte, die Knaben hätten ausgesehen, als wenn die Beine gleich unter den Armen angewachsen seien! Im großen und ganzen ist dieser neue Knabenanzug in die von England ausgehende Reformbewegung der Kinderkleidung an der Wende zum 19. Jahrhundert einzuordnen, ja vielleicht wegen der weiten, langen Hosen ein Vorläufer des Matrosenanzugs. Daß für die kleinen Jungen der erste Besitz einer Hose ein so wichtiges Ereignis war, beweist die Bevorzugung der männlichen Lebensrolle und wird in biographischen Selbstzeugnissen immer wieder durch das ganze 19. Jahrhundert geschildert:

»Auf meinem Leben in der Kinderstube lag ein Schatten. Je weiter ich in meinem dritten Jahr vorwärtsrückte, desto mehr bekümmerte es mein Herz, daß ich noch immer Mädchenkleider tragen mußte. Die von meiner Schwester abgelegten Sachen wurden in angemessener Weise gekürzt und mir zugeteilt. So vermied man Neuanschaffungen, und ich war ein billiges Glied der menschlichen Gesellschaft. Dieser Zustand drohte die schon durch die abendliche Milchsuppe genährte Abneigung gegen die ältere Schwester bedenklich zu verstärken. Wenn sie wenigstens ein Junge gewesen wäre! Dann hätte ich mir ihre alten Kleider gern gefallen lassen. Diese Einrichtung aber ging allmählich gegen meine Ehre und ließ mich mit Neid auf die Altersgefährten blicken, die in der Versichtbarung ihrer männlichen Würde mir längst vorausgekommen waren [...] Plötzlich gingen die Eltern mit mir in einen Laden, in dem Kleider aller Art zu kaufen waren. Ich wäre bald vor Freude umgefallen, als meine Mutter sagte: ›Wir möchten für unseren Kleinen einen Anzug haben.‹ Als die richtige Größe und Farbe gefunden waren, wurde ich auf den Ladentisch gesetzt. Man nahm mir die verhaßten Mädchenkleider ab und zog mir die ersten richtigen Jungenshosen an. Dann öffnete Vater die Ladentür und sagte: ›So, Fritzchen, nun lauf!‹ Ich sprang hinaus, lief bis mitten auf den Markt und meinte nicht anders, als daß nun alle Leute stehenbleiben müßten, um dies Wunder der Verwandlung anzustaunen. Dies geschah zwar nicht. Kein Mensch fand an mir etwas Besonderes. Aber in mir war eine Veränderung eingetreten. Nie mehr sollten nun meine großen Brüder sich über meine Kleidung lustig machen! Zugleich war die Autorität der Schwester Frieda fast ganz vernichtet. Mochte sie immer noch drei Jahre älter sein als ich; sie blieb ihr Leben lang ein Mädchen, ich war ein Mann geworden!« (Bodelschwingh, S. 14 f.)

Die Initiationsriten mit dem Zeichen *Erste Hose* gingen zuweilen so weit, daß aus diesem Anlaß kleine Familienfeste gefeiert wurden mit Kuchen und Schokolade. Der Pate hatte dieses ehrenvolle Kleidungsstück zu schenken (Pinon, L'enfance, S. 69) und bewährte sich also auch hier wie bei Taufe, Kommunion/Konfirmation und Hochzeit als der Führer über die Schwelle einer neuen Lebensphase.

Die Höschen des Empire waren im Schritt und über den Rücken zu knöpfen:

167 H. Zille: »Der kalte Finger«
Hose mit Schlitz. Um 1910

168 K. Schäfer: Kleinkind in Strickhöschen. 1926

»Otto trug, der Zeit gemäß, einen Knabenanzug, bestehend aus blauer Tuchjacke mit daran festgenähten Höschen. Das ganze Kleidungsstück, ›Habit‹ genannt, war auf dem Rücken von oben bis unten mit blanken, gelben Knöpfen geschlossen. Dies machte es öfter einem neugierigen Hemdzipfel möglich, am Schluß herauszusehen.« (Hedwig von Bismarck, S. 19)

169 J. Schoppe: Junge und Mädchen in Biedermeierhöschen

170 F. Krüger: Kind in Kittel und Höschen. Um 1820
171 Geschwister in Spitzenhöschen und Frack. Um 1830

## Das Lernalter

Nun trat aber mit dem *Biedermeier* eine Erscheinung in der bürgerlichen Kindermode auf, die den Hosenstolz der kleinen Knaben relativierte: Die Mädchen zogen gewissermaßen nach und zeigten nun ihrerseits eine neue Unterkleidung, die Wäschehöschen. Was wurde hier in der Sprache des Kleidungsverhaltens ausgedrückt? (Denn mit nur praktischen Gründen ist diese Kindermode nicht zu erklären.)

Zunächst eine Beschreibung der feingemachten Biedermeierkinder:
Die *Mädchen* trugen ausgeschnittene weiße, mit zartfarbenen Schärpen gegürtete Musselinkleider, unter denen lange weiße Wäschehöschen hervorsahen (Purrucker, S. 144). Diese Hosen aus Wäschestoff wurden statt eines Unterrockes getragen und waren während der hochtaillierten langrockigen Empiremode nicht zu sehen gewesen. Erst als um 1820 die Taille länger und die Röckchen weiter und immer kürzer wurden, gelangten diese Höschen zu ihrem Recht als Teil der Oberbekleidung. Sie immer blütenweiß zu halten, wie es sich für artige Kinder gehörte, war schwer, und so gab es bald Ersatzbeinlinge zum Anknöpfen, die vor dem Spaziergang gegen die verschmuddelten ausgetauscht werden konnten (Cunnington/Buck, S. 197 f.). Um 1830 kamen auch *Türkenhosen* in Mode, die unten am Knöchel gebunden waren. Dann um 1840 wurden die Röcke weiter und die Höschen immer kürzer, und um die Mitte des Jahrhunderts war die Mode der langen Wäschehöschen für die Mädchen im Lernalter verschwunden. Höchstens zeigten sie noch einen gestickten oder mit Spitze besetzten Hosenrand unter dem Rocksaum, wenn das Alter von 4-5 Jahren überschritten war.

*172 O. Scholderer: Knabenbildnis. Um 1850*

Die *Knabenmode* dieser Jahrzehnte nahm einen ganz ähnlichen Verlauf (Cunnington/Buck, S. 177 ff.). Nach 1820 verschwand der *Skeleton* des Empire zugunsten einer sehr bequemen Kittelkleidung bis zu 10 Jahren, d. h. langen weißen Hosen mit einem gegürteten weiten Kittel darüber. Wie bei den Mädchen, so wurden auch bei den Knaben zunächst die weiten Leinenhosen weiter und kürzer und die Kittel länger. – Nach 1850 avancierten die langen Leinenhosen, wie sie zuvor die 2-4jährigen getragen hatten, zum Vorrecht der über 6jährigen und nach 1860 sogar der 9- bis 10jährigen (Abb. 172, 173).

Aus solchen bürgerlichen Modetendenzen ist zu schließen, daß man in dieser kinderfreundlichen Epoche ein den Kindern gemeinsames Zeichen für *Kindlichkeit* suchte und es in den weißen Wäschehosen fand, die nun für die Mädchen Teil der Oberbekleidung wurden. Welche geistigen Strömungen sich außerdem noch in solchem Kleidungsverhalten ausdrückten – wer vermag das zuverlässig zu sagen! Die *Röhrenhose,* der stolze

*173 Drei Kinder in Biedermeierkleidung*

Kleidungsstil des Bürgers nach der Französischen Revolution, bestimmte die Modesilhouette und mag auf die Kinderkleidung eingewirkt haben. Sie ging, wie der *Skeleton* zeigte, sogar der Herrenmode voraus.

Daneben gab es noch andere Einflüsse aus dem ideologischen Bereich. Die romantische Entdeckung des *Volkes* in seiner Volkstümlichkeit führte in dem Augenblick zur bürgerlichen Adaption von Trachtenelementen, als die Regionaltracht sich im Zuge der sozialhistorischen Entwicklung auf die Dörfer zurückzuziehen begann (s. S. 102). Nun zog die Bürgermama die Bauernkittel der Dorfjugend in niedlicher Aufmachung ihren eigenen Buben an und war damit kinder- und volkstümlich zugleich, verschwamm doch die Liebe zum naiven *Volk* und zu den Kindern in der neuen bürgerlichen Gesellschaft oft zu einer emotionalen Einheit.

In diese Richtung des Volkstümlichen, aber auch *Altfränkischen,* wie es der Romantik eigen war, lenken außerdem die Frisuren der kleineren und größeren Biedermeiermädchen den Blick: an den Schläfen angeflochtene und locker nach hinten aufgesteckte Zöpfe mit schlichtem Mittelscheitel – statt der hochtoupierten Lockenfrisuren des 18. Jahrhunderts. Es ist wohl kaum Zufall, daß die Marburger katholische Dorftracht für ihre Bauernkinder die gleiche Zopftracht bis nach dem zweiten

*174 H. Gasser: Mädchen mit Biedermeierfrisur*

*176 Knabe in Uniformkleidung. 1810*

*175 I. Kürzinger: Geschwister in Biedermeierkleidung. 1830*

Weltkrieg beibehalten hat. Aber das nur nebenbei (Abb. 174, 175).

Auf die Frage nach der Beziehung der Erwachsenen zu ihren Kindern im Spiegel der biedermeierlichen Kinderkleidung kommt als Antwort eine Bejahung der Kindlichkeit, eine Zustimmung zu kindlicher Bewegungsfreiheit im volkstümlich-demokratischen Stil, eine Verlängerung der Kindheit durch das Hinausschieben jenes Zeitpunktes, da sie die Kleidungssitten der Erwachsenen zu übernehmen hatten. Diese Kleidungssprache hatte es zuvor für größere Kinder noch nie gegeben.

Daß sie nicht Allgemeingut war und nicht von allen Kreisen der bürgerlichen Welt benutzt wurde, beweist die Tatsache einer Alternativmode zumindest für die Knaben: eine lange Hose mit frackartiger Jacke, zuweilen auch Weste, also ein Anzug, der dem kleidungsmäßigen Aussehen des Vaters entsprach. Aber nicht nur das Vorbild der zivilen Herrenkleidung, sondern auch das Uniform-Image scheint für die Beliebtheit dieser Knabenfräcke eine große Rolle gespielt zu haben, ist doch immer wieder von dem reichen Besatz mit blanken Knöpfen die Rede. Die Zeit der Befreiungskriege, das Heldentum junger Bürgersöhne im Kampf für nationale Freiheit und Einheit, teilte sich auch den Kleidersitten mit (Abb. 176). Das war eine andere Uniformbegeisterung als diejenige, die nach 1870/71 aufkam und im Matrosenanzug kulminierte (s. S. 126 ff.).

»Ein anderes Kapitel war die Kleidung. Wir trugen gewöhnlich kleine Wämschen mit drei Reihen Goldknöpfen und im Sommer weiße Hosen aus ›englisch Leder‹ und Schuhe, die ein schlimmer Schuster, der uns die Füße gründlich verdarb, fabrizierte. Trotz unseres Heulens wollte aber die Mutter den Mann nicht verlassen, da er viele Kinder hatte. Das Schlimmste aber war der Hemdkragen, der steif gestärkt war und breit sich über die Jacke legte – der ›kratzte‹ nach allen Windrichtungen hin!« (Frommel, S. 53) (Vgl. Abb. 175)

Die feingemachten *Knaben der Gründerzeit* wurden in aristokratisch schwarzen oder blauen Samt gekleidet und trugen van-Dyck-Kragen. 1886 hatte Hodgson Burnett ihren Bestseller ›Little Lord Fauntleroy‹ veröffentlicht, und nun schwärmten die Mütter für den Look des kleinen Lords, die Söhne wohl weniger. Sie bevorzugten Tweedjacketts mit Kragen und Schleife und dazu lange Hosen oder die aus England kommenden *breeches,* enge Kniehosen. Das war sportlich und männlich zugleich. Schnürstiefel und sogar Halbschuhe kamen auf, und so war der junge Herr schon mit 10 Jahren fertig. Höchstens die Länge der Hosen verriet etwas von der Ansicht der Eltern über die Dauer von Kindheit und Abhängigkeit.

Für die *Mädchen,* besonders für die Töchter modebewußter Mütter, waren die guten Zeiten einer kindgemäßen Kleidung schon seit den fünfziger Jahren vergangen. Mit der Verlängerung der Taille und der neuen Krinoline kam schon für die 10jährigen *jungen Damen* das Fischbeinkorsett wieder auf, wenn solche Modezwänge auch in der Öffentlichkeit nicht unwidersprochen blieben und bald wieder zugunsten des Prinzeßkleides verschwanden.

Die Probleme der Unterwäsche wurden durch den Siegeszug der englischen Baumwolle und die Feinheit der englischen Strickmechanik erleichtert. In ihren 1935 erschienenen Lebenserinnerungen ›Good-bye for the present‹ beschreibt Eleanor Acland, was 50 Jahre zuvor ein Mädchen aus guter Gesellschaft an Unterzeug anzuziehen hatte:

*177 L. Corinth: Familienbild. 1909*
*178/179 Kaiserenkel im van Dyck-Kragen. 1887*

»Zuerst eine Unterjacke. Dann ein Hemd, ein Kleidungsstück, dessen Nutzen uns nie ersichtlich war, aber man gab uns zu verstehen, daß es durchaus nicht ›hübsch‹ wäre, ohne es zu gehen. Es war aus Kattun und reichte bis zu den Knien. Als eine Art von Korsett (Leibchen) diente ein Streifen von wattiertem Piqué, dessen Benutzung unmißverständlich war. Zusätzlich zu den 5 Knöpfen, die dieses Leibchen auf dem Rücken schlossen, gab es viele andere Knöpfe in den verschiedensten Zwischenräumen und an den verschiedensten Stellen rund um die Taille. Zwei davon hielten die Gummi-Strumpfbänder; die 5 Knopflöcher unserer Unterhosen gehörten zu den anderen 3 Knöpfen, und noch zwei weitere wurden in die Knopflöcher geknöpft, die in das Taillenband unseres flanellenen Unterrocks genäht waren. Darüber kam ein weißer Unterrock mit einem Mieder. Die Kanten aller weißen Kleidungsstücke waren mit außerordentlich kratzenden Garnierungen aus Batist verziert [...] Ich habe die Strümpfe vergessen: lange schwarze Strümpfe, die bis über das Knie reichten – wollene im Winter, dicke baumwollene im Sommer.« (Zitiert nach Cunnington/Buck, S. 202)

Feingemachte Kinder: Lernalter

180 C. W. Allers: Berliner Kinder in Alltagskleidern. 1889

*181 Die neue Krinoline von 1860*

*182 Zwei Schwestern in Schottenrock und Knopfstiefeln. 1885*

*183 Der rote Samtmantel. 1908*

»Die Krinoline! Es sei mir gestattet, auch dieser Freundin und Feindin meiner Kindheit einen kleinen Nachruf zu widmen. Wie wurde sie verhöhnt, verlästert, selbst von denen, die sie trugen, und doch konnte niemand sich ihrer Macht entziehen, denn der herrschende Kleiderschnitt erforderte diese Stütze. Auch Kinder waren genötigt, sie zu tragen. Das Auge hatte sich so an diese Mißform gewöhnt, daß, wer aus Charakterstärke ohne Krinoline ging, wie gerupft aussah. Sie bestand gewöhnlich in einem durch Bänder verbundenen Reifgestell aus vielen Stockwerken, das erst unterhalb des schlankbleibenden Beckens leise begann und sich in immer erweiterten Ringen allmählich zu gewaltigem Umfang ausdehnte. Die Vielgeschmähte war jedoch nicht ganz von Übel. Meine Mutter, sonst so gleichgültig gegen die Mode, hatte eine Vorliebe für diese Tracht, weil das leichte Gestell den Körper im Sommer hübsch kühl hielt, jedem Wind erlaubte ihn zu fächeln und die Schnelligkeit ihrer Bewegungen nicht beeinträchtigte. Wenn man aber damit über Zäune sprang und von Balken fiel, so zerbrachen die Reifen, und es gab alsdann häßlich vorstechende Ecken, was bei mir fast täglich vorkam. Diese auszubessern erforderte eine gewandte Hand und viel Geduld, denn es genügte nicht, die zerbrochenen Reifenden übereinander zu befestigen, man mußte der Symmetrie halber das ganze Gestell durchgehends verengen, ein Geschäft, in dem ich große Übung gewann, denn ich betreute nicht nur meine, sondern auch Mamas Krinoline mit wachsamen Augen. Lili zerbrach die ihrige nicht mehr, sie verstand die Kunst – denn es war eine solche –, sich immer schicklich und anmutig darin zu bewegen und sie beim Sitzen elegant mit zwei Fingern niederzuhalten.« (Kurz, S. 122 f.) (Abb. 181)

Darüber kamen die Kleider, besetzt mit Litzen, Band und Samt, verziert mit Biesen, Stufen und Abnähern, was die dauernde Beschäftigung von Hausschneiderinnen oder, wenn es ganz vornehm zuging, Schneiderateliers voraussetzte, denn eine preiswertere Kinderkonfektion gab es erst nach der Jahrhundertwende. Karierte Stoffe in Popelin, Seide und Wolle waren die beliebtesten Kleidermaterialien, und Rock und Bluse getrennt galten als kindergemäßer Anzug. Die Fotos der Familienalben und die Zitate der Autobiographien scheinen zu verraten, wie wichtig dieser Kleideraufwand für die Mädchen war, aber auch, daß bei einer größeren Töchteranzahl nur wirklich wohlhabende Familien ihre Kinder standesgemäß anziehen konnten – und sie dann stolz zum Fotografen führten, der sie in altdeutscher Szenerie auf die Platte bannte (Abb. 182, 184).

Eine große Rolle scheinen die Mäntel gespielt zu haben, die auf den schönen Familienfotografien leider nur selten wiedergegeben sind, den eitlen kleinen Mädchen bei ihren artigen Spaziergängen aber offenbar in besonderem Maße zur Repräsentation ihrer Feinheit dienten. Die kleine Fürstin Marie zu Erbach-Schönberg erzählt aus ihren Kindertagen, wie sie in Mailand im Giardino publico spazierengeführt wurde:

»Ich trug damals einen rotbraunen Samtmantel, der mein Kleid ganz zudeckte und von oben bis unten mit wunderschönen rotseidenen Klunkern zugeknöpft ward; darauf einen Kragen vom gleichen Samt mit weißem Atlas gefüttert und ein Kapotthütchen von weißer Seide mit einem Rosenknöspchen daran. Der Anzug

*184 Geschwisterfotografie in neuen Kleidern. Um 1890*

*185 Weißgekleidete Kinder mit Strohhüten. Um 1910*

gefiel mir ausnehmend, und ich fühlte mich ganz hochmütig darin und weiß noch, welchen Stoß mein Hochmut erlitt, als eine kleine Italienerin, die auch schön angezogen war und mit der ich täglich musternde, bewundernde Blicke wechselte, eines Tages, so beim Vorübergehen, eine kleine Uhr herauszog und mich triumphierend ansah. Eine Uhr besaß ich noch nicht, und sie wurde von da an der Gegenstand meiner heftigsten Sehnsucht.« (S. 15 f.).

Rote Mäntel scheinen das Feinste vom Feinen gewesen zu sein. Marie von Bunsen berichtet von Spaziergängen im Tiergarten, bei denen man zuweilen der Kaiserin begegnete und die Bunsenmädchen wegen ihrer feuerroten Wintermäntel auffielen: englische Mode! (S. 14)

Der kleinen Hedwig von Bismarck (1815-1910) war ein roter Kindermantel schon sehr viel früher als etwas Königliches erschienen: sie sah in Berlin eine Prinzenfamilie im Garten lustwandeln, »und der rote Mantel des mir gleichaltrigen Kindes mochte wohl den Nimbus der Erscheinung noch erhöhen. War doch bis dahin mein Tuchüberrock mir ein imponierender Luxusartikel gewesen, und nun trug dieses Kind roten Sammet!« (S. 93) (Abb. 183).

Solche Farb- und Stoffwahl erinnerte und sollte wohl auch erinnern an Märchenkönige und -prinzessinnen und die feinen Kinder mit deren Image umgeben – wie die blauen Samtanzüge und Spitzenkragen der Knaben. Das Feinste aber war und blieb die Farbe Weiß. Weiß als Zeichen der Unschuld und Kindlichkeit, als Farbe der Reinheit in vielfachem Sinne – denn wer konnte es sich bei den damaligen Waschbedingungen schon leisten, gerade die Kinder in Weiß zu kleiden! Theodor Fontane hat solche bourgeoise Ethik im Sinne von *Familie Saubermann* angesprochen, als er die kleine Lizzi beschreibt, Jenny Treibels Enkelin, deren Mutter eine Hamburgerin mit Englandtouch ist:

»Lizzi, trotz früher Stunde, war schon in vollem Staate. Das etwas gewellte blonde Haar des Kindes hing bis auf die Hüften herab; im übrigen aber war alles weiß, das Kleid, die hohen Strümpfe, der Überfallkragen, und nur um die Taille herum, wenn sich von einer solchen sprechen ließ, zog sich eine breite rote Schärpe, die von Helenen nie ›rote Schärpe‹, sondern immer nur ›pink-coloured scarf‹ genannt wurde. Die Kleine, wie sie sich da präsentierte, hätte sofort als symbolische Figur

*186 H. Thoma: Ella mit Strohhut. 1888*

auf den Wäscheschrank ihrer Mutter gestellt werden können, so sehr war sie der Ausdruck von Weißzeug mit einem roten Bändchen drum.« (Frau Jenny Treibel, S. 88 f.) (Abb. 187)
»Inzwischen wurde trotz der Weltkatastrophe, die ich täglich mit Feuerzungen ankündigen hörte, weiter getanzt und Schlittschuh gelaufen und das Recht der Jugend auf Gedankenlosigkeit ausgenützt. Den Ballstaat sandte Lili oder vielmehr ihre Mutter fix und fertig aus dem geschmackvolleren Mainz. Da kamen in großen Pappschachteln Dinge, die in Tübingen nicht zu haben waren: ein rosa Tarlatankleid von solch hauchartiger Leichtigkeit, daß erst sechs Spinnwebröcke übereinander den gewünschten Farbenton ergaben, der davon die durchsichtigste Zartheit erhielt; dazu ein voller Rosenkranz für die Haare. Ein andermal war es ein Kleid aus weißen Tarlatanwolken mit schmalem grünem Atlasband durchzogen nebst einem Schilfzweig und Wasserrosen. Diese Herrlichkeiten konnten nur eine Nacht leben und kosteten so gut wie gar nichts. An den Ansprüchen des 20. Jahrhunderts gemessen wären sie bescheiden bis zur Armseligkeit, sie kleideten aber jugendliche Gestalten feenhaft, und wenn man am Abend angezogen dastand, lief die ganze Nachbarschaft zusammen, um das Wunder anzustaunen. Für minder feierliche Anlässe trug man weiße Mullkleider mit Falbeln oder den so gern gesehenen blumigen Jakonett, der gleichfalls der Jugend reizend stand. Der Schnitt war der heutigen Mode sehr ähnlich, indem man den Umfang der nunmehr verewigten Krinoline durch Weite des Rockes und Fülle der Falten ersetzte.« (Kurz, S. 162)
Ob dieser weiße Reinheitsfanatismus die Kinder glücklich machte, bleibt zu bezweifeln. Jedenfalls hob er sie aus dem Kreise der Gleichaltrigen elitär heraus, was übrigens auch für die Mode der weißen Söckchen galt. Marie von Bunsen beschreibt diese

*187 D. Hitz: Feingemachtes Mädchen. Um 1890*

*188 M. Liebermann: Bürgerkinder mit ihren Kinderfrauen im Biergarten. 1883*

*189 F. von Reznicek: Das vornehme Kind*

»englische Schrulle« für die Zeit um 1870 so, daß »kleine Kinder der besten Kreise der Abhärtung halber, auch im Winter, mit kurzen Söckchen und nackten Beinen [gingen]. Natürlich froren wir entsetzlich, und ich sehe noch das entrüstete Mitleid von Frauen aus dem Volk über unsere blaugefrorenen Waden.« (S. 12) Deren Kinder hatten wahrscheinlich vernünftigerweise gestrickte Wollstrümpfe an, und es läßt sich an diesem Beispiel jene merkwürdige Modeparadoxie erkennen, mit der dürftig Unpassendes mit dem Stempel des elitär Eleganten versehen wird – ohne Rücksicht auf Gesundheit und kindliches Wohlbefinden. Neben der Sucht nach englisch-sportlichem Chic verbarg sich wohl in einem derartigen elterlichen Verhalten auch das Bedürfnis nach dem Kleinhalten der Kinder, einer möglichst deutlichen Betonung ihres kindlichen Wesens durch Kurzbestrumpftheit. Daß im Verlauf der folgenden 50 Jahre die nackten Knie als Zeichen sportlicher Abhärtung bei den Kindern selbst beträchtlich an Stellenwert gewannen und die aus England kommenden Kniestrümpfe möglichst bis tief in den Winter getragen wurden, sei hier am Rande bemerkt. In den zwanziger Jahren galt es z. B. in Berlin in der Klasse als *knorke,* noch bei Frost mit nackten Knien in der Schule zu erscheinen, selbst wenn man dazu die von der Mutter aufgezwungenen langen Strümpfe an der nächsten Straßenecke heruntergerollt hatte. Aber das war – im Gegensatz zu der Bunsen-Erinnerung – ein von den Kindern selbst gesetztes modisches Verhalten.

Doch zurück zu den weißen Kleidern der Upper-Class-Töchter in der Gründerzeit. Hier verdient noch ein weiteres, eigentlich unkindliches Phänomen Beachtung, und das waren die Accessoires, vor allem die Hüte. Kein *besseres* Kind betrat die Straße ohne Hut, wobei im Sommer die aufgeschlagenen Strohhüte sehr

190  A. von Werner: Kinder als Gäste bei einer Taufgesellschaft. Um 1890

beliebt waren. Doch wechselte die kindliche Hutmode mit derjenigen der Erwachsenen (Cunnington/Buck, S. 210 f.), und die Hutaufbauten und Ringellockenfrisuren dürften kaum dem kindlichen Bewegungsdrang günstig gewesen sein. Was zu Anfang des Jahrhunderts so hoffnungsvoll begonnen hatte: der Versuch einer kindgemäßen Lebenswelt auch in der Kleidung – das war nun kaum noch zu erkennen. Wie kleine Erwachsene sahen die Kinder der reichen Leute wieder aus, wobei die *Süße des Kindlichen* im Kontrast solcher Hüte mit den Kindergesichtern gesehen wurde (Abb. 185, 186).

Die Kopfbedeckung besitzt in allen Epochen, in allen ethnischen und sozialen Gruppen eine Bedeutung, die zumeist über die reine Schutzfunktion hinausgeht. Merkwürdig muten uns heute diese raffinierten Hüte der Mädchen an, die so gar nicht zu den Wadenstrümpfen und Grübchenwangen passen wollen. Modisch stammten sie wohl aus dem viktorianischen England, wo die führende Upper- und die Middle-Class kaum mehr als 2-3% der Gesamtbevölkerung ausmachten. Das Bedürfnis, das diese Hüte befriedigten, kam aus dem Prestigebewußtsein der Eltern, denn kindhaft waren solche Kopfbedeckungen nicht. Doch drückten sie so sehr erstrebtes Wohlleben aus, daß der Maler Gustave Doré (1832-1883) in seinem Londonbuch 1872 den Bettelkindern mit Vorliebe als makabre Kostümierung die weggeworfenen zerbeulten Hüte der Reichen aufgestülpt hat (Abb. 251). Um 1900 heißt es:

»Es war ein Kleid ganz und gar aus weißen Spitzen, und der untere Teil des Kleides bestand aus lauter Spitzenvolants, einer bedeckte zur Hälfte den nächsten, und da gab es acht Spitzenvolants bis über die Knie. Und unter dem Spitzenkleid war ein rosa Batistunterkleid, das schimmerte durch die Spitzen an den Stellen, wo es keine Volants gab.
Und zuletzt setzte sie mir einen Hut auf, der war aus weißem Batist mit einem langen rosa Band, auf dem waren kleine rosa Röschen befestigt. [...]
Ich stand vor dem Spiegel und drehte mich rechts und drehte mich links und konnte garnichts sagen.« (Herdan-Zuckmayer, S. 83)

Den Rückschlag gegen den immer unkindlicher werdenden Kinderputz bildete um die Jahrhundertwende die neue Reformbewegung, die wieder Kittel und Hängerchen zur Geltung brachte. Als schneiderische Neuheit übernahm man – wiederum

*191 A. Renoir: Die kleinen Fräulein Cahen. 1881*

*192 Mädchen mit gesmoktem Kleid. Um 1900*

aus England – die *Smoke*technik. Entdeckt hatte man sie an den leinenen englischen Bauernhemden und zuerst für die Tenniskleidung angewendet (Cunnington/Buck, S. 218). Dann aber zeigte sich, daß auch in dünneren Stoffen als dem steifen Leinen, ja sogar in Seide gesmokt werden konnte; die ideale Handarbeit für die Kinderkleidung war erfunden und hat bis heute nichts an Beliebtheit eingebüßt: Das feine Kleidchen ist gesmokt. Das entsprach im übrigen den neuen Gesundheitsbestrebungen, die die Hauptlast der Kinderkleidung auf die Schultern verlegen wollte (Abb. 192).

Die Reformkleidung, die mit dem Berliner Frauenkongreß von 1896 begann, bezog ihre Forderungen ausdrücklich auch auf die Kinder und verlangte Bewegungsfreiheit für alle Organe sowie natürliche Regulierung der Körpertemperatur durch praktische und waschbare Stoffe (Das Kind, S. 246). Diese Reformbewegung, die sehr deutlich mit einer Versportlichung parallel ging, setzte sich nach dem ersten Weltkrieg lebhaft fort. Nun trugen die kleinen Knaben wieder Kittelanzüge, die größeren Breeches, später kurze Hosen und dann Knickerbocker. Die Zwänge der Gründerzeit mit Vatermörder und Krawatte waren den weichen umgelegten *Schillerkragen* gewichen, die an die Kostüme der Biedermeierjungen erinnerten.

Cheviot und weiche Tweedstoffe für die Söhne, bunter Waschsamt mit Lackgürtel und Piquékragen für die Töchter erlaubten eine neue Kinderbequemlichkeit. Wenn für die Mütter Bubikopf und *kniefrei* erlaubt war, so galt der Abschluß des Kleides über dem Knie für die Kinder als modisches Gebot. Im Sommer Söckchen, im Herbst Kniestrümpfe, im Winter lange Strümpfe an Gummiband und Leibchen geknöpft – das alles am Sonntag in Weiß und dazu Lackschuhe: So sahen die Kinderbeine aus. Durch die Konfektionierung der Kindermoden demokratisierte sich das Kleidungsverhalten, zumindest in dem Maße, daß sich der Kreis der bürgerlich gekleideten Kinder sehr vergrößerte. Ein Unterschied bestand hauptsächlich in der – nur verschobenen – sozialen Grenze nach unten und der Dauer der Kindheit.

*193 2 Brüder im Matrosenanzug, feingemacht für den Fotografen. Um 1890*

*194 Carl Tischbein: Knabe, gekleidet à la Matelot. Um 1805*

**Der Matrosenanzug**

Es gibt wohl kein Kleidungsstück, das so sehr kindliches Allgemeingut gewesen ist und zum Abzeichen der Kindheit wurde, wie der Matrosenanzug. Seine Entwicklungsgeschichte folgt getreu der bisher gekennzeichneten Entwicklung von Mode und Gesellschaft und hat überdies einige aufschlußreiche Sonderelemente aufzuweisen.

Das erste Auftreten einer Kleidung *à la matelot* (wie die Matrosen), wie es in der Pariser Modesprache hieß, war schon vor 1800 zu beobachten. In England entstand diese neue, zweckmäßige Richtung im Interesse der Kinder und entsprach dem bürgerlich-sportfreudigen, naturfreundlichen Geist der Engländer. Der Matrosenuniform war der halsfreie Ausschnitt entnommen, auch der große Schulterkragen. Allerdings hatte gerade dieses abknöpf- und waschbare Kleidungselement, das später zum Hauptschmuckstück des Kinderanzugs werden sollte, bei den englischen Matrosen des 18. Jahrhunderts die zweckmäßige Funktion, das blaue Tuch vor dem fettigen Teer zu schützen, mit dem die Matrosen sich den Zopf festigten, um sich nicht täglich frisieren zu müssen.

Dora Lühr geht in ihrer kostümgeschichtlichen Darstellung noch weiter (Matrosenanzug, S. 23) und bezieht bereits den *Skeleton* in die Linie der Matrosenanzüge mit ein, und zwar wegen der langen bequemen Hosen, die der Revolutionskleidung der Marseiller Hafenbevölkerung nachgebildet seien (vgl. hier S. 104). Sie zitiert dazu Friedrich Schiller (1759-1805), der im Don Carlos schreibt:

»So tief bin ich gefallen – bin so arm geworden, daß ich an unsere frühen Kinderjahre dich mahnen muß – daß ich dich bitten muß, die lang vergessnen Schulden abzutragen, die du noch im Matrosenkleide machtest.« (1. Akt, 2. Auftritt)

Er benutzt also diese Metapher als Synonym für *Kindheit* schlechthin. Lühr führt überzeugend aus, daß Schiller 1787 von seinem Standpunkt aus (nicht vom historisch richtigen Standpunkt des Infanten!) kaum ein solches Bild gewählt haben dürfte, wenn sein deutsches Publikum nicht den Knabenanzug *à la matelot* gekannt hätte. – Also der kindliche Matrosenanzug als Kleidungsverhalten revolutionärer bürgerlicher Gesinnung der Eltern noch *vor* Einführung der Röhrenhose in der Herrenmode?

Festzuhalten ist, daß damals das Bürgertum in bewußter Absetzung von der Aristokratie eine eigene natürliche Kleidung für seine Kinder suchte und dafür eine Arbeitertracht als Vorbild fand. In einer von Locke und Rousseau vorgeprägten und genährten selbstbewußten Haltung erfüllte man die Wünsche seiner Kinder nach Ungezwungenheit und Bewegungsfreiheit, denn man sah darin eine notwendige Grundlage für ihre Persönlichkeitsentwicklung. Schon die Pädagogen Johann B. Basedow (1723 bis 1790) und Christian G. Salzmann empfahlen ausdrücklich solche Kinderkleidung aus praktischem waschbarem Zwillich (Das Kind, S. 245). Aber dieser Geist blieb nicht lange lebendig, und es gibt wohl kaum eine Erscheinung, die – bewußt oder unbewußt – so markant den Weg des europäischen Bürgertums zum Nationalismus begleitet hat wie der Matrosenanzug.

In England hatte der deutsche Gesellschaftsporträtist Franz Xaver Winterhalter (1805-1873) bereits 1846 ein viel beachtetes Bild des Prince of Wales in einer kindlichen Matrosenuniform gemalt, die er an Bord der ›VIKTORIA-und-ALBERT‹ getragen hatte. Doch größere Verbreitung fand diese neue Kindermode in England erst ab 1860, als eine Matrosenbluse mit eckigem Kragen aufkam, wozu Knickerbocker und ein brauner Strohhut mit langen schwarzen Bändern gehörten (Cunnington/Buck, S. 182 ff.).

Die Matrosenkleidung wurde dann mehr und mehr Mode nach dem Vorbild der englischen Königskinder und der von ihnen vorgelebten politischen Zeichensetzung: Britannia rules the waves! England gab seit Nelson in der Kleiderfrage für die Seeleute aller Marinen den Ton an; warum nicht auch für die Kinder? Hatte es sich anfänglich nur um einen Sommeranzug aus weißem Drillich gehandelt, so bestimmten bald marineblauer Serge und gestrickter Jersey auch die Winterkleidung, wobei der offene Ausschnitt mit der Unterziehweste typisch blieb. Kragen und Manschetten zeigten drei weiße Streifen – auch das ein Erbteil der englischen Marine als Zeichen für die drei großen Seeschlachten Nelsons. Die kleidsame Tellermütze wurde wohl von der französischen und der deutschen Marine für die Kinderkleidung übernommen.

Auch für englische Mädchen gab es ab 1880 Matrosenblusen zum Faltenrock, also eine Kindermode, die von den Knaben auf die Mädchen überging und deren Kleidung von der Frauenmode wohltuend abhob. Im Gegenteil: junge Damen übernahmen nun ihrerseits von den Kindern

195 Matrosenbluse als weibliche Tenniskleidung. Um 1900

196 4 Geschwister in gemischter Matrosenkleidung. 1912

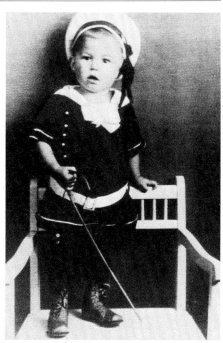
197 Willy Brandt im Matrosenkittel. 1915

dieses Modebild und schmückten sich um 1900 mit Matrosenkragen, vor allem beim Tennisdreß (Abb. 195). Auch in Deutschland trugen die Mädchen und jungen Damen Matrosenkleidung. Als Theodor Fontane seine ›Effi Briest‹ erdichtete (1889 bis 1894), beschreibt er sie im unvergeßlichen Eingangsbild des Romans als kindliches junges Mädchen in einem blau und weiß gestreiften, halb kittelartigen Leinwandkleid, »dem erst ein fest zusammengezogener, bronzefarbener Ledergürtel die Taille gab; der Hals war frei, und über Schulter und Nacken fiel ein breiter Matrosenkragen«. Daß diese Kleidung ein Kindheitszeichen war, bezeugt Fontane wenige Zeilen später, als er Effi zu ihrer Mutter sagen läßt:
»Warum steckst du mich in diesen Hänger, in diesen Jungenskittel? Mitunter denke ich, ich komme noch wieder in kurze Kleider. Und wenn ich die erst wieder habe, dann knickse ich auch wieder wie ein Backfisch.« (S. 196 f.)
Als Jungenskleidung war der Matrosenanzug schon seit den siebziger Jahren in Deutschland Mode, ausgehend von der Kaiserfamilie (Abb. 157). 1874 begann der Aufbau der kaiserlichen Flotte und erfüllte die Deutschen mit einer ungeheuren Marine-Begeisterung. Wilhelm II. propagierte den Kriegshafen Kiel als Symbol für Deutschlands Zukunft auf dem Wasser, als Ausgangspunkt für koloniale Eroberungen. 1898 wurde unter Beteiligung von Krupp und der ›HAPAG‹ der ›Deutsche Flottenverein‹ zur Propagierung dieser Politik gegründet. Immer wieder erschienen Fotografien der kaiserlichen Kinder in Matrosenkleidung, und der echte *Kieler Matrosenanzug* gedieh zur Wertmarke bürgerlichen Nationalstolzes.
Die größte Beliebtheit in Deutschland hat der Matrosenanzug wohl in der Regierungszeit Wilhelms II. erlebt, und zwar nicht nur im gehobenen Bürgertum. Selbst klassenbewußte Arbeiter liebäugelten mit der schmucken Kinderkleidung für Sonntagsspaziergang und Fotografen. Die Glückwunschkartenindustrie bemächtigte sich dieses Motivs, und die Matrosenkleidung wurde zur Kinderkleidung schlechthin. Mit dem Kriegsausbruch scheint diese Kindermode nochmals einen Höhepunkt erreicht zu haben. Klaus Mann erzählt im ›Wendepunkt‹, daß die Eltern den Kindern 1914 hübsche Matrosenanzüge gekauft hätten, die dann 1917 fadenscheinig und ausgewachsen waren (S. 59).
Ein Gegen-Zitat bestätigt diesen allgemeinen Eindruck:
»Pfeiffer war in nichts der echte deutsche Junge des Jahres 1914. Er trug auch keine Matrosenanzüge mit rot- oder goldgestickten Ankern, nur graue hochgeschlossene Wollsweater oder Joppen.« (E. Glaeser, 1902 bis 1963, S. 249)
Weiße Anzüge mit dunkelblauen Kragen waren die Fest- und Sommerkleidung, fein gestreift sah der Stoff für alle Tage aus, und im Winter trug man dunkelblauen Wollstoff mit Matrosenkragen und später Jersey von der Firma Wilhelm Bleyle, die seit 1889 Matrosenkleidung fabrizierte.
Der echte Kieler Matrosenanzug war zur Standeskleidung der Kinder des gehobenen Bürgertums geworden und signalisierte deren elitär nationales Bewußtsein. Über den Klassencharakter der Schulkleidung in der Kaiserzeit hat sich Carl Zuckmayer (1896-1977) kompetent geäußert:
»Von den wirklichen Bedrohnissen, denen man, nicht freiwillig wie bei den selbst gesuchten Gefahren, in

*198 Geschwisterreihe im weißen Matrosenstaat. Ca. 1925*

der frühen Schulzeit ausgesetzt war, ahnten die Eltern nichts. Ich ging bereits als Vorschüler in das ›feine‹ neue Gymnasium, in dem es, zur Präparation für den humanistischen Bildungsgang, drei Elementarklassen gab. Meine Mitschüler entstammten durchweg wohlhabenden Bürgerhäusern und waren dementsprechend gepflegt und gekleidet. Auf dem Schulweg jedoch mußte man an der Volksschule der Mainzer Neustadt vorbei, und dort hausten die ›Bittel‹. So nannte man in Mainz die Söhne der weniger begünstigten Stände, der Arbeiter, Handwerker, kleinen Leute, deren Eltern sich nicht das teure Schulgeld für eine höhere Lehranstalt leisten konnten und die in abgetragenen Anzügen, manche mit Flicken auf den Ärmeln und Hosenbeinen, umherliefen, worum ich sie heimlich beneidete. Ich hätte mich darin wohler gefühlt und freier bewegt als in dem glatt gebügelten Matrosenanzug oder gar der Samtjoppe mit Umlegkragen und Schlips. Schülermützen trugen wir nicht, aber durch die Art der Kleidung, auch die mit Seehundsfell bespannten Ranzen oder ledernen Schultaschen waren die Unterschiede deutlich gekennzeichnet, und so spielte sich unter den 6-12jährigen eine primitive, doch keineswegs harmlose Vorstufe des Klassenkampfs ab. Morgens war man verhältnismäßig sicher, denn Proletarier- und Bürgersöhne waren gleichermaßen zu spät dran und mußten laufen, während in ihren Zwingburgen schon die Klingel schrillte. Aber mittags hatten die Bittel offenbar mehr Zeit als unsereiner, der zu einem ordentlichen Familienessen pünktlich zu Hause sein mußte, und lauerten uns auf dem Heimweg auf, um uns zunächst durch Spott- und Schimpfworte aufzureizen. [...] Dann schmissen sie mit Steinen oder verstellten einem, gewöhnlich in einer geschlossenen Gruppe, den Weg. Ausreißen war unmöglich, man hätte sich vor Freund und Feind, auch vor sich selbst, ewiger Verachtung ausgesetzt. So mußte man, wenn auch mit vollen Hosen, trotzig erhobenen Hauptes und mit verächtlicher Miene an ihnen vorbei oder durch ihre drohende Phalanx hindurchmarschieren. Manchmal begnügten sie sich damit, nach uns zu spucken oder uns von hinten Roßäpfel ins Genick zu werfen – manchmal aber fielen sie über einen her, um einen den Schlupp am Matrosenkragen, den vornehmen Schulranzen, die Bänder an der Kappe herunterzureißen, man wehrte sich, und es kam zu einer Rauferei, bei der man recht übel zugerichtet oder auch, besonders bei Regenwetter und Matsch, im Dreck gewälzt werden konnte.« (S. 119 f.)

So erweist sich an diesem Beispiel, daß der Zeichencharakter kultureller Gegenstände nicht statisch ist, sondern jeweils das Bewußtsein ausdrückt, das ihm seine Träger oder deren Gegenspieler beimessen. Sie nehmen jenen Platz in deren Weltbild ein, den diese selbst ihnen zuweisen. Nach dem Kriege trat zunächst – zumindest in Hamburg – eine Veränderung ein: Die Revolution von 1918, bei der die Matrosen eine so entscheidende Rolle spielten, brachte den Matrosenanzug 1918-1921 beim Hamburger Bürgertum in Mißkredit, wie Hävernick schreibt (Der Matrosenanzug, 1962, S. 21). Dieser Aussage muß man eine Weile nachsinnen, widerspiegelt sie doch die ganze Misere der bürgerlichen Gesellschaft. Hatten einst vor 130 Jahren selbstbewußte Bürger die Matrosenkleidung als ein Zeichen für Freiheit und Natürlichkeit und wohl auch für Gleichheit ihren Kindern übermittelt, so fühlte sich nun die Hamburger Bürgerschaft dem *Matrosen-Volk* so feindlich weit entfernt, daß sie nicht einmal deren stilisierte Blusen an ihren Söhnen dulden wollte. – Aber das waren vorübergehende örtliche Erscheinungen, die die Relativität der Kultur beweisen.

In Hamburg, schreibt Hävernick (›Der Matrosenanzug‹), sei dann später in den zwanziger Jahren die Mode als Aushängeschild nationaler Gesinnung noch einmal aufgekommen, doch mehr oder weniger reduziert auf die größeren Jungen aus den *schönen Familien*. Das trifft sicher nicht für alle Gegenden Deutschlands zu. Matrosenkleidung wurde noch viel getragen, auch von einfachen Kindern, die die haltbaren Sachen vielleicht zuweilen von irgendwoher geerbt hatten.

Die Nationalsozialisten schätzten diese Kinderkleidung nicht und verachteten sie als bürgerlich-reaktionär; so verschwand sie allmählich aus dem Klassen- und Straßenbild.

Soweit die Kostümgeschichte – mit der abschließenden Bemerkung, daß der Matrosenanzug als bürgerliche Kinderkleidung von 1880 bis in die dreißiger Jahre in ganz Europa verbreitet war: Hanno Buddenbrook »lehnte am Flügel, in seinem Kopenhagener Matrosenanzug« (Th. Mann, S. 464), und Katia Mann beschreibt den jungen Polen, dem Thomas Mann seine Novelle ›Tod in Venedig‹ gewidmet hat, als einen »bildhübschen etwa dreizehnjährigen Knaben, der mit einem Matrosenanzug, einem offenen Kragen und einer netten Masche gekleidet war« (S. 71). Susanna Agnelli (geb. 1922) erzählt aus ihrer italienischen Kindheit: »Wir trugen immer Matrosenkleider.«

Über die *Gruppengeistigkeit* dieser Kinderkleidung, vor allem zwischen 1900 und 1920 in Hamburg, hat Hävernick aufgrund empirisch erhobenen Materials eine aufschlußreiche Untersuchung vorgelegt (›Kinderkleidung ...‹) und eindeutig den Höhepunkt auf das Jahr 1914 festlegen können (siehe nachstehende Kurve). Er hat diese Tracht in all ihren vielfältigen Varianten untersucht und die Korrelationen zum Gruppenverhalten hergestellt.

Er kommt zu dem Schluß,
1. daß die Matrosenkleidung eine typische Kinderkleidung war, die während vieler Jahrzehnte die Kinder optisch von den Erwachsenen abhob;
2. daß sich die durch die Matrosenkleidung definierte Kindheit mehr und mehr verlängerte: während 1890 schon die 12jährigen fast wie Erwachsene gekleidet waren, verschob sich um 1925 die Grenze bis zu den 16jährigen;
3. daß sich der Widerspruch zwischen dem Wunsch der Jugendlichen, erwachsen zu sein, und dem langen Tragen der Matrosenkleidung dadurch auflöst, daß die Knaben aus

*199 Gymnasiumsklasse, Stendal 1925*
*200 G. Groß: Straßenszene nach dem 1. Weltkrieg*

201 Sedantag in der Berliner Siegesallee. 1914

Erwachsener anzuziehen. Ein 16jähriger im Matrosenanzug war also gleichbedeutend mit Gymnasiast. Hävernick betont mehrfach, daß die Beliebtheit dieser Kleidung nicht das Resultat von Eltern- oder Lehrerwünschen gewesen sei, sondern von den Jugendlichen selbst gewählt wurde – etwa wie eine Uniform der Kindheit. Dem ist allerdings nur bedingt zuzustimmen, denn zum Wesen der Uniform gehören die Rangabzeichen der inneren Hierarchie. Die Matrosenkleidung aber war für alle kindlichen Alters- und Standesgruppen die gleiche (es gibt Kinderbilder von Willy Brandt im Matrosenanzug, Abb. 197) und unterschied sich nur der Qualität nach zwischen *echtem Kieler* und preiswerteren Phantasiefabrikaten. Wichtiger erscheint mir die auffallende Korrespondenz zur Sozialgeschichte der bürgerlichen Familie: Als kulturelles Zeichen entsprach der Matrosenanzug ganz der scharfen Grenzziehung zwischen Kindheit und Erwachsenenstatus, der Tabuisierung der Erwachsenengeheimnisse, der schönen Verlängerung der Kindheit – und damit allerdings auch der Abhängigkeit. Der Matrosenanzug symbolisierte jenes Verhältnis zwischen Erwachsenen und Kindern, das die damalige herrschende Gesellschaft erstrebenswert fand.

»Mein Unwille stieg sehr, als man mir einen neuen Original-Kieler Matrosenanzug anprobierte: weiße Bluse, weiße lange Hose, die ich besonders haßte, und eine ganz kurze blaue Überjacke mit goldenen Knöpfen. Dazu eine bebänderte Mütze mit der Goldschrift ›Kaiserliche Matrosendivision‹.« (V. Mann, S. 168 f.)

»Michael trug seinen besten Matrosenanzug mit einem weißen Gilet, auf welches ein blauer Anker gestickt war, auf dem linken Arm ein roter; der Stoff war so dunkelblau, daß er fast wie schwarz wirkte.« (Lichnowsky, S. 143)

sehr guten Familien und die sehr guten Schüler besonders lange diese kindlichen Kleidungsformen bewahrten und damit eine Idolwirkung ausstrahlten;
4. daß die Matrosenkleidung die Funktion eines Abzeichens besaß:

Der Träger hatte weder die Rechte noch die Pflichten eines Erwachsenen. Hinzuzufügen wäre
5. das Sozialprestige dieser Kleidung, ihr Klassencharakter, denn der 14jährige schulentlassene Volksschüler hatte sich ja bereits wie ein kleiner

**Schülermütze und Klassengeist**

Das große Kapitel der Schulkleidung kann hier nur andeutungsweise behandelt werden, zumal es in Deutschland nie eine ausgesprochene Schuluniform gegeben hat – ganz im Gegensatz zu anderen europäischen Ländern, wie z. B. Frankreich (Ariès, S. 116) und besonders England: Dort konnte man nicht nur die Hochschüler an ihrer Kleidung von den *normalen* Menschen unterscheiden, sondern ›ETON‹- und ›HARROW‹-Boys an solchen Feinheiten wie Kragen *im* Jakkett und Kragen *über* dem Jackett.

Eines der Zeichen von Teilnahme am Schul- oder zumindest Vorschulwesen waren die *Schürzen,* Schulschürzen, die besonders als Kleidungsstück für die Mädchen galten. Sie wurden – übrigens verschiedentlich schon seit Beginn des 19. Jahrhunderts – entweder über dem Kleid getragen oder als meist schwarze Kittelschürze statt des Kleides. Sie waren aus weißem Leinen, schwarzem Alpaka oder aus gestreifter Baumwolle und um so schicker geschnitten, je vornehmer die Schule war. Die Gemeindeschulen schrieben zuweilen recht altmodische Kleiderschürzen vor, die die Kinder vor Eitelkeit bewahren sollten, aber dafür in strenge Schürzenordnungen preßten, die man nicht übertreten durfte (Cunnington/Buck, S. 216 ff.). Strukturell ist festzustellen, daß die Schürzen unbedingt als Abzeichen der Kindheit galten.

Der Schulbeginn als Eintritt in das institutionalisierte Lernalter wurde für das Kind seiner Bedeutung entsprechend mit vielen Zeichen ausgestattet, von denen die Zuckertüte wohl das bekannteste und bis heute beliebteste ist. Es mag sein, daß sie mit der *Storchentüte* zusammenhängt, die ältere Kinder zum Trost bei der Geburt eines neuen Geschwisterchens erhielten (L. Schmidt, S. 305). Marianne Weber (1870 bis 1954) schreibt dazu in ihren Lebenserinnerungen:

202 G. A. Hennig: *Die Töchter auf dem Schulweg.* Um 1820
203 *Die Schulschürzen.* Berlin 1906

*204 Schultüten zum 1. Schultag. Um 1890*

*206 Erstkläßler mit Schulranzen. 1912*

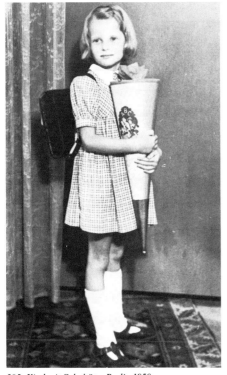

*205 Kind mit Schultüte. Berlin 1950*

»An dieses Ereignis knüpft sich meine erste Erinnerung. Damals war ich zweieinhalb Jahr alt. Mein Vater nahm mich an die Hand, führte mich am Bett der Mutter vorbei und zeigte mir das Schwesterchen, auf dessen Bett die Storchentüte lag. Die Erinnerung an dies Ereignis prägte sich mir unvergeßlich ein.« (S. 31)
Eine Trostfunktion hat jedenfalls auch die Schultüte. Der Brauch soll im späten 19. Jahrhundert von Mitteldeutschland aus Verbreitung gefunden haben – in Verbindung mit dem Zuckerbaum in der Schulklasse, den man den kleinen Abc-Schützen versprach. Allerdings reichte die Schultüte als Ausrüstung nicht aus. Man brauchte einen Riemen oder Sack für die Schulbücher, später eine *Schulmappe* (norddeutsch) oder einen *Schulranzen* (süddeutsch). Wohl zu Ende des 19. Jahrhunderts bekamen die Schulanfänger aus gesundheitlichen Gründen den Rückentornister, und sogleich begann damit auch die Rollenfixierung, die sich bis nach dem zweiten Weltkrieg erhalten hat. Maria Wimmer (geb. 1944) beschreibt anschaulich, wie wichtig noch in ihrer Schulzeit den badensischen Dorfkindern diese Unterscheidung war:

»Man lachte mich aus, weil ich einen Bubenschulranzen hatte, er war noch von meinem älteren Bruder. Bei einem Bubenschulranzen bedeckte die Umschlagklappe die ganze Vorderseite, bei einem Mädchenschulranzen nur die Hälfte.« (S. 33)
Der Übergang zu einer *Aktenmappe* im Alter von etwa 12 Jahren bedeutete dann wieder einen großen Einschnitt.

All diese Dinge gehören gewissermaßen zur Kinderkultur, wenn sie auch die Wirtschaft produziert und die Eltern kaufen. Ihr Aussehen und den Zeitpunkt ihrer Adaption bestimmen die Kinder – mit und ohne Zustimmung oder gar Anleitung der Erwachsenen.
In den Internaten machte sich der Klassengeist besonders stark erkennbar durch äußere Zeichen. So war es in der Knabenschule des Klosters Blaubeuren etwa 1860 üblich, daß die 14-15jährigen einen Spazierstock trugen, um »den heranwachsenden Jüngling vom bloßen Knaben« zu unterscheiden (Pfister, S. 91). Die Besucher der höheren Klassen verlangten von den unteren Klassenangehörigen, ausgiebig bedient und sogar mit *Sie* angeredet zu werden, und es herrschte an den Internaten – und übrigens auch in den Klosterschulen – eine Hierarchie, die uns Heutigen ganz unglaubwürdig erscheint, deren Kenntnis aber den damaligen Kindern für die Bewältigung ihres alltäglichen Lebens sehr wichtig war. Hans Carossa (1878-1956) gibt in seinem Erinnerungsband ›Verwandlungen einer Jugend‹ eine eindrucksvolle Schilderung jener Zustände in einem

207 *8 stolze Gymnasiasten. Um 1900*

bayrischen Internat, in dem die Zöglinge für ihre eigene Gruppe eine regelrechte militärische Satzung des Verhaltens aufgebaut hatten:
»[...] weit mehr aber lag jenen Wächtern daran, daß das Ganze von den Vorgesetzten unabhängig blieb. Dazu bedurfte es einiger Härte und Gespanntheit und ganze Gymnasiastengeschlechter hatten daran gearbeitet, Formen zu erfinden, welche die ungeheure Würde der Gemeinschaft ausdrückten. Kam es bei Besuchen von Verwandten vor, daß zwei Zöglinge verschiedener Klassen einander draußen in der Stadt begegneten, so grüßten sie einander nicht minder feierlich wie etwa die beglaubigten Vertreter zweier Großmächte; todernsten Blicks, mit waagrecht weit hinausgehaltenem Hut gingen sie aneinander vorüber, und ohne Rücksicht auf begleitende Mütter oder Onkel hatte der Niedrigere den Bürgersteig in großem Bogen zu verlassen. Dagegen hätte es als unehrenhaft, ja verräterisch gegolten, einem zu grüßenden Lehrer auch nur um ein Strichelchen mehr Achtung zu bezeigen, als die Satzung vorschrieb.« (S. 40)
Der junge Schüler begann zu ahnen, daß jede Klasse ängstlich darum besorgt ist, »daß ihr die nächstniedrigere, die sie noch eben selbst gewesen war, ja nicht zu nahe komme« (ebd., S. 12), und Carossa beschreibt jenes hierarchische Gebäude, dem er sich nun als Internatszögling anzupassen hatte:
»War ich auch noch lange nicht fähig, die wundersame Monarchie zu überblicken, die neun stolz gesonderte Republiken in sich dulden mußte, so glaubte ich die Grundfigur des Ganzen doch zu ahnen. Wie weitete sich schon der Saal! Niedrigkeit und Höhe wohnten in ihm beisammen; immer in der Tiefe zu bleiben, war jedoch niemand verdammt, ein Chor löste den anderen ab, jeder Schüler hatte Aussicht, einstens auf die höchste der sichtbaren Stufen zu gelangen, die aber noch lange kein Ende war, sondern sich ins Unbegreifliche, Geisterhafte, wer weiß wie weit, fortsetzte.« (Ebd., S. 13).
Das war nun allerdings eine Einübung in die Klassengesellschaft par excellence, verbunden mit vormilitärischer Disziplin. Ihre äußerste Objektivierung bildeten die bunten *Schülermützen*. Die psychologische Bedeutung der Kopfbedeckungen im Sinne von Abzeichen verschiedenster sozialer Gruppen und Auszeichnung innerhalb der Hierarchie dieser

208 Der frischgebackene Sextaner

Gruppen ist bekannt. Die Auszeichnungsfunktion der Haube für die verheiratete Frau, des Hutes für den erwachsenen Bürger, der Kappe für den Gläubigen, der Rangabzeichen an der Mütze für den Soldaten, um nur einiges zu nennen, bestimmt die inneren Ordnungen der Gruppen (vgl. R. König, Kleider und Leute, S. 58 f.). In dieses System gehört die Schülermütze gewissermaßen als Extremfall.

Bei der Beschreibung der feingemachten Kinder war die seit der Gründerzeit zunehmende Beliebtheit von Kinder-Kopfbedeckungen aufgefallen. Es ist daher nicht verwunderlich, wenn man auch den Schulanfängern zum Zeichen ihrer neuen Würde kleine Kappen und den Mädchen Hütchen aufsetzte. Die bunte Schülermütze dagegen schied die Gymnasiasten von den Nicht-Gymnasiasten und war daher von ihrem ersten Auftreten an – etwa um 1872 scheint sie nach dem Vorbild der Studentenverbindungen aufgekommen zu sein – ein soziales Rangabzeichen besonderer Art. Erich Kästner (1899-1974) hat in seinen Kindheitserinnerungen die Würde und Unwürde dieser Schülermode unübertrefflich dargestellt:

»Nach den ersten vier Schuljahren verabschiedete sich etwa die Hälfte meiner Mitschüler, verließ die Tieckstraße und tauchte nach Ostern, stolz mit bunten Mützen, in den Sexten der Gymnasien, Realgymnasien, Reformgymnasien, Oberrealschulen und Realschulen wieder auf. Es war nicht die bessere Hälfte, doch die Dümmsten darunter bildeten es sich ein. Und wir anderen waren zwar in der Tieckstraße, nicht aber geistig zurückgeblieben. Alle miteinander wußten wir, daß die Frage ›Höhere Schule oder nicht?‹ nicht von uns selber, sondern vom väterlichen Geldbeutel beantwortet worden war. Es war eine Antwort aus der falschen Ecke. Und ohne einen Rest von Bitterkeit in manchem Kinderherzen ging das nicht ab. Das Leben war ungerecht und wartete damit nicht bis zur Konfirmation.« (S. 155)

Die Schülermützen waren meist den Knaben vorbehalten und nur selten an Mädchenlyzeen üblich. Sie bestanden aus Tuch, für die Oberprima oft aus feinerem Material, und hatten einen lacklederen Schirm. Der Rand trug wiederum klassenbezeichnende bunte Streifen. Die Farben wechselten von Schule zu Schule, von Stadt zu Stadt; in Marburg etwa sahen die Schülermützen der Lateinschule, des Philippinums, folgendermaßen aus:

Sexta: blau mit weiß-blauen Streifen; Quinta: blau mit goldenen Streifen; Quarta: orange mit blauen Streifen; Untertertia: grün mit weißen Streifen; Obertertia: grün mit roten Streifen; Untersekunda: rot mit silbernen Streifen; Obersekunda: schwarz mit goldenen Streifen; Unterprima: weiß mit blauen Streifen; Oberprima: weiß mit blauen Streifen und Silberlitze, die Mütze aus Samt.

Aus Berlin erinnere ich mich, daß die Oberprimaner in der Schule meines Bruders weiße Mützen aus Seide trugen.

Eine vorsichtige Analyse dieser Mützenhierarchie läßt das System der Rangordnung deutlich erkennen. Die nächsthöhere Klasse setzte sich stets durch ein optisch wirksames Zusatzsignal zu der Mützenfarbe von der vorangegangenen ab: goldene Streifen, rote Streifen. So hatten die Mützen in der Öffentlichkeit nicht nur die Wiedererkennungsfunktion, einen Gymnasiasten einer ganz bestimmten Schule vor sich zu haben –, sie ließen auch den Klassenfortschritt deutlich erkennen und veröffentlichten gewissermaßen die Blamage der Sitzenbleiber. Sie unterstützten also das Leistungsstreben ebenso wie den ständischen Hochmut.

Die Schülermützen waren das äußerste an Zeichensetzung für unsoziales Verhalten, das eine Gesellschaft ihren Kindern mitgeben konnte. Als die Nazis diese Unsitte verboten und z. B. in Marburg die Schülermützen öffentlich verbrannten, begeisterten sie mit dieser pseudosozialistischen Tat viele Jugendliche, die noch nicht durchschauten, daß der geschmähten Klassengesellschaft eine tödliche Rassengesellschaft folgen sollte.

## Turn- und Wanderkleidung

»Maria ist neunzehn Jahre alt und blüht [...]Maria kennt alle Farben der Landsmannschaften, der Burschenschaften, der Corps. Es ist die große Welt, die über die Lange Straße läuft, denn alle, die eine bunte Mütze tragen, ein Band über der Brust haben und Schmisse im Gesicht, sind berufen, sie sind die Gesellschaft, die Stützen von Thron und Altar, sie sind das Deutsche Reich. Nichts zählt außer ihnen, die hervorragen.« (Koeppen, S. 15 f.)

Auf diese Wertordnung sollten die Schülermützen-Gymnasiasten vorbereitet werden. Zu der Ständehierarchie gesellte sich gerade bei Beginn des ersten Weltkriegs eine sehr bewußte nationale Komponente, die durchaus nicht auf Deutschland beschränkt blieb. Simone de Beauvoir (geb. 1908) erinnert sich:

»Irgend jemand machte Mama ein Stück horizontblaues Offizierstuch zum Geschenk; eine Schneiderin schnitt daraus für meine Schwester und mich Mäntel genau nach dem Muster der Militärmäntel zu. ›Da seht nur, sogar ein Gürtel ist hinten dran‹, sagte meine Mutter zu ihren bewundernden oder sich wundernden Freundinnen. Kein anderes Kind trug ein derart originelles, derart französisches Kleidungsstück: Ich fühlte mich dadurch zu etwas Besonderem ausersehen.« (S. 28)

Derartiger Chauvinismus in der Kinderkleidung wird viele junge Gemüter nachdrücklich geprägt haben.

Aber nicht alle der Heranwachsenden ließen sich von solchem Geist erfüllen.

»Herr Krüger hat mich nicht in seine Herde getrieben, er hat mir nicht den Stempel der Nützlichkeit in die Haut gebrannt, er hat mich nicht für den Bismarckbund geworben oder für den Unterseebootbund, er hat mich zu keiner seiner festen Anschauungen bekehrt.« (Koeppen, S. 72)

Den angepaßten Bürgerkindern in Matrosenanzug und Schülermütze wuchs eine oppositionelle Gruppe entgegen, die – wie ihre Altersgenossen hundert Jahre zuvor – der herrschenden Gesellschaftsordnung und ihren Lebensformen eine entschiedene Absage erteilte: die Jugend- und Wandervogelbewegung (vgl. Laqueur, Seidelmann). Es waren Jugendliche zwischen 12 und 19 Jahren, die die Kameradschaft der gemeinsamen Wanderungen und Fahrten auf ihre Wimpel geschrieben hatten und sich als eine Revolte gegen ihre Elterngeneration und deren Lebensart verstanden. Sie lebten *sozial,* benutzten auf der Eisenbahn die billigste Klasse, zelteten oder übernachteten in Scheunen.

»In der ersten Zeit erschien jeder in einer anderen Kluft, oft trugen sie riesige Hüte mit oder ohne Feder. Die einzelnen Gruppen hatten ihre eigenen kleinen Abzeichen oder Nadeln,

*209 Aufmarsch des Turnvereins. Zwanziger Jahre*
*210 H. Zille: Wandervögel. Zwanziger Jahre*

211 *Turnkleidung. 1906*
212 *Vereinsausflug um 1920*

bild des Militärs geschneidert, der Matrosenanzug nach den Modemustern. Die Wandervögel aber folgten ihrer eigenen Phantasie und produzierten ihrer Weltvorstellung entsprechend eine Art von Antikleidung, die in kein Muster der herrschenden Gesellschaftsordnung hineinpaßte.

*Sportlich* wurde aber ganz allgemein zum Zauberwort des Kleidungsverhaltens. Wieder, wie bei der Wende zum 19. Jahrhundert, entdeckte man die Natürlichkeit des Körpers, sein Bedürfnis nach Bewegungsfreiheit und erfand die Turn- und Badekleidung für Erwachsene.

In England hatte man schon seit 1860 damit begonnen, den Kindern Badekostüme zu machen, zuerst aus den flanellenen Nachthemden und später aus blauer Serge oder Jersey mit niedlichen Puffärmelchen und knielangen Hosen (Cunnington/Buck, S. 216).

In Deutschland dauerte alles ein bißchen länger, aber die Versportlichung der Kinderkleidung mit Pullover und bequemen Schuhen nahm auch hier ihren Fortgang mit der allmählichen Einführung des Turnens als Schulfach. Die Hosenkleidung der Mädchen begann, und 1928-30 kam der Trainingsanzug auf – eine sportliche Vielzweckgewandung. Ich erinnere mich deutlich an ein großes Glücksgefühl, als ich – 10 Jahre alt – in hellblauem Trainingsanzug und roter Baskenmütze mit Micky-Maus-Abzeichen in Berlin auf die Eisbahn ging.

Erkennungszeichen, die stets getragen wurden; und in den zwanziger Jahren wurde das Tragen von Uniformkleidern obligatorisch – kurze Hosen, blaue, weiße, braune, grüne oder graue Hemden, je nachdem, welchem Bund man angehörte, Pfadfinderhalstücher, rote und blaue Kordeln, eine bestimmte Kopfbedeckung.« (Laqueur, S. 40 f.)
Bei diesen Bünden handelte es sich dann nach 1918 um Anhänger der verschiedensten Ideologien, von der jüdischen Sportjugend bis zu den faschistisch orientierten Gruppen. Im Zusammenhang dieses Kleidungskapitels soll nur betont werden, daß hier zum erstenmal in der Geschichte der Kinderkleidung eine von den Jugendlichen selbst erdachte Tracht getragen wurde mit vielen Elementen der Uniformierung, wie es dem Geist dieser Wandergruppen entsprach. Die Kadettenuniform war nach dem Vor-

*213 J. M. Voltz: Kinderstube um 1825*

**Die Kinderstube**

Von Kinderstuben im eigentlichen Sinne kann man erst seit dem Anfang des 19. Jahrhunderts sprechen. In dieser späten Kulturepoche begannen die Bürgerfamilien, ihren Kindern einen eigenen Wohnbereich einzuräumen, der mit eigenen Möbeln und Spielgelegenheiten den kindlichen Bedürfnissen entgegenkam.

Berühmt geworden ist die Wiedergabe einer biedermeierlichen Kinderstube des Johann Michael Voltz (1784-1858), die mit einer Reihe anderer, ähnlicher Bilder aus dem Familienleben als ›Bilderbuch für Knaben und Mädchen‹ in Nürnberg bei Renner & Schuster herausgegeben wurde, auch von der Herzbergschen Kunsthandlung in Augsburg als ›Kinderbilder zur Unterhaltung und mündlichen Belehrung‹. Mit der Datierung der Editionen nahm man es damals nicht allzu genau, aber die Kleidung der Frauen, Mädchen und Puppen deutet auf das erste Jahrzehnt des 19. Jahrhunderts (Abb. 213). Gemütlich bullert in der Ecke der gußeiserne Ofen und wärmt den Kaffee oder Kakao, den die Kinder zum leckeren Napfkuchen trinken werden. Die Mutter bringt ihn gerade herein und erfreut die spielenden Kinder mit dieser Erfrischung. Fünf Mädchen verschiedenen Alters sind zu sehen, alle mit Puppen und Puppenküchen friedlich beschäftigt. Sie besitzen nicht nur Wiegen und Wägelchen für ihre Puppendamen und -kinder, sondern auch kleine Möbel, Tische, Bänke und Hocker für sich selbst, die ihrer eigenen Körpergröße angemessen sind.

Die Tatsache, daß dieses Bild bis in die Gegenwart so häufig wieder abgedruckt worden ist, kann kaum nur seinem künstlerischen Wert zugeschrieben werden. Es ist wohl vielmehr das Milieu der Kinderstube, des Spielzimmers in einer fast klassisch anmutenden Harmonie, die Wirklichkeit einer freundlich ausgestatteten Spielwelt, in der die Erwachsenen nur eine unterstützende, aber keine dirigierende Rolle einnehmen.

Die Einrichtung von Kinderstuben als Spielparadiese war aber sicher auch in der damaligen bürgerlichen Gesellschaft keineswegs eine allgemein übliche Erscheinung. Es hieß wohl schon viel, wenn ein Kind seine eigene Spielecke im Wohnzimmer besaß – wie das kleine Mädchen der Familie von der Lieth (1832), das stolz dem Bildbetrachter seine Puppe entgegenhält (vgl. We-

214 Spielzimmer aus »Herzblättchens Zeitvertreib«. 1894

ber-Kellermann, Die Familie, S. 136, Abb. 150). Seine Puppenküche ist in Kindergröße aufgestellt mit einem Kindersesselchen davor. Das sind ganz neue Zeichen von Zuwendung und Verständnis seitens der Erwachsenen, galten doch die Kindermöbel der vorangegangenen Epochen vorrangig der physischen Sicherheit des Kindes und damit zumeist seiner Einengung.

Auch im Biedermeier waren Kindermöbel durchaus keine Selbstverständlichkeit. Das anmutige Bild der oft publizierten Voltzschen Kinderstube darf also nicht dazu verführen, hier eine allgemeingültige Erscheinung zu vermuten. Wie verhältnismäßig bescheiden sich auch im großbürgerlichen Haus der Biedermeierzeit das Kinderzimmer im Gesamtzusammenhang der Wohnung ausnahm, schildert Felix Eberty (1812 bis 1884) in seinen Berliner Jugenderinnerungen (s. Weber-Kellermann, Die Familie, S. 126 f.).

Die Beschreibung der weitläufigen Wohnung endet mit einem »Gang, auf den die Türen von allerlei Vorratskammern und Wandschränken sich öffneten, in den mit dem Vorderhaus gleichlaufenden Hausflügel im Hofe, wo die geräumige freundliche Kinderstube lag«. (Eberty, S. 112 f.)

Die Kinder hatten also ihre Fenster zum Hof, und die Kinderstube lag weitab von den Wohnräumen noch hinter Küche und Gesindekammern. Es ist kaum anzunehmen, daß sich die Kinder dort am Tage gern aufhielten und sich nicht vielmehr zu den Wohnstuben der Erwachsenen hingezogen fühlten. Diese Situation kennzeichnet anschaulich Adalbert Stifter (1805-1868), der in seinem Roman ›Nachsommer‹ beschreibt, wie die Mutter zuweilen erlaubte, »daß wir in ihrem Wohnzimmer sein und uns mit Spielen ergötzen durften«. (S. 1)

Die Einrichtung von Kinderstuben in dieser Zeit war also gewissermaßen das kulturelle Zeichen für den zögernden Beginn von einem neuen Verständnis für Kinder als einer eigenen sozialen Gruppe. Sie spiegelt etwas wider von den veränderten Erziehungsvorstellungen der bürgerlichen Gesellschaft nach der Französischen Revolution. Damit aber hatte die »Emotionalisierung der Familie« (Shorter) infolge der veränderten strukturellen Situation des frühen 19. Jahrhunderts zumindest in Deutschland ihre ganz realen Wurzeln. Die Wendung des weiblichen Wirkungskreises von der halböffentlichen Sphäre der Hausmutter in die gänzlich private der Nur-Hausfrau gab ihr als Positivum die Zeit für eine Beschäftigung mit den Kindern und für die Intimisierung des familiären Wohnens. Aus der Zuwendung zu ihren Bedürfnissen, Interessen, Liebhabereien und Möglichkeiten entstand die von Spielzeug erfüllte Kinderstube. Das veränderte sich wieder in der zweiten Jahrhunderthälfte.

War das Biedermeier gekennzeichnet durch die beschauliche Haltung eines mehr oder weniger selbstzufriedenen Mittelstandes, so sah die führende und bestimmende Gesellschaft des späten 19. Jahrhunderts anders aus. Die Milliarden, die der gewonnene Krieg von 1870/71 ins Land schwemmte, brachten die Gründung von Aktiengesellschaften, Banken – vor allem aber Großunternehmen mit sich, die die ehrgeizige Schicht der Neureichen dieser *Gründerzeit* emporbrachte (Hamann, S. 25).

Unfähig zu neuer Stilfindung, bediente man sich eilig aus den Beständen der Vergangenheit: das Speisezimmer in Altdeutsch, den Salon in

Rokoko, das Schlafzimmer in Barock, d. h. nicht Antiquitätenmode, sondern neugemachte Möbel mit angeleimtem, oft industriell hergestelltem *Stil*. Die Vornehmheit der neuen Salons bestand aus käuflicher Konfektion, nicht aus ererbten Altertümern.

Wo blieben die Kinder in dieser Welt der Plüschportieren und Schnitzwerketageren? Konnte in einer solchen Szene theatralischer Überhöhungen ein funktionales Kinderzimmer seinen Platz finden? Sie hatten ihre Stube oft neben den Schlafzimmern der Eltern; zuweilen schlief das Kindermädchen im selben Raum. Aber merkwürdig ist, daß die Traulichkeit der biedermeierlichen Kinderstuben einer gewissen Kühle wich. Die Innigkeit der Mutter-Kind-Beziehung erstarrte im Zeremoniell der Bourgeoisie, in dem sich zwischen Eltern und Kinder das Kindermädchen schob. Zu ihm fühlten die Kinder oft eine natürlichere Freundschaft als zu ihrer Mutter, die sich in der Rolle der *gnädigen Frau* mehr und mehr von ihnen entfernte (Abb. 215).

Es lohnt sich, die bürgerlichen Kinderstuben des 19. Jahrhunderts zu betrachten, von denen berühmte und weniger berühmte Leute in ihren Kindheitserinnerungen erzählen, und es wird sich dabei ergeben, daß Voltz mit seinem reizenden Biedermeierinterieur wohl ein liebevolles Idealbild gezeichnet hat. Bei der Auswertung von Autobiographien handelt es sich allerdings um Zufallsfunde in vielfacher Hinsicht, sowohl was die Auswahl der Autoren anbetrifft wie deren Geschick, die Innenräume ihrer Kindheit zu beschreiben. Die folgende Übersicht erhebt also nicht den Anspruch einer systematischen Darstellung, sondern sie liefert nur Materialien für ein weitgehend unbearbeitetes Feld in der Geschichte der Kindheit und gibt ein paar Antworten auf die Frage, wie denn die Bürgerkinder des 19. Jahrhunderts ihre

215 E. Wagner: *Der Abschiedskuß.* 1895
216 H. R.: *Herr Hinzelmann in der Kinderstube*

*217 H. Brown: Die Kinderstube. 1865*

*218 A. Menzel: Mutter wäscht ihr Kind. 1864*

häusliche Umwelt erlebten, wie sie die Möbel, den Wandschmuck ihren Wünschen und Bedürfnissen einordneten. Die folgenden Aussagen sind zuweilen subjektiv bis zum Extrem. Aber sie vermitteln ein Spektrum der bürgerlichen Kindheit, auch der Einstellung der Eltern zu ihren Kindern, wie es ja empirisch nicht mehr zu erreichen ist.

Gegliedert sei das Material in eine allgemeine Beschreibung der Räume für Kinder mit ihren Spiel-, Eß- und Schularbeitsmöglichkeiten und der neu entstehenden Kindermöbel mit einer besonderen Darstellung der Kinderbetten, da die kindlichen Schlafmöbel eine typische Entwicklung in diesem Jahrhundert erfuhren.

Wie eine großbürgerliche Berliner Kinderstube zu Beginn des Jahrhunderts aussah, beschreibt Gustav Parthey (1798-1872), ein Enkel des Verlegers Nicolai:

»Für Fritz und mich ward in der neuen Wohnung die Schlafstube des Großvaters eingerichtet, worin wir uns sehr wohl befanden. Ich erhielt einen schönen großen Nußbaumschrank mit silbernen Beschlägen, dessen viele Fächer und Kasten hinlänglichen Raum für alle Bedürfnisse gewährten. Er erinnert mich noch jetzt täglich an den guten Ahnherrn, dem ich so viel zu verdanken habe.« (S. 159)

Von besonderen Kindermöbeln ist hier also noch nicht die Rede, sondern von praktischen Erbstücken. Die alten Häuser, die noch aus der Zeit der gemeinsam wirtschaftenden Hausfamilie stammten, boten kaum die architektonischen Voraussetzungen für Kinderstuben im neuen Stil. Aus Hamburg erzählt Berend Goos (1815-1885):

»Wir wohnten in der Poolstraße in einem alten sogenannten Ständerwerkhause, das aber sehr viel Eigentümliches und Angenehmes aufzuweisen hatte. Das Kellergeschoß bestand aus einer großen Küche mit, wie damals allgemein gebräuchlich, offenem Herde. Sie erstreckte sich über die ganze Haustiefe, hatte drei Fenster nach der Straße und eben so viel nach hinten, wo außerdem noch eine Tür nach dem Hofplatz hinausging. Neben der Küche nach vorn war die Speisekammer, hinter derselben eine Mädchenkammer, die ihr Licht nur von der Küche durch die hinteren Fenster empfing, denn neben dieser Kammer führte die Treppe auf den hinteren Teil der Hausdiele. Das Parterre enthielt an der Nordseite des Hauses über der Küche nach vorn das drei Fenster breite Wohnzimmer und ebenso breite Hinterzimmer; ferner die schöne geräumige mit Marmorfliesen belegte Diele, auf welche beide Zimmer mündeten. Zwischen diesen beiden Türen stand damals, neben einem Tische, unsere noch jetzt vortreffliche Dielenuhr, welche regelmäßig am Sonnabend von meiner Mutter aufgezogen wurde. Gegenüber waren, bis dicht ans Fenster, die beiden großen Mahagonischränke placiert, und gleich daneben führte dann die Treppe in den ersten Stock. Dieser enthielt drei Zimmer; zwei nach vorne, in deren einem meine Mutter und wir Kinder schliefen, und ein Hinterzimmer, der Saal genannt, das nur als Gesellschafts-Speisezimmer benutzt wurde.« (Bd. 1, S. 9-11)

Das Kinderzimmer war also mehr ein

*219 A. Menzel: Knabe am Schreibtisch. Um 1846/47*

Schlafzimmer als ein Spiel- und Aufenthaltsraum. Das galt auch noch für das *Unding* von Berliner Wohnung, das Adolf Erman (1854-1937) beschreibt:

»Unsere Wohnung, die im zweiten Stock lag, war geräumig, aber für moderne Begriffe war sie ein Unding, denn die meisten Zimmer waren auch Durchgangsräume, und sie waren als Schlafzimmer nur brauchbar, wenn man einen Vorhang oder einen Bettschirm in ihnen anbrachte. Wollte das Mädchen z. B. die Entréetür aufmachen, so mußte sie durch zwei Schlafzimmer und das Eßzimmer hindurchgehen. Der Prachtraum für unsere Begriffe war ›Mutters Stube‹, mit dem Nähtisch, der auf einem Tritt am Fenster stand, einem grünen Sofa und einem runden Tisch mit drei Säulen. Auch ihr Sekretär und ihr Bücherspindchen standen darin; auf dem letzteren prangte eine Standuhr aus Alabaster, die einen kleinen Gipsabguß von Danneckers Ariadne trug. Die Eßstube dahinter war der größte Raum, ein langes halbdunkles ›Berliner Zimmer‹, in dem der große Eßtisch stand. Hier stand auch unser Klavier, auf dem Mutter in meiner Kinderzeit manchmal noch spielte; ich saß dann auf einem Stuhle daneben und hörte zu, denn es kam mir gar zu schön vor. Am Fenster auf einem Tritt pflegte eine der Schwestern zu sitzen und alles das zu nähen, was wieder zerrissen war. Das nächste Zimmer war Mutters Schlafzimmer, in dem auch wir kleinen Jungen schliefen. Am Tage spielten wir darin vor dem grünen Bettschirm, der es der Länge nach teilte. Später, als wir größer wurden, wurde das Zimmer unser eigenes Reich.

Dahinter lagen dann ein kleines Zimmer der jüngeren Schwestern, die Küche und das Mädchenzimmer, und dann, jenseits eines Korridors, die Speisekammer, die Stube der drei größeren Brüder und endlich das Zimmer, wo die beiden älteren Schwestern schliefen. Dieses letztere Zimmer war das einzige in der langen Reihe, das nicht Durchgang war; das konnte es nicht, denn da war eben das Haus zu Ende. Wasserleitung und ähnliche nützliche Dinge gab es natürlich nicht.« (S. 55 f.)

War aber hier noch der gute Wille sichtbar, den Kindern ihr eigenes Reich zu schaffen, so gibt es auch Berichte der gleichen Zeit, aus denen hervorgeht, wie die Kinderstube dem Kind als Ort der Absonderung, der seelischen Abhärtung und Vereinsamung verhaßt gemacht wurde.

»Unser möglichst unregelmäßig gebautes Haus«, schreibt Friedrich von Bodenstedt (1819-1892) aus dem Hannoverschen, »war in der Front ziemlich schmal.« Die Innenarchitektur des alten Hauses aber war derart verwinkelt, daß man Mühe hat, dem Autor bis zu dem Punkte zu folgen, wo eine schmale Wendeltreppe zu einem abgelegenen Saal führt, von dem der Vater in einer Ecke ein Zimmer abschlagen läßt.

»Meine gute Mutter, obwohl von Natur ebenso furchtlos wie mein Vater, war doch nicht einverstanden mit seiner gewaltsamen Art, auf mein Gemüt zu wirken; allein ihre unsanft aufgenommenen Einwendungen hatten nur zur Folge, daß mir das neuerbaute Gemach in dem alten Saale zum Schlafzimmer angewiesen wurde. Der Himmel weiß, wie viele unruhevolle Nächte ich dort zugebracht habe, bis ein jüngerer Bruder meiner Mutter einige Wochen zu Besuch kam und einmal etwas spät in der Nacht, aus einer Gesellschaft heimkehrend, mir auf der Treppe begegnete in einem Zustande, der ihn befürchten ließ, daß ich den Verstand verloren habe oder nachtwandle. Ich ging, wie er zu bemerken glaubte, mit geschlossenen Augen, in eine Bettdecke gehüllt, die ich krampfhaft festhielt, die Füße unbekleidet. Mir

220 H. Bürkner: Omnibus. 1865

war, als ich durch ihn wieder zu mir und zu Bett gebracht wurde, als ob ich aus einem wilden Traume erwacht wäre.« (Bd. 1, S. 13)

Das war wohl keine kinderfreundliche Kinderstube im biedermeierlichen Familiensinn, aber ebensowenig eine Ausnahme. Fontane tadelt die vernachlässigte Kinderstube im Stralsunder Apothekerhaus:

»[...] drin, grad' in der Mitte, ein großes Stück Diele fehlte, so daß der Dünensand, darauf das Haus ohne Untermauerung stand, zum Vorschein kam. Später söhnte ich mich mit diesem Dielenloch freilich aus; denn gerade diese Sandstelle wurde, wenn wir bei schlechtem Wetter nicht hinaus konnten, zum bevorzugten Spielplatz für uns Kinder, wo wir mit vier würfelförmigen Steinen unser Lieblingsspiel spielten. Dies Lieblingsspiel hieß *Knut,* war also vielleicht dänischen Ursprungs und lief darauf hinaus, daß man, den vierten Stein hoch in die Luft werfend, ihn im Niederfallen, unter gleichzeitigem Aufraffen der im Sande liegengebliebenen drei anderen Steine, wieder auffangen mußte.« (Kinderjahre, S. 39 f.)

Was Fontane hier in seinen Kindheitserinnerungen aufsteigen läßt, das ist ein Geschmack nach Isolation, nach Abgelöstsein von der Welt der Erwachsenen, der Eltern, die sich nicht einmal um die mangelnde Beschaffenheit des Fußbodens im Zimmer ihrer Kinder kümmerten und sich in gänzlich anderen Interessensphären bewegten. Vielleicht war das typisch für die bürgerlichen Kinderstuben, besonders in der 2. Hälfte des 19. Jahrhunderts. Für die mittlere Bürgerschicht blieb die Wohnstube der gemeinsame Aufenthaltsraum, wo der Vater auf dem Sofa sitzend die Zeitung las, die Mutter sich mit Näharbeiten beschäftigte, die Tochter Klavier übte oder mit ihren Puppen spielte und der Sohn sich mit dem Ankersteinbaukasten beschäftigte, der bis zum Abendbrot wieder aufgeräumt sein mußte.

Die Intimität solchen Familienlebens bedeutete zugleich Kontrolle, die sich in der Forderung nach Artigsein und Folgsamkeit ausdrückte, d. h. einer Anpassung an die von den Erwachsenen gesetzten Normen und streng getrennten Geschlechterrollen. Das galt in noch verschärftem Maße für die Kinder des reich gewordenen Großbürgertums. Bei den Gesellschaften der Eltern durften sie höchstens die Gäste begrüßen, der Sohn im blauen Matrosenanzug seinen Diener machen, die Tochter im weißen Mullkleidchen ihren Knicks. Dann führte sie das Kinderfräulein zurück in ihre Kinderstube, wo sie – fest abgeschirmt von der Außenwelt – ihren erlaubten Spielen und Beschäftigungen nachgehen durften. Höchstens durch die Dienstboten erfuhren sie, was körperliche Arbeit ist, und die Welt der sozialen Bewegungen blieb ihnen gänzlich verborgen.

Die Kinderzimmer waren also im allgemeinen keine Spielparadiese.

Im besten Fall handelte es sich meist um eigene Schlafstuben für die Kinder, zu denen z. B. abgelegene Zimmer im Dachgeschoß ausgebaut wurden, wie in einem süddeutschen Pfarrhaus: »Das Haus selbst war alt, ungemein bequem und geräumig. Zu ebener Erde befanden sich die weiten Räume der Waschküche und der Holzställe; eine Treppe hoch wohnte man gar behaglich, und noch eine Treppe höher befand sich das Revier, das die ›Bubenstube‹ genannt wurde, der Ort, wo die Jungen schliefen.« (Pfister, S. 7)

Also auch in weitläufigen Häusern erhielten die Kinder nicht die angenehmsten Zimmer; man dachte gar nicht an eine Raumverteilung vorrangig im Interesse der kindlichen Entwicklung:

»Die Front enthielt unsre Wohnräume, in dem einen Flügel war ein großer Saal für Gesellschaften, Vaters Kanzlei, die stets mit Respekt umgangen werden sollte, und einige Gastzimmer. In dem anderen Flügel lag Küche und Speisekammer, – Räume, so groß und verschwenderisch, wie sie jetzt nur noch zu Prunkgemächern verwendet werden. Daneben war das Zimmer der Hausjungfer, wie man damals die ›stützenden Fräuleins‹ hieß, und die Schlafzimmer von uns Kindern. Im Innern dieses Gebäudes befand sich ein riesiges Treppenhaus, um das wir im Viereck herum Fangen spielen konnten, während die sonstigen langen Gänge zum Seilschwingen, Stelzenlaufen und Ballspielen herrlich waren. Einen großen Reiz hatten auch noch die mitten ins Haus wohl im Lauf der Zeiten je nach Bedürfnis hereingebauten Garderoben, dunkle Durchgangsräume und riesenhafte Wandschränke. Ein solcher befand sich gerade vor dem Zimmer meiner Schwester Anna, und er war so groß, daß mein Bruder Alfons einmal aus Vergnügen mehrere Wochen drin schlief.« (Schumacher, S. 181)

*221 A. Anker: Kinder beim Frühstück. Um 1890*

Durch ihre Entfernung von den Wohnzimmern der Erwachsenen hatten diese kindlichen Schlafzimmer für die Größeren immerhin den Vorteil, aus dem familiären Zusammenhang herauszutreten und die Kommunikation mit den Gleichaltrigen außerhalb des Hauses pflegen zu können:

»Unsere Betten standen links und rechts vom Fenster; links schlief ich mit Kule, der, wenn die Eltern schlafen gegangen waren, die Treppe hinaufkam und auf mein Bett sprang, rechts schliefen die Schwestern. Wir schliefen die ersten Stunden aber nicht. Zunächst mußte die Sonne untergehen und das Leben vor dem Fenster aufhören. Bis dahin guckten wir verstohlen hinaus, ob auch die Eltern mit etwaigem Besuch im Vorgarten saßen. War die Luft rein, dann machten wir das Fenster ganz auf und unterhielten uns mit Rosa Be-

222 C. Monet: Frühstückszene. Um 1900

rendsen oder Christian Petersen oder Magdalene Schmidt, oder wer sonst des Weges kam. Die Eltern konnten davon nichts merken, weil das Wohnzimmer nach hinten hinaus lag. Kam jemand aus dem Hause unerwartet in den Vorgarten, so war die Unterhaltung sofort abgebrochen, und die Freunde und Freundinnen, die soeben noch auf der Gartenpforte gesessen hatten und hin und her gefahren waren, grüßten verbindlich und taten, als ob sie große Eile hätten, nach Hause zu kommen.« (Thiessen, Begegnung mit der Erwachsenenwelt: S. 72)

»Dann gab es einen Augenblick, der mir auch noch deutlich in der Erinnerung lebt: als ich mich an der Tischdecke in die Höhe zog, zum erstenmal auf den Tisch schauen konnte und dort eine ganze Welt von mir unbekannten interessanten Gegenständen erblickte. Kolumbus und seine Seefahrer können nicht gespannter den Wundern der neuen Küste entgegengestaunt haben. Da ich ein langaufgeschossenes Kind war, kann ich bei diesem Vorgang noch nicht zwei Jahre alt gewesen sein.

Etwas Fabelhaftes war auch das Nachtlicht. Ein Glas mit Wasser, auf das eine Schicht Öl gegossen wurde, und auf dieser schwamm wieder ein kleines Fahrzeug aus einem Stückchen Kork und Flügelchen von buntem Karton, die zuweilen eine Nase oder ein Auge oder ein winziges bißchen Wams sehen ließen, weil sie meist aus alten Spielkarten gefertigt wurden. Aus diesen Flügelchen erhob sich das Lichtlein, das die Nächte unsers Kinderschlafes mild durchleuchtete. Aber das Interessante dabei war: schräg in den Ölboden hineinzuschauen. Denn während das Wasser klar blieb, sammelte sich dort mit der Zeit eine Menge von winzigen Dingen an, die wie auf dem Meeresgrunde lagerten: tote Fliegen, Mückenflügel, Streichholzköpfe, Fadenfusselchen, die gleichsam wie in Bernstein eingefangen, in der dicken goldgelben Masse schimmerten. Kein Erwachsener würde je begreifen, wie zauberhaft und anziehend einem Kinde eine so einfache Sache erscheinen kann, wie er auch selten das Entdeckervergnügen verstehen wird, mit dem Kinder aus Dielenritzen Stecknadeln, Staubflöckchen und uralte Semmelbröselchen herausholen und dabei eine unerhörte Geduld und Arbeitsamkeit entfalten.« (Reuter, S. 34)

Sehr freundlich lesen sich die Erinnerungen aus einer geschwisterlichen Kinderstube auf einem Gutshof in Schleswig-Holstein mit ihrer zwanglosen sozialen Ordnung:

»Die Kinderstube, da denkt man leicht, das sei ein Zimmer mit vier Wänden, ein paar Fach Fenstern, Fußboden, Schränken und Spielgerät nebst schrill vergnüglichem Durcheinander – ohne Gebrüll kann es nicht abgehen! mahnte die Mutter wohl – und dem Gekrabbel des Einjährigen. Um Gottes willen, nein! gerade diesen Einjährigen, von denen immer eins vorhanden war, bedeutete dieser Raum das gewaltigste, von keinem Sinn je zu Ende eroberte Weltreich unter der Sonne! Frühere Jahrgänge hatten dann schon wieder die Neigung, es zu festigen und zu begrenzen: die Wirklichkeit wurde entdeckt und beherrscht, um, sobald dies vollendet war, wieder entlassen und mit Fabelnamen benannt oder zu Märchenfernen ausgeweitet zu werden [...]

Ganz im großen betrachtet vertrat die Mutter die gesunde Ansicht, Kinder müßten sich allein vergnügen, das heißt ohne Beihilfe von Erwachsenen, keineswegs nur wegen der Erfahrung, daß sie dann am allerartigsten seien. Sie mischte sich nicht unnötig ein, aber niemand hatte innigere Freude und reineren Ernst als sie an jedem Spiel, das sich um sie herum gründete und begab. Zwar schien sie, an ihre Nadelarbeit hingegeben, nicht allzuviel davon zu bemerken, liebte es auch nicht, wenn andere Hausbewohner Lob oder Staunen kundgaben, und erwachte aus ihrem Nichtvorhandensein nur, wenn ein Bittsteller kam und ›Mutter und Kind‹, ›Vögel verkaufen‹, oder, noch schöner, ›Mutter, Mutter, was nähst du da?‹ spielen wollte. Das einzige Unechte an der Sache blieb, daß eben die Mutter wirklich nähte. (Abb. 223) [...]

Vielerlei Spielecken beherbergte das große Kinderzimmer; jedem Bewohner war Raum gegönnt, soviel er immer brauchte. Da gab es Tier- und Puppenwirtschaften, wo die Kinder sich ebenfalls abgezogen waschen mußten und so gut wie die wirklichen eine Heuldecke besaßen. Ställe und Türme, Gärten, Koppeln und Schiffe wurden gebaut aus den schweren dunklen Eichenklötzern, mit denen schon frühere Geschlechter geschaltet hatten. Auf die fußhohe Bank vor

*223 A. Renoir: Mutter, was nähst Du da? 1884*

dem kleinen grünen Tisch wurde man geladen zu erlesenen Schmausereien, sandgeformter Pudding und Semmel aus Lehm waren jedem Hungrigen verschwenderisch zugedacht. Sonntags schwoll den Gastgebern der Kamm, und sie bettelten um die Mutter herum: ›Gib uns doch was zu kochen!‹ Und die Mutter ließ sich erweichen, bewahre, nicht alle Tage! aber, na ja, weil Sonntag war!« (Voigt-Diederichs, S. 52 f.)

Das schmeckt so herbsüß wie die Kinderbilder des schwedischen Malers Carl Larsson (1853–1919), der sein Heim und seine Familie leitbildhaft idealisierte, und ist als Quelle für das alltägliche Leben wohl ebenso wie diese mit Vorsicht zu genießen. Merkwürdigerweise scheinen in den Schilderungen der Kinderzimmer die Gefühle eines ganz subjektiven Zu-Hause-Seins häufig zu fehlen. Wie sehr diese Gefühle der persönlichen Beziehung und des Eigentums gerade das kindliche Wohnen bestimmen können, schildert Friedrich Ratzel (1844–1904) in seinen Jugenderinnerungen:

»Voll Leben waren die vier engen Wände, in denen ich aufwuchs. Die Tapete des Zimmers, wo ich schlief, in Form und Farbe Erzeugnis einer kümmerlichen Phantasie: braune Ränkchen auf gelbem Grund, denen Figuren entsprossen, die nicht Blume und nicht Tier waren und sich deswegen meinem Traumsinn als Männchen empfahlen [...], die braunen, glänzenden Kinder, die um den

*224 J. C. B. Sluyters: Kinderschlafzimmer. 1910*

Tonofen des Wohnzimmers ihren Reigen tanzten, eine bucklige, farbige Porzellanfigur mit goldgerändertem Dreispitzhut, die als Trinkbecher dienen sollte, wozu niemand sie gebrauchen mochte, ein kleines Körbchen aus Gewürznelken und grünen Glasperlen, [...] diese und ähnliche Kleinigkeiten nährten meine kindliche Einbildungskraft. Warum blieb nicht die Natur selbst [...] die Quelle einer elementaren Poesie [...]? Wie vermochten diese Stümpereien sie zu verdrängen? Ich vermute, daß der keimende Besitzsinn hineinspielte, denn dieser Tand war mein und den Meinigen, die Werke der Natur aber gehören aller Welt.« (s. Goldschmit-Jentner, S. 446)

Isolde Kurz (1853–1944) schreibt, daß es in ihrem Elternhaus gar keine abgesonderte Kinderstube gab und sie das auch nicht vermißt habe wegen der ständigen Nähe zu den geliebten Erwachsenen und deren Welt (S. 110). Doch ein paar Seiten später bedauert sie dann doch, für ihre ersten kindlichen Dichtungen »keine verschließbare Lade« zu besitzen (S. 116), wo sie ihr Manuskript vor dem neugierigen Zugriff der Mutter verstecken kann. Richtig gesehen ist wohl, daß der nahe Kontakt zu den Eltern in dieser Zeit schon nicht mehr selbstverständlich war, denn fast trostlos erscheinen einem die Schilderungen der reichen Kinder der Gründerzeit, die so gut ausgestattet und doch nicht eigentlich glücklich sind. Die scharfe Trennung zwischen Kindheit und Erwachsenenleben erfährt hier eine krasse Beleuchtung aus der Perspektive der Kinder. Die folgenden Abschnitte stammen aus der Zeit vor und während des ersten Weltkrieges.

»Der Boden unseres Schlafzimmers war mit grauem Linoleum belegt. Die Betten waren aus weiß gestrichenem Eisen, die Fenster des Schlafzimmers vergittert, damit wir nicht aufs Fensterbrett klettern und runterfallen. Als ich später zum ersten Mal vor einem unvergitterten Fenster stand, wurde mir schwindlig vor so viel Luft. Die Angst vor unvergitterten Fenstern wurde ich nie ganz los.
Unser Spielzimmer barst vor Spielzeug. Da standen ein lebensgroßes Pony, ein Boot, ein Schilderhaus. Die Wände waren durch Nußbaumschränke verdeckt. Wurden sie geöffnet, sprang eine Wolke von muffigem Wollstoff- und Mottenpulvergeruch heraus. Die erwachsenen Frauen trugen lange, faltige Röcke. Was hatten sie drunter? Raben, Schlangen, Mäuse? Diese langen Röcke vergrößerten die Kluft zwischen mir und den Erwachsenen ins Riesige.« (Gert, S. 8)

»Die Mutter hatte mir vorher nicht sehr viel bedeutet. Ich sah sie nie allein. Wir waren unter der Obhut einer Gouvernante und spielten immer im Kinderzimmer oben. Meine Brüder waren vier und eineinhalb Jahre jünger als ich. Georg, der kleinste, hatte einen kleinen Käfig für sich. Nissim, der mittlere, war verrufen für seine Streiche. Kaum ließ man ihn allein, stellte er etwas an. Er drehte den Wasserhahn im Badezimmer an, und Wasser floß schon die Treppe zum Parterregeschoß hinunter, bevor man es bemerkte; oder er rollte das Klosettpapier auf, bis der Gang oben von Papier ganz bedeckt war.« (Canetti, S. 56)

»Das Fenster des Kinderzimmers geht auf den Hof, der nicht gerade ein Lichtschacht ist, aber doch eng und dunkel, und reizvoll nur, wenn von seinem Grunde die Stimmen der Hofsänger herauftönen, die Scheiben ringsum klirren und kleine in Zeitungspapier gewickelte Münzen hinunterfliegen, die Tauben des armen Mannes, der das holprige Pflaster nach ihnen abweidet, und, dort, dort, rufen die Kinder und hängen gefährlich weit zum Fenster hinaus. Aber das geschieht vor der Schule fast nie. Früh am Morgen, vor der Schule, stellen die Kinder einen Schnürstiefelfuß auf die Stufe des Erkers, schnüren und reißen die brüchigen Senkel ab, knoten und schnüren wieder, starren in das daneben aufgeschlagene Schulbuch, trinken angewidert ihren Eichelkaffee, der in einer geblümten Tasse ebenfalls auf der Stufe steht. Hinten werden ihnen dabei vom Kindermädchen die langen Zöpfe geflochten, die Graubrotscheibe mit der Rübenmarmelade bleibt unberührt. Auf dem schmalen Korridor rennen sie mit der Stirn gegen das wieder einmal nicht zur Seite gebundene Turngerät, der Schädel brummt wie ein Maikäfer, Maikäfer flieg, mein Vater ist im Krieg, die Mutter schläft noch in ihrem breiten Bett, wird sich später frisieren lassen, Einkäufe machen, zur Gesangsstunde gehen. Das Treppenhaus ist vornehm mit goldenen Lanzenspitzen am Liftgehäuse, mit Wasserlilien im Mosaikfenster, mit statt des Geländers einer dicken blauen Kordel, deren Bommeln man abreißen kann, auch schon abgerissen hat, weswegen der Portier ein Feind ist, an dem man sich mäuschenklein vorbeischleichen muß.« (Kaschnitz, S. 65 ff.)

Der Blick in die bürgerlichen Kinderzimmer des 19. Jahrhunderts eröffnet keine so strahlende Aussicht, wie man sie sich durch die lieblichen Darstellungen des Biedermeiers erhoffen wollte. Es hat den Anschein, als dienten zu Ende des Jahrhunderts diese Räume zunehmend mehr der Distanz zwischen Kinder- und Erwachsenen-

*225 F. Riepenhausen: Allegorie der Kindererziehung*

welt als dem freundlichen Kontakt mit dem Ziel einer freien kindlichen Eigenentwicklung. Selbst aus den Ratschlägen der Ellen Key (1849 bis 1926), sosehr man ihr auch in vielem zustimmt, tönen solche Erwachsenen-Absolutheitsansprüche.

»Gerade während der Jahre, wo die eigentliche Erziehung des Kindes durch Anrühren, Schmecken, Beißen, Befühlen usw. vor sich geht, hören sie jeden Augenblick den Ruf: Stehen lassen! Für das Temperament des Kindes, sowie für seine Kraftentwickelung ist daher ein großes, farbenfrohes, mit schönen Lithographien, Holzschnitten und dergl. geschmücktes Kinderzimmer mit einfachen Geräten und voller Bewegungsfreiheit das Wichtigste von allem. Aber ist das Kind drinnen bei den Eltern und stellt es Unfug an, dann ist eine augenblickliche Verweisung das richtige Mittel, um zu lehren, die größere Welt zu ehren, in der der Wille anderer herrscht, die Welt, in der das Kind gewiß sich selbst Raum schaffen soll, aber auch lernen, daß jeder Raum, den es selbst einnimmt, seine Grenzen hat! [...] Dadurch, daß die Kinder in ihrer eigenen Welt – der Kinderstube – zu Hause waren, außerhalb derselben aber der festen Grenze der Gewohnheiten und des Willens, der Arbeit und der Ruhe, der Forderungen und der Wünsche der Eltern begegneten, wurde ehedem ein zugleich stärkeres und rücksichtsvolleres Geschlecht als die heutige Jugend erzogen.« (S. 129 f. und 170)

Wenn also die *gute Kinderstube* des bürgerlichen 19. Jahrhunderts nicht alle Hoffnungen erfüllt hat, die man ihr als frohem Ort der Kindheit entgegenbringt, so gibt es doch eine Reihe von Einrichtungsgegenständen, die ein neues Verhältnis zum Kind und seinen Bedürfnissen verraten.

Die vorhergehenden Epochen hatten sich vornehmlich mit Gehschulen und Fallhüten auf die physische Sicherung des Kindes eingestellt. In den ersten Jahrzehnten des neuen Jahrhunderts – und das ist auffallend – verschwanden diese alten Sicherheitsvorrichtungen mehr und mehr aufs Land und machten in den Bürgerfamilien spezifischen *Kindermöbeln* Platz.

226 Ph. Rumpf: Kind im Stühlchen. 1867
227 Kinderstühlchen. Gartenlaube 1893

Da gab es als neue Erfindung einen *Klappstuhl*, den man als Spieltischchen aufstellen und zum Essen in normale Tischhöhe hochklappen konnte. Das war freilich etwas anderes als jene dumpfen Verliese von Kinderstühlchen mit eingebautem Töpfchen, in denen die Kinder oft stundenlang herumhingen, während sich die Erwachsenen unterhielten. Es war auch für die Kinder etwas anderes, als ungeschickt auf einem viel zu hohen Stuhl zu hocken. Diese Möbel bedeuteten einen kleinen Schritt voran auf dem Wege zu einer Ausstattung im Interesse des Kindes und nicht nur im Interesse von Ruhe und Ungestörtheit der Erwachsenen. Das Verhältnis des kleinen Kindes im Klappstühlchen zur Erwachsenenwelt hat A. Herdan-Zuckmayer in ihrem Kindheitsbuch geschildert:
»Da war ein ungeheurer Raum mit einer Lampe. Da stand mein Kinderklapptisch tief unter der Lampe. Er war dunkel und schwer, bunte Kugeln waren an der Tischplatte befestigt. Der Sessel war eins mit dem Tisch, Lehne und Seiten waren eine feste Verzäunung.
In der Umzäumung saß ich.
Ich mochte damals kaum zwei Jahre alt gewesen sein, aber ich kann mich erinnern. Ich erinnere mich an die Umrisse des Zimmers, an das Licht von oben, an den Geruch von Spiritus und Grießbrei. Ich erinnere mich an die Riesen, die an mir vorbeiwanderten, in Röcken und Röhren. Nur mittags, wenn mein Klappstuhl, zu einem hohen Sessel umgewandelt, an den Tisch geschoben wurde, konnte ich die Oberteile der Kolosse sehen, die Rümpfe, auf denen große weiße Gesichter standen. Tief unter mir lag ein kleiner Hund, weit entfernt von mir, klein wie ich. Aus dieser Zeit von Raum und Unmaß gab es ein Wesen, das sich abhob von den Kolossen.
Es stampfte durchs Zimmer wie die andern. Es blieb bei meinem Tisch stehen wie die andern, es beugte sich zu mir herab wie die andern. Aber dann war da eine Zusammensetzung von Geräusch, Bewegung und Sprechen, die, mit diesem Wesen verbunden, sich als erste feste Form aus der Gallertschicht der frühesten Erinnerung abhebt. Da war also der Raum, der Tisch, und auf meinem Tisch standen viele kleine blecherne Schüsseln, Schalen, Teller, Hefen, die ich hin und herschob bis zu den bunten Kugeln hin und wieder zurück. Es war eine mühselig ernste Beschäftigung, denn man verstand es ja noch nicht, Entfernungen zu bemessen, die

*228 H. Bürkner: Kindermöbel. 1868*

Länge der eigenen Arme einzuschätzen und die Finger richtig zu bewegen, um die Gegenstände damit sicher festzuhalten. Als ich das immer wieder ausprobierte, kam einmal das Wesen und kniete sich neben meinen Tisch, so daß es nur mehr ein halber Riese war, und es wurde immer kleiner und niedriger, so oft es sich bücken mußte, um die Blechgeschirre aufzuheben, die ich, eins nach dem andern, auf den Boden warf.«
(Herdan-Zuckmayer, S. 10)
Es kamen eine Menge kleiner Möbel auf, *Tischchen und Stühlchen,* an denen die Kleinen spielten und aßen und die ihnen ein Gefühl der eigenen Identität vermittelten – Möbelchen übrigens, die auch zu anderen Spielzwecken benutzt werden konnten. Selma Lagerlöf (1858-1940) hat in ihren Jugenderinnerungen die psychologische Funktion solcher Kindermöbel festgehalten:
»Was die Kinder damals als ihren höchsten Schatz betrachteten, das waren drei kleine Holzstühlchen. Sie waren ein Geschenk von dem prächtigen alten Schreiner in Askersby. Die Stühlchen waren stark und dau-

*229 L. E. Grimm: Kniender Knabe am Frühstückstisch. Um 1820*

*230 G. A. Köttgen: Kinder beim Puppenspiel. 1840*

erhaft. Man konnte sie als Tisch und als Schlitten verwenden; die Kinder konnten damit in der ganzen Stube herumreiten, sie konnten hinaufsteigen und wieder herunterspringen, oder sie konnten sie hinlegen und Hof und Stall vorstellen lassen, kurz, es gab überhaupt nichts, wozu diese Stühlchen nicht zu gebrauchen gewesen wären.

Aber warum die Kinder einen so ungeheuren Wert auf die Stühlchen legten, das verstand man erst, wenn man sie umdrehte. Da sah man, daß auf der Unterseite eines jeden Stühlchens eines der Kinder gemalt war. Auf dem einen sah man Johann, einen blaugekleideten Jungen mit einer ungeheuren Peitsche in der Hand; auf dem andern konnte man Anna sehn, ein süßes kleines Mädchen im roten Kleidchen und gelben Schäferhut, das an einem Blumenstrauß roch, und auf dem dritten erblickte man Selma, ein kleines Wackelpeterchen mit blauem Kleidchen und gestreiftem Schürzchen, mit nichts auf dem Kopf und nichts in der Hand. Diese Bilder waren da hingemalt worden, um zu bezeichnen, wem jedes Stühlchen gehörte, und deshalb betrachteten die Kinder sie auch in ganz anderer Weise als ihr Eigentum als ihre Kleider und anderes, was sie von ihren Eltern bekommen hatten. Die Kleider, ach, die wanderten von einem zum andern, das erfuhren sie ja selbst alle Tage, und ihre feinen Spielsachen, die wurden entweder eingeschlossen oder auf die Eckbrettchen in der guten Stube gestellt; sie aber der Stühlchen zu berauben, die durch die Bilder bezeichnet waren, nein, das würde nie und nimmer irgend jemand einfallen.« (Lagerlöf, S. 12 f.)

Für die Erwachsenen war wohl eine der wichtigsten Funktionen dieser Kindermöbel die Bewältigung des Eßproblems.

»In der Kinderstube stand ein kleiner, gelbgestrichener Tisch. An dem aßen Frieda und ich zusammen, solange wir für die Mahlzeiten der Familie noch nicht zu brauchen waren. Frieda war dreieinhalb Jahre älter als ich und schon darum mir kleinem Knirps bei weitem überlegen. Unter ihrer Aufsicht und Mitwirkung mußte ich jeden Abend die redlich verhaßte Milchsuppe essen. Es war immer dieselbe, nur daß abwechselnd Mehl, Grieß oder Reis darin war. Dazu gab es ein Stück trockenes Brot.

War diese Mahlzeit mit einigen Störungen und Nachhilfen beendet, hielten manchmal unsere großen Brüder Wilhelm und Gustav den rechten Augenblick für gekommen, um ihre Schularbeiten durch einen Besuch im Kinderzimmer angenehm zu unterbrechen. Meist kamen sie freilich nur mit der Absicht, ihre teure Schwester zu necken oder ein kleines Strafgericht an ihr zu halten. Verdient hatte sie das nach ihrer Meinung immer. Ich war in ihren Augen noch ein völlig unzivilisiertes Wesen, mit dem sie sich nicht abzugeben brauchten. Damit ich mich aber nicht durch Kratzen oder Beißen einmischte, banden sie mich an der Türklinke fest. So konnte ich nur durch mörderisches Gebrüll meinen Beitrag zu dieser häuslichen Auseinandersetzung geben und dadurch schließlich die höheren Mächte zur Schlichtung des Streites herbeirufen.« (Bodelschwingh, S. 11)

War es noch ein oder zwei Generationen vorher in Kleinbürger- und Handwerkerfamilien üblich gewesen, daß die Kinder bei Tische standen, so verlangte die Etikette in Großbürger- und Adelsfamilien, daß sie sich ruhig und steif wie Puppen bei Tisch benahmen:

»Daß die Mahlzeiten im großen und ganzen sehr behaglich gewesen wären, kann ich nicht sagen. Schon die Anwesenheit der ›Jungfer‹, welche, unten am Tische sitzend, uns Kinder bediente, war etwas störend, und Vater, dessen Amt ihn so viel vom Hause fern hielt, benutzte oft diese Stunde zu unserer Erziehung. Von selber sollten wir nicht sprechen; wir wurden aber oft examiniert über Gelerntes und nicht Gelerntes, und manche gänzlich verblüffende Ohrfeige gab es auch, wenn nicht aufrecht dagesessen oder nicht regelrecht gegessen wurde. Zu letzterem rechnete man auch das Nichtessenwollen irgend eines Gemüses, und manchmal kam es vor, daß das mit Tränen Verschmähte zum ›Gouter‹ wieder gewärmt aufmarschierte.« (Schumacher, S. 186)

Dagegen stellten die Kindertischchen doch eine Befreiung dar, selbst wenn sie bei Festlichkeiten von den großen Geschwistern als *Katzentisch* verspottet wurden. Hedwig von Bismarck berichtet allerdings, daß bei einer solchen Gelegenheit die besten Speisen und besonders das Eis nur in Resten bis zum Kindertisch gelangten (S. 47). Aber daß die kleinen Möbel auch im positiven Sinne ein Abzeichen der Kindheit waren und sich in solch intimer Kindergesellschaft so etwas wie eigene Gesetze der Kindergerechtigkeit entwickeln konnten, schildert Bodelschwingh (1877-1946) für ein Festessen anläßlich kaiserlichen Besuches bei seinem Vater:

»Bald saß ich dann gewaschen und getröstet mit den Geschwistern an einem kleinen Kindertisch, der in der Ecke hinter der Tür zur Wohnstube stand. Der sonst vortrefflich gewählte Platz des Tisches hatte nur den Nachteil, daß man bloß von einem seiner vier Stühle aus wirklich in den Festraum hineinsehen konnte. Aus dieser Schwierigkeit fanden entweder die Bestimmungen der Mutter oder die Ritterlichkeit unseres ältesten Bruders Wilhelm einen Ausweg: Wir aßen diesmal im Karussell. Jeder durfte zwei oder drei Minuten auf dem bevorzugten Stuhl sitzen, um seine Neugier zu stillen. Dann drehte sich der Kreis, indem jeder einen Stuhl weiter rückte. Dabei übte Wilhelm eine strenge Kontrolle, damit nicht jemand ›mogelte‹, indem er die vorgeschriebene Zeit überschritt. Im übrigen konnten wir nur feststellen, daß der Prinz aß und trank wie ein gewöhnlicher Mensch und sich dabei auf das freundlichste mit unseren Eltern unterhielt, soweit das beim abwechselnden Blasen der Posaunenchöre und der Kapelle der 55er unten im Garten möglich war. Wir aber ließen uns am Kinderkatzentisch hinter der Tür den ›Königsreis‹ trefflich schmecken, der uns als der Höhepunkt des festlichen Mahles erschien und den nach unserer Meinung niemand so gut zubereiten konnte wie unsere Mutter.« (Bodelschwingh, S. 55)

Eine besondere Entwicklung vollzog sich für die Schlafstelle des Bürgerkindes, das *Bett*: Es entstand m. W. zum erstenmal in der Geschichte des Möbels die Form eines Kinderbetts, in das die Kinder umsiedelten, wenn ihnen die Wiege zu klein geworden, das Erwachsenenbett aber noch zu geräumig für ein Drei- oder Vierjähriges war. Das *Paidibett* (wohl vom griechischen *dem Kinde*) war erfun-

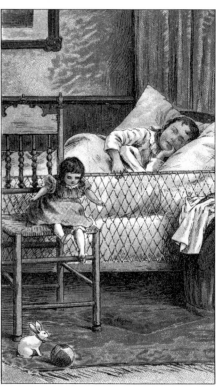

*231 Bilderbuch: Schlafendes Kind. Um 1900*

den und bedeutete ein Kinderbett mit Seitengittern, dessen Boden verstellbar war, das aber gewissermaßen ein Weilchen mitwuchs (Abb. 224).

Wie sich der Umzug vom Korbbettchen mit Betthimmel in ein solches Gitterbett für das Kleinkind ausnahm, hat T. Schumacher für etwa 1850 geschildert:

»Einige Zeit darauf stand ich mit meiner Mutter im Schlafzimmer, wo mein Bettchen mit dem grünseidenen Bogentuch, das, von einer hölzernen Eichel gehalten, zu beiden Seiten des Kopfendes herabfiel, verschwunden war. Statt dessen war eine große, lange Gitterbettlade da, von der mir gesagt wurde, daß ich, da ich nun vier Jahre alt und ein großes Mädchen sei, in ihr schlafen werde. ›Wo ist aber mein Guckenhäusele?‹ fragte ich ängstlich und sah mir die vorhanglose Neuerung mit großem Mißtrauen an, während meine Augen sich mit Tränen füllten. ›Bogentücher‹ und ›Guckenhäusele‹ haben bloß ganz kleine Kinder, versuchte meine Mutter mich zu beschwichtigen, aber es gelang ihr nur für den Augenblick. Als ich abends mich in dem Bett ohne

232 J. M. Voltz: Kinderschlafstube um 1825
233 O. Pletsch: Die Kinderstube. Um 1900

die gewohnten, mich einhüllenden Vorhänge schlafen legen sollte, da wollte ich nicht und verlangte weinend nach dem alten Bettlädchen. Als man aber fest blieb und mir nicht willfahrte, da überkam mich ein wilder Jammer. Wo war mein kleines, enges, grünschimmerndes, so unendlich behagliches Häuschen über meinem Kopf, die Falten, aus denen ich herausschauen und ›Kuckuck‹ machen konnte, wenn ich wollte, die mich verhüllten, wenn die Sonne schien oder die Stehlampe brannte? Wo war das sanfte Geknister der Seide, der feine Lavendelduft? Jetzt mußte mit den dunklen Ecken der großen Schlafstube gerechnet werden, mit dem Ofen, der so rot strahlte, mit den langen weißen Handtüchern, die herumhingen, und mit all dem andern Ungewohnten! Ich kam mir trotz der beschwichtigenden Nähe der Mutter vollständig schutzlos vor. Die Wegnahme meines Guckhäuschens war der erste berechtigte, bewußte Schmerz in meinem Leben!« (Schumacher, S. 176)

Die tiefe Bedeutung des Kinderbettchens für die Psyche der Kleinen geht aus solchen Kindererinnerungen hervor. »Aus der Wiege bin ich in ein Gitterbettchen übergesiedelt«, schreibt Bodelschwingh, »das steht dicht neben meiner Mutter Bett. Beide umschließt nach zwei Seiten hin ein mit grünem Tuch bespannter Schirm. So sind wir wie in einem kleinen Häuschen ganz für uns allein.« (S. 9)

Das Ausziehen aus dem Gitterbettchen war gleichbedeutend mit dem Ende der ersten Kindheit und fand meist bei Schulbeginn statt. Zuweilen versuchte die Mutter eine kunstvolle Verlängerung dieser Zeit der Geborgenheit:

»Jedenfalls zeigte sich bald nach der Rückkehr von der Reise die betrübliche Tatsache, daß das Gitterbettchen für mich nicht mehr ausreiche. Die Beine waren zu lang geworden. Ich mußte nachts krumm liegen wie ein Flitzbogen. Die Eltern überlegten, wie Hilfe zu schaffen sei. Für ein größeres Bett fehlte an der bisherigen Stelle der Platz. So schien nichts anderes übrigzubleiben, als daß ich ausquartiert wurde. Vater sagte: ›Der Junge muß in der Kinderstube schlafen oder bei den großen Brüdern.‹ Mutter meinte: ›Er ist doch noch so klein, und er ist der Jüngste, ich möchte ihn gern noch etwas bei mir behalten!‹ So ließ sie eines Tages unseren Tischlermeister kommen und hielt mit ihm eine vertrauliche Beratung ab. Sie überlegten hin und her und nahmen mir und dem Bette das Maß. Dann verschwand es für einige Tage. Als es wiederkam, war mit ihm eine ebenso einfache wie erfreuliche Veränderung vorgenommen. Am Fußende war das Bett unterhalb des Gitters herausgeschnitten und so eingerichtet, daß man es hinunterklappen konnte. Dann hatte es einen Fuß bekommen, auf dem es sicher lag. Mutter aber beschaffte eine längere Matratze, die wurde am Tage zusammengerollt und abends mit dem einen Ende durch das Loch am Fuße des Bettes hindurchgesteckt. Ebenso geschah es mit meinen Beinen. In dem so vorgeschuhten Bett war nun dem weiteren Wachstum keine Schranke mehr gesetzt. Ich konnte noch wenigstens zwei Jahre lang meinen schönen Platz dicht bei der Mutter behalten.« (Bodelschwingh, S. 17)

Ebenso traulich-gemütlich werden die Schlafbräuche in dem schon genannten Gutshof geschildert, wobei neben den Trallenbetten (Gitterbettchen) noch eine besondere Bett-Erfindung erscheint, die offenbar aus der Produktion des Dorfschreiners stammt:

»In der Mutter Schlafstube standen außer dem ihren fünf kleine Betten. Die drei Trallenbetten, das grüne Bett und das für das Allerkleinste, das nicht etwa wie andere Säuglinge in Korb, Wiege oder Wagen nächtigte. Das grüne Bett hatte geschlossene Holzwände, man lag darin wie in einem offenen Sarg. Es bestand aus zwei Teilen, die beliebig voneinandergezogen werden konnten, so daß mit dem Kinde zugleich das Lager sich verlängerte. Leider wuchs die Matratze nicht mit, so blieb der Gewinn am Fußende gerade nur ein hohler Raum, in dem, wenn es übersehen war, ihn zu verstopfen, sich Kühle sammelte. Jedes Kind bewohnte ein Jahr oder zwei das grüne Bett, was eine besondere Zeit der Einkehr und Besinnlichkeit wurde. Man konnte mit den Geschwistern redend oder schweigend verkehren und lebte gleichzeitig abgetrennt zwischen seinen eigenen Wänden, an denen man im Dunkeln, wenn die Mutter dagewesen war zum Gutenachtsagen, mit den roten Köpfen der Schwefelsticken feurige Nebukadnezarschrift malen konnte.« (Voigt-Diederichs, S. 46 f.)

Auch hier gab es soziale Steigerungen, und ganz feine Kinder hatten auch ganz feine Betten mit einer echten Roßhaarmatratze, was damals noch eine Ausnahme bildete.

»Das Zimmer hatte vier schmale Fenster, und unter den Fenstern waren die Möbel der großen Puppen [...] An der gegenüberliegenden Wand war mein großes weißes Bett, und hinter seinem geschwungenen, hohen Kopfende ragte, von Zinnen gekrönt, als mächtiger Wachtturm der hellblaue Kachelofen empor. Das Bett stand dicht an der Wand, so daß, wenn nachts die Angst kam, man sich mit dem Rücken an die Wand pressen und der Gefahr ins Auge sehen konnte.

*234 Kinder mit Kinderwägelchen. Um 1850*

Die Matratzen waren weich – hartes Bett und hartes Brot hatten nur arme Leute –, und wenn es das Glück wollte, kam manchmal ein Roßhaar durchs Leintuch, das ich auszupfte und dabei wünschte, ich läge auf einer Alm auf richtigem Heu.

Die Decke war hellblau mit vielen farbigen Blumen, sie war gesteppt und fast von Seide, denn auf die Daunendecken mit echter Seide mußte man warten, bis man erwachsen war. Auf der Decke lag ein leichtes, kleines Plumeau, bezogen mit feinem Batist, durch den das helle Blau des Plumeaus schimmerte. Auch des Kopfpolsters helle Bläue konnte man an den Stellen sehen, wo Spitzeneinsätze das feste Leinen des Bezugs durchbrachen.

Das Wichtigste aber in dem ganzen Bett war das kleine Polster, das auf dem großen Kopfpolster lag.« (Herdan-Zuckmayer, S. 32 f.)

Den liebenswürdigen Erinnerungen eines verwöhnten Wiener Einzelkindes seien die Memoiren einer Pariser Tochter aus gutem Hause vom Anfang unseres Jahrhunderts hinzugefügt:

»Ich hatte eine Gefährtin, meine Schwester, deren Rolle in meinem Dasein beträchtlich wurde, als ich etwa sechs Jahre alt war. Man nannte sie Poupette; sie war zweieinhalb Jahre jünger als ich. Es hieß, sie sei Papa ähnlich. Blond, mit blauen Augen, sieht sie auf Kinderphotos aus, als schwämme ihr Blick in immerwährenden Tränen. Ihre Geburt hatte damals enttäuscht, denn die ganze Familie hoffte auf einen Sohn; niemand freilich ließ sie es spüren, aber vielleicht war es doch nicht ohne Bedeutung, daß an ihrer Wiege viel geseufzt worden ist. Es wurde darauf gesehen, daß wir unbedingt gerecht behandelt wurden; wir trugen ganz gleiche Kleider, gingen fast immer zusammen aus, wir führten das gleiche Leben. Mir als der Älteren standen jedoch gewisse Vorteile zu. Ich hatte ein Zimmer, das ich zwar mit Louise teilte, und schlief in einem – kopierten – antiken Bett aus geschnitztem Holz, über dem eine Reproduktion der Himmelfahrt Mariä von Murillo hing. Für meine Schwester wurde ein Gitterbett in einem engen Korridor aufgestellt.« (Beauvoir, S. 41)

Nicht alle Kinder hatten es so gut wie eben beschrieben. In den Familien des Mittelstandes gab es selten eigene Kinderzimmer, doch wohl zumeist ein eigenes Bett für jedes Kind. Das war eine große Neuheit dieses Jahrhunderts – zumindest für die Bürger-

235 H. Zille: Arbeiterfrau mit holzbeladenem Kinderwagen. Um 1900

236 Paradekinderwagen. Um 1906

237 Kinderwagen-Spitzenangebot aus einem Musterkatalog. Um 1900

kinder. Zu Beginn des 20. Jahrhunderts wurden die Paidibetten auch industriell hergestellt, und seit 1917 existiert in Hafenlohr am Main das Paidiwerk.

Noch eine andere Neuerung brachte das 19. Jahrhundert für die Städte mit der Zunahme besseren Straßenpflasters und veränderten Vorstellungen von Gesundheit und frischer Luft: den *Kinderwagen*. Hatte man zu Anfang des Jahrhunderts höchstens die größeren Babys, ehe sie laufen lernten, in kleinen Holz- oder Korbwägelchen hinter sich hergezogen, meist ein Vergnügen der älteren Geschwister, so blieben die Kleinen zu Hause in der Wiege oder einem feinen Korbbett mit Himmel. Wohl kamen bei den besseren Leuten Stubenwagen auf, aber das Herumfahren kleinster Kinder in der frischen Luft war wiederum eine Erfindung der sportlichen Engländer (Cunnington/Buck, S. 155). Um 1880 kamen komfortable Wagen aus Korb oder lederbezogenem dünnem Holz mit vier Rädern auf (später gefedert), die ein Verdeck besaßen und in denen das Baby warm und bequem lag, schlief oder seine Umwelt besah. Das neue an dieser Kinderkutsche war, daß Mutter oder Kindermädchen sie schieben konnte und sich damit in Augenkontakt mit dem Kind befand. Es läßt sich denken, daß sich bei einem solchen zur Außen-Repräsentation geeigneten Gerät bald der größte Luxus entfaltete und die Industrie Modelle in verschiedensten Preislagen anbot. Die abgelegten Kinderwagen der feinen Leute fanden ihre zweite nützliche Funktion als Transportgeräte der Arbeiterfamilien (Abb. 235).

Zum Schluß eine exemplarische großbürgerliche Kinderstubenschilderung der Gründerzeit:

»Alle drei waren weiße, lieblichverzärtelt lispelnde, um ihre Schleifenkleidchen besorgte, offenbar unter dem Druck des mütterlichen Tadellosigkeitswahnes stehende und auf traurige Art von sich eingenommene Schattenpflänzchen und Luxus-Geschöpfchen, die ihre frühen Tage in preziösen Körbchen mit Seidengardinen verbrachten und von einer Amme, einer noch ganz im bürgerlichen Pfingstochsenstil aufgeputzten Frau aus dem Volk, in niedrigen Schubwägelchen elegantester Konstruktion auf Gummirädern in der Prinzregentenstraße spazierengefahren wurden. Später war es ein Fräulein, gelernte Kindergärtnerin, die sie betreute. Das helle Zimmer, in dem sie aufwuchsen, wo ihre Bettchen standen, und wo Ines sie besuchte, sobald die Ansprüche des Haushalts und die Sorge um ihre eigene Soigniertheit es erlaubten, war mit seinem die Wände umlaufenden Märchenfries, seinen ebenfalls märchenhaften Zwergmöbeln, dem bunten Linoleumbelag und der Welt von wohlgeordnetem Spielzeug, Teddybären, Roll-Lämmern, Hampelmännern, Käthe-Kruse-Puppen und Eisenbahnen auf den Wandborten, das Musterbild eines häuslichen Kinderparadieses, genau wie es im Buche steht.« (Th. Mann, Dr. Faustus, S. 445 ff.)

## Arbeiterkinder und Kinderarbeit

»Ich lag in der Wiege und wuchs. Ich saß im Kinderwagen und wuchs. Ich lernte laufen und wuchs. Der Kinderwagen wurde verkauft. Die Wiege erhielt eine neue Aufgabe: Sie wurde zum Wäschekorb ernannt. Mein Vater arbeitete noch immer in Lippolds Kofferfabrik. Und meine Mutter nähte noch immer Leibbinden. Von meinem Kinderbett aus, das vorsorglicherweise mit einem Holzgitter versehen war, schaute ich ihr zu. Sie nähte bis tief in die Nacht hinein. Und von dem singenden Geräusch der Nähmaschine wachte ich natürlich auf. Mir gefiel das soweit ganz gut.« (Kästner, Kleiner Junge, S. 64)

*238 Th. Hosemann: Die Schusterfamilie. 1845*

Es ist weitaus schwieriger, in einem Kapitel über Kleidung und Wohnen die Lebenswelt der Arbeiterkinder jener Epoche zu beschreiben als die der Bürgerkinder. Wer hat schon Bilder von jenen gemalt, fotografiert und dann auch noch aufgehoben? Und selten sind aus ihren Kreisen Menschen hervorgegangen, die in der Lage waren und Zeit dazu hatten, ihre Erinnerungen aufzuschreiben (vgl. Emmerich, Enzensberger, Fischer u. a. m.). So entsteht bei jedem kulturgeschichtlichen Versuch notwendig die Gefahr einer Überrepräsentation der Kinderkultur aus der Bürgerwelt. Ein paar Zahlen mögen dieses Mißverhältnis in deutliches Licht rücken:

1885 kamen im Deutschen Reich auf 47 Millionen Einwohner 7,5 Millionen Volksschüler, aber nur 238 000 Gymnasiasten. Nach Schätzungen kann man davon ausgehen, daß um die Jahrhundertwende etwa 1 Million Proletarierkinder – das war ein Achtel aller Schulkinder – arbeiten mußten. Erst das Deutsche Kinderschutzgesetz von 1903 verbot für Kinder unter 12 Jahren jedes Arbeitsverhältnis, wurde jedoch vielfach umgangen (vgl. Blömer, S. 38 f., nach Kuczynski u. a.). Es wäre also mehr als gerechtfertigt, gerade dieser Kindergruppe, die im Verlauf der Industrialisierung ständig an Zahl wuchs, erhöhte Aufmerksamkeit zu widmen. Otto Rühle (›Das proletarische Kind‹) hat in seinen Untersuchungen über die Lebensweise des Proletariats, auch des proletarischen Kindes, zahlreiche wichtige Informationen vermittelt; Kuczynski/Hoppe haben in klassischer Weise die Kinderarbeit der behandelten Epoche dokumentiert. Aber eine Sozialgeschichte des Kindes oder vielmehr der Kindheit in ihrer soziokulturellen Struktur steht noch aus; Einzelbereiche werden zunehmend kompetent untersucht (letzthin z. B. Teuteberg/Bernhard), doch ein Gesamtbild gerade einer so fluktuierenden und sich verteilenden Gruppe, wie es die Arbeiterkinder des 19. Jahrhunderts sind, entsteht nur in grauen Konturen. Über ihre Kleidung und ihr Wohnen, die oft eine Nicht-Kleidung und ein Nicht-Wohnen im Sinne von *Kindheit* waren, sei im folgenden einiges Material vorgetragen, nicht mehr als ein paar recht düstere Farbtupfer.

Soll von der *Kleidung* der Kinder des sogenannten vierten Standes die Rede sein, so muß man sich die strenge ständische Gesellschaftsordnung ins Gedächtnis rufen, die die dem 19. Jahrhundert voraufgegangenen Epochen bestimmt und sich tief in das Bewußtsein gerade der einfachen Menschen eingegraben hatte. Während die aufgeklärte Bürgerschaft einer demokratischen Emanzipation auf allen Gebieten nachstrebte, verharrte nicht nur der Adel, sondern auch der *gemeine Mann* in vieler Hinsicht in den alten Hierarchien und vollzog manche Veränderung trotz materiellen Vermögens nur aus dem Grunde nicht, weil es sich gesellschaftlich nicht *schickte*.

Carl Schurz (1829-1906) berichtet solche bezeichnenden Züge aus der Zeit seiner Kindheit in Süddeutschland:

»Freilich mußte der Standesunterschied zwischen dem Grafen und dem Pächter immer im Auge behalten werden. Mein Großvater war ein nach damaligen Begriffen ziemlich wohlhabender Mann, der sich wohl einige Bequemlichkeit hätte gestatten können. Aber ich hörte im Familienkreise nicht selten darüber sprechen, daß, wenn dieses oder jenes geschähe, es im gräflichen Hause wie eine Anmaßung erscheinen und Ärgernis erregen möchte. So durfte der *Halfen*, um damit zur Stadt, oder zu Besu-

# Arbeiterkinder und Kinderarbeit

239 Bendel: Pestalozzi und seine Schüler. 1845

240 Die Armen und die Reichen in der Schule. Simplicissimus 1899

chen, oder zu den festlichen Gelegenheiten des Landes zu fahren, sich eine zweirädrige Chaise halten, aber keinen vierrädrigen Wagen. So mochten auch die Frau und die Töchter des Halfen hübsche Mützen und Hauben tragen, mit immer so kostbaren Spitzen geziert, aber keine städtischen Damenhüte.« (S. 35)

Solche Beispiele könnten beliebig fortgesetzt werden und reichen bis in unser Jahrhundert. Noch nach dem ersten Weltkrieg fanden es manche Arbeiterfrauen nicht schicklich, Mäntel zu tragen, und blieben bei ihren karierten Umschlagtüchern. Eindrücklich hat Sartre (geb. 1905) für die Zeit um 1910 die devote Distanz zwischen Chef und Arbeitern in den Augen eines Kindes dargestellt:

»Der Sonntag war ein Lichtblick. Die Unklarheiten verflüchtigten sich, wenn Lucien mit seinem Papa auf der Straße nach Paris spazierenging. Er trug seinen hübschen Matrosenanzug, und man traf Papas Arbeiter, die Papa und Lucien grüßten. Wenn Papa näherkam, sagten sie: ›Guten Tag, Herr Fleurier‹, und auch: ›Guten Tag, kleiner Herr.‹ Lucien hatte die Arbeiter sehr gern, denn es waren Erwachsene, aber nicht wie die anderen. Erstens sagten sie ›Monsieur‹ zu ihm, und dann trugen sie Mützen und hatten große Hände mit kurzen Fingernägeln, Hände, die zu leiden schienen und aufgesprungene Haut hatten. Sie kannten ihre Verantwortung und waren ehrerbietig. Lucien hätte Vater Bouligaud nicht am Schnurrbart ziehen dürfen: Papa wäre böse geworden. Aber Vater Bouligaud nahm, wenn er mit Papa sprach, seine Mütze ab, Papa und Lucien blieben bedeckt, und Papa sprach zu ihm mit lauter Stimme, lächelnd und barsch: ›Nun, Vater Bouligaud, Sie erwarten Ihren Sohn? Wann hat er denn seinen Urlaub?‹ – ›Gegen Monatsende, Herr Fleurier, danke, Herr Fleurier!‹ Dabei sah Vater Bouligaud ganz glücklich aus [...]; wenn er Vater Bouligaud sah, fühlte er sich zärtlich und hatte Lust, gut zu sein. Als sie einmal vom Spaziergang zurückkamen, nahm Papa Lucien auf seine Knie und setzte ihm auseinander, was das sei: ein Chef. Lucien wollte wissen, wie Papa in der Fabrik zu den Arbeitern sprach, und Papa machte es ihm vor, und seine Stimme war völlig verändert. ›Werde ich auch einmal Chef?‹ fragte Lucien. ›Aber sicher, mein Männlein, dazu habe ich dich in die Welt gesetzt.‹ – ›Und wem werde ich befehlen?‹ – ›Wenn ich tot bin, wirst du der Fabrikherr und wirst meine Arbeiter kommandieren, und du wirst lernen müssen, dir Gehorsam und Liebe zu erringen.‹ – ›Und wie soll ich mir ihre Liebe erringen?‹ Papa dachte ein wenig nach und sagte dann: ›Zunächst einmal mußt du alle beim Namen nennen.‹« (Sartre, S. 22 f.) So ungebrochen stellte sich der Fabrikherr die Zukunft seines Sohnes vor.

Die Kleidungshierarchie bedeutete für die Kinder von Kleinhandwerkern und Arbeitern, daß sie im allgemeinen die Moden der Oberschicht jetzt ebensowenig mitzumachen in der Lage waren wie zuvor, obwohl man Gleichheit und Brüderlichkeit predigte.

Die Schüler Johann H. Pestalozzis (1746-1827) tragen keine kindliche Kleidung, sondern das, was gerade für sie bereitliegt. Und bei Theodor Hosemanns (1807-1875) Berliner Jungen ist ebensowenig die bürgerliche Kindermode der gehobenen Stände zu erkennen (Abb. 237, 238).

Der frühe Eintritt in die Arbeitswelt – und das galt für das ganze Jahrhundert – verkürzte die Kindheit dieser Kinder in erheblichem Maße. August Bebel begann 1853 seine Drechslerlehre mit 13 Jahren:

»Meister und Meisterin waren sehr ordentliche und angesehene Leute. Ich hatte ganze Verpflegung im Hause, das Essen war auch gut, nur nicht allzu reichlich. Meine Lehre war eine strenge und die Arbeit lang. Morgens 5 Uhr begann dieselbe und

*241 H. Zille: Schusterwerkstatt. Um 1900*

währte bis abends 7 Uhr ohne Pause. Aus der Drehbank ging es zum Essen und vom Essen in die Bank. Sobald ich morgens aufgestanden war, mußte ich der Meisterin viermal je zwei Eimer Wasser von dem fünf Minuten entfernten Brunnen holen, eine Arbeit, für die ich wöchentlich 4 Kreuzer gleich 14 Pfennig bekam. Das war das Taschengeld, das ich während der Lehrzeit besaß.« (Aus meinem Leben, S. 22 f.)

Und was damals zu den Aufgaben eines Lehrlings in Akkordarbeit gehörte, beschreibt der folgende Bericht:

»[...] ich mußte für die erwachsenen Arbeiter allerlei zum Frühstück und Vesper einholen, wofür ich natürlich meine Arbeitszeit einbüßte. Ich bekam 3 und 4 Pfennige für ein Gros Knöpfe zu löchern, und da ich von zwei Seiten einbohren mußte, ging das nicht so schnell. Wenn man die Stunde 2½ Gros machen wollte, mußte man ordentlich antreten. Dazwischen mußte ich nun Wurst, Schnaps und Käse, Priemtabak und Zigarren holen, ja sogar in die Brauerei laufen und dort den sogenannten ›Kofen‹, eine Art Jungbier – für 5 Pfg. gab es da eine ganze Gießkanne voll –, herbeischaffen. Kurz, für andere Leute war ich unterwegs, und meine Arbeit versäumte ich. Oft schalt mich deshalb auch der Werkführer aus, weil ich so gutmütig war. Eines Tages hieß es da einmal, der Fabrikinspektor käme. Ich wußte damals noch nicht, was der Beamte für eine Funktion hatte. Man sagte mir also: ›Wenn Du gefragt wirst, wie lange Du arbeitest, so sagst Du, 10 Stunden; denn jugendliche Arbeiter dürfen nicht länger beschäftigt werden.‹ Die 9 bis 11jährigen Abputzjungen mußten überhaupt schleunigst den Fabriksaal verlassen und sich durch den Garten nach Hause begeben.« (Göhre, S. 104 f.)

Die Kleinhandwerker des fortschreitenden 19. Jahrhunderts waren immer weniger in der Lage, väterlich, d. h. im Geiste der alten patriarchalischen Haushaltsführung, für die jungen Lehrlinge zu sorgen. So fragte ein

*242 Anmeldung zur Lehre. Münchner Bilderbogen des 19. Jahrhunderts*

solcher Meister einen sich bewerbenden Lehrbuben, ein Waisenkind, sorgenvoll, wer ihm denn das Gewand kaufen werde?

»Eine Weile stockte ich, dann sagte ich zögernd: ›Ich hab niemanden.‹ In dem Moment kam mir der rettende Gedanke. ›I' lern' halt vier Jahr, damit ich auch das G'wand krieg.‹ Damit war der Meister zufrieden.« (Max Winter, S. 68)

Wie weit die Ausbeutung solcher Kinder im privaten Handwerksbetrieb ging, schildert drastisch Adelheid Popp (1869-1939):

243 P. Ch. Chocarne-Moreau: Schornsteinfeger und Bäckerjunge. Um 1900

244 E. Davis: Bettlerin am Wege. 1856

»Ich war im zwölften Jahr, als meine Mutter für mich eine Lehre entdeckte. Ich sollte nun einen Beruf erlernen, von dem noch angenommen wurde, daß ein besserer Verdienst bei Fleiß und Geschicklichkeit zu erzielen sei. Natürlich konnte ich wieder, meines schulpflichtigen Alters wegen, nur zu einer Zwischenmeisterin in die Lehre kommen. Es war eine Verwandte, bei der ich nun, wieder zwölf Stunden im Tage, lernte, aus Perlen und Seidenschnüren Aufputz für Damenkonfektion herzustellen. Ich erhielt keinen fixen Lohn; meine Verwandte berechnete bei jedem neuen Artikel, wieviel man in einer Stunde machen könnte, und bezahlte dann die Stunde mit fünf Kreuzern. Hatte man größere Übung erlangt und dadurch die Möglichkeit mehr zu verdienen, so reduzierte sie den Lohn. Unaufhörlich, ohne sich auch nur eine Minute Ruhe zu gönnen, mußte man arbeiten.« (S. 13)

Von der Kleidung dieser Kinder ist nicht die Rede. Die ärmsten unter ihnen werden nicht viel anders ausgesehen haben als in den Illustrationen der Dickens-Bücher. Unter besseren Bedingungen galt als Kleiderausstattung eines 13jährigen Lehrlings etwa folgende Garderobe:

»Am 8. Mai 1884 geleitete mich meine Mutter zum Antritt der Lehrstelle nach Kassel. Die Habseligkeiten, die ich mitnahm, bestanden in dem Konfirmationsanzug, den ich auf dem Leibe trug, einem alten Arbeitsanzug, einigen Leinenhemden, zwei blauen Kitteln und zwei blauen Schürzen, einigen Paar Strümpfen, meinen Konfirmandenstiefeln und ein Paar alten Arbeitsschuhen.« (Keil, S. 28)

Bestimmte Handwerke besaßen (und besitzen bis heute) eine traditionell vorgeschriebene Berufskleidung schon für die Lehrlinge – wie die Schornsteinfeger: schwarze Drillichanzüge mit Zipfelmützen; die Bäcker: schwarzweiß karierte Pepitahosen und weiße Jacken und Mützen; die Fleischer: dunkelblau-weiß gestreifte Anzüge und Schürzen (Abb. 243).

Diese Ausstattung hatten meist die Eltern anzuschaffen. Sie verlieh den Knaben schon ein gewisses Wir-Gefühl und eine Berufsidentität, die sich gerne in Aggressionen den *anderen* gegenüber ausdrückte.

Auffallend ist die Mühe der Mütter um ein Sonntagskleid, der Versuch des Sich-Absetzens vom grauen Alltag. Hier fand am ehesten die Annäherung an das bürgerliche Ideal statt, das seinerseits durch eine zunehmende Zersplitterung immer weniger auf einen bestimmten Verhaltenstyp festzulegen war. Wenn aus der Kaiserzeit Abbildungen von Kindern der kleinen Leute überliefert sind, dann meist im Sonntagsstaat. Eine Rolle mag auch die Befolgung des Gebotes zum Kirchgang gespielt haben, denn nach wie vor blieb es ein ungeschriebenes Gesetz, daß man sich und seine Kinder für diese Gelegenheit *fein* zu machen habe. Besonders *notwendig* erschien es daher, für die Kommunion oder Konfirmation die gehörige Kleidung zu beschaffen, – hier funktionierte auch die Wohltätigkeit von oben am besten:

»Den andern Tag kam dann die Oberin Bonaventura selbst zu uns. Sie dankte sehr, daß wir für ihre armen Kinder etwas tun wollten. Sie sagte, daß sie schon die weißen Kleider zur Kommunion hätten, aber daß einfache farbige Kleider zur Beichte, die sie auch Sonntags gebrauchen könnten, sehr nützlich wären.

Nach dem Frühstück gingen wir dann zu Rosenheim am Ludwigsplatz und kauften 48 Ellen eines wunderschönen rotbraunen Merinostoffes, der vier Kleider geben wird. Die kosten nur 17 Gulden 36 Kreuzer. Ich werde es aber selbst zahlen, und für mich ist es dann nicht wenig.« (Marie zu Erbach-Schönberg, S. 95 f.)

Sonst kamen bei den einfachen Leuten weiße Kleidchen gar nicht vor, auch keine weißen Wadenstrümpfe und Lackschuhe. Überhaupt spielte der Besitz von Fußbekleidung nach wie vor eine ausschlaggebende Rolle für das Selbst- und Fremdansehen der Kinder. Wie die Kleidungssorgen eines armen Wiener Waisenkindes aussahen, das gerne einen Verwandtenbesuch auf dem Dorfe gemacht hätte, erzählt Max Winter:

»Lebendiger denn je stand in diesen Jahren vor meiner Seele der Wunsch, nach Bergdorf zu fliehen. Dem aber stand eines im Wege. Ich hatte fast nichts zum Anziehen. Eine blaue Barchentjacke, eine Zeughose, ein Hemd, Wollsocken und Holzschuhe, sogenannte Holzschlappen, waren nebst einer alten Kappe das Um und Auf meiner Toilette. In diesem Aufzug nach Bergdorf zu kommen, nein, da wäre ich vor Scham vergangen. Und bessere Kleider waren für mich nicht zu bekommen. Nicht einmal Schuhe. Einmal hatte mich der Lehrer vom Turnen heimgeschickt, weil ich beim Beinschleudern mit meinem Holzpantoffel einen Kollegen verletzt hatte, aber Schuhe bekam ich keine. Ich war froh, daß es Herr Eile für diesmal dabei bewenden ließ, mir zu sagen, daß um 5 Gulden Kostgeld nichts für Schuhe übrig bleibe.« (S. 66 f.)

Die Barfüßigen waren wirklich arm. Diese Armut nahm mit der Proletarisierung der Arbeiterschaft unaufhörlich zu und ist in bewegenden Statistiken vielfach dargestellt worden:

»In neun Schulen von Kaiserslautern waren von 8214 Kindern 2784 mittelmäßig, 917 schlecht angezogen, 8 besaßen kein einziges Hemd, 220 nur ein Hemd, 345 hatten keinerlei warme Unterkleider, 438 keine Schuhe, 169 sehr schlechte Schuhe.« (Rühle, Das proletarische Kind, S. 166 f.; vgl. weiterhin Kuczynski, S. 310, u. a. m.)

Mit der Aufhebung der Sozialistengesetze (1878-1890), der Einrichtung von staatlichen Grundschulen, dem zunehmenden Straßenspiel von Kindern aus allen Schichten trat eine Begegnung von Kindern über die Klassenschranken hinweg ein, die ihnen gegenüber der vorhergehenden Generation neue Lebenserfahrungen brachte und wohl auch ihr Kleidungsverhalten beeinflußte. Für die Zeit um 1900 beschreibt Viktor Mann das Münchener Kinderleben:

»Im Äußeren glichen wir uns ja trotz verschiedener Herkunft wie die Äpfel eines Baumes. Auch die paar Familiensöhne trugen die gleichen Pumphosen, gestopften Strümpfe und zerkratzten Stiefel, vor allem aber die gleichen Sweater (sprich Swetta) mit Rollkragen, dazu dieselben kühnen Sportmützen wie die proletarischen Kameraden. Niemals wäre ich, oder der aus ähnlichen Verhältnissen stammende Hans Münzinger, in heimischer Familiengala bei den Buben auf der Straße oder im Schulzimmer erschienen. Der Umstand, daß mancher der Ärmeren einen Anzug trug, der aus einem Herrschaftshaus stammte, machte die Schar noch uniformer.« (S. 108)

Aus dem Wien der gleichen Zeit berichtet ein kleines Herrschaftskind von der sehr harten Begegnung mit

245 Familienbild: Arbeiterfamilie. Um 1900
246 Wäscherin mit Kind. Um 1848

einer Armen, die in ihrer Schule einen Freiplatz hatte und auffiel, »weil ihr Mantel nicht zu unsern Mänteln paßt, und unter den Kleidern hat sie Barchentwäsche, die ist färbig«.

»Die Anna ist dort gestanden, wo ihr Mantel hängt, und hat was gegessen. Die Henriette ist auf und ab gegangen zwischen uns, und plötzlich ist sie stehengeblieben vor der Anna. Zuerst hat sie nichts gesagt und hat nur immer auf die Strümpfe von der Anna geschaut, die sind noch viel dicker

247 Volksschulklasse. 1895
248 H. Zille: Kinder aus Berlin W und aus Berlin N.

brauch deine Handschuhe nicht.‹ Sie hat noch nie geschrien, und ihre Augen waren ganz glühend, und wir haben uns gefürchtet vor ihr. Aber die Henriette hat sich nicht gefürchtet vor ihr, die ist auf ihrem Platz stehengeblieben, hat den Wollknäuel auf dem Boden angeschaut und gesagt: ›Ich habe nicht gewußt, daß eine Wäscherin genug Geld hat für anständige Wollhandschuhe.‹«

Diese erschütternde Geschichte von der bewußten provozierenden Beschämung eines armen Kindes, die dem erzählenden Herrschaftskind unauslöschlich im Gedächtnis blieb (Herdan-Zuckmayer, S. 88), schließt mit der Wiedergabe einer bezeichnenden Bemerkung des Dienstmädchens, daß die Anna, das Freiplatzkind, sich so nicht hätte benehmen dürfen, »das gehört sich nicht für eine Arme«. Und das hat wieder etwas mit jenem erstarrten und devoten Standesbewußtsein zu tun, von dem schon zu Beginn dieses Kapitels die Rede war.

In seiner Gegenüberstellung der Kinder aus Berlin-W und Berlin-N (Abb. 248) hat Heinrich Zille (1858 bis 1929) die Unterschiede deutlich gekennzeichnet: den gut frisierten, weiß und kurz gekleideten Bürgerkindern bewegen sich die Proleten, z. T. barfuß und in zu großen und zu langen tristen Gewändern, entgegen. Die bürgerliche Modegesinnung hatte kurze Röcke und Hosen zum Zeichen der Kindheit erhoben und steckte ihre Knaben bis zu 16/17 Jahren in kurze Hosen. Die Jugendbewegung veränderte solch Kleidungsverhalten zu einem sportlichen Merkmal für abgehärtete Jugendlichkeit und übernahm die kurzen Hosen in ihre Kleidungsnorm; von hier aus erreichte sie auch die Arbeiterjugend. Ludwig Turek (geb. 1898) erzählt, wie er bei einem Treffen der proletarischen Arbeiterjugend mit einer sozialdemokratischen Jugendgruppe »zum ersten mal kurze Hosen, Kochgeschirre, Klampfen« sah.

wie meine, die müssen noch viel mehr kratzen wie meine, und viel mehr Löcher sind drin, viel schöner gestopft, als die Burgi stopft. Dann hat die Henriette ein Paar Handschuhe aus ihrer Schürzentasche gezogen und der Anna hingehalten und gesagt: ›Hier sind meine alten Wollhandschuhe, ich brauch sie nicht mehr, ich habe Pelzhandschuhe von meinem Vater bekommen.‹ Da hat die Anna die Handschuhe gepackt und dann ... und dann ... Ich hielt mir vor Schrecken die Hände vor den Mund. ›Was war?‹ sagte Luise. ›Die Anna hat die Handschuh gepackt, und dann hat sie in alle Finger von den Handschuhen hineingebissen und alle Maschen hat sie aufgerissen, bis garnichts mehr da war – nur lauter Wolle. Die Wollen hat sie zusammengewickelt, so geschwind, daß man gar nicht hat hinschauen können, dann hat sie den Knäuel genommen und der Henriette ins Gesicht geworfen, und dazu hat sie geschrien: ›Ich

»Bei den nächsten Abenden gärte es gewaltig, aber unser Jugendleiter zeigte sich konservativ, und als ich am anderen Sonntag mit abgeschnittenen Hosen erschien, wurde ich von ihm zurückgewiesen mit der Begründung, die Arbeiterjugend sei doch kein Maskenball. Meine dicksten Freunde nahmen Partei für mich, und infolge der rasch an Zahl wachsenden abgeschnittenen Hosen demissionierte der alte Genosse, wahrscheinlich in der Meinung, daß die Ortsgruppe nicht ohne ihn bestehen könne.« (S. 39 f.)

War in der bürgerlichen Gesellschaft die kurze Hose der Knaben ein Zeichen der Kindheit, doch auch der verlängerten Abhängigkeit vom Elternhaus, so geriet sie durch die Jugendbewegung gerade im Gegenteil zum Symbol jugendlicher Unabhängigkeit von der gesamten Erwachsenenwelt. Die kurze Hose als standeseigenes Kleidungsstück der bürgerlichen Kinder um die Jahrhundertwende hatte also für die Jungen der Jugendbewegung einen Funktionswandel mitgemacht und war auf diesem Wege in das Kleidungsrepertoire der Arbeiterjugend gelangt, – eine paradoxe Entwicklung: sollten sich doch die kurzbehosten Bürgerknaben nach dem Wunsch ihrer Eltern gerade von dieser sozialen Gruppe abheben.

Ebenso unbestimmt wie die Frage nach der Kleidung von Arbeiterkindern läßt sich die nach ihren *Wohnverhältnissen* beantworten. Vor dem ersten Weltkrieg wurde bei einer größeren Schulkinderbefragung in Berlin festgestellt, daß
33,0 % in einem eigenen Bett schliefen,
63,5 % zu zweien im Bett,
3,4 % zu dreien im Bett,
0,1 % zu vieren im Bett.
Von 200 befragten Kindern schliefen 40 % allein und 60 % mit 1-4 Personen, und zwar:
5 Knaben mit der Mutter,

249 O. Dix: Streichholzhändler. 1926

2 Mädchen mit dem Vater,
11 Knaben mit der Schwester und umgekehrt,
17 Mädchen mit den Müttern,
8 Knaben mit den Vätern,
29 Mädchen mit den Schwestern,
35 Knaben mit den Brüdern,
2 Kinder mit den Großmüttern,
1 Kind mit 3 Brüdern und 1 Schwester.
(Rühle, Kultur- und Sittengeschichte, Bd. 1, S. 158 u. 391)

Das mögen vage Statistiken sein, die aber an Relevanz gewinnen, wenn noch heute in Sozialberichten von einer Großzahl von Kindern ohne eigenes Bett gesprochen wird.

Der Präsident des Deutschen Kinderschutzbundes schrieb 1975 in einem Brief an die Presse, daß schon die Definition *ohne eigenes Bett* nicht einmal bei Stichprobenuntersuchungen gewahrt worden ist und zwischen 800 000 und 1 000 000 schwanke (vgl. Bleul, S. 61). Es stehen also bis heute keine wissenschaftlich relevanten Daten zu dem Thema zur Verfügung; eine Auffüllung mit konkreten Lebensberichten scheint daher sinnvoller als ein Datenwerk.

250 F. H. Man: Weberstube in Schlesien. 1930

Im Gegenüber zu dem Abschnitt über die bürgerliche Kinderstube das Wohnen der Arbeiterkinder darzustellen, ist eine makabre Aufgabe, denn es entspricht insgesamt diesem trüben Kapitel der Sozialgeschichte.

Das Wachstum der deutschen Städte infolge der Zuwanderung vom Lande in die neuen industriellen Standorte führte dazu, daß bereits um die Jahrhundertmitte Großstädte wie Hamburg und Breslau mit mehr als 100 000 Einwohnern entstanden waren; Berlin als preußische Residenz hatte zu diesem Zeitpunkt seine Anfang des Jahrhunderts erreichte 200 000-Zahl bereits verdoppelt. Diesem enormen Bevölkerungswachstum war die Bautätigkeit der Städte nicht gewachsen. Das Zur-Miete-Wohnen, das Vermieten von Wohnraum hatte noch keine Form angenommen, und der übergroße Bedarf führte schnell zu katastrophalen Verhältnissen.

Für den Anfang des Jahrhunderts gibt es eine sozialempirische Quelle über die Arbeiterwohnungsfrage von hervorragender Qualität: Bettina von Arnims (1785-1859) anklägerisches

*251 G. Doré: Handel mit Schuhen im Londoner Armenviertel. 1876*

Werk: ›Dies Buch gehört dem König!‹, das sie 1843 erstmals veröffentlichte. Es enthält eine beträchtliche Reihe dokumentarischer Berichte aus dem sog. *Voigtlande*, einem Viertel vor dem Hamburger Tor, wo in 7 *Familienhäusern* 2500 Menschen in 400 Gemächern hausten (nach Blömer, S. 51). Das war bereits die Vorform der berüchtigten Mietskasernen, und Bettina von Arnim hat sehr gründlich eruiert, wie die Arbeiter, Heimarbeiter und Manufakturisten mit ihren Familien dort hausten. Von den Haushaltsbeschreibungen der Bettina, die eine neue sozialgeschichtliche Bearbeitung verdienten statt der bisherigen literarhistorischen, seien zwei Beispiele ausgewählt, die speziell die Wohnverhältnisse und die Situation von Kindern schildern:

»92 b, Stube Nr. 8 (Kellerwohnung). Glaser Weidenhammer war nicht zu Haus; die Frau kochte eine Suppe für das Kleine in der Wiege. Es war Sonntag, aber die Stube nicht aufgeräumt. Das Bett sah schmutzig aus. Diesem gegenüber lag ein Bund frisches Stroh. Über diesem hing eine Schreibtafel, auf welcher die Worte ›Trink und eß‹ fleißig kopiert waren. Neben derselben hing ein geflochtener Strick, der anstatt einer Rute für den elfjährigen Karl gebraucht wird. Unter dem Spiegel, in Goldrahmen gefaßt, hängt der letzte Wille von Friedrich Wilhelm III. Ich wollte mich mit der Frau in ein Gespräch einlassen; allein sie hört und sieht wenig und scheint ganz einfältig zu sein. Sie holte den Mann. Der war in einer benachbarten Stube, wo sich jeden Sonntag eine kleine Spielgesellschaft bilde. Um Geld werde nicht gespielt; zuweilen gebe jeder einen Dreier, damit Branntwein oder Bier geholt werden könne. Weidenhammer ist in seinen besten Jahren. In der Woche geht er mit seinem Glaskasten von Haus zu Haus und sucht Arbeit. In der dritten Woche des März habe er nur zwei Glastafeln verarbeitet und an denselben fünf Silbergroschen verdient; es könne sich auch zutragen, daß er an einem Tage einen halben Taler erwerbe. Seine Einnahmen lassen sich nicht leicht bestimmen; doch sind sie im ganzen so gering, daß es die ganze Familie beim Tische fühlt, wenn dem Vater eine Fensterscheibe gesprungen ist. Ich glaube auch annehmen zu dürfen, daß ein herumziehender Handwerker zuweilen einen Groschen im Wirtshause zurücklasse. W. wies nach, wie er auf das Scheibeneinsetzen notwendig beschränkt sei: Es fehle ihm an einer Werkstatt und an Kredit; wenn ein gutes Stück Arbeit ausgeschrieben werde, so dürfe er sich in seinem zerlumpten Rock nicht als Meister melden. – Die Frau verdient in einer Papierfabrik wöchentlich einen Taler, wird aber sehr oft durch Kopfkrampf an der Arbeit verhindert. Sind Vater und Mutter fort, so muß Karl bei dem kleinen Kinde bleiben. Der Knabe besucht keine Schule, wird aber vom Vater fleißig unterrichtet. Bevor dieser des Morgens ausgeht, stellt er die Aufgabe; ist diese am Abend nicht gelöst, so wird Karl mit dem Stricke ausgepeitscht. Der Knabe liest und schreibt ordentlich und ist im Rechnen bis zur Subtraktion gekommen. Der Vater versicherte mich, daß derselbe in der Armenschule, wo man die Kinder stundenlang müßig lasse, nicht so weit gekommen sein würde.

W. ist sehr arm, in diesem Augenblicke fünf Taler Miete schuldig. Er zeigt sich unzufrieden mit der Armendirektion. In höchst dringenden Fällen speisen sie die Bittenden mit zwei Talern ab. Auf den Präsidenten der Armenkommission, Herrn Stadtrat D., könne man sich besser verlassen. Der Glaser meint, wenn man ihm nur für einen Tag genug Arbeit ins Haus brächte, so wollte er alles, was er von der Armendirektion empfangen habe, mitsamt den Zinsen zurückerstatten.« (B. von Arnim, S. 236 f.)

»92 a, Stube Nr. 35. Tischler Krellenberg. – Ich mußte einigemal anklopfen, bis die Stube aufgeschlossen wurde. Die Frau entschuldigte sich damit, daß sie ihre dürftige Lage vor den Leuten im Hause geheimhalten möchte. Es ist leider jetzt so, daß sich die Armen, anstatt der Reichen, der Armut schämen. Die außergewöhnliche Reinlichkeit überraschte mich angenehm: Der Fußboden war frisch gescheuert, das Küchengeschirr blank, die hellen Fenster machten das Zimmer freundlich. – In der Wiege lag ein Kind von zwei Jahren, an der Gehirnentzündung krank. Die Mutter pflegte es mit der größten Zärtlichkeit. Ich zog sie nicht gerne ab von ihrem Geschäfte, mußte es aber doch, weil Krellenberg nicht zu Hause war. Ich erfuhr, daß dieser von 1822 bis 1841 als Tischlergeselle bei einem Meister gearbeitet habe, und sah aus dem schriftlichen Zeugnis, daß er wegen Mangel an Arbeit entlassen werden mußte. Seit zwei Jahren wohnt er im Familienhause. Tischlerarbeit kam ihm wenig zu. Überdies sieht er nicht mehr gut, so daß er keine feinen Arbeiten annehmen kann. Seit acht Tagen arbeitet er im Taglohn als Farbenreiber. Diese Arbeit strengt ihn sehr an, denn er ist schon vierundfünfzig Jahr alt und durch Alter und Mangel geschwächt. Im letzten Winter kam er wegen Mangel an Verdienst so weit ökonomisch zurück, daß er Kleider, Betten und Werkzeug verkaufen mußte. Es stehen drei Bettgestelle im Zimmer; in allen ist nichts als Stroh, beim einen nicht einmal mit einem Tuche bedeckt. Von acht Kindern leben sieben. Eine achtzehnjährige Tochter und ein dreizehnjähriger Knabe lagen achtzehn Wochen krank am Nervenfieber. Ein siebenzehnjähriger Sohn lernt das Tischlerhandwerk. Gestern hat er dem Vater fünfzehn Silbergroschen geschickt, die er aus Trinkgeldern zusammengespart hatte, um auf Ostern eine neue Weste zu kaufen. Vier Kinder von vier bis zehn Jahren besuchen die Schule. Alle sehen gescheit und hübsch aus und sind ordentlich gekleidet. Die Mutter hat bis auf einen Rock alles zur Bekleidung der Kinder hergegeben. – Wei-

*252 Behelfsbett für das Kleinkind. Um 1900*

nend sagt mir diese, wie oft die Kleinen umsonst nach Brot rufen und daß der Vater diesen Morgen hungrig an die schwere Arbeit gegangen sei; der Hauswirt wolle bezahlt sein; so oft sie am Komptoir des Verwalters vorbei zum Brunnen gehe, werde sie an die vier Taler Miete erinnert; jeden Tag könne man die ganze Familie aus dem Hause werfen. – K. habe sich zweimal um Unterstützung beworben bei der Armendirektion und zur Stunde noch nichts empfangen als die Armensuppe, die oft für die ganze Familie das einzige Nahrungsmittel gewesen sei.« (Ebd., S. 244 f.)

In diesen schonungslosen Darstellungen sieht man das proletarische Wohnungselend der zweiten Jahrhunderthälfte in seiner Ausweglosigkeit angelegt.

Das System der Mietskasernen, die nach dem Prinzip des Wohnungswuchers 1870-1880 errichtet wurden, mit mindestens 3-4 Hinterhöfen, bedeutete – besonders in Berlin – eine Zusammenballung vieler Personen auf engstem Raum, wobei die Statistik der Raumbelegung noch wenig aussagt (vgl. Blömer, S. 102 ff.). Über die Einrichtung in den Mietskasernen der sächsischen Industriestadt Chemnitz wird berichtet:

»Meist bestand die Wohnung aus einer zweifenstrigen Stube und einer einfenstrigen Kammer bzw. einer Stube und zwei Kammern. Küchen waren in den Arbeiterwohnungen kaum vorhanden; man konnte es sich gar nicht leisten, 2 Zimmer zu heizen. Die kleinsten Wohnungen besaßen die Proletarier mit dem geringsten Verdienst oder mit großer Kinderzahl. Die Stubeneinrichtung war dürftig; in der Regel bestand sie aus Tisch, Sofa, Kommode, Spiegel, Stühlen sowie einigen Bildern. Die Kammer war fast völlig durch Bettstellen belegt; in ihr befanden sich sowohl die Eßvorräte wie auch alle anderen zum Haushalt benötigten Dinge – ein eigenes Bett besaßen die Familienmitglieder kaum.« (Hofmann, S. 65 ff.)

Leidenschaftlich hat 1899 der Journalist Kurella in der ›Neuen Deutschen Rundschau‹ Partei ergriffen gegen das Wohnungselend der kleinen Leute und die Mißstände der Zeit den Lesern vor Augen geführt:

»Aber wir im ganzen nördlichen und mittleren Deutschland lassen die klei-

*253 Elendswohnung in der Altstadt Hannover. 1933*
*254 Mietskaserne um 1910*

nen Leute in Dachkammern und Kellern untergehen, in Schlafgänger-Quartieren verkommen und leben unter der wucherischen Herrschaft der Stadtagrarier in Häusern ohne reine Luft, ohne Sonnenlicht, ohne Behagen, ohne die tausend Hilfsmittel der modernen Technik, deren Heizungs-, Ventilations-, Beleuchtungs-, Wasch- und Aufzugs-Mittel wir wohl in unseren Irrenanstalten und Siechenhäusern einführen, aber nicht von dem Geize und der Borniertheit der Bodenwucherer zu fordern wagen. Und von der Ästhetik der Wohnung will ich gar nicht zu reden anfangen. Bände ließen sich schreiben über den unsinnigen Aufputz der zwei oder drei Frontzimmer, über die schäbige Verwahrlosung der vier oder fünf engen Hinterzimmer, die man uns für 2000 oder 3000 Mark im Jahr als Wohnung zu bieten wagt. Warum ertragen wir diese Misere, diese Sklaverei? Ist nicht unser Unbehagen und das schreckliche Wohnungselend der Arbeiter und Handwerker auf einem Boden gewachsen? Sind denn die 930 pro Mille (in Berlin), die 910 pro Mille (in Breslau) Mieter unter den Einwohnern unserer aufblühenden Städte nur eine Hammelherde, die vor den 70 oder 90 pro Mille Einwohnern, die ein Haus besitzen, zittern müssen?

Der Mangel kleiner Wohnungen für Familien mit bescheidenem Einkommen, das Fehlen von Wohnungen, die ein Wohnen, kein Zusammengepferchtsein, gewähren, für die Schichten, die 20 bis 25% eines hohen Einkommens dafür zu opfern bereit sind, ist eine ganz paradoxe Erscheinung.« (Kurella, S. 819)

Als Muster für die proletarischen Wohnsituationen von Kindern folgen einige Beispiele, die die Statistiken mit Leben erfüllen; zunächst die Wohnungen im ganzen, die für die meist große Zahl von Familienangehörigen viel zu klein und schlecht ausgestattet waren. Um 1880 gab es 28% Wohnungen mit nur 1 Zimmer in Hamburg, 49% in Berlin, 55% in Dresden und 70% in Chemnitz (Schneider, S. 135). In diesen Wohnungen wurden oft auch noch schlecht und recht kleine Handwerksarbeiten ausgeführt.

»Eine Werkstatt mit Gesellen und Lehrlingen hatte er freilich nicht. Das einzige Zimmer der kleinen Mietswohnung diente für unsere sechsköpfige Familie daheim gleichzeitig als Wohn- und Schlafraum, als Küche und – obendrein als Werkstatt meines Vaters. Hier saß er an seinem Tisch zwischen Lappen und Flicken und pickte und pickte von früh bis spät; Mutter half.

Anderthalb Jahre ein schwerkranker Mann in der Familie! Sechs Personen in ein und demselben Zimmer, das für zwei eigentlich zu klein gewesen wäre, und dort wurde gewohnt, geschlafen, gekocht und gewaschen – und jetzt diente es auch noch als Krankenstube! ›Kinder, geht schnell zur Schule‹, sagte Mutter des Morgens zu uns, ›die Luft ist hier so dick, und Vater friert im Bett, wenn ich's Fenster aufmache.‹« (Rehbein, 1867 bis 1909, S. 14 u. 23)

»Es war ein kalter strenger Winter,

und in unsrer Kammer konnten Wind und Schnee ungehindert hinein. Wenn wir morgens die Tür öffneten, so mußten wir erst das angefrorene Eis zerhacken, um hinaus zu können, denn der Eintritt in die Kammer war direkt vom Hofe, und wir hatten nur eine einfache Glastür. Die Mutter ging um halb 6 Uhr von Hause fort, da sie um 6 Uhr zu arbeiten begann. – Ich ging eine Stunde später Arbeit suchen. ›Bitt' schön um Arbeit‹ mußte wieder unzählige Male gesagt werden. Fast den ganzen Tag war ich auf der Straße. Heizen konnten wir daheim nicht, das wäre Verschwendung gewesen, so trieb ich mich auf der Straße, in den Kirchen und am Friedhof herum. Ein Stück Brot und ein paar Kreuzer, um mir Mittag etwas kaufen zu können, bekam ich mit. Das Weinen mußte ich immer gewaltsam zurückdrängen, wenn meine Bitte um Arbeit abgewiesen wurde und ich aus dem warmen Raum wieder hinaus mußte. Wie gerne hätte ich alle Arbeit getan, um nur nicht so frieren zu müssen.« (Popp, S. 30)

Auch für die Heizung mußten meist die Kinder sorgen, und Turek erzählt anschaulich (S. 12 f.), wie er als 11jähriger dem Norddeutschen Lloyd ohne Geld die Bunkerkohle *abkaufte*.

Aus manchen Berichten spricht der verzweifelte Kampf um ein wenig Gepflegtheit und kleinbürgerliche Atmosphäre:

»Manche Leute hatten ihre Zimmer mit allerlei Krimskram geschmückt. Mein Vater war damals politisch engagiert und hat alles politisch gesehen. Aber wenn wir zu Besuch gingen, da hingen solche Stilleben in der Regel: Äpfel und 'ne Banane und so ein Korb. Sowas gab's bei uns nicht. Oder, wie soll ich Ihnen sagen, eine Madonna oder Engel, diese ganzen Sachen, die die Leute beruhigen sollten. Ich weiß es nicht [. . .] Die Arbeiterwohnungen wurden gemalt. Es

*255 C. W. Allers: Schusterwerkstatt. 1889*

gab Wanzen, mehr oder weniger. Da waren die Kammerjäger beschäftigt. Zu uns kamen viele Leute. Da haben sie auch mal Wanzen reingeschleppt, als ich Kind war. Das war eine Mordsarbeit. Wir waren voller Pickel. Da kam der Kammerjäger, und da haben wir alles auseinandernehmen müssen, und da gab's Lysol, so eine scharfe Sache, oder Karbol, und da wurde dann eingepinselt. Der ist in alle Ecken reingekrochen, der Kammerjäger.« (Blank, S. 233)

Das Bürgerkind Georg F. Knapp (1842-1926) hat sich im Gedächtnis bewahrt »die große Reinlichkeit aller dieser Leute. Samstags schleppten sie ihre Bettladen an den Kanal und seiften sie ab« (S. 53).

Am besten, wenn man so sagen darf,

256 Elendswohnung in der Altstadt Hannover. Um 1933

ging es noch den Arbeitern der rheinischen Industrie, die oft einen kleinen Kotten hatten:
»Ich bin in der Nähe von Solingen geboren. Schleifer, alles Schleifer zum größten Teil. Ganz früher hatten die ja ihren Kotten und haben auf eigene Kosten und Verdienst gearbeitet. Aber dann fast nur noch Industrie. Mein Vater war noch keine 45, da ist er auch dran gestorben: Tb, Lungenschwindsucht. Man sagt dazu auch *die Motten,* weil die Lunge ja aufgefressen worden ist. Das war das Schleifmehl, was die kaputt gemacht hat.
Wir waren zehn Kinder. Sechs gestorben. Bleiben vier. Wir haben auch in so 'nem Kotten gewohnt. Unten 'ne Küche, noch so'n Stübchen und oben zum Schlafen. Da hat aber manchmal noch ein Fremder drin gewohnt. Früher gab's ja mehr diese Schlafstellen. Ja meinen Sie, sonst hätten wir überhaupt leben können! Klar, zu essen hatten wir immer, auch 'nen kleinen Garten mit Gemüse, aber so, durch die Schlafstelle, kam auch öfter mal 'en Stück Fleisch auf den Tisch [...]
Mietskasernen und so was, das gab's ja bei uns hier nicht. Aber diese Kotten, na ja, das war ja altes Fachwerk, und das ist ziemlich morsch gewesen. Und im Herbst, dann fing das an mit der Feuchtigkeit. Solche Landkarten an den Wänden! Da frißt sich die Feuchtigkeit durch den Putz und macht so komische Muster. Als Kind, wenn ich krank war, im Bett, hab ich die immer studiert.« (Blank, S. 239 f.)
Das Vermieten von Schlafstellen, in der Gründerzeit allgemein üblich, war wohl das Schlimmste:
»In einem Falle kampierten bei einem mit Kindern reich gesegneten Ehepaar in einem Raum 7 Schlafburschen und ein Schlafmädchen. In einem anderen Falle hatte eine Frau in ihrem Wohnraum 10 Schlafburschen. 1885 war die Zahl der Schlafgänger in Berlin auf 84 687, 1890 auf 95 365 angewachsen. 56,2% der Haushaltungen hatten eine, 29,5% zwei, 10,5% drei, 2,7% vier und 1,1% fünf und mehr Schlafstellen. Zwei Drittel der Schlafleute wohnten bei einem Ehepaar, drei Viertel in Haushaltungen mit Kindern, 39% in Wohnungen mit nur einem, 51% mit zwei, 10% mit mehr Zimmern. 1895 kamen auf 1000 männliche Personen 77,2, auf ebensoviel weibliche 26 Schlafgänger.« (Rühle, Kultur- und Sittengeschichte, Bd. 1, S. 394)
Adelheid Popp erzählt von solchen Wiener Verhältnissen:
»Wir zogen zu einem alten Ehepaare in eine kleine Kammer, wo in einem Bett das Ehepaar, im andern meine Mutter und ich schliefen. Ich wurde in eine Werkstätte gegeben, wo ich Tücher häkeln lernte; bei zwölfstündiger fleißiger Arbeit verdiente ich 20 bis 25 Kreuzer im Tage. Wenn ich noch Arbeit für die Nacht nach Hause mitnahm, so wurden es einige Kreuzer mehr. Wenn ich frühmorgens um 6 Uhr in die Arbeit laufen mußte, dann schliefen andere Kinder meines Alters noch. Und wenn ich um 8 Uhr abends nach Hause eilte, dann gingen die anderen genährt und gepflegt zu Bette. Während ich gebückt bei meiner Arbeit saß und Masche an Masche reihte, spielten sie, gingen spazieren oder sie saßen in der Schule. Damals nahm ich mein Los als etwas Selbstverständliches hin, nur ein heißer Wunsch überkam mich immer wieder: nur einmal ausschlafen zu können. Schlafen wollt ich, bis ich selbst erwachte, das stellte ich mir als das Herrlichste und Schönste vor. Wenn ich dann manchmal das Glück hatte schlafen zu können, dann war es erst kein Glück, dann war Arbeitslosigkeit oder Krankheit die Veranlassung. Wie oft an kalten Wintertagen, wenn ich abends die Finger schon so erstarrt hatte, daß ich die Nadel nicht mehr führen konnte, ging ich zu Bett mit dem Bewußtsein, daß ich morgens um so früher aufstehen müsse. Da gab mir die Mutter, nachdem sie mich geweckt, einen Stuhl in das Bett, damit ich die Füße warm halten konnte, und ich häkelte weiter, wo ich abends aufgehört hatte. In späteren Jahren überkam mich oft ein Gefühl grenzenloser Erbitterung, daß ich gar nichts, so gar nichts von Kinderfreuden und Ju-

gendglück genossen hatte.« (Popp, S. 10 f.)
Und weiter berichtet sie:
»Wir mieteten ein Kabinett, das wir für uns allein hatten. Auch mein jüngerer Bruder kam wieder zu uns und brachte einen Kollegen mit, mit dem er das Bett teilte. So waren wir vier Personen in einem kleinen Raum, der nicht einmal ein Fenster hatte, sondern das Licht nur durch die Fensterscheiben erhielt, die sich in der Tür befanden. Als einmal ein bekanntes Dienstmädchen stellenlos wurde, kam sie auch zu uns, sie schlief bei meiner Mutter im Bett, und ich mußte zu ihren Füßen liegen und meine eigenen Füße auf einen angeschobenen Stuhl lehnen.« (Ebd., S. 36)
Wer Bettstellen und Federbetten besaß, war zu beneiden, denn er konnte Schlafmieter aufnehmen:
»So blieb nichts übrig: wir mußten wieder mehr Aftermieter nehmen, sollte es einigermaßen erträglich sein, 5-6 mußten es sein, sonst war es gar nichts. Ein Glück nur, daß meine Mutter einer Familie entstammte, wo es nicht an Betten fehlte. Wir haben an die 12 Betten gehabt, wenn ich nicht irre. Das wußten wir aber nicht zu schätzen. Heute, wo ich 6 Kinder habe und erst seit kurzem 3 Betten, in denen also eine achtköpfige Familie schlafen muß – heute denke ich manchesmal: Hätte doch Dein Vater mehr auf die Betten gehalten, dann könntest Du leicht noch etwas haben.« (Göhre, S. 119)
Abgesehen von der sittlichen Verwahrlosung und Krankheitsübertragung, die mit diesem Quartiergängerwesen verbunden war, raubte es der Arbeiterfamilie den letzten Rest familiärer Intimität und Geborgenheit, die mit dem Wohnen als Lebensqualität verbunden sein sollte (vgl. Eckert, S. 9 ff.).
»Mir tut jetzt immer alles so weh, denn wir haben einen Untermieter, und da schlaf ich mit der Mutter und

*257 Kinderarbeit in einer optischen Fabrik. Um 1870*

der Gretl und dem Hansi in einem Bett. Da wird man immer gestoßen und kann sich nicht ausstrecken.« (Hetzer, S. 94)
Es bleibt nach alledem zu fragen, was denn die Arbeiterkinder aus solcher Kindheit mit in ihr Leben nahmen. Rühle hat in seinem Buch vom proletarischen Kind die absolute Heimatlosigkeit solcher Kinder betont (S. 132), die Gesichtslosigkeit der Mietskasernen und Fremdheit der Hinterhöfe, auswechselbare Wohnumwandungen, in denen nicht einmal das Bett das Gefühl von etwas eigenem vermittelte, wie es in der bürgerlichen Kinderstube so nachdrücklich der Fall war. Rühle hat die Forderungen des ›Deutschen Vereins für öffentliche Gesundheitspflege‹ nach 5 cbm Luftraum für jedes Kind unter 10 Jahren der niederschmetternden Wirklichkeit klar gegenübergestellt (ebd., S. 136).
Darüber hinaus bleibt zu reflektieren, was z. B. die statistischen Angaben über das Schlafen mehrerer Personen, besonders Kinder, in einem Bett tatsächlich bedeutete. Zwei Berichte Jugendlicher, d. h. 13-15jähriger Lehrbuben, über die Schlafgelegenheit, die ihnen ihre (erziehungsberechtigten) Meister boten, mögen diesen Abschnitt beschließen.
»Eins muß ich hier noch schildern: Unser Nachtlager. Es bestand aus einem vielleicht schon ein Jahrzehnt nicht frisch gefüllten Strohsack, einigen Strohpolstern und einigem alten Gelump zum Zudecken: Nicht Decken, sondern alten Kleidern, Mänteln, Unterröcken. Auf dem Strohsack lagen wir alle drei in der Kälte des ungeheizten Vorzimmers, und um wenigstens die Kopfstelle etwas höher zu haben, schob ich mir lange einen hölzernen Stiefelknecht unter. Unter Tags war dieses unser Bett in einem Kasten versperrt. Nie wurde es gelüftet, nie das Stroh durchgeschüttelt, nie erneuert. So war denn dieser Strohsack ein Flohsack, und wären wir nicht gar so müde gewesen, bis die Schlafenszeit kam, wir wären nie zur Ruhe gekommen.« (M. Winter, S. 65)
»Ein übler Schattenpunkt im Gesamtbild meiner Lehrlingsverhältnisse war nur der Schlafraum, der den Gesellen und Lehrlingen gemeinsam zur Verfügung stand. Er lag im zweiten Stock des dreieinhalbstöckigen Hauses in einer Küche, die aber als solche nicht gebraucht wurde, im Dunkel eines ganz engen Lichthofs, der von drei aneinanderstoßenden hohen Häusern gebildet wurde. Kein Sonnenstrahl konnte je durch das einzige Fenster dringen, keine Luftbewegung war in dem etwa zehn

258 L. Hine: Kinderarbeit in einer Spinnerei. Um 1900

Quadratmeter messenden Loch von ansehnlicher Tiefe möglich. Zu ebener Erde befand sich in der Bodenfläche des Lichthofs eine Grube, in der der Kehricht und Küchenabfall gesammelt wurden. Nur alle sechs Wochen hatten wir Lehrjungen die Grube zu leeren. In der Zwischenzeit erfüllten die Dünste aus der Grube den Luftraum des engen Schachts und drangen durch das Fenster zu uns herein. Außerdem war in diesem Hof die Abortgrube, und ein die ganzen dreieinhalb Stockwerke emporsteigender Abortschlauch mit Zuleitung von jedem Stock führte wieder in unsere Schlafküche, wo ein Abort durch Verschlag abgesondert war, in dem wir unsere Bedürfnisse verrichteten und auch der Meister in dringenden Fällen nachts zu uns herübereilte und uns mit seinen Geräuschen und Düften beehrte.

Dieser kleine Raum war zuerst mit drei, später mit zwei Betten und einem Kleiderkasten so vollkommen ausgefüllt, daß für unsere kleinen Kistchen oder Köfferchen kaum noch ein Plätzchen blieb. Hinzu kam noch, daß ich das Bett anfangs mit einem jungen Gesellen, später mit dem zweiten Lehrling teilen mußte, und daß der Lehrling, der in meinem letzten Lehrjahr neben mir lag, ein regelmäßiger Bettnässer war. Ein Wunder ist's fast zu nennen, daß ich nahezu vier Jahre eine Nacht wie die andere in diesem stinkenden Raum verbrachte, ohne Schaden an meiner Gesundheit zu nehmen. Es gab keine Gesundheitspolizei, keine Gewerbeinspektion, die nach solchen Dingen sah. Es gab freilich auch keinen Anzeiger. Wir ertrugen diesen Zustand mit Gleichmut, als ob es so sein müsse. Ich weiß nicht, ob meine Mutter, die ja schon bald starb, diesen Schlafraum einmal gesehen hat, mein Vater hat ihn sicher nicht gesehen, denn er besuchte mich immer nur in der Werkstatt, und ich beschwerte mich nicht. Im übrigen herrschte der Zustand seit Generationen unbeanstandet, warum hätte ich ihn nicht ertragen sollen.« (Keil, S. 30 f.)

Nach solchen Informationen scheint die Frage nach Kinderkultur und -entwicklung dieser Jugend fast zynisch. Wieviel Begabungen hier verlorengingen, wieviel Hoffnungen versiegten, läßt sich statistisch nicht beweisen. Varnhagen erzählt:

»Sehr verstohlen nur kam ich bisweilen mit einem stillen Jungen aus der Nachbarschaft zusammen, der den Tag hindurch seinen armen Eltern arbeiten half, in der Dämmerung aber sich zur Teilung meines Abendbrotes vor der Haustüre einzufinden pflegte und mir die herrlichsten Märchen von Riesen und Drachen und Prinzessinnen und einmal auch ganz umständlich den trojanischen Krieg erzählte, und da er nicht lesen konnte, so war es wunderbar, wie diese Überlieferung mündlich ihn gefunden und sich in seinem Innern befestigt hatte.« (Bd. 1, S. 51 f.)

*259 P. Klette: Bauernjunge. 1884*

*260 L. E. Grimm: 3 Kinder auf der Dorfstraße. 1814*

**Kindheit im Dorf**

Wie es durchschnittlich einem Bauernjungen des 19. Jahrhunderts im Jahreslauf erging, hat Emil Nolde (1867-1956) in seiner Lebensgeschichte niedergeschrieben, wenn aus der Altersdistanz auch manches verklärt sein mag:

»Das fröhlichste und schönste Leben am Elternhof und im Dorf begann im Sommer mit der Heuernte. Die Menschen dann alle waren belebt und vergnügt. Mit der Sense überm Nacken gingen die Knechte zur Wiese in aller Frühe, morgens um halb vier, und wir Knaben in bloßen Füßen gingen mit in dem nassen, zuweilen angereiften Gras. Das war kalt. Dann aber kam die glutrote Morgensonne, und bald dann auch kam Vater mit der warmen, dickflüssigen Mehlgrütze, darum herum wir dann uns kniend scharten, speisend alle aus dem großen dampfenden Topf, in den Butterklecks der Mitte jeweils den Löffel voll tauchend.

Wir fanden öfters in den Wiesen Hummelbienennester. In wildem Kampf bemächtigten wir uns des Honigs, bis strengstens dann befehlend der Ruf: ›Hallo, Jungs!‹ uns schleunigst heranholte. Bei schönem Wetter ging's am Nachmittag im übervollen Leiterwagen zum Harken hin. Die Knechte sangen, die Mädchen auch, die jungen Pferde sprangen, der Wagen rasselte, es war eine Freude, und auf der Wiese bald die Schober in Reihen sich reihten. Bis zum Sonnenuntergang ging die Arbeit, bis wieder fröhlich die Fahrt nach Hause kam [. . .]

Und es kam die Roggenernte, wo wir immer Weißbrot essen durften – und die letzte Garbe mit Schurz und Jacke, Halstuch und Strohhut angezogen wurde, auf dem Fuder tanzend, singend, triumphierend, längs der Dorfstraße galoppierend, heimgefahren, bis dann das herrliche Erntefest mit Harmonikamusik, mit Trunk und heiterem Tanz den Schluß bildete. Eine Stallaterne mit Öldocht beleuchtete den Raum, die Tenne.

Die Zeit dann kam mit dem Schlachten vom fetten, großen Schwein. Wir Knaben mußten selbstredend dabei sein. Wie es schrie und schrie! Meine Mutter war vorher zum Nachbarn Michelsen hinübergegangen, sie konnte nicht dabeisein.

Viel wichtiger noch als das Schwein war uns Jugend das Schlachten der gemästeten großen Kuh. Wie wir schauten! Jens Peter, der Schlachter – er drohte uns, wir fürchteten ihn –, mit seinem mächtigen Beil er die Stirn der Kuh durchschlug, so daß sie betäubt hinstürzte. Und dann schäumte das viele rote Blut; es lief in die weiße Schüssel hinein, bis die letzten Zuckungen des Tieres kamen. Angegruselt gingen wir dann unsere Wege, und bald danach spielten wir ›Kuhschlachten‹, und wir schrien fürchterlich, wenn beim ›Schweineschlachten‹ der Finger den Hals streifte.

Als ich größer wurde, mußte ich mit Eichenholz und nassem Laub das Räuchern vom ganzen Fleisch, den Speckseiten und den Schinken verrichten. Für empfindliche Augen eine böse Arbeit, sie brannten.

So wie das Räuchern auf jedem Bauernhof verrichtet wurde, so auch das Buttern, das Brotbacken und vieles mehr, was später den Handwerkern übergeben wurde.

Es kam die Einstellung. Das war ein ›Happ-hopp‹- und Hallo-Rufen! Und da standen sie dann, die langen Reihen der Kälber, der Ochsen, der Kühe, noch in ihrem rauhen, zottigen

*261 Der Birnendieb. Um 1900*

Herbstpelz. Aber sogleich wurden vom Vater die Schwänze geschoren, unten mit einer Quaste, und die langen Haare wurden säuberlich für den Verkauf in Bündel gebunden. Danach dann war es eine Pracht für Vater und uns Jungens, längs den schönen Viehreihen zu schauen, und dann kam auch Mutter, sie stolz lobend und bewundernd [...]

Mit dem Herbst ward bei uns das Dreschen in der Tenne begonnen. Schlag um Schlag standen die beiden Knechte da, Tag für Tag während Monaten, der eigentümlich vertraute dumpfe Ton der Klapp-klapp-klapp-Schläge hallend durch das ganze Haus, nur unterbrochen während der Tage, wenn das abgedroschene Korn reingemacht wurde und dann die Kornmaschine unaufhörlich brummte.

Während dieser Zeit, wo die Tage kürzer und die Abende länger wurden, wurde in der Stube der kleine Tisch zum Ofen hingerückt, wo es wärmer war, und darum herum saßen die beiden Mädchen, Wolle zupfend und kratzend, Tante Ellen und meine Mutter spinnend. Meine Mutter hatte das neueste und schönste Spinnrad. Die Knechte saßen an der Paneelwand, ihren Priem kauend, und zuweilen erzählten sie ihre merkwürdigen, märchenhaften Geschichten, und wenn gute Laune da war, wurden Lieder gesungen von Soldatendienst und Liebesschwur und Liebesleid, die Gefühle zu großer Höhe steigernd; das war aber nur selten.

[...] Wir Kinder hockten an den Winterabenden zwischen den Erwachsenen hier oder dort oder krabbelten umher. Ich hatte an der Tür eine Matte, wo ich gern lag, und so ich aufstand, legte der Hund sich hin, für uns beide zu gleicher Zeit war leider kein Platz.

[...] Mein Vater saß an diesen Winterabenden, im Halbdunkel die Pfeife rauchend, im runden Stuhl an der Schatulle. Es war eine tiefbraune Meerschaumpfeife. Oft auch hatte er mit den Schreibereien seiner Ämter zu tun, und die erledigten Papiere sowie die erledigten alten Rechnungen wurden in Streifen geschnitten und achtfach gefaltete Fidibusse daraus gemacht. Alle Stunde einmal ging es hinaus in den Stall, den Pferden ihren Häcksel gebend mit einer Handvoll Hafer darauf und zuweilen auch zwei. Um neun Uhr war die Abfütterung, und der ganze Stall der Ochsen, Kühe und Kälber wurde prüfend besichtigt. Obschon ein getreuer Knecht dies ganz gut allein hätte machen können, so doch mein Vater war jedesmal mit dabei. Es war der gedrängt vollbesetzte Stall seine große Freude. Wir Jungens mit unseren klappernden Holzschuhen trabten jedesmal mit hinterher. Ich liebte diese Winterabende mit ihrem Tun und häuslichen Glück, früh schon und auch später.

Es näherte sich das Weihnachtsfest. Meine Mutter backte in dem großen, gewölbten, glühenden Backofen ihre vielen Kuchen, mein Vater schob die Platten hinein und holte sie fertig wieder heraus. Fünfzehn Sorten Gebäck

hatte meine Mutter. Wir Kinder standen möglichst immer dabei, zuerst ein Stückchen Teig und dann zerbrochene Kuchen als Leckerbissen erhaschend.
Und dann kam das Weihnachtsfest! Die Knechte und Mädchen speisten mit in der guten Stube, es wurde gebetet, und der Tisch war festlich mit weißem Leintuch gedeckt und dem Silbergeschirr. Der große Schweinskopf, mit den Schüsseln voll Grünkohl nebenzu, stand unser erwartend. Das Essen war schwere Kost für uns Kinder, aber ein Stück Schweinsohr mit weißem Knorpelstreifen darinnen, das schmeckte doch sehr schön. Und dann kam die Reisgrütze mit dem üppigen Butterklecks in der Mitte und mit Zucker und Kaneel darüberhin; das war noch besser. Und dann der herrlich große Teller voll Kuchen zum Sattessen! Das Höchste und Schönste waren die kleinen Geschenke: der Farbenkasten, den mir das Fest einst brachte, mag ein größeres Glück mir im Leben gewesen sein.
[...] Nun ging es dem Frühjahr entgegen. Im März, beim Verstreuen der Maulwurfshügel, warfen wir Jungens Holzschuhe und Strümpfe weg und liefen barfuß galoppierend umher, so übermütig, wie Jungvieh und Füllen es sind, wenn im Frühling das Stalltor geöffnet wird.
Im Mai war die Schafschur der siebenundzwanzig bis dreißig Schafe, nachdem sie am Tage vorher gewaschen waren. Wir Jungens auch hatten unsere große, breite Schere. Wenn versehentlich diese ein Stückchen Haut mitschnitt, dann schnellte das Schaf hoch, es tat weh, und auch mir tat es weh. Aber lustig schien es uns, wenn die ganzen Lämmer dauernd blökten, ihre des Wollpelzes entledigten Mütter nicht erkennen konnten, obschon die Schafmütter mit ihrer etwas gröberen Stimme auch eifrig blökten.
Wenn es warm genug geworden war,

*262 L. E. Grimm: Kinderspiel auf der Weide. 1815*

dann entledigten wir uns der Kleidungsstücke und sprangen ins Wasser, in unsere Grünau hinein, plätschernd, tauchend, auf Binsenbündeln das Schwimmen lernend, und wir badeten und badeten viele Male täglich, bis der Abend kam.
Während der heißen Mittagsstunden, wenn die Knechte den Mittagsschlaf schliefen, mußte ich die Vorspannpferde auf dem Nordertoft während des Grasens hüten und schaute dann, wie ›Jakob Bleu‹ in der Ferne seine Schweine trieb, so nannten wir es, wenn die Wärme den Horizont zu treibenden blauen Wellenlinien verwandelte. Und mit meiner Peitsche trieb ich Jagd nach den vielen umherflatternden Kohlweißlingen, Dutzende und Hunderte dieser Schädlinge mit schnellem Peitschenhieb treffend.
[...] Als eine Ferkelmutter zwölf Ferkel geboren hatte, mußte ich in der Nacht bei ihr wachen. Halb schlafend lag ich im Stall, die Schweinefamilie neben mir. Da aber bemerkte ich, wie unter dem Stroh eine Ratte kroch. Ich leise holte mein Taschenmesser hervor. Mit der einen Hand hielt ich die Ratte fest, mit der anderen stach ich sie mittendurch. Das Tier schrie

*263 A. E. Schoelck: Großvater und Enkel*

laut, und die Schweinemutter sprang hoch, alle Ferkel beiseiteschleudernd, eine große Verwirrung anrichtend; aber es ging gut und – die Ratte war tot. –« (Nolde, S. 13 ff.)
Diese Darstellung sagt etwas aus über das gelenkte Hineinwachsen der Bauernkinder in das übliche Landleben, das sich in der Richtung, im Umkreis der Alltagsarbeiten und Festtagsfreuden, stets gleich blieb und auch in Zukunft gleich bleiben würde (Emil Nolde selbst schildert die er-

*264 E. Meyerheim: Bauernkind lernt laufen. 1858*

*265 L. Knaus: Bauernkind. Um 1900*

folgenlosen Auseinandersetzungen wegen einer künstlerischen Ausbildung mit seinem Vater, der solchen Plänen völlig verständnislos gegenüberstand – die typische Lebenssituation eines begabten Bauernkindes).

Abweichungen von dem hier vorgestellten ländlichen Jahr sind graduell, aber im System glichen sich die Erscheinungen trotz mancher regional bestimmter unterschiedlicher Färbung (vgl. die sozialgeschichtliche Übersicht S. 90 ff.). Die Differenzierungen lassen sich schärfer auf der sozialen als auf der regionalen Ebene erkennen: Das gesellschaftliche System der Dörfer war in der hier behandelten Epoche sehr ähnlich, aber innerhalb dieses Systems trafen Reich und Arm hart aufeinander, bildete der Grundbesitz die Basis der Hierarchie und Wertvorstellungen von Kindheit an. Dem entsprach die kulturelle Zeichensetzung, die bereits die frühe Kindheit auf dem Dorfe begleitete.

Im *Hätschelalter* war das kleine Volk weiterhin wie in den vorhergehenden Jahrhunderten kaum voneinander zu unterscheiden in Hemdchen und neutralen Schlupfkleidern, aber immer mit einem Häubchen auf dem Kopf. Sicher ist, daß die Kinder meist das ganze Jahr hindurch viel zu warm eingepackt waren, besonders am Kopf. Die *Fürsorge,* die sich darin ausdrückte, hatte ihren Grund auch in der Tatsache des ständigen Hin- und Herlaufens zwischen drinnen und draußen. Das ländliche Wohnen kennt nicht jene Abschließung vom Außen, wie sie sich im bürgerlichen Wohnsystem des 19. Jahrhunderts entwickelte, und die Kinder liefen frei herum, ohne daß man sie jedesmal für andere Temperaturverhältnisse hätte umkleiden wollen.

Auch sonst verfuhr man nicht immer nach Plan und Vernunft mit der Kleinkindererziehung. Was sich ein *dicker Bauer* mit seinem kleinen Enkel für Späße leisten konnte, beschreibt Carl Schurz in seinen Lebenserinnerungen:

»Ein anderes Bild steht mir ebenso lebendig vor Augen. Ein Abend im Familienzimmer, der ›Stube‹; eine Lampe mit einem grünen Schirm auf dem Tisch; ich sitze auf meines Großvaters Knie, und er gibt mir Milch aus einem Glase zu trinken; ich verlange mehr; mein Großvater läßt einen großen mit Milch gefüllten Zuber bringen und auf den Tisch stellen; dann zieht er mir mit seinen eigenen großen Händen die Kleider aus und setzt mich nackt in den Zuber, in welchem mir die Milch beinahe bis an den Mund hinaufreicht; nun sagt er mir, ich möge trinken, so viel ich wolle, er sieht zu, wie ich den Mund öffne, um die Milch hineinfließen zu lassen, und lacht aus vollem Halse, und wie ich nun, nachdem ich genug getrunken, anfange, in der Milch mit den Händen zu platschen und ihn über und über bespritze, läßt er sich auf einen Stuhl fallen und lacht immer unbändiger.« (S. 10 f.)

Die Hemdröckchen der Kleinen waren ganz allgemein ihre Kleidung in den ersten Lebensjahren – ebenso wie das Schlafen in der *Wiege* in dieser Altersphase üblich blieb. Dieses Möbel, das in den städtischen Bürgerstuben mehr und mehr durch Stubenwagen und Gitterbett ersetzt worden war, hatten die Dorfleute als Kleinkinderschlafstätte behalten, ja, es scheint, als hätte es hier im 19. Jahrhundert eine beträchtliche Entwicklung erfahren. Die Museen bewahren und die Genrebilder zeigen Wiegen großen Umfangs, in denen die Kinder durchaus bis zum Alter von drei Jahren schlafen konnten. Auch hier waren sie oft viel zu dick in Federbet-

266 *Bauernkind in der Gehschule. Um 1900*

267 *Hessische Bauernkinder. Um 1900*

ten eingepackt – mit dem Hauptziel, sich ruhig zu verhalten und die Eltern nicht allzusehr bei ihren vielfältigen Arbeitsaufgaben zu stören. Die nachfolgend geschilderte »Säuglingspflege« scheint nicht außergewöhnlich gewesen zu sein:

»Im übrigen ist von den ersten achtzehn Wochen des Kindes Unrühmliches zu melden. Ich war nach schwerer Geburt scheinbar tot zur Welt gekommen, wurde vom Arzt in einen Kübel kalten Wassers gesetzt und tüchtig beklopft, worauf ich durch tüchtiges Schreien verkündigte, daß ich meine Erdenpflichten zu übernehmen gesonnen war. Diese Versicherung soll ich dann in den nächsten Wochen, ja Monaten so andauernd und ausgiebig wiederholt haben, daß Eltern und Großmutter geradezu verzweifelten. Endlich griff mein Vater zu einem Gewaltmittel. Er jagte die jammernden Frauen hinaus, schloß hinter ihnen ab, hielt dem hartnäckigen Protestler in der Wiege eine Zornrede und warf schließlich das schreiende Bündel mit solcher Wucht in die Kissen, daß die Wiege zitterte. Vor Verblüffung hörte der Kleine mit Schreien auf, betrachtete seinen Herrn und Vater mit verwunderten Augen und war offenbar nun erst ordentlich zu diesem Planetendasein erwacht, denn er benahm sich fortan manierlich.« (Lienhard, 1865 bis 1929, S. 16 f.)

Hatte sich bis etwa 1800 ganz allgemein das Sorgebedürfnis für die Kinder hauptsächlich auf Ruhighalten und physische Sicherheit beschränkt, so lebte dieses Verhalten jetzt vornehmlich auf dem Lande weiter. Hier gab es noch die *Gehschulen* und unpädagogischen Hilfsgeräte, die in der Stadt allmählich verschwunden waren. Doch wie sollte sich eine überlastete Bauersfrau anders helfen? (Abb. 266) Sobald sich die Kinder einigermaßen sauber hielten, wurden sie in die *Tracht* gesteckt. Nun traten sie ein in das Kleidungssystem der Erwachsenen, denn die Kindertracht stimmte in Schnitt und Material mit der allgemeinen Dorftracht überein. Eine kindliche Eigengesetzlichkeit der Trachten gab es nicht. Die Jungen trugen Kniehosen und Kittel, bis die Männertrachten auf dem Lande ganz allgemein der städtischen Kleidung wichen und damit auch die Dorfjungen Kleinbürgeranzüge bekamen. Für die Mädchen dauerte die Trachtenzeit viel länger, auf hessischen Dörfern bis in die fünfziger Jahre unseres Jahrhunderts, aus denen es noch Klassenfotos mit vielen Trachtenkindern gibt. Um Einzelheiten über Kindertrachten zu erfahren (übrigens ein sehr vernachlässigtes Kapitel der Trachtenforschung), sei auf Untersuchungen von Mathilde Hain, Wolf Lücking/Hain/Nedo/ Bringemeier, Helm, Hottenroth, Kretschmer, Nienholdt, Rattelmüller, Karl Rumpf, Weber-Kellermann: Brauch–Familie–Arbeitsleben, S. 105 ff., u. a. hingewiesen. (Über hessische Kindertrachten liegen im Archiv des Marburger Universitätsinstitutes für Europäische Ethnologie Seminararbeiten vor.)

Hier soll nur etwas ausgesagt werden

Kindheit im Dorf

268  F. v. Uhde: Der Leierkastenmann. 1883

*269 Hessische Dorfschulklasse. Um 1920*

über das dörfliche Kleidungssystem, in das die Kinder mit dem Anlegen der Tracht eintraten. Die Struktur der Tracht war geprägt durch die Alters- und Geschlechtsgruppen und die Besitzhierarchie der Gemeinde. Jede Altersgruppe im Dorf kennzeichnete sich durch besondere Farben, vor allem der Röcke, und die kleinen Mädchen kamen sogleich in jene Farbzuordnung, die den Ledigen gebührte und die sie dann bis zu ihrer Verheiratung beibehielten, und das war meist Rot. Bei Schuleintritt erhielten sie z. B. im katholischen Mardorf bei Marburg ein sogenanntes *Kirchenwerk* mit breitem Samtband am Saum und einem *plüschern Motzen*. Mit der Ausstattung dieses von der Patin genähten Geschenks wurden sie auch bereits in die soziale Hierarchie des Dorfes eingeordnet. Die gesamte Gewandung der kleinen Mädchen entsprach weitgehend derjenigen der Unverheirateten. In manchen Dörfern waren an die Leibchen und unter die Röckchen sogar schon wattierte Hüftpolster eingenäht, damit die Röcke richtig *standen*.

Nur Kopfbekleidung und Frisur wurden verhältnismäßig kindlich gehalten. Nach dem ersten Weltkrieg verschwanden die ältlichen Hauben von den Kinderköpfen, und in den katholischen Dörfern bei Marburg flocht man Schläfenzöpfchen, wie sie einst die Biedermeier-Kindergesichter so niedlich umrahmt hatten. Diese Frisuren trugen die Mädchen bis zur Schulentlassung.

So reizend die alten Bilder und Fotos von Trachtenkindern anzusehen sind, so pittoresk die Verkleinerung des Erwachsenen wirken mag: die Wirklichkeit des bäuerlichen Kinderlebens war oft sehr hart. Die Kindertrachten sind ein kulturelles Zeichen für die frühe und totale Integration in die ländlichen Lebensverhältnisse. An allem Geschehen wurden sie beteiligt und besaßen sogar die jeweils stimmige Trauertracht. – Das galt ganz allgemein für das Dorfleben, denn »die Kinder wurden damals zu Besuchen und Festen überall mitgenommen, selbst zu Tanzgesellschaften, Bällen und Begräbnissen« (Passarge, S. 26). Auch ganz kleine Kinder trugen tiefe Trauer – zumindest um nahe Verwandte bis zum Großvater (Cunnington/Buck, S. 212).

Sie wurden aber auch nach wie vor so früh wie möglich zu allen Arbeitsleistungen herangezogen – je ärmer die

*270 Deutsches Trachtenkind aus Ungarn. Um 1900*

Familie war, um so intensiver. Man beurteilte die Kinder nach dem Nutzen für die Eltern und sprach mehr von den Pflichten der Kindesliebe als von der elterlichen Kinderliebe. Das entsprach übrigens auch den religiösen Vorstellungen von der Gotteskindschaft, die die patriarchalische Ordnung auf dem Lande auch in diesem Jahrhundert weiterhin lebhaft stützte.

Die Kluft zwischen Reich und Arm war tief und sichtbar aufgerissen, und das Armenhaus galt als die gefürch-

271 L. Knaus: Hessisches Leichenbegängnis im Winter. Um 1900

272 Donauschwäbische Kinder in Tracht. Um 1920

tete unterste Stufe im Dorfansehen: »In dieser Lage [als Witwe mit kleinen Kindern] brauchte die Mutter Unterstützung. Die konnte aber nur in der Heimat des Gatten werden, in Zschaiten. Die bäuerlichen Gemeinden sind nicht geneigt, etwas zu tun, wozu man sie nicht durch das Gesetz zwingen kann. Die Mutter machte der Gemeinde den Vorschlag, ihr eine geringe Summe zu geben, mit der sie eine gebrauchte Nähmaschine kaufen konnte. Darauf wollte sie in Dresden für sich und die Kinder den Unterhalt verdienen. Der Gemeindevorstand mit dem Rittergutsbesitzer lehnte das ab und zwang die Mutter, nach Zschaiten zu übersiedeln. Dort blieb ihr nichts übrig als die Gutsarbeit, die schwere und schlecht entlohnte. Zur Wohnung erhielten wir das Armenhaus, mit einer Stube zu ebener Erde und einem nach der Stiege offenen Bodenraum. Es stand ein Stück abseits vom Dorf, gleichsam um damit anzudeuten, daß die Insassen nicht gesellschaftlich gleichberechtigt mit den übrigen Dorfbewohnern waren. Das Entwürdigende darin empfanden wir Kinder erst später, oder wenn uns die Bauern- und Häuslerkinder damit beschimpften, aber die Mutter litt sehr darunter, noch lange, als wir uns schon in dem Nebenhäuschen eines Krämers eingemietet hatten. Ihr ganzes Bestreben ging darauf, dem Armenhaus zu entgehen, das sie nicht verschuldet und noch weniger verdient hatte.« (Krille, S. 3 f.)

Derselbe Verfasser schildert sehr anschaulich die grausame Ungerechtigkeit der am Besitz orientierten Dorfmoral gerade den Armenhauskindern gegenüber:

»Die Armenhauskinder waren ziemlich rechtlos. Kam es zu den bei Kindern häufigen Streitereien, wurde die Schuld uns aufgeladen; wir sollten die Sünden der ganzen Dorfjugend tragen. Die zwei Brüder klagten der Mutter einige Male die Bosheit der Bauernjungen, die ohne Grund mit Schlägen über sie hergefallen waren. ›Ich kann euch nicht helfen, wir sind arm, die Bauernsöhne bekommen immer recht. Wenn man euch schlägt, so schlagt wieder, daß es nach Feuer stinkt!‹ sagte die Mutter. Und das Rezept half überraschend.

Von unserer Seite duldete die Mutter kein Unrecht, aus moralisch-erzieherischen und mütterlichen Gründen, denn sie mußte auch besorgt sein, ihr Mutterrecht zu behalten. Man hatte früher einer armen Witwe kurzweg die Kinder genommen und der Zwangserziehung überwiesen, den Grund bildeten harmlose Jugendstreiche, Obststibitzen und ähnliche Sünden. Selbst die Kinder der reichsten Bauern gingen in fremdes Obst; das gehört ja zur Kindheitsromantik im Dorf. Was man aber bei anderen lächelnd hingenommen hätte, drohte bei uns zum Verbrechen zu werden, denn das ganze Dorf fühlte sich berufen, uns zu erziehen.« (Krille, S. 7 f.)

Mit der Einführung der allgemeinen Schulpflicht, die sich allmählich im 19. Jahrhundert durchsetzte, wurde die Familien- und Besitz-bestimmte Ordnung der Dörfer zum erstenmal im Hinblick auf die Kinder durchbrochen: der Kopf war unabhängig vom Grundbesitz, und es hätte sich nun eine anders strukturierte Hierarchie der Intelligenz durchsetzen können. Das war aber aus vielerlei Gründen nicht der Fall. Die Abhängigkeit der schlecht ausgebildeten Lehrer von den Bauern, die Notlage armer Eltern, denen die Arbeitshilfe ihrer Kinder mehr galt als deren Schulbildung, weite Schulwege und überfüllte Klassen, mangelhafte Möglichkeiten, die Schularbeiten ordnungsgemäß zu machen –, das alles führte oft zur Beibehaltung der alten Maßstäbe.

Eine wichtige Voraussetzung für den Besuch der Schule in der kalten Jahreszeit war der Besitz von *Schuhen.*

»Von den drei Brüdern ist's mir bewußt, wie der älteste, Hans, mit langen Schritten von Nolde bis Buhrkall zur Schule voranging, dann kamen Nikolai, Leonhard, und zuletzt kam ich, tripp, tripp, denn ich konnte nicht folgen, und mit den Holzschuhen schlugen sich mir die Knöchel wund, die Strümpfe klebten, und es tat weh, wenn sie losgerissen werden mußten. Im Sommer ging es besser. Von April bis November liefen wir barfuß und hatten die Hose bis an die Knie hochgestülpt.« (Nolde, S. 11)

*273 Ländliche Armenhauskinder. 1913*
*274 P. Fendi: Der Knabe im Herrgottswinkel. Um 1820*

275 F. Mallitsch: Dorfschulklasse. Um 1880

Krille erzählt in seinen Jugenderinnerungen, wie in der Vorstadt die Realschüler die Grundschüler immer gehöhnt hätten, »weil wir barfuß zur Schule gingen« (S. 20).

Wie tief der Besitz von Stiefeln das Gemüt eines armen Kindes beeindrucken und anspornen kann, hat Marie von Ebner-Eschenbach in ihrer Novelle ›Das Gemeindekind‹ unvergeßlich geschildert: »Geh' jetzt, fuhr jener [der Lehrer] fort, und komm morgen wieder und übermorgen auch, und wenn du acht Tage nacheinander kommst, kriegst du von mir ein Paar ordentliche Stiefel. Stiefel? – Wie die Kinder der Bauern haben? Ordentliche Stiefel mit hohen Schäften? Unaufhörlich während des Heimwegs sprach Pavel die Worte ordentliche Stiefel vor sich hin, sie klangen märchenhaft. Er vergaß darüber, daß er sich vorgenommen hatte, den Arnost zu prügeln, er stand am nächsten Morgen vor der Tür der Schule, bevor sie noch geöffnet war, und während der Stunde plagte er sich mit heißem Eifer und verachtete die Mühe, die das Lernen ihm machte. Er verachtete auch die drastischen Ermahnungen Virgils und seines Weibes, die ihn zwingen wollten, statt zum Vergnügen in die Schule, zur Arbeit in die Fabrik zu gehen. Freilich mußte dies im geheimen geschehen; zu offenen Gewaltmaßregeln zu greifen, um den Buben im Winter vom Schulbesuch abzuhalten, wagten sie nicht; das hätte gar zu auffällig gegen die seinetwegen mit der Gemeinde getroffene Übereinkunft verstoßen.

Sieben Tage vergingen, und am Nachmittage des letzten kam Pavel nach Hause gerannt, in jeder Hand einen neuen Stiefel. Vinska war allein, als er anlangte; sie beobachtete ihn, wie er das blanke Paar in den Winkel am Herd, sich selbst aber in einiger Entfernung davon aufstellte und in stille Bewunderung versank. Freude vermochten seine vergrämten Züge nicht auszudrücken, aber belebter als sonst schienen sie, und es malte sich in ihnen ein plumpes Behagen. Einmal trat er näher, hob einen Stiefel in die Höhe, rieb ihn mit dem Ärmel, küßte ihn und stellte ihn wieder an seinen Platz.« (Ebner-Eschenbach, S. 109 f.)

In einem serbischen Roman aus den zwanziger Jahren hat die Verfasserin scharfsichtig den Kummer erkannt, der Kindern aus ihrer Kleidung erwachsen kann. In der Schule eines Vorstadtdorfes begegnen sich Stadt- und Landkinder, und die kleine Heldin, ein armes Dorfmädchen, beneidet glühend die städtischen Schulgenossinnen wegen ihrer Schuhe und kurzen Kleider:

»Kaja dachte sich die Opanken, die sie an den Füßen trug, als niedliche gelbe Schühchen, sie band sich den Rock mit einer Kordel bis zu den Knien hoch, und sie dachte sich hohe Strümpfe, die nicht unter dem Knie gebunden würden. Und so lief sie durch den Hof, durch den schneebedeckten Hof, ihr Täfelchen hatte sie unter den Arm geklemmt, und sie dachte sich anstatt des Tafellappens

*276 J. Israels: Mädchen beim Kartoffelschälen. Um 1900*

ein gelbes Schwämmchen, das auf den feinen Falten des Röckchens tanzen müßte. Unter dem Röckchen aber – waren da nicht die zarten Spitzen des Unterhöschens?« (Žicina, S. 92)

Sie beneidet die Stadtkinder, die »so kurze und schöne Kleidchen trugen« und die die Dorfmädchen spöttisch fragen: »Ja, warum tragt ihr denn so lange Röcke – wie Großmütter?« (Ebd., S. 67 f.)

Die Kinder als die schwächste Gruppe der Dorfbevölkerung hatten sich am strengsten in die sozialen Ordnungen einzufügen, ohne die Möglichkeit eigener Gestaltungswege. Der Oben-Unten-Mechanismus der Bauernfamilie als einer Arbeitsorganisation wirkte sich für sie am stärksten aus. Mit dem Anlegen der kleinen Trachten, die selten abgetragen und meist für die Nächstjüngeren aufgehoben wurden, schlüpften die Kinder in die bäuerliche Dorfordnung, die sie nun nicht mehr entließ. Kinderkleidung bedeutete hier in einem besonders deutlichen Maße unweigerliche Anpassung an die Welt der Erwachsenen, an die Bauernwelt, der man nun unentrinnbar verhaftet war.

*277 E Meyerheim: Großmutter und Enkelin. 19. Jahrhundert*

Die agrarromantische Darstellung des Bauernlebens dieser Zeit mit den puppenmäßigen Trachtenkindern und die buntbemalte Wiege als Signet für *Heimat* schlechthin gibt wenig wieder von der Wirklichkeit des Kinderlebens im Dorfe.

»Es war im Böhmerwald, wo meine Wiege stand«

Wenn die Wiegenzeit vorbei war, gab es keine niedlichen Kinderbettchen, sondern die Kinder wurden irgendwie zusammen oder auch mit Erwachsenen in großen Betten verstaut – und waren glücklich, wenn sie im Sommer auf den Heuboden flüchten konnten.

»Da ich nun schulfrei war, wurde ich auch von anderen Leuten begehrt, war aber, gewissermaßen zum Dank für die bisherige Aufnahme, auf ein weiteres Jahr auf derselben Stelle geblieben. Mit der zunehmenden Kälte bekam ich wieder mein Bett in der ziemlich geräumigen Küche und einen Schlafkollegen. Eine alte Jungfer hatten sie zum Spinnen ins Haus aufgenommen und in Ermangelung ei-

*278 Hessische Bauernstube mit Wiege. 19. Jahrh.*

*279 Bayrischer Hirtenjunge. Um 1920*

ner anderen Schlafgelegenheit sie mir in mein Bett als Schlafkollegen beigesellt. Bald darauf bekam ich sogar noch einen zweiten Schlafkollegen, zwar nicht auch noch ins Bett, aber drunter. Nämlich ein Wurf Ferkel war soweit aufgezogen, daß er zum Verkauf gut war. Da war die Bäuerin mit den Ferkeln nach Nikolaiken zum Markt gefahren, es war eine strenge Kälte gerade, sie hatte die Ferkel soweit verkauft, bis auf die zwei schwächsten, eins war ihr auf dem Rückweg erfroren, das andere lebendig mit nach Hause gebracht. Da der Stall sehr kalt war, wurde ohne viel Umstände ein Brett vor mein Bett genagelt und das Ferkel dahinter unter das Bett gesteckt, es hatte sich bald erholt und lief wochenlang darunter umher. Oft mitten aus dem Schlafe hat es mich mit seinem fortwährenden roch, roch, roch aufgeweckt, und es roch dann auch wirklich, aber ganz fürchterlich. Damit nicht genug, es kam die Zeit für die Gänse zum Brüten, da wurde denn an der einen Längswand aus Brettern so eine Vorrichtung mit fünf Nestern angefertigt. Fünf Gänse auf je zwölf Eier wurden zum Brüten gesetzt. Und das alles in dem Raum, wo die ganzen Tage gekocht wurde. Ein Vergnügen zu schlafen in diesem Raume, bei dem Gänse- und Schweinespektakel und ebensolchem Gestank, war es wirklich nicht, und da machte ich mich, sobald die Kälte genügend nachgelassen hatte, wieder auf den Heuboden.« (Levenstein, S. 50 f.)

»Im übrigen barg die Stube den kümmerlichen Hausrat der Familie: zwei Betten für Mann, Frau und vier Kinder im Alter von 2 bis 14 Jahren; die Bettstellen waren eigenes Fabrikat. Die wenigen Stühle und der große Tisch konnten ebenfalls keinen Anspruch darauf machen, als Meisterwerke zu gelten. Drei Füße des Tisches ruhten zudem auf soliden Mauersteinstücken, die kunstgerecht in die Löcher der Lehmdiele versenkt waren, damit das deftige Holzgestell den nötigen Halt bekam; eine Fürsorge, deren Notwendigkeit sich besonders bei den Mahlzeiten zur Evidenz ergab. Zwischen den Betten waren die beiden *Laden* verstaut, die der Inste und seine Frau bereits besessen hatten, als sie noch Knecht und Magd gewesen waren. Dies gewiß mehr wie einfache Mobiliar wurde vervollständigt durch Webstuhl und Spinnrad, die in dieser Gegend gewissermaßen zum eisernen Bestand jeder Bauern- und Tagelöhnerfamilie gehörten.« (Rehbein, S. 45 f.)

Die Bürgerkinder erfuhren kaum etwas von solchen Verhältnissen. *Dorf* – das wurde mehr und mehr gleichbedeutend mit dem fröhlichen naiven Landvolk in seiner Tracht, seinen gesunden Ansichten, Sitten und Gebräuchen – einer vom bösen Zeitgeist unberührten Gegenwelt zu den anwachsenden Städten mit ihren nicht mehr zu verbergenden sozialen Konflikten. Auf dem Wohltätigkeitsbasar erlebte das Bürgerkind einen merkwürdigen Schein aus dieser Gegenwelt:

»Sie müssen verkaufen, daß die armen Kinder Brot bekommen, erklärt G. mir ziemlich umständlich den ›Bazar‹, und ich sehe mich nach solchen um, kann sie aber nicht entdecken. – Da steht plötzlich ein kleines Bauernmädchen mit Mieder und Radhaube vor uns, in der ich zu meinem Erstaunen meine Schwester Elise erkenne. Die Sechsjährige weiß sich recht gut durch das Gedränge zu schieben mit ihrem Körbchen voll Sardellenbrötchen, die sie verkauft. Eines davon, das sie mir hinaufreicht, schmeckt häßlich und sauer, und ich bekomme einen merkwürdigen Begriff von dem ›Brot für arme Kinder‹« (Schumacher, S. 176)

»Die Familie bestand aus Vater, Mutter, Vatersbruder und sieben Kindern, zwei Söhnen und fünf Töchtern. Das Haus war nach Art der westfälischen Bauernhäuser gebaut: die Seitenwände des länglichen Vierecks von Ziegelsteinen, das Dach aus Sparren oben hoch in einem spitzen Winkel verbunden und mit einer dicken Lage von Ried bedeckt, vorn eine große Einfahrt, durch welche Wagen mit Korn beladen auf die Tenne fahren und entladen werden konnten, auf den beiden Seiten der Tenne Ställe für das Rindvieh und die Pferde, hinter der Tenne ein großer Raum, in der Mitte desselben der Feuerherd, an der einen Seite Eßtische und Küchengeräte, an der andern Verschläge zu Bettstellen. Hinter dem Herde trennte eine Brandmauer den Teil des Hauses, worin sich die Wohnstuben befanden. Vor dem Hause stand ein großer schöner Lindenbaum. Neben dem Hause eine geräumige Scheune und eine kleine Gerberei. Das häusliche Leben bewegte sich in der festen Regel einer bestimmten Tagesordnung. Beim Aufstehen und Anziehen wurde kein Wort gesprochen. Wenn alle Glieder der Familie zum Frühstück versammelt waren, sprach der Vater mit entblößtem Haupte und gefalteten Händen: ›Das walt' Gott Vater, Gott Sohn, Gott heiliger Geist‹ und betete das Vaterunser, die Kinder beteten die in Luthers Katechismus enthaltenen Gebete, und zum Schluß sprach die Mutter: ›Jetzt frisch und fröhlich zur Arbeit.‹ Während des Frühstücks, welches für die Kinder aus frisch gemolkener Milch und Butterbrot, für Vater, Mutter und Oheim aus Kaffee bestand, wurden die Geschäfte des Tages kurz besprochen und angeordnet. Vor dem Mittag- und Abendessen wurden ebenfalls die von Luther angegebenen Gebete ge-

*280 Bauernfamilie beim Essen. Um 1920*
*281 Bäuerliche Wirtschaftsfamilie. Um 1900*

betet. Das Mittagessen bestand in der Regel aus Fleisch und Gemüse, des Sonntags aus Hühnersuppe und Pudding, das Abendessen aus Milchsuppe und Butterbrot. Alle Erzeugnisse des Guts: Mehlfrüchte, Gemüse, Schlachtvieh, Geflügel, Milch, Eier, wurden in der Familie verbraucht und selbst der Überfluß nie verkauft. So wurde es zur Zeit meiner Jugend in allen anderen unabhängigen Bauernfamilien des Dorfs gehalten. Wenn es in der einen Familie vorübergehend etwa an Milch oder Butter fehlte, so half eine benachbarte aus.« (Eilers, 1. Teil, S. 11 f.)

»Die Gemeinde mit dem Kirchen- und Schulpatron, dem Rittergutsbesitzer, an der Spitze, sparte an den Schulausgaben. Es war natürlich,

282 R. Koller: Schularbeiten beim Hüten
283 A. Siebelist: Dorfmädchen bei der Schularbeit

daß sie keine gute Lehrkraft bekamen. Zudem ging die Feldarbeit dem Schulunterrichte stets vor. Der Mutter fehlte es an der Zeit, nachhaltiger geistig auf uns einzuwirken. Gespenster- und Schauergeschichten belebten die ersten kindlichen Jahre. An den Winterabenden sammelten sich oft Frauen und Mägde in unserer Stube. Sie hatten einen unerschöpflichen Schatz solcher Geschichten. Ich mußte zeitiger unters Dach zu Bett. Dann zog ich die Decke über den Kopf und lauschte doch angestrengt auf jedes Geräusch, das durch die Hülle drang, bis ich in Ängsten eingeschlafen war.« (Krille, S. 14 f.)
Begegnungen ganz anderer Art zwischen der Lebenswelt eines Herrenkindes und derjenigen der Bauernkinder erfuhr der kleine Albert Schweitzer (1875-1965). Der hohe Stellenwert, den die gruppenkonforme Kleidung im Bewußtsein eines Kindes einzunehmen vermag, wird in seinen Erinnerungen deutlich. Als Pfarrerssohn in einem elsässischen Dorf verbrachte er seine Jugend in einer Zwischenzone sozialer Abgrenzungen, und sein größter Wunsch

*284 L. E. Grimm: Spielende Dorfkinder. 1828*

war es, von den Dorfjungen als einer der ihren anerkannt zu werden und nicht als *Herrenbüble* außerhalb zu stehen. Der Konflikt zwischen dem *Wir* des Elternhauses und dem anderen, stärkeren *Wir* der Dorfjugend wurde für das Kind erst richtig virulent durch die Zeichensprache der Kleidung. Es entschied sich für seine Altersgenossen und weigerte sich standhaft, die Uniformzeichen des Feindes – wie es ihm vorkam – anzulegen.

»Nun wachte ich ängstlich darüber, mich in nichts von den andern zu unterscheiden. Auf den Winter hatte ich einen Mantel bekommen, aus einem alten meines Vaters gemacht. Aber kein Dorfknabe trug einen Mantel. Als der Schneider mir ihn anprobierte und gar noch sagte: ›Potz Tausend, Albert, jetzt bist du bald ein Monsieur!‹, verbiß ich mit Mühe die Tränen. Am Tage aber, wo ich ihn zum erstenmal anziehen sollte – es war an einem Sonntagmorgen zur Kirche –, weigerte ich mich. Es gab einen üblen Auftritt. Mein Vater verabreichte mir eine Ohrfeige. Es half nichts. Man mußte mich ohne Mantel zur Kirche mitnehmen. Jedesmal nun, wenn ich den Mantel anziehen sollte, gab es dieselbe Geschichte. Was habe ich wegen dieses Kleidungsstückes Schläge bekommen! Aber ich blieb standhaft. In demselben Winter nahm mich meine Mutter

*285 G. Kuehl: Schulstube. Um 1890*
*286 A. Anker: Die Dorfschule. 1896*

287 P. Fendi: Der frierende Brezelbub. 1838

Ernst der kindlichen Seelenkämpfe noch deutlich anzumerken ist, erscheint unübersehbar der verpflichtende Gruppencharakter von Kleidung, der für das starke Wir-Bedürfnis eines Schulkindes wichtiger werden kann als noch so reizvolle materielle Angebote. Kinderkleidung als Erziehungsmittel, als Mittel der Sozialisation an die Lebensformen der elterlichen Sozialschicht wurde hier für das Kind zur ständigen Prüfung für seine eigenen sozialen Entscheidungen. Das könnte wohl in dieser Schärfe einem Kind der Gegenwart nicht mehr passieren.

mit nach Straßburg, einen alten Verwandten zu besuchen. Bei dieser Gelegenheit wollte sie mir eine Kappe kaufen. In einem schönen Laden probierte man mir etliche auf. Zuletzt einigten sich meine Mutter und die Verkäuferin auf eine schöne Matrosenmütze, die ich gleich aufbehalten sollte. Aber sie hatten die Rechnung ohne den Wirt gemacht. Die Mütze war für mich unannehmbar, denn kein Dorfknabe trug eine Matrosenmütze. Als man in mich drang, diese Mütze oder ein anderes von den aufprobierten Dingern zu nehmen, führte ich mich so auf, daß der ganze Laden zusammenlief. ›Ja, was willst du denn für eine Kappe, du dummer Bub?‹ fuhr mich die Verkäuferin an. ›Ich will keine von euren neumodischen, ich will eine, wie sie die Dorfknaben tragen.‹ Also sandte man ein Ladenfräulein aus, die mir dann aus den Ladenhütern eine braune Kappe brachte, die man über die Ohren herunterklappen konnte. Freudestrahlend setzte ich sie auf, während meine arme Mutter ein paar schöne Bemerkungen und höhnische Blicke für ihren Tölpel einheimste. [...]

Dieser schwere Kampf dauerte so lange, als ich auf der Dorfschule war, und verbitterte nicht nur mir, sondern auch meinem Vater das Leben. Ich wollte nur Fausthandschuhe tragen, denn die Dorfjungen trugen keine andern. An Wochentagen wollte ich nur in Holzschuhen gehen, denn sie hatten die Lederschuhe auch nur am Sonntag an. Jeder Besuch, der kam, fachte den Konflikt aufs neue an, denn da sollte ich mich in ›standesgemäßer‹ Kleidung präsentieren. Im Hause selbst machte ich alle Konzessionen. Aber sowie es sich darum handelte, als Herrenbüble gekleidet mit dem Besuch auch spazieren zu gehen, war ich wieder der unausstehliche Kerl, der seinen Vater erzürnte, und der mutige Held, der Ohrfeigen hinnahm und sich in den Keller sperren ließ. Und ich litt schwer darunter, gegen meine Eltern widerspenstig zu sein. [...]
Die Dorfknaben wußten nicht, was ich ihretwegen ausstand. Sie nahmen alle meine Anstrengungen, in nichts anders zu sein als sie, gelassen hin.« (Schweitzer, S. 8 f.)
In diesen Erinnerungen, denen der

## Das Ende der Kindheit

Daß Kleidung das Ende der Kindheit auszudrücken vermag und im Bewußtsein der Gesellschaft auch tatsächlich ausdrückt, ist in den voraufgegangenen Abschnitten angedeutet worden.

Ein wichtiger Einschnitt war die *Konfirmation* oder die *zweite Kommunion*. Für die armen Kinder in Stadt und Land bedeutete dieses kirchliche Lebensfest das Ende der Kinder- und Jugendjahre und den Eintritt in Lehre oder Dienst:

»Nachmittags kamen die Konfirmierten, um sich vom Pfarrhaus zu verabschieden. Da hieß es denn: ›Du bleibst doch zu Haus?‹ Und zu einem anderen: ›Du wirst ins Dienen gehen?‹ An dem Unterschied zwischen reich und arm waren seither die Kinder achtlos vorübergegangen; jetzt wurden ihnen plötzlich die Augen aufgetan: die einen blieben sitzen auf ihrem künftigen Eigentum, die anderen zogen hinaus, um den Vermöglicheren dienstbar zu sein.« (Pfister, S. 79)

Die Konfirmationskleidung war besonders für die Knaben zu Anfang des 19. Jahrhunderts offenbar noch viel strenger und fixierter als später:

»Die größte Angelegenheit aber war mir, daß ich zur Konfirmationshandlung einen Frack anziehen sollte. Ich hatte in meinem Leben bisher noch nie einen Frack getragen, und ich tat es auch jetzt durchaus nicht, obgleich meine Mutter, um mich zu zwingen, ihren Kriegsvogt, meinen Oheim, den Landschaftskonsulenten Kerner, zu Hilfe zog. Es fruchtete nichts, ich kam zu dem feierlichen Akte in einem Überrock, zum Erstaunen der Stadt Ludwigsburg, in die Kirche. Zum Glücke war der orthodoxe Spezial Zilling gestorben; denn dieser hätte mich ohne Frack und schwarzes Mäntelchen nicht konfirmiert.« (Justinus Kerner, 1786-1862, S. 229)

Wie wichtig die Erwachsenenkleidung an diesem ernsten Tag genommen wurde, schildert Karl von Gerok (1815-1890) in seinen Jugenderinnerungen:

*288 Konfirmanden nach der Einsegnung. 1925*

»Was mir den Segen des Tages einigermaßen beeinträchtigte, war zweierlei. Zuerst etwas ganz Äußerliches, und doch nicht Gleichgültiges, nämlich der An- und Aufzug, in dem ich zu erscheinen hatte. Es herrschte damals noch die geschmacklose Sitte oder Unsitte, daß man die Knaben zu ihrer Einsegnung als kleine Herrlein ausstaffierte, und mein guter Vater war darin unbarmherzig gewissenhaft. Wie mußte ich kleiner Mann, der ich für mein Alter überdies zu den Kleinsten gehörte und erst mit achtzehn Jahren recht in die Höhe ging, mich zu meinem christlichen Ehrentage verunstalten lassen! Auf dem Kinderkopf mit dem schlichten blonden Haar einen hohen, glänzend gebürsteten Zylinderhut, um den Hals eine weiße Binde mit aufrecht stehendem Hemdkragen, der in die Ohren schnitt, auf dem dürftigen Leib einen aufs Wachsen eingerichteten schwarzen Frack, dessen Schwalbenschwänze an die Waden schlugen, die Füße in schwarzseidenen Strümpfen und schwarzen Schuhen, an den Händen schwarze Glanzhandschuhe, so mußte ich zur Kirche schreiten

*289 H. Zille: Eingesegnet! Um 1905*
*»Nu jehörste zu die Erwachsenen, un' wenn de fein willst sein, mußte det Kleed wie'ne Dame fassen, so wie ick!«*

und mich meinen Mitchristen vorstellen. Die bemitleidenswerte Figur, die ich vorstellte, störte mich doch in ähnlicher Weise, wie umgekehrt ein eitles Mädchen das stolze Bewußtsein ihres seidenen Konfirmationskleides.« (Gerok, S. 55)

290 *Junge bei der 1. Hl. Kommunion. Um 1910*

291 *Mädchen bei der 1. Hl. Kommunion. Um 1910*

292 *Konfirmandin. Um 1910*

»Das habe ich alles hören müssen, und ich war froh, wie der Kommuniontag da war. Meine liebe Mutter hat mir einen schwarzen Anzug geschickt und eine große Kerze. Sie hat mir geschrieben, daß es ihr weh tut, weil sie nicht dabei sein kann, aber ich soll mir vornehmen, ein anderes Leben anzufangen und ihr bloß Freude zu machen. Das habe ich mir auch vorgenommen.

Wir waren vierzehn Erstkommunikanten von der Lateinschule, und die Frau Pedell hat zu uns gesagt, daß sie weinen muß, weil wir so feierlich ausgesehen haben wie lauter Engel. Der Fritz hat auch ein ernstes Gesicht gemacht, und ich habe ihn beinahe nicht gekannt, wie er langsam neben mir hergegangen ist.

Wir waren auf der einen Seite aufgestellt. Auf der anderen Seite waren die Mädel aufgestellt von der höheren Töchterschule. Da war die Anna dabei. Sie hat ein weißes Kleid angehabt und Locken gebrennt.« (Thoma, 1867-1921, S. 51 f.)

Wie unreif und unsicher die Knaben waren, die nun mit knapp 14 Jahren sozusagen *ins Leben treten* sollten, d. h. insbesondere in eine Berufsausbildung, – das schildert Wilhelm Keil exemplarisch in seinen Lebenserinnerungen:

»Wie ging es nun zu, daß ich Drechsler wurde? Meine Eltern ließen die Berufswahl offen, bis meine Konfirmation herannahte. Jetzt tauchten ganz bestimmte Vorschläge auf. Wie wär's mit dem Försterberuf? Der Oberförster in Oberkaufungen hatte im Laufe der Jahre einige junge Leute zu Förstern ausgebildet. So mit der Flinte auf dem Rücken, im grünen Rock, das grüne Hütchen auf dem Ohr, durch den Wald schlendern, gelegentlich einen Rehbock oder ein Häschen schießen, das wäre nicht übel; ich war nicht abgeneigt. Der Gedanke scheiterte indes daran, daß der Förster in Oberkaufungen keinen Lehrling brauchte und ein anderer nicht in Betracht gezogen wurde.

Darauf wurde der Beruf des Kaufmanns erwogen. Bei der Umschau nach einer kaufmännischen Lehrstelle in Kassel, die mein Vater hielt, ergab sich, daß der Andrang zu diesem Beruf sehr stark und eine geeignete Stelle schwer zu finden war.

Der Konfirmationstag war vorüber, ich half mit bei der Frühjahrsfeldbestellung. Da traten eines Tages meine Mutter und meine älteste Schwester mit der Frage an mich heran, ob ich nicht Drechsler werden wolle. Entsprungen war der Vorschlag dem Umstand, daß eine ganze Anzahl einige Jahre älterer Jungen aus Helsa Drechsler geworden waren. Im Dorfe ansässig war ein einziger Drechslermeister, der aber nicht unter Arbeitsüberhäufung litt. In unserem Familienkreis träumte man davon, daß ich später wohl einmal mich in Helsa niederlassen und das väterliche Anwesen übernehmen würde. Ob und wie sich damit gerade der Drechslerberuf vereinigen ließe, das wurde nicht näher überlegt. Wenn die verschiedenen andern jungen Drechsler glaubten, eine Zukunft zu haben, warum sollte ich keine haben! Damit waren die Sorgen um die Zukunft beschwichtigt.« (Keil, S. 26 f.)

Die Kindheit bei den Eltern war zu Ende; hinsichtlich der Abhängigkeit wechselte nur die Bezugsperson.

Für die Kinder der besseren Bürgerfamilien bedeutete die Konfirmation keinen derartigen Einschnitt. Für sie eröffnete sich nun die Welt der Tanzstunden, Feste und Bälle und damit einerseits eine gewisse Freiheit, andererseits der Eintritt in die Zwänge, Normen und Sanktionen der Erwachsenen-Etikette ihrer Kreise. Das galt besonders für die Backfische, die Teenager der damaligen Zeit, die sich zu formvollendeten jungen Damen heranzubilden hatten, um ihre zukünftige Rolle als *Gnädige Frau* ausfüllen zu können. Dabei mußte tunlichst jeder Wildwuchs beschnitten werden. Das Erlernen der bürgerlichen Anstandsregeln war eine Wissenschaft für sich und wurde u.a. durch Jungmädchenlektüre vermittelt mit so ansprechenden Titeln wie ›Backfischchens Leiden und Freuden‹:

»Aber wie groß war mein Erstaunen, als der Doktor sich entfernt hatte und die Tante sich nun mit nicht gar zu freundlichem Gesicht zu mir wandte. Du warst ja recht vertraut mit dem jungen Herrn, sagte sie, mich mit sich in eine Fensternische ziehend, wo wir wenig beobachtet werden konnten. Ist denn der Dr. Hausmann ein so naher Freund eures Hauses? Davon wußte ich gar nicht. Nein, Tantchen, sehr befreundet ist er meinen Eltern nicht, erwiderte ich, etwas ängstlich geworden. Ich freute mich aber sehr, ihn hier zu sehen, wo mir so viele Personen unbekannt sind. Und in deiner Freude hast du ganz vergessen, was sich für ein junges Mädchen schickt, mein Töchterchen, sagte die Tante sanft. Ich, Tantchen? rief ich wahrhaft erschrocken, denn davon hatte ich keine Ahnung. Ja du, mein Herz! In deiner Lebendigkeit hast du nicht beachtet, wie viele verwunderte Blicke zu dir hinflogen, während du dich mit dem jungen Mann so laut unterhieltest, daß die ganze Umgebung an eurem Gespräch Anteil haben konnte. Dann lachtest du dazwischen auch so laut, wobei du den Mund recht unschön aufsperrtest und dich auf dem Stuhle weit hintenüber legtest, daß mir angst und bange wurde. Das Schlimmste aber war, daß du mit dem jungen Herrn sogar leise tuscheltest, als wäret ihr die intimsten Freunde. Was in aller Welt fällt dir ein, Kind? Du bist doch sonst so schüchtern und ängstlich, heute aber kenne ich dich gar nicht wieder.« (Clementine Helm, S. 50)

*293 M. Frischmann: Die ersten langen Hosen. 1927*

In den wirklich feinen Familien begann man sehr früh mit Anstands- und Tanzunterricht. Wie bei den Bauern sollten ja auch hier die Kinder in die unausweichlichen Verhaltensweisen ihres Standes hineinwachsen und lernen, was sich für sie gehörte! »Wir hatten vom fünften Jahr an Tanzstunde«, erzählt Tony Schumacher aus der Mitte des 19. Jahrhunderts:

»Lange wurden die 4 Positionen geübt und dann die ›Anstands-, Überreichungs-, Begegnungs- und Sammelkomplimente‹ ausgeführt, bei welch letzteren wir uns vorstellen mußten, das Zimmer sei ein Saal voller Menschen, die Hausherrin in der Mitte, und wo wir zuerst an der Türe eine halbtiefe, dann vor der empfangenden Dame eine ganz tiefe Reverenz zu machen hatten, wobei es galt, mit einem Blick in der Runde auch freundlich graziös die andern Anwesenden mit einzuschließen. Das war sehr schwer, und ich erinnere mich keiner Gelegenheit in meinem Leben, wo ich solches anzuwenden gehabt hätte.« (S. 214)

Noch nach der Jahrhundertwende erzählt Misia Sert von ganz ähnlichem Anstandsunterricht:

»Einmal in der Woche hatten wir ›Anstandsunterricht‹. Der Lehrer war ein kleiner, mit einer winzigen Violine bewaffneter Greis, der uns den Knicks, den Walzer und die Quadrille beibrachte.

Der Knicks war eine feierliche Handlung, die verschiedene und wohl zu unterscheidende Abstufungen enthielt: sie ging vom großen Hofknicks (sechs Schritte vor, vier zurück und die traditionelle Kniebeuge auf dem vierten Schritt – diese Begrüßung war nur für Besuchstage im Sprechzimmer und der Schrecken vieler kleiner Mädchen, denn man mußte, ohne sich umzudrehen, die Türe hinter sich schließen) bis zum einfachen kurzen Knicks, der die Kniebeuge am Standort erforderte. Dann verwandelte sich die Miniaturgeige in einen Dirigentenstab, der unsere Bewegungen regelte, und der kleine alte Herr stellte die gedachte Person dar, die wir grüßen mußten. Die verschiedenen Arten und Betonungen, um ›bon jour‹ und ›au revoir‹ auszusprechen, je nachdem es sich an einen Höhergestellten oder an einen Untergebenen richtete, erforderten gleichfalls endlose Proben. Wenn dem ›bon jour‹ ein ›monsieur‹ folgte, so war das ein ein-

*294 A. Hendschel: Tanzstunde. Um 1880*

*295 R. Reinicke: Erste Tanzstunde mit Herren. Um 1890*

deutiges Zeichen dafür, daß man es mit einem Tieferstehenden zu tun hatte.« (S. 23)
Die ständische Gesellschaftsordnung war noch lange nicht überholt. All das Gelernte war dann sinnvoll anzuwenden auf dem ersten Ball. Was dieses Ereignis für die Tochter aus gutem Hause bedeutete, daß sie – falls sie hier den *passenden* Gatten fand – das Ende ihrer Jugend feierte, um von der führenden Hand ihrer Eltern in die ihres Gatten überzugehen, hat Marianne Weber scharfsichtig in ihren Lebenserinnerungen geschildert. Im Winter 1868 wurde sie in die Bielefelder Gesellschaft eingeführt.
»Der erste Ball in der Ressource – welch ein Ereignis! Ein Ball war damals nicht nur berauschendes Vergnügen, sondern wichtigste Chance, Gelegenheit zu standesgemäßer Gattenwahl. Die jungen Männer sahen sich die Mädchen auf ihre Erwünschtheit für Liebe und Ehe an, die freilich nicht nur durch persönliche Eigenschaften bestimmt wurde, sondern auch durch die zu erwartende Mitgift. Diese unschöne Kehrseite des Vergnügens blieb den jungen Mädchen verhüllt. Aber der Ballerfolg war trotzdem überaus wichtig als Probe ihrer Anziehungskraft, man bangte um die Besetzung der Tanzkarte, geheimer erotischer Wettstreit war unvermeidlich, die Männer wählten und warben, die Mädchen mußten sich wartend zurückhalten. Wer sich als ›Mauerblümchen‹ vernachlässigt fand, erlitt Schaden an seiner Selbstsicherheit und durfte sich nichts merken lassen. Anna, im Schutze beider Eltern, hatte Ballfieber, Herzklopfen und rote Flecken auf den Backen, aber als wir in den Saal traten, kam eine wunderbare Ruhe über mich. Alle Aufregung und Angst war verschwunden. Ich sah den Dingen mit Gelassenheit entgegen. Dazu trug wohl der Ballstaat und das Bewußtsein, jung und anmutig zu sein, bei. Die Beschreibung des

296 Der Hofknicks. Um 1900

Festkleides ist der Mühe wert: ›mein Anzug war wirklich wunderhübsch geworden; der unterste lange Schlepprock mit einer breiten Frisur verziert und viermal mit weißen Rosen aufgenommen; die Tarlatanschärpe auf dem Rock geknotet und mit einer Rose zusammengehalten, die ausgeschnittene Taille mit ganz kleinen Puffen, Rosenzweigen auf den Achseln, und einem Röschen vorn an der Brust. Das Haar in Flechten aufgesteckt, mit Diamantstaub bestreut und oben mit einer Rose aus weißem Atlas mit Glasstaubfäden befestigt. Die Röcke hochaufgeschürzt, gingen wir mit Niemanns zur Ressource, dort nahm man mir den Mantel ab, und ich tat eine reizende weiße ‚Beduine‘ um.‹ Welch ein Ereignis! Gab es noch irgend etwas sonst von dieser Wichtigkeit, dieser Spannung?« (Weber, S. 17 f.)

Der Rückblick auf dieses große historische Kapitel der Kinderkultur in Kleidung und Wohnen vermittelt bei aller Vielfalt im Detail doch den festen Eindruck bestimmter Tendenzen, wie sie schon die Tabelle auf S. 98 verdeutlichte: die Familiensysteme der verschiedenen Schichten

297 Kindergesellschaft in Kostümen. 1851

waren – bis auf die fluktuierende Arbeiterklasse – festgelegt und die Anpassung an sie dem Kind als wichtigstes Lebensziel aufgetragen. Wohl zeigten sich während der ersten Hälfte des Jahrhunderts im Bürgertum Ansätze zu individuelleren Entwicklungsmöglichkeiten und wurden auch sichtbar in den Zeichen einer ausgeprägten Kinderkultur. Jedoch ließ die Epoche der Gründerzeit diese freiere Richtung wieder zugunsten scharf getrennter Sozialhierarchien verkümmern. Eine gegenseitige Kommunikation zwischen Erwachsenen und Kindern fand kaum statt, und der Zwang zur Unterdrückung des kindlichen Selbstempfindens bestimmte auch die Kleidungsvorschriften. Der *kleine Erwachsene* konnte sich in keiner der Sozialschichten genügend artikulieren und fand kaum je einen hilfreichen Partner für seine Individuation.

298 Der erste Ball. Um 1890

In den zahlreichen hier angeführten Selbstzeugnissen, die einen Einblick in die Gefühlswelt der Kinder geben sollen, wiederholen sich häufig die Empfindungen der Einsamkeit, der Scham, – aber auch des Widerstandes, den der erwachsene Erzähler als Kind nicht verwirklichen konnte. Gerade für die oberen Gesellschaftskreise fällt bei der Lektüre der Autobiographien trotz einer klischeehaft anmutenden Idealisierung der Eltern die außerordentliche Unsensibilität der Erwachsenen gegenüber den Kindern auf. Das Eingehen auf das kindliche Selbst mit seinen vielfältigen Möglichkeiten gehörte nicht in ihr Denken, sondern vielmehr die Erziehung zum Gehorsam, – konnte doch nur auf diese Weise ihre Gesellschaftsordnung stabilisiert werden.

»In diesen Jahren, im zwölften oder dreizehnten, hatten wir auch Tanz- oder Anstandstunde. Ein alter Hoftanzmeister, Herr Nehrlich, sollte uns diese Muse näher kennen lehren. Zuerst kamen die Salon-, Straßen- und Hauskomplimente, dann die vor Fürstlichkeiten und Herrschaften und sonstigem Publikum, und zwar im Maskulinum und Femininum. Dann wurde der Gang reguliert, ›damit man nicht herschwanke wie eine Zitternadel, noch wie ein Uhr-Perpendikel sich wiege‹. Ferner kam die ›erste Position‹ und die weiteren. Bis dahin ging die Sache erträglich, wiewohl mit Hindernissen, weil wir uns noch nicht auf den ›Standpunkt‹ Herrn Nehrlichs schwingen konnten und zu viel lachten. Nun wurde aber die Sache bei mir bedenklich, als das Tanzen kam und Herr Nehrlich einen Musikanten mitbrachte, Herrn Eckert, der eine völlig ›ausklarinettierte Visage‹ hatte, wie der Vetter behauptete, der jedem Musiker nach seinem Gesicht sagen konnte, was für ein Instrument er spiele. Denn als der anfing, im Dreivierteltakt zu spielen, da drehte sich mir alles im Kopfe herum: Herr Nehrlich samt der Kommode und Herr Eckert samt der Lampe, und schließlich wurde ich in einer Ecke aufgelesen, in die ich gefallen. Bei jeder neuen Probe wurde das Ding schlimmer, und ich wurde schließlich als ›unverbesserlicher, bildungsunfähiger Tanzbeflissener‹ – für immer entlassen.« (Frommel, S. 141 f.)

## 2. SPIELZEUG UND SPIEL

Die für die vorangegangene Epoche vorgenommene Strukturierung von Spielwelt und Spielzeug (Kapitel II, 2) könnte man mechanisch für die folgende Darstellung wiederholen. Es würde sich aber dabei herausstellen, daß die Zahl der *primären Spielzeuge* außerordentlich gewachsen war, was – wie gesagt – mit den gewandelten Formen der bürgerlichen Familie, ihren Schenkritualen und ihren Kinderstuben zusammenhing. Der großen Sozialisationsbedeutung bürgerlichen Spielzeugs wegen und im Hinblick auf seinen breiten funktionalen Kontext wird diesem Bereich ein eigener Abschnitt gewidmet.

Vorausgeschickt werden muß jedoch auch wieder ausdrücklich gerade für dieses Kapitel der Hinweis auf die zunehmende Schärfe der gesellschaftlichen Klassentrennung. Spielzeug und Spiel setzen nicht nur Spielgegenstände, sondern vor allem Freizeit zum Spielen voraus, und die Gruppe von Kindern, die regelmäßig über einen solchen Freiraum verfügte, wurde immer kleiner. Für die Arbeiterkinder begannen kleine Lohnarbeiten wie Zeitung- und Brötchenaustragen meist schon vor dem oft unregelmäßig erfolgenden Schulbesuch, und erst recht danach hatten sie umfangreiche Arbeitsaufgaben. Das galt besonders für die Kinder von Heimarbeitern. Aber auch auf dem Lande besuchten die Kinder die Schule sehr unregelmäßig, im Sommer wegen zahlreicher Hilfsarbeiten und im Winter wegen oft weiter und verschneiter Schulwege. Für diese beiden Kindergruppen wurde also ein zeitlicher Freiraum zum Spielen oft den ganzen Tag über kaum erreicht. Von seiten der Eltern fehlte also zumeist sowohl das Geld wie die Motivation, ihre Kinder mit Spielzeug zu bedenken.

Die folgende Graphik soll diese ungleiche Situation gleichaltriger Kinder verdeutlichen:

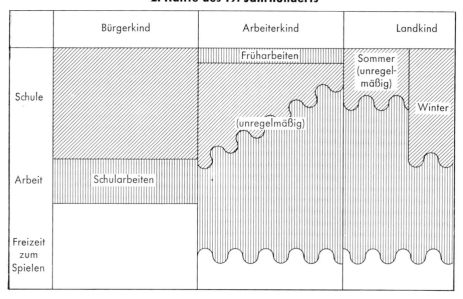

2. Hälfte des 19. Jahrhunderts

### Spielzeug und Kinderarbeit

Das wissenschaftliche Interesse am Gegenstand Spielzeug setzt voll mit den zwanziger Jahren ein, als die Freunde Oswald A. Erich und Fritz Rumpf ihren Bildband schrieben und zeichneten (1922-1925). Die Verfasser gingen von den damals modernen Gedanken der Primitivenpsychologie aus, ordneten das Spielzeug ein als »ein besonders aufschlußreiches Gebiet der Volkskunde, weil das Kind den geistigen Zustand des Primitiven in zeitlos reiner Form verkörpert« (Wörterbuch der dt. Volkskunde, 2. Aufl., S. 712 f.). Die Spielwelt des Kindes wurde hier zum Zeichen einer *vorlogischen Phase*, vergleichbar durch alle Zeiten und Völker.

Als dann 1928 der Kunsthistoriker Karl Gröber sein prachtvoll ausgestattetes Spielzeugwerk veröffentlichte, galt das von anderer Seite her als Sensation auf dem Büchermarkt der zwanziger Jahre; eine umfassende Kulturgeschichte des Spielzeugs war nun erschienen mit ausgezeichneten ikonographischen Belegen und technisch vorbildlichen Fotografien aus Museen und der eigenen Sammlung des Autors, mit höchst originellen Wiedergaben von Bilderbogen und Spielzeugkatalogen.

Damit war altes Spielzeug wissenschaftlich erschlossen und für Kunstfreunde und Sammler salonfähig geworden (Bayer).

Ein weiterer Ausgangspunkt für Spielzeugbetrachtung ist der pädagogische. Hier ordnet sich die oft wiederholte Bemerkung ein, daß Spielzeug existiert, seitdem es Kinder gibt und »zu allen Zeiten die Kinder nach Spielzeug verlangt« haben (Geist). Daß das Kind spielend lernt, daß es die Makrowelt der Großen in seiner Spielwelt imitiert und damit spielend in sie hineinwächst, ist immer wieder festgestellt worden. Die Puppe als geheimer Miterzieher war ein beliebtes Thema der pädagogischen Literatur.

Meist vereinen sich all die genannten Ansatzpunkte zu einem Hohenlied auf das Spielzeug, wie es besonders Juliane Metzger (s. Gröber/Metzger) gesungen hat. Und es fehlen auch selten Hinweise auf ökonomische Fragen, auf die traditionelle Herstellung des Spielzeugs im Grödner Tal, in Berchtesgaden und im Oberammergau, in Thüringen und im Erzgebirge, auf Hausindustrie und Heimarbeit, besonders deutlich bei Fritzsch und Bachmann.

Nicht nur die traditionellen und handgemachten Spielzeuge, nicht nur Uraltes und Altehrwürdiges finden in der volkskundlichen Literatur Erwähnung; auch neuere Produkte wer-

*299 V. Harnier: Spielende Biedermeierkinder*

*300 P. Fendi: Mädchen mit Puppe. Um 1830*

den genannt. So verdankte das Hamburg-Altonaer Museum den Grundstock seiner Sammlung dem ehemaligen Spielwarengeschäft des Herrn Clausen in Altona. Und wenngleich sie kein sehr altes Stück enthält, hat Otto Lehmann sie doch ausführlich beschrieben aus der Erkenntnis heraus, daß hier Durchschnittsspielzeuge vorliegen, Gebrauchsware für das Hamburger Bürgerkind und keine Prunkstücke. – Als neuestes Werk ist der Prachtband der Leonie von Wilckens: ›Das Puppenhaus‹ zu nennen.

Nach einer solchen knappen Übersicht über die Spielzeugliteratur, die gerade im letzten Jahrzehnt mehrere prächtig ausgestattete Werke hervorgebracht hat, seien ein paar Studienanregungen gegeben für die Rolle des Spielzeugs bei der Erhellung des Kinderlebens im 19. und beginnenden 20. Jahrhundert. Nicht *Spielzeug* an sich ist interpretierbar, darstellbar oder gar vergleichbar. Spielzeug ist vielmehr eine soziale Tatsache, eine Funktion im Sozialisationsprozeß des Kindes, aber auch im gesamten historischen Gesellschaftssystem, das es umgibt.

Die im folgenden vorgestellten Dinge sind nicht nur konkrete, reale, wahrnehmbare Gegenstände, sondern zugleich Teile einer komplexen Struktur, die ihrer eigenen Gesetzmäßigkeit folgt. Dinge, die zunächst voneinander entfernt erscheinen, erhalten in diesem strukturellen Zusammenhang plötzlich eine neue Identität. Und es werden vergleichbar Puppen und Puppenstuben, Puppenküchen und -geschirr, Kaufmannsläden und Puppentheater, Trommel, Pfeife und Gewehr, Kinderhelm und Zinnsoldaten – aber auch Bauernhöfe und ihre niedliche Ausstattung, die dem Stadtkind ein romantisches Bild von heiler bäuerlicher Welt vermittelten –, dazu Dichterlottos und Reisespiele im Sinne bürgerlicher Bildung, und vieles andere mehr.

Das strukturelle Band, das alle diese Gegenstände umschlingt, ist die gleiche familiäre Denk- und Verhaltensweise, die gleiche Methode kindlicher Sozialisation. Das Spielzeugrepertoire der bürgerlichen Kinderstube gewinnt so einen charakteristischen Aussagewert für die *Kindheit* der befragten Epoche.

Was wünschte sich einst Wilhelminchen zu Weihnachten? Womit spielte der kleine Wilhelm?

Die bekannten Weihnachtslieder rekapitulieren die kindlichen Wunschzettel:

*301 J. B. Clarot: Der kleine Reitersmann. 1845*

»Wißt Ihr noch? Mein Räderpferdchen, / Jettchens hübsche Schäferin, / Lieschens Küche mit dem Herdchen / und dem blankgeputzten Zinn? / Wilhelms bunter Harlekin / mit der gelben Violin'?«

Sie zählen gleichzeitig das ganze Spiel-Repertoire der 19.-Jahrhundert-Kinder auf, das dann in der Kaiserzeit ein Übergewicht zum Militaristischen bekam:

»[...] Trommel, Pfeifen und Gewehr, / Fahn' und Säbel und noch mehr, / ja, ein ganzes Kriegesheer / möcht ich gerne haben!«

Die Erfüllung all dieser Wünsche unter dem Weihnachtsbaum – das war die *eine* Seite des gesellschaftlichen Systems; die soziale Kehrseite hat Erich Kästner bitter besungen:

»Morgen, Kinder, wird's nichts geben, / nur wer hat, kriegt noch geschenkt, / Mutter schenkte euch das Leben, / das genügt, wenn man's bedenkt. / Morgen kommt der Weihnachtsmann, / allerdings nur nebenan.« (Wer nicht hören will, S. 73)

Die Gegenstände des Spielzeugs sind als kulturelle Zeichen für ein ganzes Geflecht von sozialen Beziehungen zu verstehen. Darüber ließe sich bei einer Befragung dieser Dinge manches erfahren, denn sie sind sehr beredt und aussagebereit. Vier Fragen sollen an das Spielzeug gestellt und

*302 Zwei Kinder mit Gewehr und Puppe. Um 1855*
*303 Kleiner Junge mit Pferdchen. 1915*

*304 Kleines Mädchen mit Puppe. 1905*

305 *Bürgerliches Puppenhaus des 19. Jahrhunderts*
306 *Puppenküche des 19. Jahrhunderts*

mit ihrer Beantwortung die Unmenge der Details ansatzweise wie in einem strukturellen System geordnet werden.

1. Frage: Welche Rolle hat das Spielzeug für die Erziehung der Mädchen und Knaben gespielt?

Die Rollenfixierung durch Spielzeug für Knaben und Mädchen ist leicht einsehbar: Auf der einen Seite Baukästen und Dampfmaschinen, Ritterburg und Zinnsoldatenarmeen, Helm und Gewehr, Trommel und Pferd; auf der anderen Seite Puppen, Puppenstuben und Puppenhäuser, Puppenherd und Kochgeschirr, Service aus Porzellan und Zinn, Nähmaschinen und Bügeleisen. Daraus lassen sich unschwer die Tugendkataloge ablesen, in deren Rahmen die Kindererziehung verlief.

Mit besonderer Genauigkeit läßt sich für *Mädchen* der Code der Puppenstuben und Puppenhäuser entschlüsseln.

Das elterliche Haus mit all seinen Einzelheiten konnte vom Keller bis zum Dachboden nachgebildet und jeder Gegenstand im kleinen wiederholt werden (vergl. Gröber/Metzger, S. 59). Imitation hieß also die Parole, unter der sich die Puppenstube in der bürgerlichen Epoche zu einer Vollkommenheit im Detail entwickelte, die die getreue Wiedergabe der Makrowelt der Erwachsenen in der Mikrowelt des kindlichen Spielzeugs darstellte.

Die Puppenstube war also auf das historisch bestimmbare, schichtspezifische Sozialisationsmilieu bezogen, und zwar in einem weit konkreteren Maße als das übrige Spielzeug. Hier konnte das kleine Mädchen nicht nur die Realien aus der Wohnwelt der Erwachsenen in dem Maßstab kennenlernen, den es selbst zu beherrschen vermochte, – hier fand sich auch vieles für die Einübung seiner späteren Rollen- und Verhaltensmuster. Kurzum: die Puppenstuben und -häuser des 19. Jahrhunderts wa-

307 Biedermeierpuppen am Teetisch

308 Wiener Puppenhaus. Um 1860

ren ausgesprochen bürgerliche Erziehungsinstrumente. In oft meisterlicher Handarbeit sind all die Herrlichkeiten entstanden, die die Lebenswelt der Eltern nachahmten: Saloneinrichtung mit Klavier und Glasvitrine, Speisezimmer mit Buffet und Anrichte, Goethe- und Beethovenbüste, Kaiser Wilhelm und Bismarck, Teppiche und Plüschvorhänge, Elternschlafzimmer und Kinderstube mit Schaukelpferd und die Dienstmädchenkammer auf dem Boden oder neben der Prunkküche mit kupfernem und porzellanenem Kleinstgeschirr. Hier durfte das kleine Mädchen nach Herzenslust mit der Mama konkurrieren. Wenn es artig war, so wuchs es spielend hinein in die Lebenswelt der Großen, die sich ihm als stabil und unveränderbar im Puppenhaus präsentierte. Häuslichkeit als bürgerliches Lebensideal, Gemütlichkeit innerhalb der eigenen vier Wände, Entwicklung einer ausgeprägten binnenfamiliären Wohnkultur mit einer Spezialisierung der Wohnzwecke in den verschiedenen Extrastuben wie Speisezimmer, Herrenzimmer, Salon, Schlafstube und Kinderzimmer: das alles waren Widerspiegelungen jener Introvertiertheit, aber auch Geborgenheit, – jener Abgeschirmtheit von der Außenwelt, wie sie für die Bürgerfamilie des 19. Jahrhunderts so bezeichnend war. An den dicht mit Plüschportieren verhängten Fenstern endete die Welt auch in der Puppenstube. Doch hatte das Kind spielend das bürgerliche Lebensmilieu im Spiegel der Puppenstube kennengelernt.

Die liebevolle und kostbare Ausstattung dieses Spielzeugs, die dem heutigen Beschauer die Dinge kulturgeschichtlich so interessant und gemüthaft, so ansprechend macht, drängt nun die Frage auf, wie denn Kinder eigentlich mit solchen Sachen spielten, die unverrückbar an ihrem Platze standen. Sie konnten die Stuben ausräumen und wieder einräumen, sie konnten Puppenbesuche mit sorgfältig gedecktem Teetisch veranstalten. Aber eine wirkliche Kreativität gestattete dieses Spielzeug nicht, das die normierten Ordnungen der Stubeneinrichtung allzu genau vorschrieb (vgl. Weber-Kellermann, Familie, S. 148).

Die größte Rolle im Leben der kleinen Mädchen spielten die Puppen. In Anbetracht der ständig wachsenden Puppenliteratur darf ich mir eine Formgeschichte der Puppen ersparen und mich auf ihre soziale Funktion beschränken.

»Onkel Louis, früherer Offizier und damals noch ein sehr schöner, stattlich aussehender Mann, verstand es wie selten jemand, mit Kindern umzugehen, und wenn er kam, so nahmen wir ihn sofort in Beschlag, und seine kleinen Anekdoten und Späße waren wundervoll. Und einmal versetzte mich seine Güte auch in ein wirkliches Wunderland. Elise von A. und ich wurden von ihm bei einem Besuch in Stuttgart in den Großschen Kinderspielwarenladen genommen, was schon an und für sich etwas Niegesehenes war, und dann drückte er jedem von uns einen Gulden in die Hand und sagte: ›Wählet!‹

Hat wohl je jemand etwas Ähnliches empfunden, sich so fast niederdrückend reich gefühlt wie wir? Und dann diese Geduld des Gebers unsrer gänzlichen Fassungslosigkeit gegenüber, die stundenlang sich nicht entschließen konnte, solchem Glückszustand durch wirkliches Wählen ein Ende zu machen! Schließlich brachten wir auch das Törichtste nach Haus, zu Tante, die liebevoll des Nachmittags nochmals mit uns in

*309 Wachspuppe von 1845*

den Laden ging und endgültig zwei hübsche Porzellanpüppchen in einer Badewanne für uns aussuchte.« (Schumacher, S. 230)

Die schlechte Bespielbarkeit der reizenden und sehr lebensnahen, aber allzu empfindlichen Wachspuppen ist durch rührende Kindheitserinnerungen belegt (Abb. 309).

»An ihren Puppen hing sie mit leidenschaftlicher Liebe, ein tragisches Erlebnis mit einer geliebten Puppe schnitt tief in ihr kleines Herz. Dieses Kind stammte aus Riga, hatte ein liebliches Wachsgesichtchen und himmelblaue Augen, die sie öffnen und schließen konnte. Eines Tages, es war Frühling und die Sonne schien warm, hatte mein Schwesterchen ihr Puppenkind ans Fenster in die Sonne gesetzt; plötzlich erscholl ein jammervoller Schrei von der kleinen Mutter: ›Meine Jenny hat ein verzerrtes Gesicht!‹

Die Sonne hatte das Wachsgesichtchen geschmolzen, und statt des lieblichen Lächelns lag ein schiefes Grinsen darauf; und was das schrecklichste war: sie konnte die Augen nicht mehr öffnen, sie war wirklich tot. Der Jammer der armen Mutter war tief, mit gerungenen Händen hielt sie die kleine Leiche auf dem Schoß, bis man das Jammerbild verschwinden ließ. Vater brachte eine andere Puppe aus Petersburg mit, ein Scheusal mit grellen schwarzen Augen, die unbeweglich in ihrem Gesicht standen. Mit Haß und Abscheu wurde dieses Ersatzkind von uns empfangen; wie konnte Vater nur denken, daß dieses Geschöpf unsere Jenny ersetzen könnte! Und zum erstenmal empfand ich es in meinem kleinen, empörten Herzen, daß Männer Frauenschmerzen im tiefsten Grunde nicht verstehen können.« (Hunnius, 1858-1934, S. 17)

Obgleich doch mit *Puppe* biologisch ein Frühstadium der Lebewesen gemeint ist und das Wort in manchen Sprachen das Kleinkind bezeichnet (z. B. franz. *poupard* = Wickelkind), waren die Puppen bis weit ins 19. Jahrhundert wie erwachsene Damen gekleidet und frisiert, wie feingemachte bürgerliche Hausmütter. Warum? Es scheint, als seien auch sie einzuordnen in jenes patriarchale Familiengefüge, das das erzieherische Familiendenken des 19. Jahrhunderts so nachdrücklich prägte: die gut erzogene Puppenfrau als respekteinflößendes Vorbild (Das Kind und seine Welt, S. 24) mit pädagogischer Rückwirkung auf die kleine Puppenmutter.

In einem Biedermeier-Kinderbuch ›Wie Auguste und Wilhelmine ihre Puppe erzogen‹ wird dieser indirekte Erziehungsprozeß geradezu exemplarisch dargestellt:

»Auguste trug ihre Puppe im Arm, Wilhelmine stand vor ihrer Küche und musterte das darin befindliche Gerät. Da sprach die Erstere plötzlich: Minchen! Ich will Dir einen Vorschlag machen. Laß hören! Wenn's Dir recht ist, so wollen wir die Puppe nun erziehen. Wie sollen wir das anfangen? – Wir verstehen ja davon nichts. Die liebe Mutter wird uns schon dabei zu Hilfe kommen, meinte Auguste, und richtete ihre Augen freundlich und bittend auf diese. Das will ich wohl, sprach Frau von Teschendorf, denn es fiel ihr ein, daß sie dadurch eine Gelegenheit erhielt, gleichsam spielend ihren Töchtern nützliche Lehren geben zu können.« (S. 13 f.)

Ein zeitgenössisches Kindergedicht, betitelt ›Die Puppe‹, beschreibt zunächst die freundlichen Qualitäten eines kleinen Mädchens und fährt dann kritisch fort:

»Doch eins gefiel mir nicht an ihr: / das Mädchen war ein kleiner Eigensinn! [. . .] / Die Mutter nahm ihr Philippinchen in scharfe Zucht, / gab ihr die Rute, ließ am Katzentisch sie tafeln / und sperrte sie bisweilen in die Kammer! / das half – und half auch nicht; / wann trifft die mütterliche Zucht gerade Maß und Ziel? /
Drum hat die neue Pädagogik / die Birke ganz aus ihrer Dynastie verbannt [. . .] / Ich sann auf ein bequemer Mittel, sie zu bessern, / verschrieb aus Leipzig eine Puppe, / so modisch wie die Märchenkönigin geputzt. / Die schenk ich ihr zum Angebinde mit dem Beding, / ein gutes Kind zu sein und Mütterchen nie wieder / zu erzürnen! /
Für jede Unart, die du dir erlaubst, /

*310 H. F. Müller: Spaziergang mit der Puppe. 1815*

*311 Kind mit Puppe. Um 1880*

sprach ich, soll die pompöse Dame büßen: / der Kleiderschrank soll ihr Gefängnis sein, / darinnen wird man sie verschließen / so lange, bis dich deine Fehler reun. / Für Ungezogenheit wird vom Fuß zum Haupt / sie ihres schönen Schmucks beraubt. / Und wolltest du Mama durch Ungehorsam kränken, / soll sie die Puppe gleich dem Wäschermädchen schenken. /
Das Patchen empfand ein kindisches Entzücken ob / dieser Spende [...], / versprach, was man von ihr verlangte, / entsagte allen bösen Launen, / gelobte, Trotz und Eigensinn auf ewig zu verbannen. /
Acht Tage hielt sie's aus, / da war mein Philippinchen ein Mädchen wie ein Daus / und machte nicht ein schiefes Mienchen. / Doch eh man sich's versah, / war die verscheuchte Maus in ihrem Köpfchen wieder da: / Und das bewog Mama, / um diese Unart zu bezähmen, / die schöne Puppe ihr zu nehmen. / Oh Traurigkeit, oh Herzeleid! / Sie wollte sich zu Tode grämen. / Oh wie sie bat, oh wie sie tat, / so kümmerlich, so wimmerlich: / Oh diesmal noch, verzeihn Sie doch, / will artig sein, / ist denn Ihr Herz – bei meinem Schmerz von Stahl und Stein?«
(Im folgenden wird langatmig der Besserungsprozeß des kleinen Mädchens beschrieben.)
»Daraus folgt also diese Lehr, / sprach, da sie's las, die Tante: / Oft bessert eine Puppe mehr / als eine Gouvernante.« (Kunze, S. 158 ff.)
Wird auch die erzieherische Absicht des Puppenspiels beibehalten, so verändert sich doch das Aussehen der Puppen hin zur Kindertümlichkeit, und zum Ende des Jahrhunderts durften die kleinen Mädchen echte Puppenkinder in die Arme schließen. So mag sich auch in der Puppenliebe der kleinen Mädchen manch narzißtisches Ersatzbedürfnis ausgelebt haben (vgl. Miller, S. 58 ff.).
»Ich war eine gute, treue Puppenmutter und hütete meine Kleinen sorgsam. Denn ich war überzeugt, daß sie eigentlich lebendig waren und, sobald ich aus dem Zimmer ging, sich eingehend über die ihnen zuteil gewordene Behandlung unterhielten.

*312 Kind mit Puppe. Um 1920*

Zuweilen lauschte ich auch hinter der Tür, und wenn ich nichts hörte, so sagte ich mir eben, sie redeten natürlich in der Puppensprache, die für menschliche Ohren nicht vernehmlich sei.« (Reuter, S. 35)
Wie sehr die Puppe den Lebensweg des kleinen Mädchens vorherbestimmte, hat Simone de Beauvoir klarsichtig dargestellt:
»Die unbestimmte Angst, die das

*313 E. Diekmann: Knabe mit Eisenbahn. 1929*

kleine Mädchen in seinem Körperinnern empfindet, setzt sich oft das ganze Frauenleben hindurch fort. Es ist besorgt um alles, was in seinem Innern vorgeht, von vornherein fühlt es sich in seinen eigenen Augen viel undurchsichtiger, viel tiefer verstrickt in das verwirrende Mysterium des Lebens als der Junge. Aus der Tatsache, daß er (im Symbol seiner Männlichkeit) ein alter ego besitzt, in dem er sich wiedererkennt, kann er seine Subjektivität auf sich nehmen. Das kleine Mädchen dagegen kann sich in keinem Teil seines Selbst verkörpern. Man drückt ihm einen fremden Gegenstand in die Hand, damit er bei ihm zum Ausgleich die Rolle eines alter ego übernehme, eine Puppe.« (S. 96)

Nicht weniger rigide wie die Rollenfixierung der Mädchen durch Spielzeug war die der *Knaben*. Behielt bei den Mädchen die Mutter mit ihren hausfraulichen Tätigkeiten die Idolfunktion, so verteilte sich das Knabenspielzeug auf ein breites Spektrum, sollte doch hier auf ein größeres Zukunftsfeld vorbereitet werden. Da waren technische Begabungen und Geschicklichkeiten, die mit Hilfe des neuen großen Wunderwerkes, der Dampfmaschine, gefördert werden

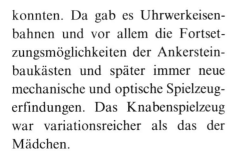
314 Dampfmaschine. Um 1900

315 Eisenbahn aus Blech. Um 1900

konnten. Da gab es Uhrwerkeisenbahnen und vor allem die Fortsetzungsmöglichkeiten der Ankersteinbaukästen und später immer neue mechanische und optische Spielzeugerfindungen. Das Knabenspielzeug war variationsreicher als das der Mädchen.

»Mein Vater muß in der Beschaffung von sinnreichem Spielmaterial ein mächtiges Erziehungsmittel erblickt haben«, schreibt Carl Ludwig Schleich (1859-1922) in seinen Lebenserinnerungen (S. 53). »Er hat mich mit allen Erzeugnissen dieser Industrie für Entwicklung der Knabenphantasie geradezu überschüttet. [...] Kindertheater, singende Kreisel, Dampfschiffe, Elektrisierapparate und ganze Armeen von Zinnsoldaten waren unser.«

Schleichs Lebensdaten bezeugen, daß der Vater den Knaben tatsächlich das Neueste vom Neuen bescherte, wobei er dann freilich nach Väter Art auch ganz gerne selbst am Boden hockte. 1815 war bereits die Blechdruckerei erfunden worden und hatte eine moderne Spielzeugart ermöglicht, die bald den Markt eroberte. Die neuen technischen Erfindungen kamen nun im Kleinformat in die Spielzeugläden: Dampfmaschinen, Mühlen, Hammerwerke, Karussell und dann später die Eisenbahnen und die anderen Verkehrsmittel. (Lirum Larum Löffelstiel, S. 15)

»Indem wir das alles miterlebten, wurde unser Interesse für technische Dinge kräftig geweckt. Mir half dabei außer dem Baukasten noch ein anderes Spielzeug mit. Die Eltern hatten mir zum gleichen Weihnachtsfest eine Lokomotive geschenkt. Nicht eine mit Uhrwerk und elektrischer Batterie, mit Anhänger und Geleise, wie man sie heute für Kinder baut. Meine Lokomotive war ein höchst einfaches Fahrzeug ohne alle geheimnisvollen Kräfte. Dafür war sie aber in ihrer primitiven Biederkeit sehr anschaulich und zugleich fast unzerstörbar. Auf den Achsen der vier Räder ruhte eine dünne Blechplatte. Auf sie war ein gelb angestrichener Dampfkessel mit einem Schornstein aufgebaut. Über die beiden hinteren Räder aber lief eine Welle, an deren einem Ende ein bleiernes Schwungrad saß. In der Mitte der Welle war ein kleines Loch, durch das man das Ende eines Bindfadens stecken konnte. Dieser wurde um die Welle gerollt. Zog man nun den aufgerollten Wagen so schnell wie möglich wieder los, dann geriet das Schwungrad in eiligen Lauf und teilte durch die Welle seine Drehung in umgekehrter Richtung den Lokomotivrädern mit. So kamen diese langsam in Gang. Mit bedächtiger Eile und erheblichem Rasseln fuhr mein tapferes Fahrzeug durch die halbe Stube. Es konnte sogar rückwärts laufen, wenn man den Faden in umgekehrter Richtung aufrollte. Ließ aber die Kraft des Schwungrades nach, so daß die langsamer werdende Fahrt vollends zum Stillstand kommen wollte, so gaben die Räder einen kleinen quietschenden Ton von sich. Das entzückte mich jedesmal ganz besonders.

Als mir der Weihnachtsabend diese Wundermaschine bescherte, war meine Seele ganz von ihr gefangengenommen. Ich hatte für nichts anderes Augen und lag immerfort auf der Erde, um den Bindfaden richtig einziehen zu lernen und die Räder in Bewegung zu setzen. Meine großen Brüder, die mich gern neckten, machten mir weis, die Maschine hätte hundert Mark gekostet. Von dem unerklärlichen Quietschen aber behaupteten sie, das wäre ein richtiges Pfeifen, mit dem die Lokomotive ihre Ankunft melden wollte, wie es die großen Maschinen auf dem Bahnhof

Spielzeug

318 Der kleine »Soldat«. Um 1914

316 Burg mit Rittern. Ende 19. Jahrhundert
317 O. Kubel: Kinder spielen Soldaten. Um 1910

tun. Vergeblich forschte ich nach dem Dampf, der dann doch aus dem Kessel entströmen mußte, wie ich es sonst bei Signalpfeifen gesehen hatte. Endlich bohrte ich mit dem Nagel ein Loch in die blecherne Hülle des Kessels; aber er erwies sich als leer. Nach dieser Richtung hin war also die Lokomotive eine Enttäuschung. Aber sonst tat sie unermüdlich ihren Dienst. Denn sie lehrte mich, wie sich menschliche Kraft und Bewegung auf ein Werkzeug übertragen lassen und wie Schwerkraft und Gewicht wieder neue Bewegung schaffen können. So studierte ich daran die ersten Gesetze der Mechanik und betrachtete nun alle Arbeit von Rädern, Hebeln und Schrauben mit wachsendem Interesse. Die alte Kinderlokomotive aber ist heute noch wie der erste Baukasten unversehrt in meinem Besitz.« (Bodelschwingh, Kinderzeit, S. 66 f.) Doch soll hier keine Formgeschichte des Spielzeugs folgen, sondern nur verdeutlicht werden, daß auch diese Neuerung des technischen Blechspielzeugs sogleich eindeutig den Knaben zugeordnet wurde.
Nach dem gewonnenen Frankreichkrieg ging für die Jungen die Rollenfixierung jedoch vor allem in eine andere Richtung: das Militär und seine Rangordnungen lieferten die Klischees für das männliche Erziehungsideal der Tapferkeit und Ehrenhaftigkeit. Unreflektiert wurden die Knaben von den gleichen Eltern und Pädagogen mit Spielzeug zum Thema *Soldatenleben* gefüttert, die den Mädchen mit Puppenstuben und -küchen die Utopie einer heilen Bürgerwelt vermitteln wollten.
Es begann oft ganz harmlos.
»Eine Burg mit Rittern!« Wie oft war und ist das auf Wunschzetteln zu lesen und beschäftigte die Phantasie von Kindern und Eltern. Romantische Abenteuerlust und Eindrücke von Ferienreisen beförderten solche Wünsche, denn überall in Deutschland gibt es gut erhaltene Ritterburgen und alte Schlösser, und diese fremde Welt aus ferner Vergangenheit möchten die Jungen gern in ihre eigene Spielwelt hineinholen.
Das Spielzeug *Ritterburg* ist kaum älter als hundert Jahre. Es gehörte in die große Zeit, als sich der Nationalismus in Europa entwickelte, auf dem Hintergrund einer altdeutschromantischen Nostalgie. Es gehörte aber dann besonders in die Zeit, als

*319 Prinzen spielen mit Zinnsoldaten. 1808*

*320 Bilderbogen mit Soldaten zum Ausschneiden. Um 1840*

die Knaben zum Kriegsspiel erzogen werden sollten und spielend auf ihre spätere Rolle als Verteidiger des Vaterlandes fixiert wurden. Dazu aber brauchten die Spielenden auch eine entsprechende Bevölkerung der Burgen, ein Heer der Kämpfenden, und das waren die Zinn- und Bleisoldaten – in der Nachfolge der alten Holzsoldaten.

»Es waren einmal 25 Zinnsoldaten, die waren alle Brüder, denn sie waren von einem alten zinnernen Löffel geboren worden. Das Gewehr hielten sie im Arm und das Gesicht geradeaus. Rot und Blau, so herrlich war ihre Uniform. Als der Deckel von der Schachtel abgenommen wurde, in der sie lagen, war das allererste Wort, das sie in dieser Welt hörten: Zinnsoldaten! Das rief ein kleiner Knabe und klatschte in die Hände. Er hatte sie bekommen, denn es war sein Geburtstag, und er stellte sie nun auf dem Tische auf.« (Andersen, Bd.1, S. 192-197)

So beginnt Hans Christian Andersens (1805-1875) berühmtes Märchen vom standhaften Zinnsoldaten. Dieses Spielzeug wird aus einer flüssigen Zinnlegierung gegossen – früher aus Blei –, und zwar in aus Schiefer geschnittenen Formen und nach dem Erkalten bemalt. Auf diese Weise wurden Zinn- und Bleifiguren zum Spielen schon seit mehr als 200 Jahren hergestellt. Auch der kleine Johann Wolfgang von Goethe hat damit gespielt, und das ist über 200 Jahre her. In seinem Erinnerungsbuch ›Dichtung und Wahrheit‹ erzählt er, wie er erstaunlicherweise mit einem kleinen Mädchen Zinnsoldaten spielte:

»›Wir wollen auf die goldene Brücke gehen‹, sagte sie, ›dort spielt es sich am besten mit Soldaten‹ [...] Es war alles Reiterei, wie ich nunmehr sah. Die Heere standen gegeneinander, und man konnte nichts Schöneres sehen [...] Mann und Pferd rund und körperlich auf das feinste gearbeitet. Auch konnte man kaum begreifen, wie sie sich im Gleichgewicht hielten, denn sie standen für sich, ohne ein Fußbrettchen zu haben. Wir hatten nun jedes mit großer Selbstzufriedenheit unsere Heerhaufen beschaut, als sie mir den Angriff verkündigte. Wir hatten auch Geschütz in unseren Kästen gefunden; es waren nämlich Schachteln voll kleiner wohlpolierter Achatkugeln. Mit diesen sollten wir aus einer gewissen Entfernung gegeneinander kämpfen, wobei jedoch ausdrücklich bedungen war, daß nicht stärker geworfen werde, als nötig sei, die Figuren umzustürzen: denn beschädigt sollte keine werden. Wechselseitig ging nun die Kanonade los, und im Anfang wirkte sie zu unser beider Zufriedenheit. Allein als meine Gegnerin bemerkte, daß ich doch besser zielte als sie und zuletzt den Sieg, der von der Überzahl der Stehngebliebenen abhing, gewinnen möchte, trat sie näher, und ihr mädchenhaftes Werfen hatte dann auch den erwünschten Erfolg. Sie streckte mir eine Menge meiner besten Truppen nieder, und je mehr ich protestierte, desto eifriger warf sie.« (Goethe, Bd. 22, S. 67 f.)

Hier ist nun zugleich mit der Erzählung die Spielmethode angedeutet, die Spielregel beschrieben, die als einzige für das Spiel mit Zinnsoldaten in Frage kommt: als 1. Phase das Aufstellen der Heermassen in Reih und Glied in einer Art von Parade; als 2. Phase die Formierung eines Gegenheeres, gegen das zum Kampfe angetreten werden kann, und dann als 3. Phase das eigentliche Spiel der zwei Parteien, das in der Vernichtung

*321 2 Brüder mit Säbel und Schaukelpferd. Um 1820*

*322 C. J. Staniland: Spielzimmer. Um 1890*

der eingeführten Ordnung besteht. Welche Regeln man hier ansetzt, welche Erfolge oder Niederlagen der Gegner in welchen Zahlen zu berechnen sind: das liegt im Belieben der Spieler; und so ergibt sich als Absurdität dieses Kriegsspieles, daß sein Aufbau in der Zerstörung endet.

Baukastenspiele, mechanische Spielzeuge und andere Gegenstände haben bei aller Verschiedenheit eines gemeinsam: als Spielziel entsteht eine neue Welt im kleinen nach Willen und Wunsch der spielenden Kinder. Nur beim Soldatenspiel ist der Weg umgekehrt: wer besser zerstören kann, der hat gewonnen!

Das Spiel mit Zinnsoldaten ist oft als Vorübung, als Instruktion für die Strategie in künftigen Kriegen verstanden und wohl auch benutzt worden. Ganz sicher hat es die Gefühle des Nationalstolzes und des militärischen Geistes erweckt und erzogen.

Und wenn Theodor Hampe, der bedeutende Erforscher der Zinnsoldaten, 1924 schreibt: »In dem Zinnsoldatenspiel mit meinem Bruder hatte er als der jüngere natürlich die Franzosen zu übernehmen, während mir die Deutschen zufielen [...] Alle kaputten Soldaten aber galten als Russen [...]« (S. 16), so ist das *Weltbild*, das sich hier im kindlichen Spiel erprobt, deutlich genug.

Er fügt hinzu, daß auch das lehrhafte Moment bedeutend war und man die Uniformierung der Regimenter im Wechsel der Zeiten anschaulich erlernen konnte. Nun, die Zinnfigurenfabrikanten, insbesondere die berühmten Nürnberger Werkstätten, machten sich solchen Wissensdurst zunutze und stellten preußische, bayrische und österreichische Soldaten ebenso zuverlässig her wie die British Army. Welchen Nationalismus sie unterstützten, war ihnen gleich. Geschäft ist Geschäft!

Die Kriegsspiele vergangener Zeiten, die den vorigen Generationen so selbstverständlich waren, müssen sich nicht notwendig mit Zinnsoldaten verbinden. Gewalt und Aggression sind keine unabwendbaren Schicksale. Man kann auch das friedliche Leben erlernen. Mit Zinnfiguren ist es möglich, geschichtliche Bilder zu bauen, eine Welt im kleinen mit einer frappanten Genauigkeit der Rekonstruktion. Aber Feldherr zu spielen und sich zu üben »im Geiste der mannhaftesten Tugenden« als Schlachtenlenker, wie es die Zinnsoldatenhersteller und -forscher so gerne wollten: das darf der Sinn von Spielzeug nicht sein!

Für die kleineren Knaben entwickelte sich das Schaukelpferd zum typischen Spielzeug, während sie zuvor auf Gemälden gern durch das

Zeichen *Steckenpferd* erkennbar gemacht worden waren. Schichtspezifisch zeigte es sich nur in seiner Qualität: für die vornehmen Kinder mit Fell und Lederzeug, für die Armen oft vom Vater gebastelt und angemalt. Im Odenwald z. B. (Kirch-Beerfurth) gab es spezielle *Schockelgaulmacher*, die verhältnismäßig preiswerte Exemplare aus gestrichenem Holz nur für den Frankfurter Christkindchesmarkt herstellten. Auf jedem weihnachtlichen Familienbild des 19. Jahrhunderts ist ein Knabe auf dem Schaukelpferd zu sehen, dazu Säbel, Helm und Trommel. Konstruktiver war das Jungengeschenk: Baukasten.

»Einmal, als ich sechs Jahre alt war, schenkte mir die Großmutter in Berlin einen Steinbaukasten. Es war die bescheidenste Ausgabe mit ganz schlichten roten und gelben Steinen, aus denen man noch keine großen Bauwerke errichten konnte. Aber es war damit eine lockende Aussicht verbunden: wenn bis zum nächsten Weihnachtsabend kein einziger Stein verlorengegangen wäre, würde Großmutter vielleicht den nächstgrößeren Kasten schicken; der eröffnete in Verbindung mit dem ersten ganz andere Möglichkeiten für Häuser, Türme und Brücken. Nun verknüpfte sich bei jedem Spiel mit der Freude an der Gegenwart die Sorge um die Zukunft. Daß mir nur ja niemand von den Geschwistern dazwischenkam, wenn die Steine nach dem Gebrauch wieder eingepackt wurden! Von Monat zu Monat wurde der Schatz mehr geliebt und treuer gehütet. Aber schließlich geschah doch das Unglück, daß einer der schmalen gelben Steine beim Sturz vom Tisch in der Mitte durchbrach. Noch fühle ich den Schrecken, der mir durch alle Glieder fuhr. Der Schaden schien unheilbar zu sein. Ich kam mir wie ein greulicher Missetäter vor; durfte ich nun noch jemals auf Vermehrung meiner Baumaterialien hoffen?

*323/324* Bilder aus Schulfibeln der zwanziger Jahre
*325* Anzeige für ein Knabenbastelbuch

326 H. Engel: Junge beim Ausschneiden. Um 1900
326a Titelvignette für die Puppenschneiderin

Mutter aber sah meinen heimlichen Kummer. Eines Tages in der Woche vor Weihnachten stellte sie meinen Kindertisch neben den Herd in der Küche, gab mir warmes Wasser, Seife und eine alte Zahnbürste und lehrte mich, jeden Stein zu waschen und zu putzen, daß er ganz neuen Glanz bekam. Dann holte sie Pinsel und Leim, und wir bestrichen sorgfältig die Bruchflächen meines todkranken Steines. Dann mußte ich die beiden Hälften fest aufeinanderdrücken. Wohl eine Stunde lang habe ich unbeweglich so gestanden und mit aller Kraft der kleinen Hände gehalten und gepreßt. Denn ich wußte: von dem Erfolg dieser Operation hing mein ganzes Weihnachtsglück ab. Endlich wagte ich, die Hände vorsichtig von dem Stein zu lösen; und, o Wunder, der Bruch war geheilt. Die beiden Stücke klebten fest aneinander. Nun brauchte ich nur noch mit Sandpapier die Spuren des Leimes wegzuwischen; so konnte man kaum noch etwas von dem Unglück sehen. Und wirklich, wenige Tage später lag der nächste Baukasten unter dem Weihnachtsbaum.« (Bodelschwingh, S. 60 f.)

»Wenn es dann in jenen Wintertagen abends früh dunkel wurde, saß ich mit doppeltem Vergnügen bei meinem Baukasten. Das war doch etwas ganz anderes als die ungefügen Klötze, mit denen ich bis dahin gespielt hatte: Hier waren richtige Steine mit scharfer Kante und verschiedenen Formen, kurz und lang, dünn und dick. Sogar ein paar Bogen waren dabei, die man für Brücken oder runde Fenster verwenden konnte. Das Wichtigste aber war, daß ich nun auch, wie es oben auf dem Kirchplatz geschah, nach festen Plänen arbeiten konnte. In dem Heft, das zum Baukasten gehörte, sah man auf der einen Seite die fertigen Gebäude, die hergestellt werden sollten, und auf der anderen die Risse der verschiedenen Schichten des entstehenden Bauwerkes.« (Ebd., S. 65)

Eines galt für die Rollenerziehung von Knaben und Mädchen gemeinsam: sie sollten Ordnung lernen im Sinne von Gehorsamkeit und Anpassung an die bürgerliche Gesellschaft.

»[. . .] im Kinderzimmer versäume

man nicht, unermüdlich die ordnende Hand walten zu lassen, um die Kleinen frühzeitig an Ordnung zu gewöhnen«, schreibt Henriette Davidis (1800-1876) in ihren Ratschlägen für die Hausfrau. Sie kannte ein Kind im Alter von vier Jahren, einen Knaben von äußerst energischer, kräftiger und prächtiger Natur, der ohne Ausnahme, wenn er mit Spielen aufhörte, seine Spielsachen in einen kleinen hölzernen Wagen selbständig ordnete. Zwei Bilderbücher machten die Unterlage, darauf stellte er zwei Schachteln mit Bausachen und Soldaten dicht nebeneinander, zum Ausfüllen der Lücken nahm er Kleinigkeiten [...] Seinem Jagdhörnchen samt der kleinen Flinte gab er hängend einen Platz, den Wagen aber trug er jedesmal unter einen kleinen Seitentisch. Er nannte diesen Raum seine Remise. »Glücklich die Kinder«, schließt die Davidis, »welche von einer sorgsamen Mutter überwacht werden!« (S. 100)

2. Frage: Wie groß war in Deutschland die Gruppe der Kinder, die mit solchem Spielzeug spielen konnten? Im ausgehenden 19. Jahrhundert kann man im ganzen nicht viel mehr als 20 % der Beschäftigten mit ihren Familien als Käufer von Spielzeug besserer Qualität vermuten. Dabei handelte es sich um die bürgerliche Oberschicht mit Vermögen oder ausreichendem Einkommen. Die Gedankenwelt dieses Konsumentenkreises entsprach im allgemeinen dem Geist des Bismarckreiches. Sie war orientiert auf den 1871 erreichten gesellschaftlichen Status quo, geprägt von der Furcht vor sozialen Veränderungen und erfüllt von dem stolzen Bewußtsein, als einziger Stand gemeinsam mit dem Adel das deutsche Nationalgefühl nachdrücklich zu vertreten.

Zielgruppe des schönen Spielzeugs von dazumal war das Bürgerkind in seinem behüteten Heim, – das Sozialisationsideal die Vermeidung von

*327 Weihnachtsbescherung. Um 1890*

Konflikten und die Bewahrung der tradierten Welt in ihren Normen und Anschauungen. Die anderen vier Fünftel von Kindern der Gesellschaft aus Kleinbürger-, Bauern- und Arbeiterfamilien hatten wenig oder nie Gelegenheit zum Spielen mit Spielzeug. Wenn sie zuweilen auch einzelne Dinge von ihren Eltern angefertigt oder geschenkt bekamen, so fehlte es doch meist an Platz in den engen Wohnungen, um diese Sachen aufbauen oder auch nur sorgfältig aufbewahren zu können. Um 1912 befanden sich z. B. in Berlin 45 % aller Wohnungen in Hinterhäusern (Rühle, Kultur- und Sittengeschichte, Bd. 1, S. 385), zudem war das Ausmaß der Kinderarbeit bis in unser Jahrhundert groß. Die Tatsache, daß erst 1874 die Nachtarbeit für Kinder verboten wurde und erst 1891 Arbeit von Kindern unter 13 Jahren nicht mehr gestattet sein sollte, läßt etwas ahnen von der Lebensqualität der Arbeiterkinder.

Auf dem Lande gab es wenig Zeit für die früh mitarbeitenden Kinder und seitens der Eltern kaum Interesse. Damit zeigt sich auf makabre Weise der Zusammenhang der Gesellschaft mit dem Gegenstand Spielzeug, ein Zusammenhang als Mangel. Neben dem spielenden Kind und seiner anmutigen Spielzeugwelt in der bürgerlichen Wohnung existierten in viel größerer Zahl die *nicht*-spielenden Kinder, – neben den Kindern *im Lichte* all diejenigen *im Dunkel*.

3. Frage: Wie kommt es trotz des vergleichsweise schmalen Konsumentenkreises zu einer ständig wachsenden Konjunktur auf dem Spielzeugmarkt?

Da ist zunächst ein enormer Anstieg des Exportes zu nennen.

*328 G. Kuehl: Kinder im Lübecker Waisenhaus*

»Zu Beginn des 20. Jahrhunderts«, schreibt Manfred Bachmann in seinem großen Puppenbuch, »beherrschten Deutschlands Puppen den Weltmarkt. Zwei Drittel der gesamten Produktion stammten aus deutschen Fabriken und Werkstätten, das entsprach etwa der Hälfte der gesamten Weltproduktion an Spielpuppen. Allein im Sonneberger Gebiet (Thüringen) waren 50 % der Bevölkerung an die Spielzeugproduktion gebunden, davon arbeiteten mehr als 25 000 in der Puppenbranche.« (S. 141)

Mit der Frage nach dem Warum dieses plötzlichen wirtschaftlichen Booms einer solchen *Nebensächlichkeit* wie Spielzeug wird das Beziehungsgeflecht sichtbar zwischen der Sozialgeschichte der Familie (Weber-Kellermann, Die Familie, S. 95 ff.) und der Spielwarenproduktion. Einhergehend mit der Entwicklung pädagogischer Ideen und einer neuen Einstellung zum Kind und seiner Lebenswelt hatte sich im 19. Jahrhundert die Sozialform Familie verändert, besonders durch die Trennung von Arbeitsplatz und Wohnplatz. Die neue Bürgerfamilie mit ihrer Neigung zu Intimität und Innerlichkeit entwickelte ein großes Talent für die Ausgestaltung von Familienfesten und formte insbesondere Weihnachten zu einem Bescherfest für Kinder unter dem Weihnachtsbaum (Weber-Kellermann, Weihnachtsfest).

Dazu gehört der kindliche Schenkritus mit allen seinen Stufen vom Wunschzettel bis zum vermummten Gabenbringer. Je mehr sich dieses innerfamiliäre Schenkritual ausgestaltete, um so größer wurde der Bedarf an Spielzeug für die Gabentische: an immer neuen, immer bunteren Produkten, mit denen man nicht nur die eigenen Kinder beglücken, sondern auch die der *anderen* übertrumpfen konnte. So entwickelte sich das Weihnachtsfest gewissermaßen zum Auftraggeber für die ständig wachsende Zahl der Spielzeugproduzenten (Abb. 329).

329 *Der Weihnachtsmann. Schulfibel um 1920*
330 *Die Spielwarenverkäuferin. Um 1850*

4. Frage: Wie wurde der steigende Bedarf an Mengen von verschiedenem Spielzeug befriedigt?

Hier ist zuerst das Phänomen anzuführen, daß man vielfach auf eine Produktionsweise zurückgriff, die in den meisten anderen Branchen längst überholt war: die Heimarbeit. Für den Saisonstoß des Spielzeugs und die Unrentabilität von Maschinen für die Holz- und Puppensachen schien den Unternehmern dieses System von ihrer Seite her gewinnbringender zu sein. Die Art und Weise dieser Produktion sei nun als letztes Strukturelement für *Spielzeug* beschrieben.

Als Zentren der Spielzeugherstellung galten, wie erwähnt, das Südtiroler Grödner Tal, Oberammergau und Berchtesgaden, der Thüringer Wald um Sonneberg und das Erzgebirge, sämtlich waldreiche Armutsgebiete, deren Bevölkerung auf Nebenverdienste angewiesen war. Wenn auch

*333 Herstellung von Reifentieren. Um 1920*

*331 Heimarbeit im Erzgebirge. Um 1910*
*332 H. Hoffmann: Spiel mit Häuschen aus dem Erzgebirge. 1851*

die Wirtschaftsgeschichte der einzelnen Gebiete regionale Unterschiede aufweist, so verbindet sie die Gemeinsamkeit der Produktionsweise: Es wurden, entgegen den gesamtgesellschaftlichen Wirtschaftsentwicklungen, hausindustrielle Arbeitstechniken beibehalten, wodurch auf diesem Gebiet eine Art von *economical lag* entstand.

Am Beispiel des erzgebirgischen *Verlegerortes* Grünhainichen sei die typische Situation der Spielzeugheimarbeit kurz geschildert (nach Fritzsch). Dieser Ort bot sehr schlechte Bedingungen für die Landwirtschaft, dafür aber durch seinen Waldreichtum Möglichkeiten für ergänzende Holzarbeit, die in Holzordnungen seit dem 16. Jahrhundert bezeugt ist. Löffelmacher und andere Holzhandwerker hausierten von hier aus mit ihren Waren auf weiten Fahrten und besuchten seit dem 18. Jahrhundert mit Schubkarren die Leipziger Messe. Als die Nachfrage nach den gutgearbeiteten Gegenständen wuchs, ging man zu Pferdefuhrwerken über, und Grünhainichen wurde zum Ort der Fuhrleute, die nicht nur nach Leipzig fuhren, sondern auch hochbeladen die Messen in Nürnberg, Braunschweig, Frankfurt und Hamburg bereisten. Während der Wintermonate waren in allen Häusern sämtliche Familienangehörige mit der Herstellung der Holzwaren beschäftigt. Zu Beginn des 19. Jahrhunderts nun begann die Ausweitung des Produktionsrepertoires über kleine Musikinstrumente und Spieldosen auf Spielzeuge aller Art und wuchs in den folgenden Jahrzehnten mehr und mehr. Der größeren Nachfrage entsprechend begannen nun bereits die geschickteren unter den einheimischen Händlern, die Bevölkerung der umgebenden kleineren Dörfer, wie Flöha u. a., zur Herstellung bestimmter Gegenstände anzuregen und deren Ware aufzukaufen. Als dann die Konjunktur für Spielzeug ständig stieg, entwickelten die Grünhainicher Messehändler ihr eigenes System: sie sonderten sich von den kleinen Jahrmarktskrämern ab und gingen zum Barankauf der Waren über, die sie früher von den kleinen

334 Seite aus einem Musterbuch für Heimarbeiter. 19. Jahrhundert

Handwerkern in Kommission auf die großen Messen mitgenommen hatten. Sie wagten damit ein gewisses finanzielles Risiko, investierten Geld in den Bau von Lagerhallen und Magazinen, organisierten den Transport. Aber das Wagnis lohnte, und bald bildete diese Händlergruppe die Schicht der *Verleger*, die die Holzhandwerker in völlige Abhängigkeit versetzte und sie zu proletarisierten Stücklohn-Arbeitern absinken ließ. In Grünhainichen schwangen sich einige der alteingesessenen Handwerkerfamilien wie Oehme und Wagner zu solchen Verlegern empor, ließen sich nun mit *Herr* ansprechen und stiegen sozial dank ihrer konkurrenzlosen Wirtschaftslage in eine höhere Klasse auf. Die Heimarbeiter gelangten nur durch die Vermittlung dieser Verleger an Aufträge aus den Musterbüchern, mußten die Kosten für Leim, Papier, Nägel usw. vorlegen und warteten sehnsüchtig auf den Tag der Ablieferung, wenn der Verleger ihnen nach seinem eigenen Ermessen den Stücklohn in bar auszahlte. Die wirtschaftliche Schlüsselstellung der Verleger ließ ein fast unkontrollierbares Abhängigkeitsverhältnis entstehen, aus dem sich die Heimarbeiter höchstens durch den Wechsel des Auftraggebers lösen konnten, was diese jedoch durch Solidaritätsabsprachen verhinderten. Alle Versuche der Heimarbeiter, dem unerträglichen Preisdruck auszuweichen, waren verspätet und führten durch ihre Unkenntnis der Marktlage zu selbstmörderischen Mißerfolgen.

Das Elend der Heimarbeiter gerade in der Spielzeugindustrie war beispiellos und erreichte um die Jahrhundertwende eine außerordentliche Verschärfung. Frauen- und Kinderarbeit fanden hier ungeachtet aller industriellen Sozialgesetzgebung eine kaum vorstellbare Kulmination, zumal man, um das Existenzminimum zu erreichen, auf die Mitarbeit aller Familienmitglieder von den Großeltern bis hin zu 4-5jährigen Kindern angewiesen war. Noch im 20. Jahrhundert waren im Kreise Sonneberg 5 302 Kinder in der Heimindustrie (Puppenherstellung) tätig, davon
  609 : 6-7 Jahre alt,
1 251 : 8-9 Jahre alt,
1 464 : 10-11 Jahre alt,
1 978 : 12-14 Jahre alt.
Statistisch nicht erfaßt werden konnte die verhältnismäßig große Zahl der Vorschulpflichtigen, die wegen ihrer kleinen Finger besonders gut zum Umwenden der genähten Puppenkörper geeignet waren.

»Ich bin 74 Jahre, geboren in Mengersgereuth der Sonneberger Spielwarenindustrie. Wir waren 9 Geschwister, Durchschnittskinderzahl zur damaligen Zeit in der dortigen Gegend, und mußten schon vom 6ten Lebensjahr in der Heimindustrie mitarbeiten, sehr oft bis nachts 12 Uhr, und damit die Geschwister nicht einschliefen, wurde gesungen. Schule hatten wir Mittwoch und Sonnabend vier, die übrigen Tage sechs Stunden. Ich schlief in der Religionsstunde meist ein; der Lehrer, verständig, schickte mich dann auf den Korridor, und wir konnten, den Kopf aufs Fen-

Die Kinderarbeit in der Heimindustrie war allgemein. Der Landarzt Dr. Knevel stellte nach seiner Niederlassung 1897 fest, daß trotz waldreicher Gegend fast alle Familien durch Tbc verseucht waren. Eine Krankenversicherung der Heimarbeiter gab es nicht.« (Kuczynski, Lage des Kindes, S. 232)

»Die Wohnungen bestehen gewöhnlich aus Stube und Kammer, die Räume sind niedrig und von Haus- und Handwerksgerät vollgepfropft. Schmucklos ist das Innere, ärmlich der Hausrat. In der Stube wird Sommer wie Winter ununterbrochen geheizt, damit die Ware schneller trocknet, die rings um den Herd auf Stangen und Brettern steht. Am Ofen ist eine Vorrichtung angebracht, um heißes Wasser zu halten, der aufsteigende Wasserdunst schlägt sich in der kälteren Schlafkammer nieder und vermehrt dort die natürliche Feuchtigkeit. Die Arbeitsstube, zugleich Küche und Wohnstube, wo sich die Kinder drängen und wo der Meister sein Werk verrichtet, ist gewöhnlich licht, ihre Fenster gehen auf die Gasse; dagegen die Kammer ist selten ventilierbar und noch seltener ventiliert. Sie enthält gerade Raum genug für zwei oder drei Betten, die so nahe beisammen stehen, daß zwischen ihnen ein Durchgang frei bleibt; man steigt dann oder wälzt sich von einem Bett in das andere. Nachts dient jedes Bett zwei Personen zur Lagerstätte, oft schlafen drei, nicht selten vier Personen beisammen in einem Bett, zwei mit dem Kopfe nach aufwärts und zwei nach abwärts.« (Sax, Bd. 1, S. 37)

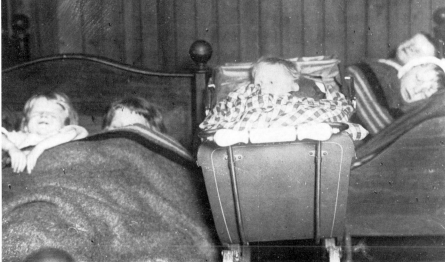

335 *Heimarbeiterstube. Um 1930*
336 *Wohnelend bei erzgebirgischen Heimarbeitern. Um 1920*
337 *R. Doyle: Puppenmacherstube. 19. Jahrhundert*

sterbrett gelegt, bis Religionsschluß schlafen. Meine Eltern machten damals Masken und verdienten in der Woche zusammen mit den Kindern 10 bis 13 Mark. In der Puppen- und Schiffsbranche dieselben Zustände. Dementsprechend hatten wir nur trockenes Brot und Kartoffeln. Nur dem Umstand, daß jeder Haushalt Ziegen hatte, war es möglich, daß für die Kinder Milch vorhanden war.

Der Einzugsbereich der Verlegerorte nahm im gleichen Maße zu, wie der Bedarf an Spielzeug wuchs.

»Die Sonneberger Verleger können sich auf die Heimindustriellen verlassen. Denn sobald die Bestellungen eingegangen sind, arbeiten sie Tag und Nacht mit Frau und Kind, um zunächst einmal die Schulden für Lebensmittel und Wohnungsmiete zu tilgen, welche die wenigen Wochen schlechter Arbeitsgelegenheit verursacht haben. Trotz der doppelten Anstrengung aller Familienangehörigen gewinnen sie aber auch dann immer nur eben den Lebensunterhalt [...] Im Meininger Land ist jeder, der ein Einkommen von mindestens 600 Mark pro Jahr hat, einkommensteuerpflichtig, und 50% aller Erwachsenen können nicht zum Steuerzahlen verpflichtet werden, weil ihr Jahreseinkommen unter 600 Mark bleibt, ja es gibt Orte, wo sogar 67% der Censiten weniger als 600 Mark Jahresverdienst haben, und zwar trotz Mitarbeit von Frauen und Kindern.« (Thiede, S. 26 f.)

Schließlich geriet die Not der Heimarbeiter gerade auf dem Gebiet der Spielzeugherstellung an einen solchen Höhepunkt, daß die Öffentlichkeit aufmerksam wurde, nachdem Männer wie Emanuel Sax die Forderungen nach sozialen Maßnahmen im Reichstag unterstützten. Zu Beginn des 20. Jahrhunderts veranstaltete man in Berlin eine Heimarbeiterausstellung, die die bürgerlichen Besucher auf diese Problematik hinweisen und »einen Einblick in die soziale Seite des Produktionsvorganges [...] gewähren« sollte.

»In eine Ausstellung der Not und der Anklage werden wir geladen«, schrieb Leopold von Wiese in einem einführenden Artikel; »sie zeugt [...] von Zuständen, denen gegenüber die Fabrikarbeit und Fabrikorganisation als ein erstrebenswertes Ideal erscheint. [...] Denn in den dumpfen Stuben, in denen gearbeitet, geschlafen, gekocht, gewaschen wird, [...] muß von früher Morgenstunde [...] bis in die späte Nacht hinein für einen oft jämmerlichen Lohn von *allen* Familienmitgliedern lustlos gearbeitet werden, jeden Tag immer wieder, monoton und eilig, und was das Schlimmste ist, ungezählte Kinderhände müssen von den Eltern gemiß-

*338 Heimarbeiterstube im Erzgebirge. Um 1925*

braucht werden, damit die Puppen und Bleisoldaten, die Federn und Perlenbesätze rechtzeitig fertig werden.«

Wieses Absicht war die Aufrüttelung eines sozialen Gewissens im Bürgertum einer Großstadt, was emotional teilweise gelungen sein mag. Eine objektive Veränderung in den Lebensverhältnissen der Heimarbeiter erfolgte jedoch nicht. Im Gegenteil: die Zahl der in Heimarbeit beschäftigten Spielzeughersteller nahm ständig zu, und infolge der unverändert niedrigen Löhne (1903: Stundenlohn für Erwachsene 15-20 Pfennig, für Kinder 2-5 Pfennig) waren die Eltern weiterhin darauf angewiesen, ihre eigenen Kinder auszubeuten. Das Gesetz, das ab Januar 1904 die Kinderarbeit auch in der Hausindustrie wesentlich einschränken sollte, wurde immer wieder von den Heimarbeitern selbst umgangen; es wäre nur mit einer gleichzeitigen Erhöhung der Löhne zu verwirklichen gewesen.

Hier schließt sich der Ring. Die Gegenstände des Spielzeugs sind befragt worden und haben deutliche Antworten gegeben als Indikatoren eines sozialen Systems in allen seinen Beziehungen. Dazu war es nötig, funktionale Äquivalenz zu erkennen zunächst unter Spielsachen verschiedenster Art, Form und Herkunft. Auf einer historisch synchronen Ebene und doch einander völlig unbekannt bewegten sich die spielenden und die arbeitenden Kinder.

Zum Schluß dieses kurzen Kapitels über das Spielzeug des 19. Jahrhunderts sei noch eines Gebietes gedacht, das nicht zufällig eine bedeutsame Rolle in den städtischen Kinderstuben und Spielecken einnahm: das *Bauerndorf* mit Leutchen, Pferdewägelchen, Bäumchen und Getier. Dieses einfache und auch preiswerte Spielwerk erfüllte besonders in der Hand der jüngeren Jahrgänge große pädagogische Aufgaben durch die vielen konstruktiven Möglichkeiten, die es der Phantasie bot, seine unbegrenzte Haltbarkeit und sein allerliebstes Aussehen. Dazu kamen die agrar-romantischen Bestrebungen, in deren Rahmen wie in einer frühen Nostalgiewelle den Stadtkindern die Gegenwelt des Dorfes gleich einem Paradieseszustand gewissermaßen greifbar und verfügbar gemacht werden sollte. Dazu eignete sich nichts besser als das erzgebirgische Holzspielzeug, von dessen Herstellung bereits die Rede war und das der Frankfurter Arzt Heinrich Hoffmann (1809-1894), der Vater des 1845 erschienenen ›Struwwelpeter‹, in einem

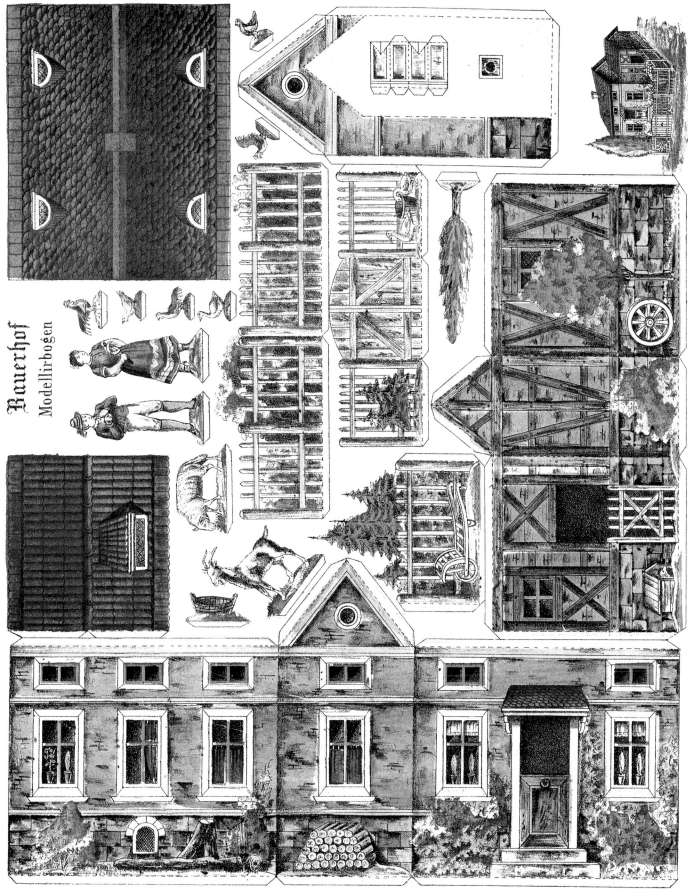

339 Ausschneidebogen Bauerndorf. Neuruppiner Bilderbogen des 19. Jahrhunderts

anderen Kinderbuch dokumentiert hat. 1851 veröffentlichte er: ›König Nußknacker und der arme Reinhold.‹ Dieses Bilderbuch mit seinen gelungenen Versen ist in vielerlei Hinsicht höchst bemerkenswert. Drei Jahre nach dem Revolutionsjahr 1848 erschienen, atmet es noch mit seinen Persiflagen auf Monarchie und Militär und seiner witzigen Parodie auf ›Heil Dir im Siegerkranz‹ die herbe Enttäuschung des Frankfurter Demokraten, die er in die von ihm erprobte, pädagogisch-scherzhafte Form des anschaulichen Kinderbuches kleidete, um auf diese Weise nicht nur die Kinderherzen zu erfreuen, sondern auch manches elterliche Gemüt nachdenklich zu stimmen.

Doch neben dem politischen Kolorit hebt ein anderer Zug das Nußknackerbuch aus der zeitgenössischen Jugendliteratur heraus: es ist ein echtes Spielzeugbilderbuch, das als getreulicher Spiegel die gesamte erzgebirgische Spielzeugproduktion der damaligen Zeit dem Beschauer darbietet in einer Form, die die naturgetreue Abschilderung mit einer bewußt-unbewußt reizvollen Naivität verbindet. Für dieses Buch hatte sich Hoffmann allerhand Spielzeug auf einer Nürnberger Reise besorgt. Da die Preise des sächsischen Spielzeugs infolge der schwachen Entlohnung der heimarbeitenden Erzeuger im Vergleich zu ähnlichen Produkten aus anderen Gegenden äußerst niedrig waren, zudem dazumal die Seiffener Spielwaren als sogenannte »Nürnberger Waren« in großer Menge von Nürnberg aus vertrieben wurden, lag ihm eine reiche Auswahl vor, aus der er mit sicherem Blick die Vorbilder für die Illustrationen zu seinem Nußknackerbuch entnahm. Bis auf zwei Nürnberger Hähne findet sich darin nur erzgebirgisches Holzspielzeug. Im Zuge einer märchenhaft-grotesken Handlung marschieren all die bekannten Gestalten auf; ein blau-roter

*340 H. Hoffmann: Die Arche Noah. 1851*
*341 H. Hoffmann: König Nußknacker und der arme Reinhold. 1851*

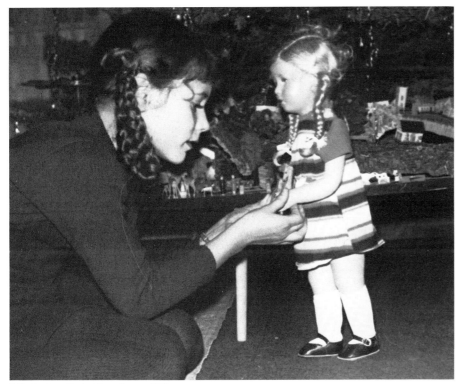
*342 Kind mit Käthe-Kruse-Puppe. 1975*

Nußknacker mit Bart und großem Maul, der beim Sitzen und Reiten höchst zweckmäßig die steifen Beine vom runden, grünholzenen Untersatz zu lösen weiß; und sein teils närrisches, teils dümmlich-ernstes Hofgesinde, Hampelmänner, Soldaten und Reiter.

Ein Glanzstück des Hoffmannschen Buches ist der Aufzug der Arche Noah, einer erzgebirgischen Spielzeugspezialität aus dem *Archendorf* Hallbach. Zwischen den Weltkriegen schien dort die Herstellung der Archen auszusterben, während um 1900 noch 24 Archenbauer am Orte wirkten. Eine Neubelebung nach dem zweiten Weltkrieg verlegte die Herstellung bedeutend kleinerer und nicht so liebevoll ausgestalteter Archen nach Seiffen. Dort entstanden die Archen wieder in der gleichen Form, wie sie Heinrich Hoffmann in seinem Nußknackerbuch dargestellt hat: aus dem bemalten Tor der Arche, eines aus Zigarrenkistenholz gefügten Hausbootes, ergießt sich brav Paar um Paar Gottes Getier vierbeinig vom Elefanten über Kamel und Kuh, Fuchs, Schwein und Hirsch bis zu Hase, Hund und Katze, dazu die gefiederten Kameraden, und gar die legendäre Taube mit dem Ölzweig darf auf keinem Archenkasten fehlen. Voran marschiert die Familie Noah mit den dahinter trappelnden jüngsten Noahkindern und psalmodiert vereint mit allem Vieh einen großen Klage- und Lobgesang. In einem überzeugenden Anschauungsunterricht rekapituliert Hoffmann die Mythe von jener fürchterlichen Naturkatastrophe und erzählt, wie bei zurückweichendem Wasser durch die tröstliche Pforte eines Regenbogens hindurch die Überlebenden an Land gehen und in verträglicher Marschordnung auf verschlungenem Weg über gelben Sand hinweg der Noah-Familie nachziehen (Abb. 340). Die erzgebirgischen Spielzeugtiere, die in zoologischer Vollständigkeit versammelt erscheinen, sind die gleichen, wie sie in Seiffen vermittels des gedrechselten Tierreifens geschnitten, nachgeschnitzt sowie mit Hörnern und Schwänzen beklebt wurden. Im Zusammenhang mit der Arche Noah aber erfüllten sie einen besonderen Zweck: sie versinnbildlichten dem Kind die glückliche Geschlossenheit der Welt, das Geborgensein einer von Angst befreiten Kreatur im Genuß des neu geschenkten Lebens, wenn auch solche Gedanken den erzgebirgischen Schnitzern oder dem Zeichner Heinrich Hoffmann kaum voll bewußt waren. Die Bürgerkinder aber, die Paar um Paar der Tiere aus dem Archenkasten herausspazieren ließen, erkannten in der freundlichbunten Prozession vergnügt ein Abbild ihrer eigenen heilen, noch unbeschädigten Weltvorstellung.

Um die Wende zum 20. Jahrhundert vollzog sich neben der Zunahme der Technisierung nun noch ein anderer entscheidender Einbruch in die kindliche Spielwelt, der mit der Reformbewegung in Zusammenhang stand und nicht unerwähnt bleiben darf. Hatte schon die unempfindliche Babypuppe aus Zelluloid allmählich die empfindlichen Puppendamen aus Porzellan abzulösen begonnen, so erfand nun eine geniale Puppenmacherin *den* Typ, der bezeichnend für die Spielpuppe des 20. Jahrhunderts werden sollte: Käthe Kruse (1883 bis 1968). Allerdings sind ihre Produkte wegen des hohen Preises immer die Puppen der Oberschichtkinder geblieben. Die in Bad Kösen gegründete Firma siedelte nach dem zweiten Weltkrieg nach Donauwörth über, wo Krusetochter Hanne in einem Interview aus den Anfängen der mütterlichen Puppenmacherei erzählte: »Meine Mutter hat anfänglich nicht gedacht, ein Geschäft daraus zu machen. Sie hatte keinerlei merkantile Absichten. Es war nur so, mein Vater [der Bildhauer Max Kruse] war in Berlin, und sie saß damals in Ascona. Das älteste Kind sah, wie sie das zweite Kind auf dem Arm trug und liebkoste und wollte nun auch ein Baby haben, und da schrieb meine Mutter an meinen Vater nach Berlin, er möchte ihr doch 'ne Puppe besorgen, und Vater schrieb zurück: ›Nee, ick koof euch keene Puppen, ick find

*343 Puppenbadestube. Um 1935*

se scheußlich, macht euch selber welche.‹ Dieses war angeblich der Anlaß, daß meine Mutter anfing zu basteln. Weil aber meine Schwestern diese Puppen sehr liebten, hat sie die Technik immer mehr entwickelt, bis sie 1910 in Berlin auf einer Ausstellung: ›Spielzeug aus eigener Hand‹ ihre ersten Puppen vorstellte. Und wie sie sagte, wurde sie damit über Nacht eine berühmte Frau, und die Anfragen und Wünsche wuchsen ihr buchstäblich über den Kopf. Meine Mutter hat eigentlich zwei Perioden ihrer Berühmtheit erlebt. Und die erste ist also diese Puppe.« (Vgl. Kruse, S. 66) Die zweite begann mit den auf Drahtgestell montierten, beweglichen Puppen. Diese weichen, schmiegsamen, natürlichen, etwas bäurischen Puppenkinder schienen den Geschmack der Kinderwelt getroffen zu haben und wurden zum – oft unerfüllbaren – Wunschtraum vieler Mädchenherzen. *Käthe-Kruse-Puppen* gediehen zum Riesengeschäft, und absurderweise produzierte die Kösener Firma 1915, geschäftstüchtig, aber instinktlos, eine ganze Serie *in Feldgrau*: Puppengesichtchen unter Soldatenmützen aller Dienstgrade (s. Kruse, S. 97 f.).
Die liebliche Verpackung von Ag-

*344 Anzeige für Käthe-Kruse-Puppen in Feldgrau. 1915*

gression und Chauvinismus für die Kinderstube, die Soldatenpuppe zum Liebhaben – das hätte selbst dem tüchtigsten Fabrikanten zu viel sein müssen (Kaufmann, S. 294 f.). –
Der Typ der kindlich-anmutigen Käthe-Kruse-Puppe hat sich seine elitäre Beliebtheit bis heute bewahrt. Der Bereich der weichen Puppen und Tiere zum Drücken und Schlafen erweiterte sich immer mehr, als Margarete Steiff (1847-1909) den Teddy-Bären erfunden hatte. Die Idee war ihr angeblich gekommen, als sie bei einem Amerikaner auf der Leipziger Messe 1903 ein Bild von Theodore *(Ted)* Roosevelt auf der Bärenjagd betrachtete! (Gröber/Metzger, S. 97) Ihm verehrte sie ihren ersten Teddy-Bären. Er wurde bald zum frühen Lieblingsspielzeug für Jungen und Mädchen.
»Wir mußten oft von unseren Sachen für arme Kinder etwas hergeben. Von meinen Spielsachen trennte ich mich leichten Herzens, aber der Abschied von meinen Puppen war mir ein heißer Seelenschmerz.
Wie manches Mal habe ich mich in den Schlaf geweint vor Sehnsucht nach ihnen, besonders den Bein- und Armlosen und denen mit Löchern in den Köpfen galten meine heißesten Tränen. Aber die durfte Mutter nicht sehen, sie schalt dann und sagte: ›Nur einen fröhlichen Geber hat Gott lieb.‹ Ich war freudig bereit, Menschen, die ich liebte, alles zu opfern, aber Fremden schenkte ich nicht gern. Da gab es einen Brüderprediger, Herrn Kesper, den ich nur mit stillem Ingrimm kommen und bei uns wohnen sah. Das hatte seine Gründe: mein Vater gab seinen Gästen immer gern ein Gastgeschenk mit heim, und einmal hatte er beschlossen, wir sollten Herrn Kespers Kindern, die wir gar nicht kannten, etwas schicken, und

346 Kleiner Junge mit Teddybär. 1925

Geschwister gaben dann fröhlich ihre Sachen zum Einpacken hin. Nur ich saß mit einem düsteren Gesicht dabei und sah zu, wie meine Sachen, eine nach der anderen, verschwanden, mit einem Gefühl ohnmächtiger Wut gegen die bösen Kespers-Kinder, für die ich mich trotz Mutters begeisterten Zuredens nicht erwärmen konnte. ›Ich kenne sie ja gar nicht‹, sagte ich ablehnend, ›wie soll ich sie denn lieben und ihnen gern etwas schenken?‹ Das erzürnte meine Mutter.
›Du hast ein kaltes Herz‹, sagte sie. Ach, sie ahnte ja nicht, daß der Sonntag einen Teil seines Glanzes verlor, weil meine Puppen sich nicht mehr im rosenbemaltem Waschgeschirr waschen konnten.« (Hunnius, S. 34-36)

345 I. Dinant: Kind mit Teddybär. Um 1925

da man immer nur das Beste fortschenken dürfe, sollten es nur unsere schönsten Spielsachen sein. Karl mußte einen Eisenbahnzug opfern, ich – o Jammer – einen Puppenwaschtisch mit durchsichtigem, rosenbemaltem Waschgeschirr und Lisachen eine kleine Kuhherde. Mit diesen Sachen durften wir nur am Sonntag spielen, und diese Herrlichkeiten sollten wir den fremden Kespers-Kindern schenken! Karl und Lisachen waren bald durch Mutters Überreden für die Sache gewonnen, sie begeisterten sich unfaßlicherweise für die fremden Kinder, und beide

*347 J. A. Bech: Kind mit Kegelspiel. Um 1810*   *348 W. Marstrand: Kinder mit Kegelspiel. Um 1850*

**Das Gesellschaftsspiel**

Hatte sich beim Spielzeug bereits herausgestellt, daß es in seiner großen Fülle mehr und mehr das Feld der Kindheit gegen das der Erwachsenen abgrenzte, so galt das auch in zunehmendem Maße für die Gesellschaftsspiele im Hause. In der vorangegangenen Epoche hatten mehr oder weniger alle Altersgruppen gespielt, und zwar in allen Schichten. Die Kinder spielten ähnliche Spiele wie die Erwachsenen und mit den Erwachsenen, und da sie selbst wie kleine Erwachsene gekleidet waren, verwischen sich die Grenzen auch auf den Abbildungen.

Im 19. Jahrhundert änderten sich die sozialen Beziehungen auch auf diesem Gebiet. Die Kinder spielten mehr für sich, wobei sich z. B. das Tischkegelspiel besonderer Beliebtheit erfreute: ein typisches männliches Erwachsenenspiel, umfunktioniert auf kindliche Möglichkeiten (Abb. 347, 348).

Mit der Intimisierung der Wohnverhältnisse und der Ausgestaltung der bürgerlichen Kinderzimmer erweiterte sich das Repertoire solcher Tischspiele, bei denen die Kinder untereinander wetteifern konnten – z. B. Nümmerchenspiele, das seit dem 18. Jahrhundert beliebte Gänsespiel, Wettrennen, Aufrufspiele und Lottos. Immer kam es vor allem auf die genaue Einhaltung der Spielregeln an.

»Ihr Spiele seyd der Mühe werth, daß man die Regeln und Gesetze, durch die sich eure Schönheit mehrt, nicht als vergebne Dinge schätze.
Die Feder, die euch hier beschreibt, wird hier was nützlicheres aufweisen als sonst der Ruhm Gelehrten bleibt, wenn sie die Welt mit Grillen speisen.« (Nach Gröber/Metzger, S. 80)

Dieses frühe Lob solcher Regelspiele verrät zweierlei: Einmal galt es – und gilt es bis heute – als angebracht, daß ein Erwachsener oder ein größeres Kind den Spielverlauf leitet; zum zweiten geriet die Spielqualität mehr und mehr in den Hintergrund vor der Lernqualität. Bürgerliches Bildungswissen sollte spielend vermittelt werden, und so sprossen die Dichterlottos und Reisespiele, die Quartetts von Theaterstücken und Opern (Abb. 349 und 350) wie Pilze aus der Erde. Damit wurde diese Art von Spielen zum Zeichen einer Schichtenspezifizierung, wie sie dem Klassengeist der Gesellschaft entsprach. Für die Kinder der Mittel- und Unterschicht, falls sie einmal in den Teilnehmerkreis solcher Spiele gerieten, vermehrte sich dann nur noch ihre Unsicherheit und vertiefte sich die Erfahrung, abseits zu stehen.

Erziehungsgeschichtlich standen diese Spiele in der Linie philanthropischen Ertüchtigungsstrebens (Elschenbroich, S. 191 ff.). Oft ging dabei (und geht bis heute) die Erziehungs- und Bildungslust der Erwachsenen weit über den Spielcharakter hinaus und förderte statt dessen Leistungsdruck, Neid und Mogelei, zudem eine dauernde gegenseitige Kontrolle der Kinder – was ja fast zu den Spielregeln gehört. Nicht unerwähnt bleiben soll auch die Fülle der Kriegsspiele, die besonders nach 1870/71 entstanden und den Chauvinismus in die Kinderstuben trugen. Solche Gefahren sind grundsätzlich in jedem Gesellschaftsspiel angelegt. Immer handelt es sich um idealisierte Konfliktsituationen, in denen zwei oder mehr Parteien nach bestimmten Regeln unvereinbare Ziele anstreben (Wörterbuch der Soziologie, S. 1096). Damit ist jedoch nicht gesagt, daß es nicht auch sehr amüsante und positiv lehrreiche Typen unter diesen

Das Gesellschaftsspiel

*349/350 Gesellschaftsspiele des 19. Jahrhunderts*

Spielen gab und gibt, daß kreative Eltern ihre Kinder mit persönlich bezugreichen Varianten erfreuten und phantasiereiche Teilnehmer hier eine vergnügliche Familienunterhaltung entwickeln konnten und können. Diese gedruckten Gesellschaftsspiele mit Blei- oder Zinnfigürchen, die entsprechend der Würfelleistung auf den Feldern voranmarschieren, waren mit der Entwicklung der Papier- und Kartonherstellung seit dem beginnenden 19. Jahrhundert in Mode gekommen. Das bedeutete auch eine Zunahme haltbarer kolorierter Kinderbücher (s. u. a. Drews). Vor allem aber traten nun die *Bilderbogen* aus ihrer bisherigen Funktion als Lieferanten frommen Wandschmucks und sensationeller Nachrichten heraus und eroberten sich das Feld der Kin-

*351 Bilderbogen zum Ausmalen und Ausschneiden*

derbeschäftigung. Karl A. Varnhagen (1785-1858) beschreibt die große Kinderfreude,
»wo meine erwachenden Augen eines Morgens durch die Zaubergewalt bunter Bilderbogen, die neben meinem Bette an die Wand geklebt waren, mit unaussprechlichem Reiz eingenommen wurden. Solche Bilderbogen beschäftigten mich tagelang und konnten meinen ganzen Sinn fesseln; da ich einer Schere habhaft geworden, begann ich die bunten Gestalten teils nach den vorgezeichneten Umrissen auszuschneiden, teils aus freier Hand nachzuahmen, wozu auch mitunter Zinnfiguren zum Vorbilde dienten. So unvollkommen diese Versuche ausfielen, so freute sich doch mein Vater sehr darüber und förderte die Übung, die bald dahin gedieh,

*352 L. E. Grimm: Malender Knabe. 1831*

*353 Ch. L. Vogel: Kinder mit Bilderbuch. Um 1800*

daß sie als etwas Auffallendes von allen Leuten bemerkt und gepriesen wurde. Ich soll nicht viel über drei Jahre alt gewesen sein, als dieses Talent sich zu äußern anfing, und mein Vater bewahrte lange Zeit einige der frühsten Proben.« (Bd. 1, S. 11)

Das gemeinsame Ausmalen von Bilderbogen scheint zu den großen Winterfreuden der Kinder gehört zu haben.

»Eine Hauptfreude bei ihr [der Großmutter] war aber das Anmalen von Bilderbogen, die, das Stück zu einem Kreuzer, bei Buchbinder St. zu haben waren – Soldaten, Blumen, Tiere, Kinder. Aber wir arbeiteten so eifrig drauf los, daß trotz des geringen Preises Großmutters Budget doch zu sehr beschwert worden wäre, und so kam sie auf einen sehr klugen Einfall. Des Abends, wenn wir gingen und unsre Leistungen haufenweise herumlagen, entfernte sie mit einem nassen Schwamme die aufgetragenen Farben und trocknete die Bogen am Ofen. Des andern Morgens aber, wenn wir bedenklich unsre zerstörten Kunstwerke ansahen, so wußte sie so überzeugend und ermunternd zu sagen: ›Wie wird sich aber der Offizier freuen, wenn er heute statt eines blauen Rockes einen roten bekommt, und sein Haus kannst du ihm braun statt weiß anstreichen, und dem kleinen Mädchen würde ich heute ein schwarzes Mäntelchen geben statt eines grünen‹, – so daß wir mit neuem Eifer den Pinsel in die Hand nahmen und wiederum so emsig darauf los schmierten, bis in der Begeisterung Gesicht, Hände und Schürzchen mitsamt den Bogen in den herrlichsten Farben leuchteten.« (Schumacher, S. 223)

*354 M. von Schwind: Knaben-Belustigungen. 1827*

**Spiele im Freien**

»Des Abends wurde zum Zapfenstreich nach der Wache am Oranienburger Tor gelaufen. Den Tambour begleitete der helle Haufen auf seinem Gange, und sowie er fertig war, wurde mit einem gellenden Gejauchze die Mütze hoch in die Höhe geworfen und dann fortgelaufen. Dies war herkömmliche Sitte, und bekanntlich werden alte Gewohnheiten von niemandem so fest gehalten wie von den Kindern. Ihre Spiele beweisen das: Murmel, Ball, Drachenspiel, die stets in jedem Jahr zu derselben Zeit anfangen. Ich hätte auch gern meine Mütze in die Höhe geworfen, aber ich hatte keine und konnte nur die Hände in die Höhe heben.« (Klöden, S. 29)

Fand die Beschäftigung mit Spielzeug und Gesellschaftsspielen vornehmlich in Innenräumen und damit in der Nähe der Eltern statt, so galten für das Straßenspiel andere soziale Gesetze. Die oft zitierte Auseinandersetzung mit der Umwelt wurde hier von den Kindern selbst organisiert, und zwar nach der Logik ihrer eigenen Gruppe. Der »affirmative Charakter der Kultur« (Marcuse, S. 54 ff.) dokumentiert sich sicher am wenigsten im Straßenspiel der Kinder, und eine übrigens recht fragwürdige Spieltheorie kann sich nicht im Straßenspiel bestätigt sehen, wenn sie den Sinn des Spiels darin erblickt, daß es andere Einrichtungen der Gesellschaft erhält und festigt, woraus »sowohl die Illusion der Freiheit und des schöpferischen Tuns entspringt wie die Garantie, daß keiner aus dem Rahmen fällt« (Wörterbuch der Soziologie, S. 1094).

Das ist nur unter der Prämisse anwendbar, daß dieser Rahmen hier von den Kindern selbst gesetzt wird. Kulturgeschichtlich ist damit die These möglich, daß sich beim Spiel im Freien am längsten traditionelle Strukturen aus der Zeit erhalten, als auch die Erwachsenen *kindisch* spielten und eine strenge Grenze nicht zu ziehen war. Auf dem Lande bewahrten sich solche Übungen in der Gruppe des Gesindes, das auch sonst nach patriarchalischer Ordnung in kindlicher Abhängigkeit gehalten wurde.

»In die Wand nach der Volkshalle [Aufenthaltsraum des Gesindes] war ein kleines Fenster gebrochen, durch das die Hausfrau alles beobachten konnte, was dort vorging, und auch zuweilen ihre Stimme erschallen ließ, anordnend oder verweisend. Wenn der Abend kam, im Spätherbst oder Winter, so versammelte sie die Mägde in der Stube mit ihren Spinnrädern. Dann wurde der Flachs gesponnen, der den ganzen Haushalt mit Leinwand versah. Und während die Spinnräder schnurrten, durften die Mägde ihre Lieder singen, wozu meine Großmutter ermunternd den Ton angab. Unterdessen kamen aus ihren Ställen und von ihren Werkplätzen die Knechte und versammelten sich auf den Bänken am großen Herde, um Geschichten zu erzählen und das zu üben, was sie für Witz hielten. In den Sommerabenden saßen sie auf dem Hofe umher oder standen gelehnt an das Geländer der

Spiele im Freien 223

355 M. von Schwind: Kinder-Belustigungen. 1827

356 Kreiselspiel. Um 1835

Brücke, ausruhend oder schwatzend oder singend. Nach altem Gebrauch hatte an zwei oder drei Abenden im Jahr das Volk, männlich und weiblich, Erlaubnis, in der großen Halle zusammen zu spielen – blinde Kuh und andere Spiele; und da gab es denn des Hüpfens und Springens und Übereinanderfallens und Schreiens und Lachens kein Ende, bis zur bestimmten Stunde der Meisterknecht wie das Schicksal dazwischentrat und alle zu Bett schickte.« (Schurz, S. 9)
In den Städten verlagerten sich diese Spielvorrechte mehr und mehr auf die Kinder und Jugendlichen. Die Forschung hat sich bei der Auflistung der Kinderspiele meist auf die Motive beschränkt und entzückt »tiefere Bindung an Heimat und Überlieferung« festgestellt, die »Bedeutung von Tradition und Gemeinschaft« (Wörterbuch der deutschen Volkskunde, S. 447; Rüssel).
Sicher lassen sich in Spielformen und -texten manche skurrilen Überbleibsel erkennen, wie z. B. in der folgenden Kindheitserinnerung der Schatten eines Rokoko-Schäferspiels:
»Man spielte auf dem weiten öden Felde, oft in brennender Sonnenglut ›Anschlag‹, ›Zeck‹ und ›Blindekuh‹. Derjenige, dem die Augen beim Blindekuhspielen verbunden wurden, sang folgende Strophe:
›Amor ging und wollte sich
  erquicken,
Aber Psyche ließ sich nicht erblicken;
Er ging wieder
Auf und nieder,
Bis er seine Schöne fand!‹
Dabei stolperte er oft wirklich, oft nur zum Schein, welches ein allgemeines Gelächter erregte.« (Therese Devrient, 1803-1882, S. 72)

Wie die Blinde-Kuh finden sich auch viele der anderen Spiele der vorangegangenen Epochen bei den Kindern des 19. und 20. Jahrhunderts in neuen und alten Varianten. Die folgende Auflistung der Spielnamen wird durch Kindheitserinnerungen des 19. Jahrhunderts illustriert.
Das Reiterspiel:
»Ein tolles Spiel war eine Zeitlang unter uns Schülern Mode geworden; wir nannten es das ›Atschaspielen‹, und es wurde gewöhnlich nach dem Schlusse der Lektionen in der Schulstube exerziert. Einer war der Teufel und wurde von einem andern Huckepack getragen. Indem dieser nun lief, mußte der Teufel versuchen, einen andern zu greifen, worauf er von ihm abgelöst wurde. Der Teufel schrie dabei beständig ›Atscha‹. Es ging wild über Tische und Bänke fort, und der Teufel auf dem Rücken seines Trägers mußte gut balancieren. Noch begreife ich kaum, wie dies tolle Spiel stets ohne Unglück abgegangen ist. Die Mädchen waren dabei ebenso wild, wie die Knaben.« (Klöden, S.123)

*357 Kind mit Reifen. Um 1900*

*358 Kinder beim Schaukeln in einer Scheune. Um 1925*

Das Kreisel- oder Trieselspiel; die Schaukel; Topfschlagen; Murmeln:
»Am liebsten aber spielten wir mit bunten Bohnen, welche nach verschiedenen Regeln in ein rundes Loch geschoben und geworfen werden mußten, denn die kleinen Kugeln von Marmor und Ton waren bei uns nicht zu haben.« (Freytag, S. 303)
Hüpfspiele; Brummtriesel; Bockspringen; Schlüsselschießen:
»Aus sogenannten Schlüsselbüchsen schießen war ein Hauptvergnügen. Es wird solche Schlüsselbüchsen unter Großstadtkindern kaum noch geben, und deshalb möcht' ich sie hier noch beschreiben dürfen. Es waren Hohlschlüssel von ganz dünner Wandung, also sozusagen mit ungeheurer Seele, womit die Wäschetruhen und namentlich die Truhen der Dienstmädchen zugeschlossen wurden. Solche Schlüssel uns anzueignen, war unser beständiges Bemühen, worin wir bis zur Piraterie gingen. Wehe dem armen Dienstmädchen, das den Schlüssel abzuziehen vergaß – sie sah ihn nie wieder. Wir bemächtigten uns seiner, und durch die einfache Prozedur eines Zündloch-Einfeilens war nun die Schußwaffe hergestellt. Da diese Schlüssel immer rostig, mitunter auch schon ausgesplittert waren, so war es nichts Seltenes, daß sie sprangen; wir kamen aber immer heil davon.« (Fontane, Meine Kinderjahre, S. 168)
Kriegsspiel:
»Die Vettern waren sehr verschieden. Der eine war so eine Art Enaksohn, ein Riese unter uns, der am liebsten Schlachten aufführte und dazu große hölzerne Schwerter mit grober Kunst anfertigte. Er selbst hatte das längste und konnte unbändig zuhauen.« (Frommel, S. 139)
Federball; Abzählen; Reifenschlagen; Schleuder:
»Die Kirche samt Friedhof liegt etwas erhöht; man steigt auf breiter Staffel hinan und befindet sich dann auf dem kleinen Kirchplatz, wo die Kinder gern mit ›Schnellern‹ spielten um kleine Gewinne, die meist in Horn- und Beinknöpfen bestanden, von denen die Glücklichen ganze Säckchen voll besaßen.« (Pfister, S. 41)
Drachensteigen; Bogenschießen:
»Turnen, schwimmen, schlittschuhlaufen, boxen, radschlagen, auf hohen Stelzen einen Walzer tanzen oder die Waden eines harmlosen Vorübergehenden mit nie fehlendem Pfeilschuß schädigen gehörte damals zu unseren bekanntesten Belustigungen.« (Feuerbach 1829-1880; s. Goldschmit-Jentner, S. 394)
Ballwerfen; Kreisspiele; Hochzeit und Begräbnis:
»Da war uns einst ein Kanarienvogel, unser aller Liebling, gestorben, und wir beschlossen, dem in einem kleinen Sarg liegenden weißgekleideten Sänger ein pompöses Begräbnis, gleich einer Prozession, auszustatten. Jeder der dreißig Knaben und Mädchen sollte eine brennende Kerze und einen Kranz tragen. Abzug der Leidtragenden um sechs Uhr früh vom Rosengarten aus. Alle waren da, nur der

*359 Drachensteigen. Um 1970*

*360 Th. Hosemann: Drachensteigen. 1853*

»Mein Vater, der sich selbst wohl etwas vom Spieltrieb eines Kindes glücklich bewahrt hatte, hockte mit uns am Boden, wobei seine langen schwarzen Haare ihm oft in Strähnen über das Gesicht fielen, bastelte und machte mit ätzenden Säuren von Mutter streng verbotene Flecke in Dielen und Decken. Er rutschte mit uns, große Drachengestelle beklebend, auf und ab, aus denen allmählich wahre Riesenfalter der Luft wurden, welche von manneskopfgroßen Bindfadenknäueln auf dem großen Exerzierplatz Stettins vor dem Berliner Tor hochgelassen wurden. Klinik-Friedrich, sein Faktotum aus seiner in ganz Pommern hochberühmten Augenheilanstalt, war der einzige, welcher den schwebenden Riesen, der sich nun da oben so klein ausnahm, noch vor dem Winde halten konnte. Das waren natürlich Massenausflüge auf dem Drachenplatz mit Kind und Kegel!« (Schleich, S. 53)

»Zum Spiele, Drachen steigen zu las-

kleine sechsjährige Paul nicht. Wo war er? Nicht zu finden! Man konnte des Herrn Predigers – mein Vetter Max Alverdes – wegen nicht länger warten, auch waren einige Damen, in den langen Kleidern ihrer Mütter, der Ohnmacht nahe. Der Zug ging los. Drei von uns spielten Geige, ich gnurpste oder knipste gehend auf dem Cello. Wir kommen an die ausgewählte Begräbnisstätte, eine meilenweite Heide. Wer sitzt da in der riesigen, einsamen Gottesnatur, die einer Armee Raum geboten hätte, mutterseelenallein auf einem Baumstamm mit gefalteten Händchen? Der kleine Paul! Alles stürzt auf ihn zu: ›Aber Paulchen, wo steckst du denn? Was ist, warum bist du vorausgelaufen?‹ Da sagt ganz schüchtern, aber pfiffig der Knirps: ›Ich wollt' gern 'nen guten Platz hab'n!‹« (Schleich, S. 36 f.)

*361 P. Simmel: Drachensteigen. Um 1925*

*362 P. Didion: Das Ziegenfuhrwerk. Um 1860*

sen, war dieser große Marktplatz und das windige Ludwigsburg auch sehr geeignet. Mancher Drache aber fand seinen Untergang an den Kränzen der beiden Stadtkirchentürme, wo wir sie dann den ganzen Sommer durch, an den Schwänzen aufgehängt, bewunderten.

Wir wetteiferten miteinander, solche Drachen in den verschiedensten Formen zu machen. Drachen, die auf der Erde die Größe eines Mannes überboten, hatten in der Höhe kaum die Größe einer Schwalbe, auch wußten wir solche zu verfertigen, die im Steigen und in der Luft brummende Töne von sich gaben, ein Spiel, das ich noch im Alter zu Weinsberg auf meinem Turme fortsetzte.« (Kerner, S. 19)

»Niemand konnte über die Rückkehr des Vaters froher sein als ich, jetzt durfte ich ihn wieder allabendlich begleiten, er half mir, den schönen Drachen steigen lassen, den mir die Mutter um sechs Groschen von meinem Schulkameraden Fr. Zehetmayer gekauft hatte, und er allein war bereit, auf alle meine Fragen zu antworten, und ich hatte so viel zu fragen.« (Leinburg, 1825-1893, S. 153)

»Er hatte mit seiner Frau, Magdalena, Tochter des Senator Feddersen in Husum, vier Söhne, die sämtlich in früher Jugend hingerafft wurden; ich entsinne mich nur noch aus meiner Knabenzeit, wie von alten Dienstboten, vielleicht von der Großmutter selbst, mir von ihrem herrlichen Fuhrwerk mit zwei schneeweißen Ziegenböcken erzählt wurde, mit denen sie lustig durch die Straßen kutschiert wären; aber auch, wie diese unregiersamen Haustiere mitunter in die an der Schiffbrücke vor den Wohnkellern zum Verkauf ausgestellte Töpferware geraten seien und dem nachsichtigen Vater wiederholte Entschädigungspflichten auferlegt hätten.« (Th. Storm; s. Goldschmit-Jentner, S. 330) (Abb. 362)

»Ich erhielt einen großen, kräftigen, hörnerlosen Ziegenbock nebst sehr vollständigem Geschirr, welcher schon eingefahren war und recht gut zwei leichte Personen ziehen konnte. Die Räder wurden natürlich vom Rademacher geliefert, und bald war alles so gut im Stande, daß ich Mutter oder Schwester im Garten spazierenfahren konnte, und jede freie Zeit, die ich zu erübrigen vermochte, war natürlich dem Fuhrwesen gewidmet. Meinem Vater machte dieses geniale Fuhrwerk ebenfalls vielen Spaß, und selten wohl fand sich ein so großes kräftiges Tier, welches zugleich so vortrefflich eingefahren war und in seiner Willfährigkeit einem kleinen Pferde gleichkam.

Mein Fuhrwesen wurde nun doch, durch Jürgensen's unerschöpfliches Genie, vielfach vervollkommnet, und als der nächste Winter anhaltenden Frost nach starkem Schneefall

*363 F. Skarbina: Kinder mit Schneemann. 1910*
*364 G. A. Hennig: Knabe mit Ziegenbock. Um 1820*

brachte, baute er sogar einen ganz artigen Schlitten mit einer Pritsche hintenan, und nun konnte ich unter Schellengeläut' und Peitschenknall die Damen im Schlitten fahren.« (Goos, Bd. 1, S. 40 f.)

»Der Winter 1859 auf 1860 brachte viel Schnee und damit eine der größten Freuden für uns Kinder. Wo kann man so herrlich Schlitten fahren wie in Ludwigsburg? Breite, gefährtlose Straßen, mäßig hohe Abhänge, mitten in der Stadt, wo man, wenn man richtig ›angeschuckt‹ war, so mühe-, so gefahrlos hinabflog, vorausgesetzt, daß man nur annähernd ein bißchen leiten konnte. Die Aussicht, einem Wagen zu begegnen, war so gering, daß es wirklich als ein Zufall angesehen werden mußte, daß die kleine, kecke Gräfin Selma Gr. gerade auf einen solchen zuflog, der soeben die Bahn kreuzte, aber durch instinktives, gewandtes Ducken auch glücklich unter dem hochgebauten Fuhrmannswagen durchschoß und auf der andern Seite wohlbehalten wieder hervorkam. Schlittschuh gelaufen ist damals noch kein Mädchen, nur die Knaben. Wir Mädchen ›schliffen‹ in den breiten Gossen, die noch so freundlich uneingedämmt durch alle Straßen flossen und im Winter, gefroren, eine schmale, aber köstliche Bahn zum ›Fliegen‹ abgaben.« (Schumacher, S. 301)

365 O. H. Engel: Kinderfest. Um 1910

Viele dieser Spiele, deren Belegkette beliebig erweitert werden könnte, haben sich bis in die Gegenwart tradiert, und es wird für die Zeit nach dem zweiten Weltkrieg noch einmal kurz davon die Rede sein (S. 253 ff.). Was im Zusammenhang dieses Gegenstandes ›Spiele im Freien‹ mit dem Thema *Kindheit* ausgedrückt werden soll, ist der andere soziale Stellenwert. Die Spielarten und ihre Regeln wurden von einer Kindergruppe an die andere übermittelt, was sicher oft nach bestimmten Gesetzmäßigkeiten erfolgte. Über die wichtigen Daten solcher Gruppenaktivitäten gibt es leider für die Vergangenheit nur unzureichende Rückschlüsse: Wie setzte sich eine solche Spielgruppe nach Alter, Geschlecht und sozialer Herkunft zusammen? Was hielt sie zusammen, und was bildete den Gegensatz zu anderen Gruppen ähnlicher Struktur? Für die Zeit um 1810 im Badischen berichtet T. Schumacher:

»Jede Straße bildete ihr eignes Spielrevier, erzählte Vater, und jeden Monat gab es große Schlachten, entweder zwischen den Buben dieser verschiedenen Straßen oder zwischen den Lateinischen und Deutschen. Die ›Seegäßler‹ waren nicht die friedfertigsten, sie hielten sehr zusammen, und trotz der feinen Sitten, die wir von Hause aus hatten, verübten wir manchen Unfug im Jugendübermut. Wir banden die Ladentüren von außen zu, wir zogen die Leiter weg, wenn Herr Meiderle, der Buchbinder, bei dem wir unsere Hefte und Federn kauften, ›ganz oben‹ nach unsern Wünschen etwas holte und sich danach streckte, und wir spannten eine Schnur über die Straße, wenn die Wachtparade aufzog, und freuten uns in unsern sicheren Verstecken hinter den Haustüren, wenn zuerst der Tambourmajor und dann die ganze erste Reihe der Marschierenden ins Stolpern geriet!« (S. 51)

Welche Qualitäten mußte der Anführer einer solchen Gruppe aufweisen? Welche Rolle spielte dabei die Kenntnis vieler Spiele und die Geschicklichkeit bei ihrer Ausübung? Zu dieser Frage berichtet Viktor Mann aus dem München kurz nach 1900:

»Einer meiner treuesten Freunde war der Huberkatsche, ein stämmiger, schon recht strizzihafter Arbeitersohn, der in einer der nahen Mietskasernen hauste und mich meist zum Schulgang abholte. Er war der älteste Bub der Klasse, weil er schon in den ersten Schuljahren ein- oder zweimal sitzengeblieben war, und bekam vom Lehrer die meisten Prügel, teils wegen Faulheit und ebensooft für wilde

366 D. Wilkie: Der Raufbold. Um 1860

Streiche. Der Stoizismus, mit dem er stets die öffentliche Exekution seiner Strafe ertrug, machte ihn für uns andere zum Märtyrer und Helden, dem nachzueifern war. Ich habe seither meine eigene Meinung über die Prügelstrafe.

Der Huberkatsche konnte schon auf vier Fingern pfeifen, was mir nie gelang. Er war Meister im ›Schussern‹ und ›Pickeln‹, einem Spiel, bei dem kurze, spitze Stöcke in weichen Boden geschleudert werden mußten. Auch verdiente er ein kleines Vermögen an Pfennigstücken beim ›Anwandeln‹, dem indirekten, an einer Wand abprellenden Wurf des eigenen Kupfergeldes nach dem des Gegners. Trotz seiner Überlegenheit wurde er eine Art von Adjutant von mir, als ich ihn vermittels größerer Gewandtheit einmal im Ringen besiegt hatte. Auch imponierte dem Langsameren die Form, in der ich jedes Reifenrennen – Start Wilhelmstraße, Ziel Jägerhaus – gewann und die er noch weit über die elegante Meisterschaft des Köglfranzl im Kreiseltreiben stellte. Als der Katsche zum erstenmal vor einem Dutzend Epheben der Herzogstraße laut bekannte, ich sei ›a zeama Hund a zeama‹, errötete ich vor Stolz. Da der Ausdruck nur unzulänglich übersetzt werden könnte, muß man sich mit meiner Versicherung begnügen, daß er in meiner anderen Welt, besonders aus dem Mund eines solchen Recken, die höchste Anerkennung männlicher Tugenden bedeutete.« (V. Mann, S. 107 f.)

Es würde sich lohnen, eine große Reihe von Autobiographien auf diese Spielregeln zu überprüfen, denn sie sind ein seltenes Zeugnis für autonome Kindheit. Die Regeln des bekannten Ballspiels »Kaiser, König, Edelmann – Bürger, Bauer, Bettelmann« – entsprechen ganz sicher nicht den Spielregeln der Kinder und ihrem hierarchischen System, das anderen sozialen Gesetzen folgt als die Gesellschaft. Von den Spielenden her gesehen sind die Spiele pädagogisch *zweckfrei*, d. h. sie haben die Zwecke, die die jugendlichen Akteure ihnen zumessen. Ihr Weltbild und ihr Wertgefüge würden hier sichtbar werden. Es wäre aufschlußreich, könnte man die Wechselwirkung zwischen der Eltern- und Schulwelt und »meiner anderen Welt«, wie Viktor Mann es nennt, wenigstens in Stichproben erschließen.

*367 G. Grosz: Hoffnung? Zwanziger Jahre*

# III. Die Zeit des Faschismus

## KINDER IN UNIFORM

»[...] kurze Hosen, dieses nur zu bald als schändlich empfundene Zeichen einer verschleppten Kindheit«, schreibt Ariès für das 20. Jahrhundert (S. 112). Von den Jungen der Hitlerjugend wurden kurze Hosen weder als schändlich noch als kindlich empfunden, im Gegenteil: je kürzer, desto zackiger.

Dieses Bewußtseins-Paradoxon ist eines von vielen aus der Hitlerzeit und wird nur verständlich bei näherer Einsicht in die Wandlungen von Familie und Gesellschaft (Weber-Kellermann, Die Familie, S. 255 ff.). Nur in biologischer Hinsicht wurde die ›Familie als Keimzelle des Staates‹ gepriesen. Tatsächlich nahm die faschistische Ideologie alles zurück, was sich mühsam an partnerschaftlichen Ansätzen und Verständnis für Kinder und Kindheit entwickelt hatte. Der bürgerlichen Familie mißtrauten die Parteiideologen gründlich, die Frauen wünschten sie als Gebärerinnen und Mütter, und für die Kinder hielten sie einen möglichst frühen Abschluß der Kindheit als erstrebenswert. Bei der Aufnahme der Zehnjährigen ins *Jungvolk* beim Führergeburtstag 1938 sagte der Reichsjugendführer Baldur von Schirach: »Die Kindheit liegt abgeschlossen hinter Euch. Von nun an zählt Ihr zur Jugend!«

Das bedeutete nichts anderes als den Übergang von der Autoritätsgewalt des Elternhauses in die Autoritätsgewalt ihrer Altersgenossen, der Hitlerjugendführer. Dieser Prozeß der Verführung ist am Zeichen der Kleidung, der Hitlerjugend-Uniform, zu untersuchen.

»Du bist nichts,
dein Volk ist alles!«

Mit dieser dauernd wiederholten Parole wurde gerade der Jugend ein ebenso überhöhter wie infamer Individualitätsverlust abgefordert, der aber doch irgendwie an die alten Vorstellungen von Einordnung und per-

*368 Jungen begleiten einmarschierende Soldaten. 1934*
*369 Trommlerkorps der Hitlerjugend*

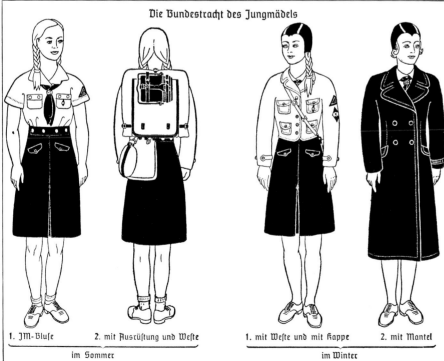

370 *BdM auf Fahrt*
371 *Die Uniform der Jungmädel*

sönlicher Entsagung anknüpfte. Nur trat jetzt an die Stelle der übergeordneten Werte von Familienwohl und Sippenehre die anonyme Größe *Volk*. Ihre verpflichtende Ausstrahlung bereitete die Jugend auf noch ungeahnten Befehlsgehorsam und tödliche Gefolgschaft vor.

Verschiedenste Jugendverbände mit fast 10 Millionen Mitgliedern wurden nach 1933 aufgelöst oder in die Hitlerjugend überführt, die ein Gesetz von 1936 zur *Staatsjugend* erhob. 1937 umfaßte sie 7,7 Millionen Mitglieder, und dem Reichsjugendführer war »die Erziehung der gesamten deutschen Jugend übertragen«.

Zu den Erziehungszielen gehörte eine strenge Rollen- und Geschlechterteilung, wobei wohl zu bedenken bleibt, daß der uns heute so selbstverständliche Gedanke der Koedukation auch in der Schulpädagogik damals noch kaum Eingang gefunden hatte. Von den Nazis wurde sie als »liberalistische Gleichmacherei« völlig verworfen, und die zögernde Schulentwicklung in dieser Richtung ist nicht gleichzusetzen mit den strengen Grundsätzen innerhalb der *Staatsjugend*, die aus neuen ideologischen Quellen gespeist wurden: Die Jungen sollten in den vormilitärischen Einheiten der Hitlerjugend zu einer heroischen, männerbündischen Daseinsform erzogen werden, – nicht zu schwachen Intellektuellen, sondern zu starken, todesmutigen Jungmannen!

Die Mädchen mit dem Idealbild *deutsches Mädel* sollten auf ihre würdigste Rolle als deutsche Mutter und Gebärerin erbgesunden Nachwuchses vorbereitet werden.

Wie so vieles andere in der Ideologie des Hitlerreiches waren auch diese Erziehungsziele – neben vielen anderen Mißqualitäten – völlig unzeitgemäß, unmodern, und es ist vom heutigen Standpunkt aus nur schwer zu verstehen, daß ein so großer Teil der Jugend diesen Verbänden angehörte.

Vielleicht hatte für viele das Pathos der Parolen nicht viel mehr Realität als z. B. der Text von Wagneropern. Wichtiger waren andere Qualitäten der Hitlerjugend: die Möglichkeit, kameradschaftlich *auf Fahrt* zu gehen, bedeutete für viele Kinder und Jugendliche die ersehnte Gelegenheit, andere Gegenden als ihre engste Heimat kennenzulernen – in und nach einer Zeit wirtschaftlicher Not, als sich nur das gehobene Bürgertum regelmäßige Ferienreisen mit seinen Kindern leisten konnte. Hier bot also die Hitlerjugend so etwas wie einen *Freiraum*, innerhalb dessen die Kinder und Jugendlichen, wie sie glaubten, nach ihren eigenen Vorstellungen und Normen schalten und walten konnten: Wandern und Reisen, Schlafen in Jugendherbergen, Abkochen und Singen am Lagerfeuer nach dem nationalsozialistischen Prinzip: »Jugend muß von Jugend geführt werden.« Mit diesem vom Regime geförderten Eigenbewußtsein der Jugend hing eng die Uniformierung zusammen.

Das Wort *Uniform* kommt vom lat. *uniformis* = gleichförmig und bezeichnet eine Kleidung nach genauen Vorschriften und mit hierarchischen Rangabzeichen, die eine Erkennungsfunktion sowohl innerhalb der Gruppe als auch von außen her bewirken (vgl. R. König, Kleider und Leute, S. 57). Die Hitlerjugend hatte für ihre Mitglieder eine radikale Uniformierung vorgeschrieben, die folgendermaßen aussah:

*372 Die Lederhose als Uniformstück der »Ostmarkjugend«.*

Jungen
Hitlerjugend:
Angehörige der HJ tragen, mit der Grundfarbe hellbraun, folgenden Anzug:
Braunes Hemd mit Schulterklappen und Lederknöpfen, schwarze Hose (im Sommer kurze Hose mit braunen Halbschuhen, im Winter Stiefelhose mit Schaftstiefeln), braune Schirmmütze, braunes Koppel mit Schulterriemen und Fahrtenmesser sowie einreihigen braungrünen Mantel mit aufgesetzten Brusttaschen, herausgeklappten Kragenaufschlägen und Lederknöpfen.
Deutsches Jungvolk (DJ):
Braunes Hemd mit Lederknöpfen, schwarzes Halstuch mit braunem Knoten, Koppel mit Runenschloß, Schulterriemen und Fahrtenmesser, schwarze kurze Hose, schwarze Schiffchenmütze. Im Winter dunkelblaue Tuchbluse. Das Abzeichen der DJ ist eine Rune als Armscheibe unterhalb des Armzeichens für Gebiet und Obergebiet.

Mädchen:
Bund deutscher Mädchen (BdM): Blauer Rock mit Gürtel, weiße Bluse (im Sommer halbe, im Winter lange Ärmel) und schwarzes Halstuch mit Lederknoten, dazu als Kopfbedeckung Tuch; sechsknöpfige braune Kletterweste mit vier Taschen, Berchtesgadener Jacke.
Führerschnüre.

Jungmädel:
Bekommen Halstuch und Knoten nach der Aufnahmeprüfung zur Bundestracht verliehen. (Merle) (Abb. 371).

Die Hitlerjugend war also voll uniformiert.
In Bayern und der »Ostmark« gehörten kurze Lederhosen, weiße Kniestrümpfe und weiße Hemden zur Uniform (Abb. 372).

# Kinder in Uniform

*373 Vernichtung von Gleichaltrigen in den KZs*

Es gehörte zu den Schlagworten der Hitlerjugend, daß sie ein Staat im Staate sei und sich in der Reichsjugendführung selbst verwalte. Als »politische Jugend« blickten ihre Führer auf das Jugendleben der Bünde wie auf ein Kinderspiel herab mit einem überheblichen Selbstbewußtsein, das typisch für diese organisierte Jugend gewesen ist. Sie lebten nach den irrationalen Mustern einer Blut-und-Boden-Romantik, einer nordischen Herrenmenschen-Ideologie, eines Nibelungenethos (vgl. Maschmann, Seite 153), während gleichzeitig eine gleichaltrige Jugend in den KZs ermordet wurde.

In ›Mein Kampf‹ hatte Adolf Hitler geschrieben:

»Gerade bei der Jugend muß auch die Kleidung in den Dienst der Erziehung gestellt werden. Der Junge, der im Sommer mit langen Röhrenhosen herumläuft, eingehüllt bis an den Hals, verliert schon in seiner Bekleidung ein Antriebsmittel für seine körperliche Ertüchtigung. Denn auch der Ehrgeiz und, sagen wir es nur ruhig, die Eitelkeit muß herangezogen werden. Nicht die Eitelkeit auf schöne Kleider, die sich nicht jeder kaufen kann, sondern die Eitelkeit auf einen schönen, wohlgeformten Körper, den jeder mithelfen kann zu bilden. Auch für später ist dies zweckmäßig. Das Mädchen soll seinen Ritter kennenlernen.« (Nach Gamm, S. 51)

Das heißt aber: kurze Hosen nicht mehr als Kindheitszeichen, sondern als Erkennungszeichen völkischer Jugend und als Erotisierungsmerkmal, um die schönen geraden Beine des arischen Jungmannes sichtbar zu machen! Im Sport kulminierte noch einmal das Leistungs- und Uniformdenken:

»Im Stadion haben alljährlich im Herbst die Reichsjugendwettkämpfe im Laufen, Weitsprung und Schlagballwerfen stattgefunden. Nellys Werte waren beachtlich und wurden mit Siegernadel und Urkunde anerkannt. Nelly war auf der Höhe ihrer sportlichen Leistungsfähigkeit und gehörte zu den zehn Besten des Jungmädelstandorts, die an den Bannmeisterschaften teilnehmen durften, ebenfalls in diesem Stadion. Alle Rasenflächen und Aschenbahnen wimmelten von Mädchen und Jungen in schwarzen Turnhosen und weißen Turnhemden, auf denen der Rhombus mit dem Hakenkreuz in der Mitte aufgenäht war, und die Zuschauertribünen und Umkleidebaracken waren von braunen Hemden und weißen Blusen, blauen Röcken und kurzen schwarzen Hosen, schwarzen Dreiecktüchern und geflochtenen Lederknoten, Jungvolkdolchen und Schulterriemen überschwemmt; schreiende, eifrige, verschwitzte Massen, die zu Trupps geordnet und in die Wettkämpfe geschickt werden, gezähmt und gebändigt durch Sekundenbruchteile und Zentimeterdifferenzen. Den Körper stählen. Körper und Geist stählen durch Sport.« (Wolf, S. 231)

Zum erstenmal in der Geschichte der Kinderkleidung trug die Jugend eine eigene Uniform, die anders aussah als die gleichzeitigen Uniformtypen erwachsener Männer und Frauen. Sie unterschied sich auch von den vorangegangenen Kinderuniformen. Die Zöglinge der Kadettenanstalten waren in die verkleinerten Uniformen der betreffenden Regimenter gekleidet gewesen und wurden von erwachsenen Offizieren kommandiert. Die Schuluniformen bildeten ein von der Schulleitung erdachtes und vorgeschriebenes Kleidungssystem mit verschiedenen Erziehungszielen. Die Hitlerjugend-Uniformen waren etwas anderes. Sie hatten viele Elemente aus der Wanderkleidung der bündischen Jugend übernommen, vor allem Halstuch und Knoten, kurze Hosen und Kniestrümpfe – wohl auch den Geist der Opposition gegen die Erwachsenenwelt. Das alles wurde nun ideologisch verpackt und weltanschaulich-politischen Zielen dienstbar gemacht. Für die Kinder und Jugendlichen aber sah es so aus, als hätten sie mit ihrem 10. Lebensjahr einen Status der Eigenbestimmung erreicht, losgelöst von der Familie, aber auch von Schule und sonstiger Erwachsenenwelt. Das war ein verführerisches Bewußtsein und drückte sich am deutlichsten aus in der Erscheinung von Kindern in Uniform.

*373a: Trümmerkinder. 1945*

# IV. Kindheit nach dem zweiten Weltkrieg

Einen sozialgeschichtlichen Überblick der Jahrzehnte nach dem zweiten Weltkrieg zu geben, fällt aus der Nähe des eigenen Erlebens schwer. Die Versuche in Richtung auf eine demokratische Lebenseinstellung in der Weimarer Zeit, die der Nationalsozialismus so jäh beendet hatte, begannen wiederaufzuleben und wurden kräftig von den Regierungen gefördert. Der *Familie* als bürgerlicher Sozialform glaubte man am besten zu dienen, wenn man sie wieder mit den alten Erziehungsfunktionen ausstattete, die ihr die Nationalsozialisten so schnöde geraubt hatten, ja, die Familie schien die einzige *heile* Institution im Nachkriegschaos der Gesellschaft geblieben zu sein (Weber-Kellermann, Die Familie, S. 277 ff.). Solche gutgemeinten, aber restaurativen sozialpolitischen Intentionen, die u. a. zur Gründung eines eigenen konservativen Familienministeriums in der jungen Bundesrepublik führten, vernachlässigten die Tatsache, daß gerade der demokratische Charakter der Familie mancher Nachhilfe zu seiner Entwicklung bedurfte, denn davon war in der Weimarer Republik am wenigsten die Rede gewesen. So erneuerte sich nun betont der jahrhundertealte patriarchal-autoritäre Oben-Unten-Mechanismus des Familienlebens mit der Alibifunktion, daß wieder Ordnung in die zerrütteten Verhältnisse einziehen sollte. Aber mit anderen Reformbewegungen der 60er Jahre wuchs auch diesen überlebten Verhaltensmustern als Oppositionsmodell der Versuch einer *antiautoritären Erziehung* entgegen.

*374 Ruinenspielplatz nach 1945*

Die Probanden all dieser Reform- und Gegenreform-Bestrebungen, die noch längst nicht abgeschlossen sind, waren und sind die Kinder, die sich mit der Unsicherheit der Erwachsenen und deren oft extremer Auswegsuche irgendwie – meist passiv – auseinanderzusetzen haben. Dabei wäre es doch eigentlich leicht gewesen, einen neuen Anfang zu machen nach der schmerzhaften Erfahrung von Machtausübung und ihren katastrophalen Folgen, – als erstes die physische und psychische Gewalt aus der Kindererziehung zu verbannen und an ihre Stelle das freundschaftliche Gespräch zu setzen, die offene Bereitschaft zu gemeinsamen Lernprozessen. Das hätte ein Umlernen der Elternschaft, der Erwachsenen insgesamt bedeutet, was jedoch bis zur Studentenbewegung kaum von der Öffentlichkeit gefordert wurde. Die Eltern selbst aber waren im allgemeinen so sehr mit der Erreichung des Wirtschaftswohlstandes beschäftigt, daß sie bei der Kindererziehung die alten abgebrauchten Muster für ausreichend hielten.

Nach der These der Europäischen Ethnologie, daß sozialökonomische Entwicklungen sich in kulturellen Zeichen ausdrücken, müßte die sichtbare Kinderkultur in irgendeiner Weise etwas aussagen über diese Prozesse.

*375 Hamburger Kinderhort. 1954*

## 1. DER KINDER NEUE KLEIDER

### Die Lederhose

Die Lederhose war und ist ein Bestandteil der alpinen Männertracht. – Die Lederhose gehörte zur Uniform der Hitlerjugend in Bayern und Österreich (s. Abb. 372).

Die Lederhose war in den ersten zwei Jahrzehnten nach 1945 das beliebteste Kleidungsstück der Jungen von München bis Hamburg.

Diese drei Aussagen, die kaum in Zusammenhang miteinander zu stehen scheinen, werden bei näherem Zusehen ihre strukturelle Beziehung nicht verbergen können. Zunächst ein kostümgeschichtlicher Rückblick: Die Lederhose läßt sich als Kleidungselement bis ins ausgehende 18. Jahrhundert zurückverfolgen, dessen Mode ja für viele Teile der Volkstrachten des 19. und 20. Jahrhunderts die Vorbilder abgegeben hat. Sie geht nämlich zurück auf die *culotte*, das typische Herrenbeinkleid des Rokoko. Diese enge Kniehose, die der Lederhose übrigens auch den *Hosenlatz* vererbte, hatte sich in Mode- und Volkskleidung im Verlaufe des 18. Jahrhunderts durchgesetzt und folgte der vorher üblichen Pluderhose. Das Bekleidungsmaterial Leder kannte man bereits seit vorgeschichtlichen Zeiten. Die Novation bestand im 18. Jahrhundert für die Bergbauern des Alpenlandes lediglich darin, dieses überaus praktische Material auf die modische Form der Kniehose zu übertragen. Seit mit Beginn des 19. Jahrhunderts die Maler das bayerische Oberland und die Schweizer Berge entdeckten, gibt es eine Fülle von Bildern, die die Entwicklung der Lederhose registrieren (Rattelmüller, Dirndl). Sie zeigen, daß es um diese Zeit nebeneinander mindestens dreierlei Arten von Lederhosen gab: eine Bundhose, eine kurze und eine Art von Zwischending, d. h. eine enge Hose, die etwa bis zur halben Kniescheibe reichte. Alle gemeinsam schmückten reiche Verzierungen in grüner Stepparbeit (Schaedler). Grundform dieses volkstümlichen männlichen Kleidungsstückes war die Kniehose, und damit wird deutlich, daß die alpenländischen Bauern sich auch nach der Französischen Revolution weiter nach dem höfischen

Vorbild richteten – und nicht etwa nach dem Verhalten der Bürger und Proletarier. Die hatten die Kniehosen abgelegt, die lange, enge Hose eingeführt und zur internationalen Mode erhoben.

»Da saß ich im Pfarrstuhle sittig neben der Großmama; ringsum im Schiff der Kirche die geputzten Frauen und Mädchen mit Blumensträußen am Mieder; im Chore die etwas unruhige Schuljugend, die Knaben in kurzen Lederhosen und Schnallenschuhen; auf der Empore das Mannsvolk. Die Orgel, vom Vater meines Freundes Jakob Friedrich bemeistert, dröhnte gewaltig, der vollstimmige Choral brauste fast zu mächtig durch das kleine Gotteshaus, die Schulknaben insbesondere schrien mörderisch und die dünnen Stimmen einiger älterer Weiblein schmetterten dazu im schneidenden Sopran.« (Gerok, S. 25)

Warum hielten die Alpenbauern sich nicht an Bürger und Arbeiter, sondern richteten sich nach den seidenen Culotten der abgelebten Epoche, deren Strukturen sie wohl noch verhaftet waren?

Die lederne Kniehose gehörte zur Fest- und Arbeitskleidung der Bergbauern, bis dann in der zweiten Hälfte des 19. Jahrhunderts auch in Bayern die Lederhose allmählich der städtischen *Röhrlhose* zu weichen begann. Durch das neue Verkehrsmittel, die Eisenbahn, belebte sich der Kontakt mit der Stadt, und mit der Eisenbahn kamen auch die ersten Invasionen landsüchtiger städtischer Sommerfrischler in die Alpentäler. Der Landbewohner wurde durch diese Begegnungen in seiner eigenen Haltung und Kleidung unsicher, wozu Zeitungen und Witzblätter ihr Teil beitrugen. Bald begann er, den Städter auch in seiner Kleidung nachzuahmen, und die Älplertracht ging wie alle anderen Volkstrachten den allgemeinen Anpassungsweg an die Bürgerkleidung. Aber eine lebhafte

376 J. M. Ranftl: Junge in ledernen Kniehosen. 1837
377 Anzeige eines Wiener Sägklers. 1938

Vorliebe für eine Art von *Trachtenlook* blieb in allen sozialen Schichten bestehen, und daß besonders die Männertrachten in den Alpenländern nicht wie in den meisten Trachtenlandschaften verschwunden sind, hatte seinen Grund in einem Modeprozeß, der für Österreich und Bayern von der gesellschaftlichen und geistigen Oberschicht getragen wurde.

In diesem Zusammenhang ist für Österreich eine Persönlichkeit zu nennen, die entscheidend Forschung und Volksleben beeinflußt hat: der Erzherzog Johann (1782-1859). Er lebte, bürgerlich verheiratet, in einem liberalen Freundeskreis in romantisch empfindsamer Volkstümlichkeit. Dazu gehörte auch die Sorge für jene Züge des Volkslebens, die auf ihn persönlich anziehend und romantisch wirkten, in besonderem Maße die Tracht. Man trug sich in seinen Kreisen auch öffentlich im *Steirerg'wand*, – und von solcher Anhebung der Tracht durch hohe und höchste Herrschaften ging ein großer Prestigezuwachs aus. Seit den Zeiten des Erzherzogs Johann ist dann die Pflege der Tracht in Adels- und Bürgerkreisen nicht mehr abgerissen. In Österreich blieb dadurch die Volkstracht immer bis zu einem gewissen Grade salonfähig, immer in irgendeiner Weise *modern*. Auch im dynastisch verwandten Bayern ging die Entwicklung ähnlich vonstatten. Die

378 Lederhose mit Eichenlaubstickerei

379 Königliche Hoheit aus Bayern in Lederhosen

Angehörigen des bayerischen Königshauses trugen sich trachtenmäßig und bevorzugten die lederne Hose, besonders bei den feudalen Jagdgesellschaften. Nie gab es in den Alpenländern eine so tiefe Kluft zwischen der Kleidung der Oberschicht und der Tracht des Landvolkes wie in den meisten anderen Landschaften Deutschlands, wo die Tracht nur mit dem Dorfe verbunden war (Abb. 379). Die Trachtenvorliebe der führenden Gesellschaftsschicht in den Alpenländern wirkte trachtenerhaltend, weil sie der Volkstracht einen dominierenden Stellenwert im Gesamtsystem der Modekleidung wie in der Heimatbewegung verlieh. In der zweiten Hälfte des 19. Jahrhunderts erkannten die Trachtenpfleger richtig, daß eine gewisse Anpassung nötig sei. So erneuerten sie radikal, schnitten die Lederhose endgültig kurz, ersetzten die alten ornamentalen Steppmuster durch grüne Eichenlaubstickereien und paßten sich auch mit dieser Ausschmückung dem *altdeutschen* Geschmack der damaligen Zeit und Bürgergesellschaft an.

In den Jahren vor dem ersten Weltkrieg gab es Widerstände gegen die kurze Lederhose, besonders im Lager der Geistlichkeit, die diese Kleider leichtfertig, maskeradenhaft, lüstern und nicht für ernste Anlässe geeignet befand; ja, den Kniehöslern und ihren Vereinen wurde sogar angedroht, sie nicht zu kirchlichen Feiern zuzulassen. Aber nach dem ersten Weltkrieg wurde sie allgemeine Mode und kam über Sommerfrischler und Alpenvereinsbälle auch in die Städte. Bald entstand sie nicht nur in der Werkstatt des Säcklermeisters, sondern es bemächtigte sich ihrer auch die Konfektion. Vereint mit dem *Dirndl* ist die *Sepplhose* ein modischer Schlager geworden, und die Wogen des Beifalls für die Operette ›Das weiße Rößl‹ haben ihr vom Salzkammergut bis nach Hollywood zum modischen Welterfolg verholfen.

In der Zeit des Nationalsozialismus erfuhr sie eine Aufwertung von ideologischer Seite. Hitler und Göring ließen sich volkstümelnd in Lederhosen fotografieren, und die Hitlerjungen trugen in Oberbayern und Österreich Lederhosen als Uniformstücke. Für die sudetendeutschen Jugendorganisationen aber galten Lederhose und weiße Kniestrümpfe als gleichbedeutend mit dem Bekenntnis zum *Reich*. Das hatte im Sinne zeichenhafter Kleidungssprache immer wieder provozierend auf die Tschechen gewirkt. Und als nach dem zweiten Weltkrieg die sudetendeutsche Landsmannschaft bei ihren Pfingsttreffen die Jugend wiederum in dieser Kombination aufmarschieren ließ, da war das keine Trachtennostalgie, sondern eine ganz bewußte reaktionär-ideologische Demonstration mit den Mitteln der Kleidung.

Eine tatsächliche Uniformfunktion hatte die Lederhose also nur während der NS-Zeit in den Alpenländern und dem Sudetengau besessen. Aber die Erinnerung daran lebte offenbar im Ausland länger fort, so daß es noch 1967 zu einer Art von internationaler Kontroverse darüber kommen konnte:

»Die bayerische Lederhose ist nicht Bestandteil einer Uniform. Ich fordere die Bundesregierung auf, die italienische Regierung davon in Kenntnis zu setzen.« So der bayerische FDP-Abgeordnete Ertl, der festgestellt hatte, daß italienische Grenzer eine Trachtengruppe zunächst am Überschreiten der Grenze gehindert hatten, weil sie in der Tracht eine Uniform sahen. (Oberhessische Presse vom 19. 10. 1967)

In großem Unterschied zu diesen Modebewegungen und Zeichen der Kleidungssprache steht aber eine andere Funktion der Lederhose, die sie nach Kriegsende etwa 20 Jahre lang zum beliebtesten Kleidungsstück der Jungen in Deutschland, ja bis ca. 1965 zum Zeichen der Kindheit schlechthin werden ließ. Die Gründe hierfür lassen sich in den verschiedensten Motiven der Eltern und Kinder finden, und selten hat ein Kleidungsstück so einhellig den gemeinsamen Beifall von Müttern und Söhnen gefunden.

Eine *folkloristische* Moderichtung war ja nicht neu; Anregungen aus dem alpenländischen Trachtenleben, wie Dirndl und Joppenanzug, Lederhose und Janker, gab es seit mindestens 1920 in den Modeheften – ja, solche Imitationen galten gerade in Mittel- und Norddeutschland als besonders fein.

Durch die Konfektion, ihr reiches und auch verhältnismäßig preiswertes Angebot, die Lederhosen auf großen Warentischen bei Brenninckmeyer und Hertie, erreichten die kurzen Ledernen nach 1945 einen viel größeren Käuferkreis und begeisterten Eltern wie Kinder. Kein Fleck war zu sehen, kein Waschen und Plätten nötig, und kein Drahtzaun ließ Löcher und Winkelrisse befürchten. Es war also ein ungeheuer praktisches Kleidungsstück, mit einem sauberen weißen Hemd sogar am Sonntag tragbar, und im übrigen mit jeder Art von Pulli und Nicki zu kombinie-

380 *Schulklasse 1959, die Mehrzahl in Lederhosen*
381 *J. M. Ranftl: Bauernkinder aus Salzburg. 1853*

382 *Der erste Schultag. 1950*

ren. Damit hatte es seinen zünftigen Trachtencharakter allerdings längst eingebüßt und war zur Jungenskleidung schlechthin geworden – vielleicht mit dem uneingestandenen Beigeschmack: ein *deutscher* Junge trägt Lederhosen! Dann, in den sechziger Jahren, hatte sie ihren modischen Höhepunkt überschritten, zumindest was die Altersschichtung der Lederhosenträger anbetraf. Ihre Anhänger waren von Saison zu Saison in immer jüngeren Jahrgängen zu suchen, nämlich dort, wo die Kinder dem Geschmack ihrer Mütter ausgeliefert sind. Die Konfektion erfand die niedlichen Varianten mit aufgenähten roten Lederherzen als Taschen und

*383 Die jüngsten Lederhosenträger. 1970*

*384 Berliner Kind. 1953*

ähnlichen Gags, und so wollten die größeren Jungen bald nichts mehr von Lederhosen wissen (Abb. 383). Nunmehr wurde für einige Zeit die lederne Bundhose als praktisch und kleidsam modern und eroberte sogar die Kleiderschränke der Teenager; aber auch diese Modeperiode war bald vorbei.

Die Übernahme von Formen der Erwachsenenkleidung, also etwa der langen Hose, ergriff bald immer niedrigere Schulklassen. War nach dem ersten Weltkrieg noch eine deutliche Scheidung zwischen Volksschülern und Oberschülern zu bemerken, die sich durch längere Beibehaltung kindlicher Kleidung von den ersteren abhoben, so scheinen derartige Unterschiede heute fast völlig geschwunden. Das mag mit der allgemeinen Verbürgerlichung unserer Lebensideale und der Demokratisierung der Mode zusammenhängen. Die Tendenz zum Nonkonformismus im Kleidungsstil, die Abwehr allzu sportlicher Formen, die zudem noch fatale *tausendjährige* Erinnerungen zu wecken scheinen, mag hier ebenso eine Rolle spielen wie die Verneinung der Wertmarke *typisch deutsch*, die der Lederhose beispielsweise für die amerikanischen Touristen sogar Souvenirqualitäten verleiht.

Dieser Gedankengang führt zurück zu den eingangs gemachten Überlegungen. Die Lederhose wurde zum Schlager der Kinderkleidung, weil sie so praktisch und kleidsam war – auch vielleicht etwas ausdrückte vom gleichen Schicksal fast aller Kinder nach Kriegsende, dem gleichen weiten Straßenspiel, von den gleichen hauswirtschaftlichen Schwierigkeiten fast aller Mütter. Und nicht zuletzt: sie war eben *deutsch*.

## T-Shirt und Jeans

»Das Tragen von Jeans ist der Versuch einer Generation, in einer von Erwachsenen bestimmten Welt, in der der Jugendliche nicht selbst Maßstäbe anlegen kann, ein Zeichen zu setzen. Es ist der Versuch, sich selbst darzustellen und sich von Erwachsenen gesetzten Normen zu emanzipieren. Dazu eignen sich Jeans, zum Zerreißen eng getragen, ausgezeichnet. Die Elterngeneration findet sie anstößig. Gleichzeitig ist es ein stiller Protest, denn keiner will zugeben, daß er mit Jeans eine Protesthaltung zum Ausdruck bringen möchte (aus Scham wegen einer solchen Art von Protest), sondern jeder wird auf ihre Bequemlichkeit und ihren praktischen Nutzen hinweisen. Ich meine: Lederhosen täten's auch.« Edmund Ebens, 18 Jahre (›Zeitlupe‹, in: DIE ZEIT vom 17. 2. 1978).

Die Lederhosenepoche wurde von einem Zeitalter abgelöst, das für Kinder, Jugendliche und inzwischen auch Erwachsene beiderlei Geschlechts wiederum durch einen Hosenstil bestimmt ist: die Jeans. Stammten die Lederhosen ab von der Arbeitstracht der Bergbauern in Bayern und Österreich, so die Jeans von der Arbeitskleidung der Cowboys und Baumwollpflücker in Amerika. So weit reichen die Parallelen. Die Rezeption verlief bei der zweiten Übernahme jedoch völlig anders. Die deutschen Eltern begrüßten keineswegs diesen praktischen und bequemen Kleidungsstil, sondern lehnten ihn anfänglich im großen und ganzen energisch ab. Denn die Jeans gediehen in den 60er Jahren zum Bürgerschreck und verbreiteten Proteststimmung.

Ihre Geschichte ist inzwischen zu einer Art Legende geworden.

Um die Mitte des 19. Jahrhunderts verließ ein 18jähriger jüdischer Schneider namens Levi Strauss seine bayrische Heimat, wo ihn Wirtschaftskrisen und Judenfeindlichkeit

*385 Junge in Jeans. 1979*

an Aufstiegschancen zweifeln ließen. Das Land der unbegrenzten Möglichkeiten lockte, und er wanderte aus nach Kalifornien. Dort versuchte er zunächst sein Glück als Zuschneider, dann hausierte er mit Kurzwaren und eröffnete schließlich einen Laden mit Stiefeln, Decken, Revolvern, Werkzeug und Arbeitshosen für die Goldgräber in und um San Francisco. Einen speziellen Baumwollstoff, den er aus Europa mitgebracht hatte, wollte er den Goldgräbern für ihre Planwagen und Zelte verkaufen, doch keiner wollte Levis Planen haben. Schließlich fand er einige Goldgräber, die ihn auf den entscheidenden Gedanken brachten: »Zelte brauchen wir keine, aber ein paar vernünftige Hosen.« Levi Strauss spe-

*386 Mutter und Töchter in Jeans. 1978*

zialisierte sich nun auf Arbeitskleidung, u. a. auf Anzüge für Eisenbahner, Jacken für Ingenieure, Latzhosen für Baumwollpflücker. Als Material verwandte er Köper, *Denim* genannt nach den französischen *Serge de Nimes*. Über die besondere Haltbarkeit dieses Stoffes verbreitete die Firma Wunderlegenden wie: »In Wyoming wurde ein Grab mit einem Skelett gefunden; es trug Hosen, die wie neu aussahen: Jeans.« Oder: »In Colorado hat einmal ein Eisenbahner, als die Kupplung zwischen zwei Waggons brach, diese mit ein Paar Levi's zusammengebunden und so die 15 Kilometer bis zur nächsten Station geschafft.« Dank dieser Sagenbildung florierte das Geschäft, und der Bayer Levi Strauss war bereits in den sechziger Jahren des 19. Jahrhunderts Dollarmillionär. Die Cowboys übernahmen die praktische Mode, nur mit dem Namen *Denim* hatten sie Schwierigkeiten. Bald wurde das Wort umgeformt zu *djiins* und später zu *jiins*. Als man das *jiins* dann *jeans* schrieb, waren die Hosen des alten Levi Strauss längst im ganzen Lande ein Begriff. (WELTWOCHE vom 27. 4. 1977)

Mit der Einfuhr vieler anderer Amerikanismen kam in den fünfziger Jahren auch die Jeanswelle in die Bundesrepublik. Der neue Kleidungsstil wurde zuerst als *Nietenhosen* im Westernstil von den Rockern vermittelt. Diese Assoziation machte sie bei der Elterngeneration besonders suspekt, und die Jungen jener Jahre fochten häufig einen leidenschaftlichen und oft erfolglosen Kampf um die heißersehnten blauen Hosen. Dabei waren sie objektiv kaum weniger praktisch und haltbar als die Ledernen, aber sie drückten etwas aus, was den Erwachsenen nicht paßte, und zwar in Deutschland ebenso wie in den USA. Der amerikanische Soziologe Marshall McLuhan meint:

»Jeans sind ein Ausdruck des Protests gegen das Establishment. Diese Hose stellt die Werte der Mittelklasse in Frage. Sie bedeutet, soziologisch gesprochen, Abkehr von den Werten des Mittelstandes und Protest gegen den Verlust der Individualität, den der technische Fortschritt mit sich bringt.« (WELTWOCHE vom 27. 4. 1977)

In Deutschland besagte der neue Kleidungsstil noch anderes, vielleicht ein Stück Demokratie:

»Äußerlich gibt es keine Unterschiede mehr zwischen Armen und Reichen, Porsche-Fahrern und Radfahrern, Dorfjugend und Villenbesitzern – in dieser Kleidung. Die Jugend der Welt hat ein Stück Identität gefunden in diesem Fetisch der Freiheit.« (Ebd.)

So ähnlich empfanden es wohl auch die Universitätsreformer der Studentenbewegung, als sie die Jeans zu ihrer Antikleidung machten und sich damit im Gegensatz zu den früheren elitären Studentengenerationen gerade mit den jugendlichen *Nicht-Akademikern* kleidungsmäßig solidarisierten (Kimpel, S. 44 ff.).

»Man darf nicht vergessen, daß die Ideologisierung der Kleidung allgemein nicht von den Jeans-Trägern, sondern von den ›Schlips-und-Anzug-Trägern‹ kommt. Von diesen wird die Kleidung als willkommenes Prestige-Objekt zur Einstufung von Menschen in die soziale Skala benutzt. Zur Rechtfertigung dieser primitiven Unterteilung wurde die Kleidung ideologisiert: es gibt ›anständig gekleidete Menschen‹ (... und ›unanständig‹ gkleidete?). – Das Jeans-Tragen ist also eine ›Gegen-Ideologie‹; Jeans sind eine Uni-form. Soziale Unterschiede sind nicht mehr an der Kleidung erkennbar.« Olaf Ringelband, 18 Jahre (›Zeitlupe‹, in: DIE ZEIT vom 17. 2. 1978).

Von diesen Vorstellungen wurden – je nach der Verständnisebene des betreffenden Jahrgangs – auch die Jüngeren erfaßt, und die Jeans gediehen in einem bisher noch nicht dagewesenen Maße zum *Eigentum* der Jugendlichen, mit dem sie sich gegen die Wertüberbetonungen ihrer wohlstandsbürgerlichen Elterngeneration zur Wehr setzten und deren Widerstände bald überrollten. Alles durften (und sollten) diese Hosen sein: fleckig, ausgebleicht, geflickt, ausgefranst – nur nicht neu!

»Für die meisten Jugendlichen sind Jeans ein einfaches bequemes Kleidungsstück. Auch wenn sie frisch gewaschen sind, nimmt man es gern in Kauf, sich fünf Minuten flach hinzulegen, um sich hineinzwängen zu können. Nach dem Aufstehen fühlt man sich eben einfach Klasse, und pfeift dann der Wind durch das immer größer werdende geflickte Loch am Knie, ja, von dem Zeitpunkt an sind die Jeans wohl für den Träger zur Weltanschauung geworden. Denn man ist etwas anderes, man hat andere Gefühle, man fühlt sich revolutionär.« Tolke Prang, 15 Jahre (›Zeitlupe‹, in: DIE ZEIT vom 17. 2. 1978).

Über solch neuartige Selbstgefühle der Jugend, die sich Anfang der siebziger Jahre mit den Jeans verbanden und die sicher nicht mit einer einzigen Vokabel wie *revolutionär* oder *Protest* zu umschreiben sind, hat Ulrich Plenzdorf seinen jugendlichen Helden in dem unterkühlten Pathos der Jugendsprache eine Aussage machen lassen, die einst zu den zeitgeschichtlich wichtigen Modezeugnissen gehören wird:

»Natürlich Jeans! Oder kann sich einer ein Leben ohne Jeans vorstellen? Jeans sind die edelsten Hosen der Welt [...] Für Jeans konnte ich überhaupt auf alles verzichten, außer der *schönsten Sache* vielleicht. Und außer Musik. Ich meine jetzt nicht irgendeinen Händelsohn Bacholdy, sondern echte Musik, Leute. Ich hatte nichts gegen Bacholdy oder einen, aber sie rissen mich nicht gerade vom Hocker. Ich meine natürlich echte Jeans. Es gibt ja auch einen Haufen Plunder, der bloß so tut wie echte Jeans. Dafür lieber gar keine Hosen. Echte Jeans dürfen zum Beispiel keinen Reißverschluß haben vorn. Es gibt ja überhaupt nur eine Sorte echte Jeans. Wer echter Jeansträger ist, weiß, welche ich meine. Was nicht heißt, daß jeder, der echte Jeans trägt, auch echter Jeansträger ist. Die meisten wissen gar nicht, was sie da auf dem Leib haben. Es tötete mich immer fast gar nicht, wenn ich so einen fünfundzwanzigjährigen Knacker mit Jeans sah, die er sich über seine verfetteten Hüften gezwängt hatte und in der Taille zugeschnürt. Dabei sind Jeans Hüfthosen, das heißt Hosen, die einem von der Hüfte rutschen, wenn sie nicht eng genug sind und einfach durch Reibungswiderstand obenbleiben. Dazu darf man natürlich keine fetten Hüften haben und einen fetten Arsch schon gar nicht, weil sie sonst nicht zugehen im Bund. Das kapiert einer mit fünfundzwanzig schon nicht mehr. Das ist, wie wenn einer dem Abzeichen nach Kommunist ist und zu Hause seine Frau prügelt. Ich meine, Jeans sind eine Einstellung und keine Hosen. Ich hab überhaupt manchmal gedacht, man dürfte nicht älter werden als siebzehn – achtzehn.« (Plenzdorf, S. 19 f.)

Inzwischen hat die Modeindustrie sich dieses Marktes mit immer neuen Angeboten bemächtigt. Allein 1976 wurden für über 830 Millionen Mark Jeans verkauft. Und für die Risse in der demokratischen Zeichensetzung sorgen die unverwechselbaren und teuren Markenartikel ›Levi's‹ und ›Wrangler‹, deren Besitz übrigens auch für DDR- und sonstige sozialistische Jugend das *Stärkste* ist. Aber das beeinträchtigt nicht die seit ca. 1970 allgemeine und wachsende Modegeltung für Jeans in allen Alters- und Gesellschaftsgruppen.

In einem Seminar der Marburger Universität über ›Kindheit und Kleidung‹ im Sommersemester 1977 veranstalteten die Studenten eine Umfrage bei 120 Kindern zwischen 9-15 Jahren in einer Grundschule eines ländlich evangelischen Gebiets und einer Haupt- und Realschule eines ländlich katholischen Gebiets mit folgenden Fragen:

*Wann trage ich Jeans?*
In der Schule
Zum Spielen
Am Sonntag
In der Kirche
Beim Besuch von Verwandten
Auf Geburtstagen von Freunden / Freundinnen
Am liebsten immer
Nur, wenn ich mich dreckig machen könnte

*Warum trage ich Jeans?*
Weil sie mir gut stehen
Ältere Kinder / Jugendliche tragen auch Jeans, ich will so aussehen wie sie
Weil Erwachsene auch Jeans tragen
In Jeans fühle ich mich frei
In Jeans fühle ich mich lässig
Weil ich mit Jeans eine schicke Figur habe
Weil ich sie sexy finde
Alle Kinder / Jugendliche tragen Jeans, deshalb will ich auch Jeans anziehen

*Wie stehen meine Eltern zu Jeans?*
Meine Eltern mögen Jeans
Meine Eltern mögen Jeans nicht
Meine Eltern tragen Jeans
Meine Eltern tragen keine Jeans

Die Auswertung, die keinen Anspruch auf irgendeine Gemeingültigkeit erhebt, sondern eine Ahnung über die Einstellung der Kinder und Jugendlichen vermitteln will, brachte folgende Ergebnisse (die in einer Matrix vorliegen, aber hier nur berichtend wiedergegeben werden):

*1. Wann trage ich Jeans?*
Es ergaben sich keine wesentlichen Unterschiede zwischen Jungen und Mädchen.

An der Spitze der Gelegenheiten, Jeans zu tragen, rangiert die Schule. Zweithäufigste Möglichkeit ist der Kindergeburtstag (Treffen mit Gleichaltrigen). Aber auch der Besuch bei Verwandten, d. h. also auch das Zusammentreffen mit älteren Generationen, findet in Jeans statt. An vierter Stelle erst steht die Äußerung: »Ich trage Jeans am liebsten immer«; an fünfter Stelle »zum Spielen« (hier wurde teilweise lieber Sportkleidung getragen). Seltener werden Jeans sonntags oder gar für den Kirchenbesuch angezogen, hier jedoch weitaus häufiger von älteren Kindern.

Die Frage, die auf Jeans als strapazierfähige Kleidung hinzielte, wurde selten gewählt, eher noch von (älteren) Jungen, d. h., daß Jeans inzwischen eher als schickes, modisches Kleidungsstück angesehen werden.

*2. Warum trage ich Jeans?*
Als wichtigster Grund steht hier: »Ich fühle mich frei«, was deutlich den neuen Werbekampagnen für Jeans entspricht. An zweiter Stelle rangieren äußere Gründe: »Weil sie mir gut stehen.« Lässigkeit wird – entsprechend der Formel *Freiheit* – auch von vielen (besonders allerdings den älte-

*387 Teenager in T-Shirt und Jeans. 1972*

ren und sehr wenigen 11-12jährigen) Kindern als entscheidender Grund angegeben.

Auf die Fragestellung, die auf die Gemeinschaftstendenz der Jeans hinausläuft, geben besonders die 11-12jährigen relativ viele Stimmen ab, was eigentlich dem entwicklungspsychologischen Stand dieses Alters entspricht, da hier Gruppenbeziehungen zu Gleichaltrigen und Loslösung von der Familie im Vordergrund stehen. Dementsprechend wird von dieser Altersstufe im Gegensatz zu den 13-15jährigen das Erotische der Jeanskleidung weniger gesehen. Die diesbezüglichen Fragen erschienen dafür für die älteren Kinder bedeutsam.

An letzter Stelle steht die Vorbildwirkung älterer Kinder bzw. Erwachsener; hier müßte man allerdings hinterfragen, ob die Kinder ehrlich geantwortet haben, zumal aus den letzten Fragen eine deutlich positive Haltung der Eltern zu Jeans herauszulesen ist: Viele Eltern tragen selbst Jeans; d. h., daß die von den Kindern zuvor angegebene Freiheit und Lässigkeit nicht unbedingt individuelle Freiheit und Absetzen vom Elternhaus bedeutet, sondern eher ein (für die Kinder doch nach diktierter Mode) aufgesetztes Image übernimmt.

Soweit die Ergebnisse der studentischen Fallstudie. Sie bestätigen den allgemeinen Eindruck, daß seit der Mitte der siebziger Jahre die Jeans ihren Zeichencharakter mehr und mehr einbüßen und ganz allgemein zur üblichen Alltagskleidung werden.

»Dieter will sich auf die Bank setzen, wo eine Frau sitzt, die Tante Gertrud ähnlich sieht [...] Und die Frau sagt zu Dieter: ›Du hast ja schon Jeans an.‹ Dieter sagt, daß er noch mehr Jeans hat, und Karla sagt: ›Er wird auch nie kurze Hosen kriegen.‹ ›Früher war das ja auch anders‹, sagt die Frau zu Dieter, ›und deine Mutter hat ja auch Jeans an. Ihr paßt mal schön zusammen.‹« (Witter, in: DIE ZEIT vom 29. 7. 1977)

Diese kleine Beobachtung von 1977 sagt vielleicht etwas Typisches aus: sie beschreibt das Verschwinden der kurzen Hosen als Kindheitszeichen und die Annäherung der Kinder- an die Erwachsenenkleidung bzw. umgekehrt. Die festen Schranken, die einst die Lebensalter trennten, scheinen mehr und mehr zusammenzuschrumpfen, – aber weniger deshalb, weil die Kinder früher groß sein wollen, als darum, weil sich die Erwachsenen den Status der Jugend möglichst lange bewahren möchten.

Noch ein anderes, zu den Blue jeans passendes Kleidungsstück verbindet die Lebensalter: das *T-Shirt*. Dieses

Baumwollunterhemd erfanden die Franzosen für ihre Soldaten im ersten Weltkrieg, wo es die Amerikaner kennenlernten und dann selbst produzierten. Im zweiten Weltkrieg gehörte das T-Shirt zur Uniform der GIs und wurde in der Nachkriegszeit gewissermaßen als Protestkleidung, besonders durch die Vorbilder Marlon Brando und James Dean, zum *Oberhemd* befördert. Nun trug die Jugend der Welt statt Hemd und Krawatte das T-Shirt. Während des Vietnamkrieges wurde es durch Aufdrucke gegen Gewalt, Terror und Unmenschlichkeit zum Gesinnungsträger. Die Kindermodenindustrie machte aus der Aufdruckidee ein unversiegliches Geschäft.

So wird denn auch im DM-Magazin ›Für das Kind‹, Sommer 1972, betont, daß *Kunde Kind* ständig an Bedeutung gewinne – mit 10% des gesamten Einzelhandels-Umsatzes.

»Kein Wunder, daß die Industrie Mutter und Kind umwirbt. Das ideale Verbraucherkind soll sich nach dem Wunsch der Hersteller mehrmals am Tag umziehen: zum Spielen, zum Spazierengehen, für die Schule und für daheim. Dazu gibt es Kinder-Pelzmäntel und Kinder-Hausanzüge.«

388 *Verkleidungskünste. Um 1960*

**Sonntagsstaat – ja oder nein?**
»Ich durfte mein Sonntagskleidchen anziehen und mußte keine Schürze tragen, auch die weißen Kniestrümpfe, die seit dem letzten Sonntag frisch gewaschen waren, holte meine Mutter aus der Schublade. Aber nicht gleich rumsauen, sagte sie, daß man dich nachher auch noch angucken kann. Aber ich wollte gar nicht spielen, wenn ich so schön war. Ich ging von der Küche in den Hof, vom Hof ging ich in den Garten, immer auf den Wegen, dann ging ich wieder in die Küche.

Meine Mutter nahm mich oft mit ins Dorf. Sie band sich vorher eine frische Schürze um und mir auch. Dann kämmte sie mir die Haare. Sie wurden links und rechts gescheitelt, die

389 Kind mit Haarschleife. Zwanziger Jahre

Die Schleife hat sie fast nie vergessen; ich genierte mich für den Propeller, aber ich mußte ihn tragen, sonst hätte ich nicht mitgedurft. ›Das sieht doch nett aus, und die Leute sagen das bloß, weil es ihnen gefällt.‹« (Wimmer, S. 21 u. 23)

Diese Kindheitserinnerung aus einem kleinen süddeutschen Ort um 1950 zeigt, daß damals die feingemachten kleinen Mädchen kaum anders aussahen als vor dem Kriege. Hahnenkamm und Haarschleife hatten sich sogar seit den zwanziger Jahren erhalten.

Auch sonst gab es zunächst keine wesentlichen Unterschiede, wenn man von den Trainingshosen absieht, die Jungen und Mädchen im Winter aus Wärmegründen trugen.

»Die Mädchen trugen Röcke und Kleider, und nur im Winter, wenn es kalt war, durften sie dunkelblaue Trainingshosen anziehen, die innen angerauht waren und am Gummizug an den Knöcheln abstanden. Darüber trugen sie den Rock oder das Kleid mit der Schürze.

Ich trug gerne Hosen und versuchte, den Tag so lange wie möglich hinauszuzögern, an dem sie wieder bis zum nächsten Winter im Schrank verschwanden. Zum Schlittenfahren am Nachmittag durfte ich auch den Rock ausziehen.

Eines Tages kauften meine Eltern mir eine Trikothose der Firma Bleyle. Sie war ebenfalls dunkelblau und sah so aus wie die Trainingshose, aber die Qualität sollte besser sein. Da hat man letzten Endes doch mehr davon und da lohnt sich die größere Ausgabe, sagte meine Mutter. Außerdem kaufte man sie noch etwas füllig, zum Reinwachsen. Ich konnte sie bis unter die Arme hochziehen.

Beim Kauf bekamen wir einen weiß lackierten Kleiderbügel geschenkt, auf dem war in schwarzen Lettern aufgedruckt: Kein Flicken zu Hause. Auf der Rückseite stand: Laßt die Jugend Bleyle tragen. Ich dachte, das

mittlere Partie schlug sie über einen Kamm zu einer Tolle zusammen. Die Leute sagten dazu Hahnenkamm, was mir peinlich war. Am Ende des Hahnenkamms steckte eine riesige Schleife aufrecht im Haar. Es war ein breites, mit Hoffmanns Katzenstärke steifgemachtes Band. Ehe wir losgingen, holte sie ein frisch gestärktes aus der Schublade. Wenn sie es zu einer Schleife faltete und mit der Hornlibelle befestigte, raschelte es. Meine Mutter nahm mich an der Hand, und die Leute sagten, ich hätte einen mächtigen Propeller auf dem Kopf, ich solle nur aufpassen, daß ich nicht wegflöge.

Da konnte ich die Schleife nicht mehr ausstehen, ich dachte, mein Kopf sähe aus wie ein Hubschrauber.

*390 Die Trainingshosen der Nachkriegszeit*

müßte selbst meine Mutter davon überzeugen, daß ich Hosen tragen müßte, wenn es auch andere sagten und sogar aufdrucken ließen. Aber sie meinte, das sei nur Geschäftemacherei und hätte weiter keine Bedeutung.« (Wimmer, S. 34 f.)

Nun begann die gemeinsame Hosenmode von Jungen und Mädchen, die das Straßen- und Schulbild total veränderte.

Die Mädchen gelangten damit in einen Bereich der Modegeschichte, der vieles sichtbar macht über Kleidung als soziales Verhalten: die Hosenmode der Frau (Bringemeier, Hosenmode). Das ganze 19. Jahrhundert hindurch war die Männermode stetig ganz anderen Prinzipien gefolgt wie die häufig wechselnde, historische Formen nachahmende Frauenmode. Entsprechend der sozialen Situation in der Gesellschaft und der zunehmenden Rollenfixierung der Geschlechter verlief die Entwicklung der bürgerlichen Männer- und Frauenkleidung in völlig verschiedenen Richtungen.

Es scheint mir übrigens beachtenswert, daß die biedermeierlich-bürgerliche *Kinder*mode diese Geschlechtertrennung nicht mitvollzog, sondern ihre Kinder – Jungen und Mädchen – in lange weiße Wäschehöschen steckte, um den gemeinsamen Status der Kindheit zu betonen (s. S. 115).

Doch lag dieses Kleidungsverhalten auf anderer Ebene und veränderte sich wieder völlig zu Ende des Jahrhunderts. Im allgemeinen fehlte in der Mode des 19. Jahrhunderts jeder Ansatz zu einer Einheit der Kleidungskultur. Erst mit der Emanzipation, der Forderung nach einer Gleichstellung von Mann und Frau, der Erkenntnis von Hosen auch als praktischem weiblichen Kleidungsstück bei Arbeit und Sport, wuchs im 20. Jahrhundert die Einstimmung auf den gleichen Kleidungsstil – und kulminierte in den Blue jeans. Als sich die Eltern daran gewöhnt hatten, begann ganz langsam und differierend in Stadt und Land, in Nord und Süd eine neue Phase in der Geschichte der Kinderkleidung: Die Kinder und Jugendlichen probierten zaghaft oder trotzig, eine Mit- oder gar Selbstbestimmung bei der Auswahl ihrer Kleidung zu erreichen. Sie suchten und suchen zunehmend bewußt danach, sich in ihrer Kleidung selbst zu finden und persönliche Sicherheit zu erlangen. Es scheint, als würde die Zahl derer, die den Mut zu neuen – zuweilen recht merkwürdigen – Wegen haben, allmählich größer. In den Erinnerungen eines Teenagers von 1960 heißt es:

*391 Kinderspiele im Freien. 1953*

»Viele in der Klasse waren besser gekleidet, sie hatten mehr Sachen und schönere. Mir kam es vor, als trügen sie sie mit großer Selbstverständlichkeit und bräuchten sich um ihr Aussehen nicht so viel Kummer zu machen wie ich. Darauf führte ich es auch zurück, daß sie viel sicherer auftraten. Ich empfand es als enorme Belastung, nur durch das zu leben, was man im Kopf hatte, und damit auf andere Eindruck zu machen. Auch hatte ich das Gefühl, daß einige Lehrer ihre persönliche Freundlichkeit und Zuwendung durchaus nach solchen Äußerlichkeiten verteilten.

Da es aussichtslos war, so zu sein wie diejenigen, die ich beneidete, und ich mir so, wie ich war, nicht gefiel, wollte ich wenigstens aussehen wie keiner sonst. Ich ließ mir die Haare auf Streichholzlänge schneiden, wie es gerade in Mode kam und es erst wenige trugen. Wo der Friseur nicht genug weggeschnitten hatte, half ich mit der Rasierklinge nach und schnitt mir Fransen.

Aus meinem karierten Faltenrock, der so schnell knitterte und den meine Mutter zeitlos und ich bieder fand, nähte ich mir ein Hemd. [...] Es hatte keine Paßform und sollte auch keine haben. [...] Ich nähte keinen Saum um, sondern franste die Ränder aus. Nach derselben Art strickte ich mir einen Pullover aus dem alten, den ich aufribbelte. Er [...] war wie ein Sack. Aus der abgelegten Arbeitsstrickweste meines Vaters entstand ein Schal, der, mehrmals um den Hals geschlungen, vorne und hinten noch immer lang herabbaumelte. Meine Hose nähte ich an allen Stellen, wo sie abstand, so eng, daß sie am Bein saß wie eine zweite Haut. Von ein paar alten Schuhen löste ich die Sohle. Aus einer Schnur flocht ich lange, dünne Zöpfe, die ich auf die Sohle passend aneinandernähte. Neben der großen Zehe führte ich eine Schnur vorbei, herauf zum Fußgelenk, zwei kleinere kamen von den beiden Seiten, über den Knöcheln wurde alles zusammengeknotet. Das war nun für lange Zeit meine Kluft. Viele fanden mich ganz toll; das dürften sie nie von ihrer Mutter aus. Ich fand mich auch gut, trotzdem hätte ich insgeheim noch immer tauschen mögen.

Meine Mutter verzweifelte fast. Sie ging mit mir zusammen nicht mehr auf die Straße. Man muß sich ja in Grund und Boden schämen, du siehst aus, als kämst du grad aus einem Zigeunerkarch gelatscht, was sollen bloß die Leute denken, man muß doch noch ein klein bißchen in die Welt passen, das kannst du uns doch nicht antun, man muß doch noch sehn, wo du herkommst, mit dir kann man sich ja nirgendwo mehr blicken lassen, so läuft kein Mensch rum, noch nicht mal der Ärmste aus dem Dorf, sagte sie. Mir war es egal, was diese Leute dachten.« (Wimmer, S. 114 f.)

Diese realistische Darstellung jugendlichen Kleidungsverhaltens widerspiegelt den rührenden Kampf um Selbständigkeit, den ein phantasievolles Mädchen sowohl dem kleinbürgerlichen Elternmilieu gegenüber ausficht wie den bessergestellten Klassenkameradinnen. Die Opposition Zuhause und Außenwelt wird von einem Kind sicher am stärksten durch seine Kleidung erlebt; in ihrem Zeichen vollziehen sich Erfüllung oder Verweigerung, Verständnis oder Unverständnis. Oft mangelt es an Einsicht der Erwachsenen in das Wertsystem der Kinder, in dem bestimmte Kleidungsstücke einen so hohen Stellenwert einnehmen können.

Solche Fragen harren auch in der Gegenwart noch der sozial- und kulturwissenschaftlichen Untersuchung. In dem erwähnten Marburger Seminar von 1977 wurde von einer weiteren Studentengruppe das Kleidungsverhalten 9-10jähriger aus zwei stadtnahen Grundschulen anhand von Aufsätzen und Zeichnungen untersucht. Nach wie vor waren Jeans (auch aus Cord) und T-Shirt die beliebtesten Kleidungsstücke, und fast alle Kinder konnten trotz sonstiger großer orthographischer Unsicherheit diese beiden Wörter richtig schreiben! Unterschiede zwischen Stadt und Land waren kaum zu beobachten und machten sich höchstens in einer Sonntagskleidung als traditioneller Sitte beim Kirchgang geltend. »Zur Kirche ziehe ich die gute weiße Strumpfhose an, muß sie aber danach gleich in meine rote tauschen«, schreibt ein Mädchen in seinem Aufsatz. Übereinstimmend betonen die Kinder, daß sie bei Geburtstagseinladungen gern etwas Neues anziehen. In der zunehmenden Unlust an schonbedürftigem Sonntagsstaat zeigt sich vielleicht der wichtigste Trend in der Kinderkleidung der Gegenwart. Früher hieß es:

»Sonntags gab es frische Kleider und für die Mädchen stets auch weiße Schürzen und weiße Strümpfe, von denen unendliche Paare die Schubladen bevölkerten. Meist blieb auch noch für die Heranwachsenden ein Gewand ›für best‹, aber die Mutter gestattete ungern, daß es je getragen wurde. ›Eins muß eben für best bleiben!‹« (Voigt-Diederichs, S. 188)

Welche Sorgen den Kindern die feinen Sonntagskleider oft bereiteten, haben die Erwachsenen noch in Erinnerung, denn die puppenhaft geputzten Kinder beim Kirchgang und Spazierengehen befriedigten vor allem die elterlichen Repräsentationsbedürfnisse. Daß heute die Begriffe *Praktisch* und *Pflegeleicht* den Kinderkleidermarkt bestimmen, auch am Sonntag, ist für Kinder wie Mütter von Vorteil. »Am Sonntag ziehe ich die blauen Cordhosen an und darf

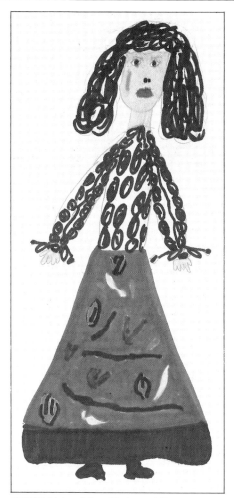 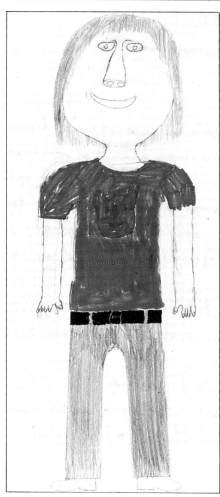

*392/393 Meine »liebste Kleidung«. 1977*

mir selbst einen Pulli aussuchen«, schreibt 1977 Klaus-Peter aus Marburg.

Im Montagsblatt einer süddeutschen Kleinstadt vom 5. März 1979 begeistert sich der Reporter für die zwanglose Kleidung der Kinder beim heutigen Sonntagsspaziergang in Erinnerung an die Sachen »für gut« in seiner eigenen Jugend: »Wenn ich die Kleinen von heute in bunten Gummistiefeln herumtollen sehe, werde ich fast noch ein bißchen neidisch.«

Was ist das Resümee einer Betrachtung über die Kinderkleider der Nachkriegszeit? Als wichtigstes Phänomen läßt sich deutlich erkennen: die Normen und Grenzen verwischen sich immer mehr, – Grenzen zwischen den Geschlechterrollen der Jungen und Mädchen, zwischen den sozialen Schichten der Gesellschaft, aber auch die Grenzen zwischen Hätschelalter und Lernalter, Lernalter und Jugend, Jugend und Erwachsensein. Jedenfalls sind die Kleidungszeichen für diese einst so wichtigen Grenzziehungen der bürgerlichen Gesellschaftsstruktur immer schwächer geworden und zum Teil ganz verschwunden. Wenn aber das Bewußtsein der Gesellschaft ihren Kindern gegenüber diesen Prozeß in Gang gesetzt hat, so könnte es sein, daß die neuen kulturellen Zeichen wiederum zurückwirken auf das psychologische Verhalten und sich damit in der Zukunft vielleicht eine partnerschaftliche Beziehung zwischen den Generationen verstärkt.

*394 Nachkriegsspiele. Um 1950*

## 2. Berliner Kinderspiele

»Ich laufe geduckt durch das trockene Gras, sehe, wie ein Stück Erde vor mir in die Luft fliegt. Es sind ganze Brocken. Die Einschläge kommen bis zu mir, es müssen Kanonen sein. Damals habe ich gedacht, daß sie tatsächlich auf mich zielen. – Ich springe zum Reisighaufen, unter dem das Motorrad versteckt war. Ich weiß nicht, wer gegen wen kämpft. Ich weiß nicht, wer wo ist, wo die Russen und wo die Deutschen sind. Ich presse die Handflächen gegen meine Ohren.
Da spritzt die Erde hoch, ein Wasserfall ergießt sich über mich; es regnet Erdklumpen auf den Reisighaufen. Etwas kracht furchtbar. Die Erde zittert. ›Mutti‹, schreie ich. ›Mutti!‹ Ich weiß nicht, wohin ich laufen soll, wühle mich unter den Haufen vertrockneter Sträucher. Das wird mich kaum retten! ›Mutti!‹ Ich klappere mit den Zähnen. ›Mutti!‹« (Procházka, S. 146)

Was spielen Kinder, die den Krieg so intensiv erlebt haben, im Frieden? Viele von ihnen spielten nicht Frieden, sondern immer wieder Krieg – als wäre die tödliche Gewalt die einzige Erfahrung aus dem Erwachsenenleben, die sie als nachahmenswert empfanden. Die Szene, daß Kinder vor zerbombten Häusermauern *Totschießen* spielen, ist oft von Fotografen festgehalten worden. Vielleicht waren diese Spiele der frühen Nachkriegsjahre aber auch eine kindliche Form der Bewältigung erlebten Grauens: nun war ja alles nur Spiel. Aber mit den amerikanischen Western kam die Cowboy-Begeisterung und mit ihr die Flut der Spielzeugpistolen und eine neue Form des Totschießen-Spielens. Es wird mir immer unverständlich bleiben, daß Erwachsene, die den Krieg erlebt haben, Kindern Schießgeräte erlauben oder gar schenken. Der außerordentliche Mangel an Phantasie bei einer derartigen Verniedlichung des Tötungsprozesses ist erschreckend, – die Einbeziehung von Aggression und Gewalt in die Spielhandlung als ganz *normale* Aktivität kann nur zu Verhaltensweisen führen, die mit der Erziehung zum verantwortungsbewußten Menschen nicht vereinbar sind (vgl. Kauffmann). Wie rigoros die Erwachsenen auch sonst die Außen-Spielwelt der Kinder zu disziplinieren wußten, wie schnell sie mit Verboten bereit waren, kindliche Initiativen zu hemmen, – bei den Pistolen und Gewehren beugten sie sich den kindlichen Wünschen, die die Spielzeugproduktion sofort erkannte und nutzte. Oft bringen es selbst kriegsdienstverweigernde Väter nicht fertig, ihre kleinen Söhne von der Abscheulichkeit derartigen Spielzeugs zu überzeugen. Wieviel Protest gegen Kinderlärm sich auch ständig lautstark äußert, – er richtet sich gegen Ballspiel, Fahrradfahren u. ä. kindliche Aktivitäten, die den Besitz der Erwachsenen gefährden könnten. »Meine Mutter, mein Vater, Oma, Opa und der Hausmeister schümpfen alle«, gibt ein 10jähriges Mädchen 1977 als Merkmal seiner Spielumgebung zu Protokoll (Blaich, S. 18). Aber diese »Schümpfe« betrifft mehr den Selbstschutz der Erwachsenen als die Sozialisation der Kinder (Bleuel, S. 64 ff.). Denn von den gemütsverrohenden Schießzeugen ist bei den Erwachsenenverboten nur selten die Rede.

Wenn Spiel so etwas wie die kindliche Auseinandersetzung mit der Umwelt ist, dann stimmt das Übermaß an Schießgeräten beim Straßenspiel sehr bedenklich.

Aber neben solchen militanten kindlichen Kraftproben gab es auch nach dem zweiten Weltkrieg wieder eine Fülle von Spielen im Freien, die aus Generationentiefe auftauchten und neue Varianten erlebten oder die ganz frisch erdacht wurden und sich epidemisch verbreiteten wie der Gummitwist. Gerade in Großstädten wie Berlin blühte das Straßenspiel. Die vielen Häuserlücken boten den herrlichsten Spielplatz, die Vaterlosigkeit vieler Kinder und die Überanspruchung ihrer Mütter stellte besonders die *Schlüsselkinder* viel weniger unter Erwachsenenkontrolle als in normalen Zeiten. So wurde das Straßenspiel zu *dem* Teil ihres Lebens, den sie selbst bestimmen konnten, bei dem sie sich ihre eigenen sozialen Ordnungen setzten und sich Leistungen nach ganz bestimmten Regeln abforderten. Das war für das einzelne Kind oft psychisch und physisch nicht leicht, aber so unabdingbar ein Teil der Kindheit, wie es sich die Fernsehkinder der Gegenwart wohl kaum noch vorstellen können. Die Kinder der Spielgruppen standen als

395 metaller kassel: Spielverbote. 1978

*Wir* den Erwachsenen gegenüber, die von dieser erfüllten Welt der Straßennachmittage oft wenig ahnten (vgl. dazu auch Ward, S. 96 ff.).

Die Selbständigkeit dieser kindlichen Spielwelt artikuliert sich z. B. auch in den *unanständigen* Abzählreimen und Kinderversen, die um so begeisterter ausgesprochen werden, je mehr sich die Kinder des Verbots auf familiärer Alltagsebene bewußt sind:

»1 2 3 4 5 6 7 8 9
Wie heißt dein kleiner Freund?
Herbert!
Herbert hat ins Bett geschissen,
gerade aufs Paradekissen!
Mutter hat's gesehen,
und du kannst gehn!«

»Eine kleine Mickymaus
zog sich ihre Hosen aus,
zog sie wieder an,
du bist dran!«

»Ele mele mule,
wir ham heut keine Schule.
Warum denn nicht? Warum denn nicht?

*396 Hinterhof Berlin Ackerstraße. 1972*

Die Lehrerin hat'n Kind gekriegt.
Ele mele mink mank
pinkpank
Usebuse Ackadeia
Eia weia weg!«

»Meine Schwester Ella
ist wild nach Barbarella,
Barbarella ist ihr Typ,
Barbarella hat sie lieb.
Ackeback, Ackeback,
Barbarella Hühnerkack,
Hühnerkacke Sauerbier,
Barbarella, raus mit dir!«
(Borneman, Nrn. 21, 54, 59, 76; sämtlich Berlin um 1960)

Es scheint mir ziemlich sinnlos, solche kindlichen Fäkal- und Sexualpoesien isoliert zu bündeln als Beweise frühkindlicher Sexualität. Sieht man sie jedoch im Zusammenhang mit dem Straßenspiel, so werden sie zu strukturellen Zeichen einer kindlichen Gegenwelt gegen die Erwachsenen, in der deren Verbote nicht gelten und andere Dinge Spaß machen als die erlaubten familiären Verhaltensweisen. Auch diese Welt ist formalisiert und geregelt, jedoch von den Kindern selbst. Sie bestimmen in ihrer *offenen Gesellschaft* der Straße.
»Im Spiel selbst lernt das Kind die ersten Formen gesellschaftlicher Tätigkeit und zwischenmenschlicher Beziehungen (außerhalb des Elternhauses und später der Schule) kennen: es muß sich der Spielgruppe einordnen, es muß sich den von der Gruppe gesetzten Spielregeln fügen, es muß im Wettbewerb mit den Spielkameraden seine Geschicklichkeit, Kraft, Schnelligkeit, seinen Mut und seine Ausdauer beweisen.« (Peesch, S. 92)
Reinhard Peesch hat im Berlin der 50er Jahre eine empirische Untersuchung durchgeführt und das Vertrauen der Kinder gewonnen, die ihm ihr Expertenwissen über ihr Spielrepertoire, dessen Regeln und Benennungen mitgeteilt haben.
Mit der einfachen Frage: »Welche Spiele spielt ihr jetzt auf der Straße am liebsten?« hat er die Kinder der 2.-8. Klasse in 22 Ost- und Westberliner Schulen im Sommer 1955 konfrontiert und Antwortenlisten von fast 5 000 Kindern erhalten. Das war eine Frage nach dem Herzen der Kinder, und keines blieb die Antwort schuldig. Die Frageaktion wurde dann an Ort und Stelle auf den Straßen fortgesetzt und mit der Kamera eine Fülle von Illustrationsmaterial hinzugefügt, so daß hier ein synchroner Schnitt durch die Berliner Kinderkultur der 50er Jahre entstanden ist. Peesch ordnet sein Material in Kreis-, Hüpf-, Schreit-, Hasche-, Versteck-, Scherz-, Erwerbsspiele, Spiele mit Modellauto, Ball, Rollenspiele und Bewegungsspiele. (Liste S. 81; Peesch)
Wenn die Mehrzahl der Jungen Fußball und die Mehrzahl der Mädchen Hopse als Lieblingsspiel nannten, so drückte sich darin eine starke Rollentrennung aus, die aber bei vielen gemeinsamen Spielen auch *überspielt* wurde: Vater – Mutter – Kind, Versteck, Länderklau, Schule usw. Bei den Intensitätskarten, die Peesch aufgrund seiner Erhebung zeichnete,

## Die zehn beliebtesten Spiele im Frühjahr 1955

| | 2. Klasse | | 3. Klasse | | 4. Klasse | | 5. Klasse | | 6. Klasse | | 7. Klasse | | 8. Klasse | |
|---|---|---|---|---|---|---|---|---|---|---|---|---|---|---|
| | Jungen: | % | | % | | % | | % | | % | | % | | % |
| 1. | Fußball | 60,1 | Fußball | 61,2 | Fußball | 72,8 | Fußball | 76,3 | Fußball | 75,0 | Fußball | 67,2 | Fußball | 72,1 |
| 2. | Versteck | 50,5 | Versteck | 46,9 | Völkerball | 39,6 | Völkerball | 52,8 | Radfahren | 38,9 | Radfahren | 51,2 | Radfahren | 41,2 |
| 3. | Einkriege | 39,5 | Einkriege | 32,4 | Versteck | 36,8 | Versteck | 44,8 | Völkerball | 37,4 | Völkerball | 36,0 | Völkerball | 25,3 |
| 4. | Rollerf. | 35,9 | Völkerball | 27,1 | Radfahren | 32,0 | Handball | 32,3 | Versteck | 34,7 | Handball | 23,0 | Handball | 11,2 |
| 5. | Radfahren | 20,0 | Rollerf. | 23,6 | Einkriege | 25,3 | Radfahren | 32,0 | Handball | 27,8 | Versteck | 13,3 | Schlagball | 5,1 |
| 6. | Murmeln | 18,1 | Radfahren | 19,8 | Handball | 25,0 | Einkriege | 26,4 | Einkriege | 20,7 | Einkriege | 9,8 | Versteck | 4,7 |
| 7. | Völkerball | 17,8 | Handball | 19,0 | Rollschuh. | 23,6 | Rollschuh. | 21,4 | Rollschuh. | 18,2 | Schlagball | 9,0 | Treibeball | 4,7 |
| 8. | Hopse | 14,0 | Räub. u. Pol. | 18,0 | Rollerf. | 18,2 | Räub. u. Pol. | 20,9 | Räub. u. Pol. | 15,0 | Rollschuh. | 7,4 | Einkriege | 3,0 |
| 9. | Räub. u. Pol. | 14,0 | Rollschuh. | 17,2 | Räuber u. Pol. | 12,1 | Murmeln | 15,0 | Murmeln | 10,1 | Räub. u. Pol. | 7,4 | Rollschuh. | 3,0 |
| 10. | Trieseln | 13,7 | Murmeln | 12,9 | Cowb. u. Ind. | 11,0 | Schlagball | 15,0 | Schlagball | 7,6 | Murmeln | 5,1 | Räub. u. Pol. | 2,1 |
| | Mädchen: | | | | | | | | | | | | | |
| 1. | Hopse | 51,6 | Versteck | 48,6 | Versteck | 52,8 | Versteck | 64,5 | Völkerball | 55,2 | Völkerball | 58,5 | Völkerball | 45,0 |
| 2. | Versteck | 47,2 | Hopse | 47,6 | Rollschuh. | 47,7 | Völkerball | 55,8 | Versteck | 50,7 | Radfahren | 37,7 | Radfahren | 31,2 |
| 3. | Einkriege | 38,4 | Rollschuh. | 40,3 | Hopse | 43,8 | Rollschuh. | 50,8 | Rollschuh. | 44,0 | Rollschuh. | 28,7 | Schlagball | 7,3 |
| 4. | Rollerf. | 37,5 | Einkriege | 38,8 | Völkerball | 43,8 | Hopse | 49,0 | Radfahren | 37,0 | Versteck | 27,0 | Rollschuh. | 6,6 |
| 5. | Rollschuh. | 35,3 | Völkerball | 30,2 | Einkriege | 39,5 | Einkriege | 49,0 | Hopse | 29,8 | Einkriege | 14,9 | Handball | 5,6 |
| 6. | Trieseln | 20,3 | Murmeln | 20,4 | Radfahren | 28,8 | Radfahren | 27,3 | Einkriege | 27,0 | Schlagball | 11,8 | Versteck | 5,3 |
| 7. | Murmeln | 18,1 | Rollerf. | 20,1 | Räub.u. Prinz. | 24,0 | Murmeln | 22,5 | Halli-hallo | 15,9 | Räub.u. Prinz. | 9,7 | Treibeball | 5,3 |
| 8. | Radfahren | 18,1 | Räub.u. Prinz. | 19,1 | Trieseln | 19,5 | Halli-hallo | 17,7 | Räub.u. Prinz. | 13,6 | Hopse | 9,0 | Einkriege | 2,7 |
| 9. | Puppen | 15,9 | Halli-hallo | 17,6 | Rollerf. | 15,7 | Räub.u. Prinz. | 17,4 | Murmeln | 13,4 | Handball | 8,7 | Hopse | 2,0 |
| 10. | Völkerball | 14,7 | Radfahren | 14,5 | Murmeln | 17,6 | Schule | 15,6 | Schlagball | 13,4 | Treibeball | 4,2 | Räub. u. Pol. | 2,0 |

konnte er ein amüsantes Ergebnis publizieren: das gleiche Spiel, das in Ostberlin mit der traditionellen Bezeichnung ›Räuber und Prinzessin‹ oder ›Räuber und Polizei‹ gespielt wurde, hieß in den Westberliner Bezirken ›Cowboy und Indianer‹ – parallel zum Boom der in Ostberlin verbotenen Comics, der damals gerade die Westberliner Kinder erreichte.

Gerade bei den Rollenspielen wie Vater – Mutter – Kind ist die Aktivität der Kinder bei der Einbeziehung ihrer eigenen Erfahrungen in den Spielablauf besonders groß. In den Erinnerungen eines einsamen und isolierten Schloßkindes der Nachkriegszeit, die hier als Marginalien folgen, wird diese Fähigkeit oder Unfähigkeit zur Verarbeitung der Erfahrungen im Spiel sehr deutlich:

»Nur wenn die Freundinnen in Augustas Zimmer mit ihren Puppen Va-

*397 H. Zille: Seilspringen. Um 1920*

ter und Mutter spielen wollten, stieg sie aus. Die anderen richteten sich schnell in ihrem Zimmer eine Wohnung ein: Küche, Schlafstube, Wohnstube – das Familienleben war gleich im Gang: sie schickten die Puppen zum Kaufmann, auf die Bleiche, noch Holz holen oder schon Feuer machen, Kaninchen füttern. Sie brachten die Jüngeren ins Bett und redeten mit ihnen, hätschelten sie, sangen ihnen vor, schrien sie an. Augusta wäre nicht eingefallen, was sie

ihren Puppen hätte sagen können oder die Puppen ihr. Sie hätte nur ihre eigene Stimme gehört, den eigenen Satz, die eigene Antwort. Sie probierte, spielte stumm mit, was die anderen mit ihren Puppen redeten, in der Hoffnung, daß die Puppen anfangen würden zu spielen. Die Puppen blieben stumm.« (Plessen, S. 93)

Die Kinderspiele der Straße haben nicht nur eigene Regeln, sondern viele als Saisonspiele auch eigene Jahreszeiten. So gehört es zu den Gesetzmäßigkeiten der Spielgruppen, daß Murmeln nur im Frühjahr gespielt werden, – von einem bestimmten Zeitpunkt an veröden die Murmelkulen an den Straßenbäumen und auf den Spielplätzen.

Das Murmelspiel hat nicht nur das Interesse der Volkskundler und Kulturhistoriker, sondern auch der Sprachforscher erregt. Je nach Re-

398/399/400 Hopse. Ballschule. Vater – Mutter – Kind. Berlin 1953

gion heißen die kleinen Tonkugeln *Murmeln* – (Mittel- und Niederdeutschland, Berlin),
*Marmeln* – (Hamburg), *Picker* (Holstein),
*Klicker* – (Hessen, Rheinland),
*Schusser* (Bayern),
*Schneller* – (Schwaben) u. a. (Mohr, S. 49 ff.).

In Berlin sagten die Kinder zu den kleinen Kugeln auch *Murksen* und zu den großen Glaskugeln *Bucka*. Murmeln ist ein Erwerbsspiel, es geht um Besitz, und die Kugeln haben einen bestimmten Wert, fast wie Geld: z. B. 10 kleine Tonkugeln = 1 Glaskugel. Dementsprechend sind die Spielregeln je nach Geschicklichkeit der Mitspieler unendlich zu erweitern – auch das ein Zeichen der kindlichen Eigengesetzlichkeit, denn auf die Befolgung der Regeln wird streng geachtet; Murmelnspielen ist kein Spaß, wie unwissende Erwachsene, die sich nicht an ihre eigene Kindheit erinnern können, zuweilen annehmen. – Die Etymologie der Namen, die meist auf das Material – Stein-Marmorstein – hinweist, läßt, ebenso wie ikonographische Quellen, auf ein hohes Alter dieses Spieles schließen. (Mohr, S. 51 f.) Aber das ist in dem hier angesprochenen Zusammenhang weniger wichtig.

Wie sehr gerade der Wortschatz des Murmelspiels zu der Sondersprache der Kindheit gehört, und zwar zum Sprachgebrauch der kindlichen Gegenwelt auf der Straße, hat der Sprachforscher Wolfgang Mohr aus eigener Erinnerung geschildert:

»Ich selbst spielte in Köln mit *Ömmern*. Das Wort war für mich und meinesgleichen zwiefach soziologisch determiniert: Ich fühlte mich dadurch als Kölner, und es war der kindlichen Spielgemeinschaft der Ömmer-Spielenden vorbehalten. Ich erinnere mich noch heute des Orts und der Gelegenheit, da mein Vater sich herabließ, das Wort zu gebrauchen; ich fand es unpassend, denn es

*401 Murmelspiel. Berlin 1953*

kam ihm als Erwachsenen nicht zu. Die Erwachsenen sagten *Knicker* oder *Klicker,* wobei mich befremdete, daß sie offenbar nicht wußten, ob die Form mit n oder l die richtige sei. Als ich später in Bielefeld mit *Keiten* spielte, war dort die Sache etwas anders. Dort durften auch die Erwachsenen das Wort gebrauchen; wenn sie *Knicker* sagten, distanzierten sie sich sprachlich sowohl vom Kinderspielplatz wie von ihrem Heimatort. Unsere Kinder spielten in Kiel dann mit *Pickern,* aber wenn sie sie im Laden kauften, zogen sie vor, *Murmeln* zu fordern.« (Mohr, S. 48)

»Haben unsere Kinder das Spielen verlernt?« So fragt der Autor einer Reportage des ›ZEIT-magazins‹ vom 1. Juli 1977. Er kommt dann doch zu positiven Antworten und beschreibt aus einer schwäbischen Kleinstadt das *Gummihüpfen* der Mädchen:

»Es drängen sich in den Ecken die Mädchen um die ›Gummihupfer‹, jene Akrobaten, die mit Riesensprüngen über die Einziehgummis aus Mutters Nähkiste hechten. Die Grundform dieses Spiels ist einfach: Zwei Kinder stehen sich im Abstand von zwei bis drei Metern gegenüber. Um ihre Fersen spannt sich das an den Enden zusammengeknotete Gummi zu einem langgezogenen Rechteck. Ein drittes Kind muß nun von außen in dieses Rechteck hinein und an der anderen Seite wieder hinausspringen, ohne das Band zu berühren. Dieser Durchgang heißt wegen seiner geringen Schwierigkeit das *Nullerle.* Beim *Einzerle* muß der Springer den Satz mit halber Dre-

*402 K. Kollwitz: Murmelspielender Knabe. Um 1900*

hung machen, das *Zweierle* wird nur mit dem linken Bein gesprungen und das *Dreierle* mit einem Beinwirbel, bei dem man erst mit dem linken und dann mit dem rechten Fuß auf das

403 Gummitwist. 1979
404 H. Zille: Hopsespielende Kinder. Um 1920

Maus, beschreibt Susanne (7) so: ›Also, ma muß beim Neihupfe des Gummi mit de Fiess überkreuze, dann beim Dreha wieder nauskreuze, dann wieder nei, dann wieder naus, dann wieder nei, dann wieder naus und dann isch Mi-ky-Maus ond aus.‹

Das Gummihupfen, anderswo heißt das Spiel auch Gummi-Twist, war vor zehn Jahren noch völlig unbekannt. Heute spielen es die Kinder aus Schwieberdingen so leidenschaftlich wie die aus Schwerin; es ist in Toronto ebenso bekannt wie in Tokio. Wer es erfunden hat, weiß kein Mensch. Wie es sich im Nu weltweit verbreiten konnte, bleibt selbst Pädagogen und Spieltheoretikern ein Rätsel.«

Also die Kinder spielen noch – soweit es ihnen die Einengung durch Autoverkehr und Erwachsenenverbote erlaubt und soweit andere Reize der Medien das freie Spiel nicht verdrängen.

Unsterblich bleibt *Hopse* mit *Himmel und Hölle*. Der Reporter, der ein hüpfendes Mädchen in Berlin-Kreuzberg nach den Spielregeln befragte, erhielt zur Antwort: »Wie soll ick dir det erklären? Da mußte schon selber hinkieken.« (›ZEIT-magazin‹ vom 1. Juli 1977)

Gummiband treten muß. Die Ansprüche erhöhen sich langsam bis zum *Zehnerle*, und dann beginnt die hohe Schule des ›Gummihupfens‹ mit den Disziplinen *Zitrone, Apfelstrudel, Hexenküche, Nadelöhr* und *Rollmops*, wobei die Höhe des Gummibandes von den Fersen über die Kniekehlen bis zu den Hüften steigt.

Die schwerste Nummer, die *Micky-*

## 3. Aussicht in Veränderungsprozesse

Im Grundgesetz der Bundesrepublik Deutschland ist jedem Bürger die freie Persönlichkeitsentfaltung garantiert. Das gilt auch – oder besonders – für die Kinder. Aber solche demokratischen Einsichten sind schwer zu erlernen und noch schwerer zu leben. Eine Umwertung der Werte hat generell noch nicht stattgefunden. Das Resümee einer sozialgeschichtlichen Betrachtung ergibt bei näherem Hinsehen, daß sich die bürgerliche Familie alten Stils allmählich selbst in Frage gestellt hat. Die Anfänge dieses Prozesses lagen im 19. Jahrhundert, in der Isolierung des Kindes, der Tabuisierung des väterlichen Tätigkeitsbereiches, des Geldes, der Sexualität; so wurde eine Generationentrennung erzielt, die bald nicht mehr zu überbrücken war. Autorität, Angst, Respekt und erzwungene Anerkennung der Erwachsenen als unantastbare Vorbilder ersetzten oft eine doch mögliche Freundschaft zwischen Eltern und Kindern. Aber auch die positive Seite der Eltern-Kind-Beziehung früheren Stils, die Pflege des Kindes und seiner kindlichen Welt, die liebevolle Behütung und Verlängerung seiner Kindheit, so schön das oftmals gewesen sein mag: auch diese Verhaltensweise konnte allzuleicht ein partnerschaftliches Verhältnis verbauen.

Helge Pross bezeichnet im Vorwort des von ihr herausgegebenen Sammelbandes mit dem beziehungsreichen Titel ›Familie – wohin?‹ die Leistungen und Leistungsdefizite der Familien als »ein altes und zugleich niemals abgeschlossenes Thema, durch Veränderungen der Familien und Familienumwelten immer neu aktualisiert« (S. 9). Wie könnten bei solchen schwankenden Voraussetzungen Millionen von Menschen stetig und konsequent in wenigen Jahrzehnten zu demokratischen Erziehungseinsichten und deren Verwirklichung gelangen?

*405 Kinderfreude. 1975*

Wohl beginnt eine neue Generation, sich von Zwängen abgelebter familiärer Binnenstrukturen zu befreien, eine Generation, die sich von ihren Kindern mit Vornamen anreden läßt und Mitbestimmung am Familientische pflegt. Das sollte keine Spielerei sein, sondern der Versuch, demokratische Vorstellungen auch in die Familie hineinzutragen. Dem durch Jahrhunderte gängigen hierarchischen Oben-Unten-Schema wächst nun ein partnerschaftliches Modell entgegen, das seinerseits den Bewegungen der modernen Gesellschaft entspricht. Dennoch ist kein neues Familiensystem erkennbar, wobei sich die Frage stellt, ob nicht gerade die Offenheit vielfältiger Erziehungsmuster dem Wesen der Demokratie entspricht?

Festzustellen bleibt, daß die Dinge sich bewegen und im Positiven wie im Negativen Bestandsaufnahmen des Kinderlebens publiziert sowie Forderungen der Pädagogik artikuliert und sogar praktiziert werden, von denen noch vor einer Generation kaum allgemein die Rede war.

Freilich können die Pessimisten nach wie vor für die Bundesrepublik Deutschland mit makabren Zahlen aufwarten, wie:

86 Kinder begingen 1977 Selbstmord;

über 20 000 Kinder laufen jährlich von zu Hause fort;

rund 20 000 Kinder werden jährlich

1 Mein Zimmer soll ganz viel Platz zum Spielen haben.

2 Eine Tür, die in den Garten geht, wäre schön.

3 In einem eigenen Badezimmer kann man richtig plantschen.

4 Einen großen Schreibtisch möchte ich haben – so wie Vati.

406 *Stadtrandsiedlung. Um 1965*
407 *Wie Kinder wohnen wollen. Zu Hause 1976*

von ihren Eltern schwer mißhandelt, über 150 sterben daran;
300 000 Kinder und Jugendliche leben in Obdachlosenasylen oder unter ähnlich schlechten Wohnverhältnissen.
(Aus der Dokumentation eines SPD-Ortsblattes vom April 1979.)
Die schon früher erwähnte Dunkelziffer von 1 000 000 Kindern ohne eigenes Bett wäre ebenfalls hier einzuordnen.
Die gleichen Pessimisten kritisieren aber auch die mangelnde Qualität der Kinderzimmer im modernen Wohnungsbau, ohne zu bedenken, daß z. B. vor 50 Jahren ein auch noch so kleines Kinderzimmer nicht einmal für Mittelstandskinder die Norm war; sie machten Schularbeiten und spielten im Eßzimmer und hatten sich den anwesenden Erwachsenen anzupassen. Wie es damit auf dem Lande noch in den ersten Nachkriegsjahren aussah, beschreibt Maria Wimmer:
»Ich saß am Küchentisch und machte meine Hausaufgaben. Schon seit dem Mittagessen saß ich da. Nachdem meine Mutter den Tisch abgewischt hatte, breitete sie Zeitungen aus, damit meine Bücher nicht feucht wurden. Ich brauchte immer lange, weil ich mich ablenken ließ. ›Jetzt guck du doch in deine Bücher, damit man mal wieder an den Tisch kann‹, sagte sie. Wenn wir zu Abend essen wollten, mußte ich die Sachen runter nehmen, ich legte sie solange aufs Sofa, nachher holte ich sie wieder.« (S. 79)
Was sich die Eltern in einem solchen Vorstadtdorf unter *Kinderzimmer* vorstellten, beschreibt dieselbe Verfasserin ein paar Seiten später und bietet damit sicher ein Muster für viele ähnliche Situationen:
»Meine Schwester und ich teilten uns ein Zimmer. Es war vollgestellt mit Möbeln. Meine Eltern hatten es eingerichtet aus ihrem alten Schlafzimmer, das sie in einem Jahr, das ein gutes Obstjahr war, ausrangiert hatten. Sie hatten sich etwas ›Neuzeitli-

*408 F. von Uhde: 2 Mädchen beim Schularbeitenmachen. Um 1900*

*409 Der erste Schultag. 1959*

ches‹ geleistet. Rechts an der Wand standen die großen Ehebetten, in denen wir schliefen, mit hohem Kopf- und Fußteil. Sie standen weit über die Mitte des Zimmers in den Raum hinein. Vom Bett aus schaute man auf zwei breite Schränke, die dicht aufeinandergerückt die gegenüberliegende Wand einnahmen. In einem Schrank hatten wir unsere Kleider, aber es blieb noch viel Platz darin frei. Im anderen bewahrte meine Mutter alte und verwachsene Sachen auf, auch ausgediente, durch die Jahre zerschlissene Bettwäsche. Sie hob alles auf [...] Zwischen den Fußenden der Betten und den beiden Schränken blieb nur ein kleiner, schmaler Weg frei, über den man an das hintere Bett gelangte. Neben jedem Bett stand ein Nachtschränkchen, aber nur auf meinem stand eine Lampe. Ich hatte sie selbst gemacht, indem ich mit dünnen Weidengerten eine Flasche umflochten und aus demselben Material einen Lampenschirm hergestellt hatte. Neben den Nachtschränkchen standen Kommoden, in einer hatte ich meine Bücher. In die Ecke, zwischen Nachtschränkchen und Kommode, hatte ich einen kleinen, wackligen Tisch gepfercht. Er war schmaler als ein Platz am Schülerpult. Wollte ich allein sein, zog ich mich hierhin zurück. Ein aufgeschlagenes DIN-A-4-Heft fand kaum Platz, und mein Ellbogen stieß an die Wand. Brauchte ich ein Buch, legte ich es mir auf die Knie. Man konnte sich hier nicht aufhalten, wir schliefen nur in dem Raum. An einer Stelle der Wand, die über einem niedrigen Möbelstück frei blieb, hängte ich mir Bilder und Pläne von Orten auf, an denen ich gewesen war. Das war das einzige in dem Zimmer, was mir das Gefühl gab, daß ich hier zu Hause war.« (Wimmer, S. 84 f.)

Der ständig wiederholten Forderung nach »Mehr Platz für Kinder« ist sicher zuzustimmen, zugleich aber ihre sozialgeschichtliche Relativität zu betonen. Denn das elterliche Bewußtsein, daß bereits kleine Kinder ihren

Veränderungsprozesse

*410 Kind am Schulpult. 1956*

*411 Schülerpult des 19. Jahrhunderts*

eigenen Raum haben müssen, war, wie gesagt, auch in den Mittelstandsfamilien meiner Jugendzeit nicht Allgemeinbesitz. Dem traditionellen Familienmodell entsprach bis zu einem gewissen Grade auch die bald nach Kriegsende einsetzende Häuschenideologie. Als großer Fortschritt war zu buchen, daß die Raumverteilung im Reihenhaus stets ein Kinderzimmer vorsah, wenn auch meist das kleinste und oft das abgelegenste als ausgebauter Bodenraum. Besonders kleinere Kinder fürchten sich dann oft in solchen Räumen und fühlen sich ausgestoßen, ungeachtet der kinderfreundlichen Einrichtungsgegenstände, die sie dank des zunehmenden Angebots an Kinder- und Jugendmöbeln umgeben. Verwirklichen sie dem Kind seinen Traum von einer eigenen Welt, von der Selbstbestimmung in seinen vier Wänden? Soziologische, pädagogische, volkskundliche und psychologische Untersuchungen über diese Entwicklungen stehen noch aus. Offenbar bleibt ein Interessenkonflikt bestehen zwischen den kindlichen Bedürfnissen nach Eigenraum und dem gleichzeitigen Wunsch nach familiärer Wärme und Integration. Das Kind will allein sein können, aber sich nicht ausgegliedert fühlen. Es gibt hier kein Entweder-Oder.

Kinder und Jugendliche über 12 Jahre freilich – darüber besteht wohl Einigkeit – sollten unbedingt einen eigenen, vom Elternbereich getrennten Raum besitzen.

Doch schon die Tatsache, daß derartige Themen so vielfach öffentlich diskutiert werden und sich zu ganz bestimmten Forderungen an den Haus- und Wohnungsbau verdichten, bedeutet einen Fortschritt der Bewußtseinsbildung. Dazu kommt die Frage nach dem Wandschmuck und der Eigenbestimmung des Kindes, der zufolge sich das Kind neben Dürers ›Betenden Händen‹ immerhin einen Bonanza-Star befestigen darf (B. Lehmann, S. 141) –, gegenüber den frommen Steindrucken der Sixtinischen Madonna oder vom Zinsgroschen, den uns unsere Eltern unauswechselbar über die Betten hängten und damit inhaltlich und ästhetisch einen frühen Eindruck verfestigten und eine selbständige Entscheidung erschwerten.

Der Wandel des Wohnmilieus ist also für die Selbstfindung des Kindes sehr bedeutsam. Dem modernen *geschrumpften* Wohnen nun allerdings das Leben im *ganzen Haus* der Vergangenheit als Kinderparadies gegenüberzustellen (vgl. Rudorff, S. 45; Weiter wohnen . . ., S. 11 f.), halte ich für historisch nicht vertretbar, denn in der damaligen offenen Gesellschaft war ja keine wirkliche Zuwendung zu den Kindern und ihren individuellen Entwicklungsmöglichkeiten enthalten. Das entsprach nicht dem herrschenden Familiensystem jener Zeit (vgl. Kap. I).

Kinderwohnen gilt als ein Favorit unter den modernen Themen bei Soziologen, Pädagogen, Volkskundlern, Architekten, Designern und Möbelherstellern (vgl. letzthin Andritzky, Niethammer u. a. m.). Auch hier ist vieles in Bewegung gekommen, und die Kinder sehen sich den Vorstellungen oder auch der Gleichgültigkeit der Erwachsenen nicht mehr so ausgeliefert wie früher. Andererseits geraten sie aber auch – genau wie viele Eltern – in den Sog der Außenlenkung durch Nachbarn, Prestige, Werbung und Mode. Wie soll ein Kind da zu sich selber finden?

Am schwierigsten war wohl in der jungen Demokratie der gesellschaftliche Wandel auf dem Gebiet zu erreichen, das am meisten über das Leben des Kindes entscheidet: Ausbildung und freie Berufswahl. Auf der Tabelle von S. 98 f. erschienen die Bauern als die stabilste Gruppe, was die Zukunftsaussichten ihrer Kinder betraf. Der Hof hatte ein stärkeres Bestimmungsrecht als alle individuellen Wünsche, Begabungen und Talente. Dieser Zwang hat sich wohl auch nach dem Krieg als wirtschaftliche Notwendigkeit weitgehend fortgesetzt, indem die Bauernarbeit nicht als ein Beruf wie jeder andere betrachtet, sondern mit dem Grundbesitz zu einer Lebensaufgabe verkoppelt wird. Mit der zunehmenden Mechanisierung der Landwirtschaft können hier allmählich andere Einschätzungen an Boden gewinnen.

Für die Bauernkinder jedenfalls blieb auch nach dem zweiten Weltkrieg eine freie Ausbildungs- und Berufsentscheidung schwer. Franz Innerhofer, Jahrgang 1944, schildert seine Kindheit auf einem österreichischen Bauernhof klarsichtig und völlig ungeschönt, weil er ein uneheliches und zugleich ein absolut unbäuerliches Kind ist. Die erschütternden Erlebnisse eines Außenseiters in einem starren hierarchischen System zeigen nicht nur dessen Grenzen, sondern auch die Brutalität einer totalen Verhinderung von freier Kindheit.

»Wie jedes Kind, wenn es seine Erzie-

412 Schwälmer Bauernjunge. 1955
413 Bauernfamilie beim Essen. Um 1920

414 Hirtenbub in den Bergen. Um 1950

her nicht hindern, sich mit seiner Umwelt auseinandersetzt, wollte sich auch Holl damals mit ihr auseinandersetzen, sich die Bekanntschaften aussuchen, in der schulfreien Zeit über seine Schritte verfügen, über seine Hände, über seine Augen, statt dessen wurde er einer Dressur unterzogen, auf Schritt und Tritt beherrscht.« (S. 70)
Der Knabe Holl, als den der Verfasser sich beschreibt, war 13 Jahre alt, als er mit einem siebzehnjährigen Knecht mit den Kühen auf die Alm geschickt wurde. Der Junge, der keine Freude an dieser Arbeit empfindet und sich vor dem Vieh fürchtet, ist bald völlig überfordert, und es nützt ihm nichts, immer wieder vorgehalten zu bekommen, daß viele andere Zwölf- und Dreizehnjährige vor ihm diese Arbeit gemacht hätten, und zwar lustig und flink! Dann kommt der Bauer, sein Vater, auf die Alm und schilt ihn wegen seiner Untüchtigkeit, mit der er außerhalb des bäuerlichen Wertsystems steht – und ein anderes existiert nicht für den Hofbesitzer – :
»Einen schwächlichen Zwölfjährigen schilderte er und betonte immer wieder die Wörter schwächlich, flink und lustig. Holl lief hinaus und auf der Alm umher, er konnte nur mehr laufen, er wollte vor sich selbst davonlaufen. Er wußte ganz genau, was der Bauer damit bezweckte. Auf der einen Seite hatte er ihm den Stolz, auf dem Holl und seinesgleichen nur existieren konnten, mit ein paar Worten vernichtet, auf der anderen Seite war die Sprache. Alle, die Besitz und Ansehen hatten, redeten wie der Bauer und gaben überall den Ton an. Was konnte Holl gegen eine solche Sprechweise ausrichten? Er wußte, der Bauer hat ein neues Verfahren gefunden, um weiterhin meinen Körper zu Geld zu machen, um meinen Körper rücksichtslos zu besitzen. Darum ist es immer gegangen. Holl wollte seinen Körper für sich haben, aber wem würde er das jetzt klarmachen? Er hetzte almauf, almab und hin und her. Eine furchtbare Wut nahm sich seiner mütterlich an. Weit unten sah er den Bauern wegfahren. Er trieb die vollgefressenen Kühe vor sich her, er war jetzt nicht müde, nur der Anblick der vielen Kühe schreckte ihn. Die prallgefüllten Euter. Die drei Ställe oben immer noch knietief voll Mist. Unten vor der Hütte knietief Dreck. Die Ziegen wahrscheinlich weit oben. Seine Hände blau. Wie viele andere hatte er sich im Winter die Hände erfroren, und es molk sich deshalb schwer. Auch die Milchkannen waren ihm zu schwer, und die Schiebtruhe war ihm zu schwer. Der Rührkübel war ihm zu schwer. Aber das konnte er nur fühlen und denken. Sagen durfte er das nicht. Er wollte nicht auch noch die letzte Schande auf sich nehmen. Über Arbeit klagen, war die größte Schande. Er wollte nur noch sterben, einschlafen und nicht mehr aufwachen, aber er wurde immer wieder geweckt, brutal aus dem Schlaf gerissen.« (Innerhofer, S. 191 f.)
Die äußerste Zurückweisung des

kindlichen Selbstwertgefühls durch die patriarchalische Macht des Hofbesitzes, die der Bauer verkörpert, ist also auch nach dem zweiten Weltkrieg noch möglich gewesen. Bei Adel und Bürgern hatte der häufige Verlust an Besitz für die Kinder vielfach zu einer weiteren Öffnung der Berufseinschränkungen geführt, anfangs auch zu schmerzhaftem Chancenverlust. Auf dem Gebiet des Schul- und Ausbildungswesens setzten sich dann wohl zuerst demokratische Grundsätze durch mit dem Ziel, die Entwicklung der Kinder nicht mehr vom Geldbeutel und *Stand* der Eltern abhängig sein zu lassen. Es entstand das Zauberwort von den *Bildungsreserven* aus Arbeiter- und Bauernfamilien, aber wer half tatkräftig genug bei deren Erweckung? Zu tief verwurzelt war oft im Bewußtsein der Eltern das alte Standesdenken, nach dessen Gesetzen keiner aus seiner Gruppe herausstreben sollte. Und auch innerhalb der Gruppe blieben die Hierarchien die gleichen. Eine Tischlerlehre in den fünfziger Jahren:

»Eine Zeit, die man abschreibt. Kuschen, Dreckwegräumen, nichts richtig machen. Jasagen. Alles schon wissen müssen. Nichts denken dürfen. Lernen: sich nicht betroffen zu fühlen, Gedanken folgenlos sein zu lassen. Nicht wehleidig sein dürfen, schon ein Mann sein müssen, Rotzbub sein. Ständig denken: nur noch soundso lang. Hoffnungen aufschieben, abschreiben. Er hatte sich den Beruf nicht selber ausgesucht. Er war drum herumgekommen, sich einen aussuchen, sich für etwas entscheiden zu müssen,‹ wovon er ja doch keine Ahnung hatte, wie es wirklich war. Schon während seiner Volksschulzeit hatte es als sicher gegolten, daß er zum Stollhuber in die Tischlerei kommen würde, und er ist mit dieser Gewißheit aufgewachsen. Der Preiml, den er als Lehrer in Knabenhandarbeit gehabt hatte, und der ihm den

*415 Hierarchie in der Lehrlingswerkstätte. 1914*

Vierer in diesem Fach manchmal sogar hat schenken müssen, der Preiml war zwar überzeugt gewesen, daß Melzer für diesen Beruf gar nicht tauge, aber diese Meinung hatte weiter nichts bedeutet. So wenig, wie es bedeutet hatte, daß Melzer selbst keine besondere Lust hatte. Sein Vater war sowas wie ein Freund des Stollhuber gewesen. ›Mein Kriegskamerad‹, nannte ihn der Vater, obwohl er den Stollhuber schon lange vorher gut gekannt hatte. Und der Stollhuber hatte dem Vater versprochen, angeblich schon während der Gefangenschaft, ihm ›einen Buben zu nehmen‹. Andere wären froh an deiner Stelle, hatte der Vater zu Melzers Ge-

sichtsausdruck gesagt. Dankbar könntest du sein, sagte die Mutter. Obwohl sie sonst selten mit dem Vater einer Meinung war. Aber Melzer hat leider keine Dankbarkeit in sich spüren können. Was ist denn schon Besonderes, in einer kleinen Werkstatt Tischler zu werden? hat er gemeint.« (Wolfgruber, S. 6)

Für ein Mädchen der unteren Mittelschicht war alles noch schwerer, denn sie hatte nicht nur die Standeskomplexe ihrer Eltern zu überwinden, sondern nach wie vor auch die alten Rollenvorurteile. Maria Wimmer, 1944 in einem süddeutschen Vorstadtdorf geboren, wünscht sich leidenschaftlich den Übergang auf die höhere Schule; sie gibt eine exemplarische Darstellung dieser Kindheitssituation:

»Ich wollte auch auf ›d'Schul‹ und fing an, meine Eltern damit zu quälen.

Mein Vater meinte, da müßte man einen eisernen Willen haben, um durchzuhalten, das wär sicher nichts für mich. Meine Mutter sagte: ›Ja, wenn du ein Bub wärst, dann tät ich's mir gefallen lassen, aber für ein Mädchen ist das nichts.‹ Es gab Jungen aus dem Dorf, wenige, die auf ›d'Hochschul‹ gingen, es war klar, daß sie Pfarrer werden sollten. Von zweien weiß ich auch, daß sie es geworden sind.

Ich sollte einmal das Nähen lernen, meinte meine Mutter, es war früher ihr eigener Wunsch gewesen, den ihr Vater ihr nicht erfüllt hatte. Das wäre das richtige für ein Mädchen, da könnte ich mir weiterhelfen, und Mädchen heirateten ja doch.

Ich wollte nicht das Nähen lernen, und an Heirat dachte ich nicht. Das Lernen machte mir Spaß, und ich wollte zur Schule gehn. Ich dachte auch daran, daß ich mich dann später schöner anziehen und etwas Besseres werden könnte, jemand wie's Fräulein Schmitt, die Lehrerin. Es schien mir verlockend und vielversprechend, anders zu werden als meine Eltern und zu denen zu gehören, von denen sie sich geachtet fühlten, wenn sie mit ihnen sprachen.

Ich durfte nicht. Aber ich hatte meinen Wunsch nicht aufgegeben und fing immer wieder damit an, sie sollten mich doch nach der fünften Klasse gehen lassen. Mein Vater meinte schließlich, er wolle mal den Lehrer Arnold fragen, was der dazu meine, damit sei ja noch nichts entschieden, und fragen koste ja nichts. Er zog seine guten Sachen an. Es war das erste Mal, daß er ins Lehrerhaus ging. Zwar traf man den Lehrer Arnold auf der Straße, wenn er mit seinem Dackel spazieren ging, und

*416 Tochter 1900*

wechselte ein paar Worte, doch man sprach selten über die Schule.

Als er zurückkam, sagte er zu meiner Mutter: ›Der Lehrer Arnold hat's g'sagt, wenn se will, dann schafft se's. Vielleicht sollten wir's doch mal probieren.‹ Meine Mutter meinte, das wäre eine Schande, wenn's nachher doch nicht klappt und ich wieder in die alte Schule müßte. Er war zuversichtlicher und sagte, sein Jawort hätte ich, aber ich solle mich bloß anstrengen, denn ich wüßte, daß sie mir nichts helfen könnten.

Schließlich willigte meine Mutter ein, daß ich wenigstens die Aufnahmeprüfung probieren dürfte. Vorher mußte ich angemeldet werden. Den Weg hat sie noch mit mir gemacht, weil ich noch nie allein mit dem Zug gefahren war und nicht wußte, wo die neue Schule lag. Wir waren beide in unserem Sonntagsstaat, das Zeugnisheft steckte in ihrer Handtasche.

Der Direktor sagte zu meiner Mutter, als sie auch ihm gegenüber mit ihren Bedenken anfing: ›Aber ein Kind mit so einem Zeugnis läßt man doch nicht in der Dorfschul.‹ ›Jetzt probiersch halt mal die Prüfung. Recht isch's mir ja nicht. Aber dann kann man immer noch weitersehen‹, sagte sie zu mir.

Am Morgen mußte ich erbrechen, jetzt sollte ich zum erstenmal allein

*417 Tochter 1917*

mit dem Zug fahren, zur neuen Schule in die Prüfung. ›Ach laß es doch‹, sagte meine Mutter, ›leg dich wieder hin.‹

Zuerst war das Schriftliche. Es gab drei Aufsatzthemen: Als ich einmal auf der Messe war; Wie ich einmal einkaufen geschickt wurde und Prinzessin – Räuber – Hochzeit, man sollte eine Geschichte erfinden. Ich wählte das dritte und mußte zweimal um mehr Blätter bitten. Die Lehrer,

418 Tochter 1975

die die Prüfung abnahmen, sagten nachher zu mir, die Märchenprinzessin dürfe heimgehen. Ich brauchte nicht mehr ins Mündliche.
Zu Hause sagte ich zu meiner Mutter: ›Bin durchgefallen.‹ Da meinte sie: ›Aber mit dem Gesicht net.‹
Sie hoffte noch immer, daß ich meinen Plan aufgeben würde, und sagte, wenn ich so gern auf d'Schul gehn wolle, solle ich mir die Fahrkarte selbst besorgen. Geld für die Bahnfahrt würde sie mir geben. Ich fuhr allein und fragte mich durch. Mir stand eine Schülerfreikarte zu, die ich auf der Bahnbehörde in der Kreisstadt beantragen mußte. Nach den Ferien ging ich in die neue Schule.
Meine Mutter wußte nicht, wie sie es den Verwandten sagen sollte. Sie meinte ständig, sich für etwas Ungehöriges, Unschickliches rechtfertigen zu müssen, und fürchtete sich davor, für überspannt gehalten zu werden, weil sie ›so hoch hinaus wollte‹. Und erst die Schande, wenn es nicht klappen würde, sie stünde da und alle würden sagen: ›Das haben wir doch gleich gesagt.‹
Tatsächlich fiel ihr auch keine Rechtfertigung gegenüber den Argumenten ein, denn sie vertrat sie im Grunde selbst. ›Wenn sie's halt unbedingt will‹, sagte sie kleinlaut, wenn man ihr vorwarf: ›Macht ihr da einen Blödsinn, über kurz oder lang heiratet sie ja doch.‹« (Wimmer, S. 67–69)
Die Hindernisse, die dieses Mädchen in den fünfziger Jahren zu überwinden hatte, sind seitdem sicher niedriger geworden, aber noch nicht verschwunden. Als eine Forderung der Gegenwart hat sich der Begriff der *lebendigen Familie* eingebürgert, der Flexibilität und Wandlungsfähigkeit von allen Seiten beinhaltet. Daß freiere Entwicklungen heute möglich sind, sollte hoffnungsvoll stimmen.
Dabei bleibt unbestritten, daß auch heute noch keinesfalls ein Optimum an geschlechtsspezifischer und sozialer Chancengleichheit erreicht ist. Doch werden die Probleme zumindest gesehen und die Ansprüche von Kindern und Jugendlichen aller Gruppen anerkannt. Lernendürfen ohne Vorurteile und Ängste, die Schule als humaner Arbeitsplatz des Kindes – das wären erstrebenswerte Lernziele auch für die Eltern.

*419 Im Kindergarten. 1968*

In einer großaufgemachten Annonce (DER SPIEGEL 10/1979) stellt das Bundesministerium für Jugend, Familie und Gesundheit den Eltern drei Fragen mit vorgegebenen Antwortalternativen:
»Ihre kleine Tochter legt ein Bilderbuch neben den Teller und will beim Essen ›weiterlesen‹. Was sagen Sie dazu?
a) Wenn Du das nicht sofort weglegst, dann knallt's!
b) Was Dein Vater darf, darfst Du noch lange nicht.
c) Wir lesen beim Essen doch auch nicht.
Ihr 13jähriger Sohn braucht eine neue Hose. Er wünscht sich helle Cord-Jeans. Wie gehen Sie darauf ein?
a) Noch bestimme ich, was Du anziehst!
b) Du kriegst braune, die werden nicht so schnell schmutzig.
c) Wenn Du welche zu einem vernünftigen Preis findest, kannst Du sie haben.
Sie haben samstags abends gute Freunde zu Besuch, und ihre 11jährigen Zwillinge wollen unbedingt mit dabeisein. Was sagen Sie zu ihnen?
a) Kinder gehören ins Bett!
b) Wir wollen auch mal unter uns sein, da langweilt Ihr Euch nur.
c) Heute könnt Ihr aufbleiben, und dann schlafen wir morgen alle schön aus.«
Das Ministerium bezeichnet die c)-Antworten als die vernünftigste Lösung und argumentiert:
»[...] es ist wichtig, daß ein Kind nicht das Gefühl bekommt, es ist zu klein und dumm und hat kein Recht auf eigene Wünsche.«
Ein derart offizielles Plädoyer für Vertrauen und Verständnis in der Familie scheint mir ein großer Fortschritt zu sein. Freilich ist es für die Kinder nicht leichter geworden, sich in der Gesellschaft zurechtzufinden.

*420 Vater und Sohn. 1978*

Die schwindenden Standesvorurteile können allzuleicht durch neue Denkklischees gegenüber Randgruppen wie den Gastarbeiterkindern ersetzt werden, die zunehmend mit den deutschen Kindern auf den Schulbänken sitzen. Dann tauchen plötzlich wieder die alten Muster der Ablehnung auf in den Zeichen von Kleidung und

*421 Spielplatzfreuden 1979*

Schwäche verwiesen zu werden, an seinen Platz ganz unten auf der Wertskala der Leistungen, wie es z. B. einst in der gemeinsam wirtschaftenden Haushaltsfamilie üblich war. Deren relativer Freiheitsraum soll nicht bestritten werden. Doch sozialhistorisch geht es nicht an, das Leben der damals oft überforderten Kinder dem »possierlichen Käfig Kindheit« der Gegenwart als erstrebenswertes Positivum gegenüberzustellen. Sicher sollten in der Zukunft Kinderleben und Erwachsenenwelt wieder besser zusammenfinden (Hausen, S. 4). Der Weg dahin müßte gesäumt sein vom freundschaftlichen Gespräch zwischen den beiden Gruppen, deren Trennung in mancherlei Beziehung doch auch eine durchaus normale Tatsache ist. Jede kindliche Altersstufe besitzt eine eigene Ansicht von der Ordnung der Welt und möchte gerne deren Werte selber bestimmen. In einer keineswegs sinnlosen Geheimsprache signalisieren die Kinder ihre Wir-Situation, die zwar rational oft nichts mit der Erwachsenenwelt zu tun hat, jedoch nach zwischenmenschlichen Verhaltensmustern abläuft, die den Kindern wichtig und richtig erscheinen:

» A B C und E F G –
Es ist aus,
du hast eine Laus,
ich hab's gesehn,
und du mußt gehn!
Gehn kannst du noch lange,
    lange nicht,
eh daß du dein Alter sprichst?«
»Neun.«
»1 2 3 . . .« (Abzählvers in Marburg 1970)

Spiel. Können die Eltern den Kindern eine *schrankenlose* Freiheit des Denkens und Handelns vermitteln, wenn sie das alles selbst noch nicht erlernt haben? Woher sollen die Kinder jene Sicherheit nehmen, jenes Mitfühlenkönnen, was die Vorbedingung ist für Toleranz?

Das höchste Ziel einer kinderfreundlichen Gesellschaft ist es, das Kind als soziales Wesen in seiner Ichfindung zu unterstützen, in seinem Selbstvertrauen zu bestärken.

Denn auf ein Kind, das ja fühlt, wie sehr es physisch und in seinen Erfahrungen den Erwachsenen unterlegen ist, wirkt nichts deprimierender, als dauernd auf die Zeichen seiner

# Literaturverzeichnis

Adolphs, Lotte: Industrielle Kinderarbeit im 19. Jahrhundert unter Berücksichtigung des Duisburger Raumes. Duisburg 1972
Agnelli, Susanna: Wir trugen immer Matrosenkleider. Frankfurt a. M. 1978
Alt, Robert: Bilderatlas zur Schul- und Erziehungsgeschichte. 2 Bde. Berlin 1965
Andersen, Hans Christian: Sämtliche Märchen und Geschichten. 2 Bde. Leipzig 1953
Andritzky, Michael und Gert Selle (Hrsg.): Lernbereich Wohnen. 2 Bde. Reinbek bei Hamburg 1979
Ariès, Philippe: Geschichte der Kindheit. Mit einem Vorwort von Hartmut von Hentig. München und Wien 1975
Arndt, Ernst Moritz: Erinnerungen aus dem äußeren Leben. Hrsg. von Oskar Anwand. Berlin 1924
Arnim, Bettina von: Dies Buch gehört dem König! In: Werke und Briefe, Bd. 3. Hrsg. von Gustav Konrad. Frechen bei Köln 1963

Baader, Ulrich: Kinderspiele und Spiellieder. I: Untersuchungen in württembergischen Gemeinden. II: Materialien. Tübingen 1979
Bachmann, Manfred und Claus Hansmann: Das große Puppenbuch. Tübingen 1971
Baltzer, K.: Probleme der bäuerlichen Kinderarbeit. Diss. Marburg 1957
Bayer, Lydia: Altes Spielzeug. In: Keysers Kunst- und Antiquitätenbuch III. München 1967, S. 329-355
Bayreuth, Friederike Sophie Wilhelmine Markgräfin von: Memoiren. Leipzig 1889
Beauvoir, Simone de: Das andere Geschlecht. Eine Deutung der Frau. Hamburg 1960
Bebel, August: Die Frau und der Sozialismus. Stuttgart 1878 (zitiert nach [26]1896)
Bebel, August: Aus meinem Leben. 3 Bde. Stuttgart 1910-1914.
Bechtel, Heinrich: Wirtschaftsgeschichte Deutschlands im 19. und 20. Jahrhundert. München 1956
Behler, Wolfgang (Hrsg.): Das Kind. Eine Anthropologie des Kindes. Freiburg i. Br. 1971
Bismarck, Hedwig von: Erinnerungen aus dem Leben einer 95jährigen. Halle 1925
Blaich, Ute: Milchreis, Colt & Veilchenfänger. Kinderprotokolle. Oldenburg 1977
Blank, Richard (Hrsg.): Das häusliche Glück. (Anhang: Interviews mit alten Arbeitern.) München 1975
Bleuel, Hans Peter: Kinder in Deutschland. München 1971
Blömer, Elke: Die Mietskaserne. Arbeiterwohnverhältnisse in deutschen Großstädten in der zweiten Hälfte des 19. Jahrhunderts. Dipl.-Arbeit Marburg 1978
Bodelschwingh, Friedrich von: Aus einer hellen Kinderzeit. Bethel bei Bielefeld 1953, [13]1977
Bodenstedt, Friedrich von: Erinnerungen aus meinem Leben. 2 Bde. Berlin 1888
Boesch, Hans: Kinderleben in der deutschen Vergangenheit. Jena 1924
Borneman, Ernest: Unsere Kinder im Spiegel ihrer Lieder, Reime, Verse, Rätsel. Freiburg 1973
Bräker, Ulrich: Leben, Geschichte und natürliche Abenteuer des Armen Mannes im Tockenburg. (1789) In: Bräkers Werke. Berlin und Weimar 1964. S. 85 bis 310
Brednich, Rolf Wilhelm: Ein Beitrag zur volkskundlichen Interpretation ikonographischer Quellen: Der Saugbeutel. In: Kontakte und Grenzen. Göttingen 1969, S. 299-316
Brednich, Rolf Wilhelm: Vogel am Faden. Geschichte und Ikonographie eines vergessenen Kinderspiels. In: Festschrift Matthias Zender, Bonn 1972, S. 573-597
Bringemeier, Martha: Mode und Tracht. Münster 1980
Bruch, Fr.: Kindheits- und Jugenderinnerungen. Straßburg 1889
Büchsel, Carl: Erinnerungen eines Landgeistlichen (1861). Berlin [9]1907
Bunsen, Marie von: Die Welt, in der ich lebte. 1860-1912. Leipzig 1929

Canetti, Elias: Die gerettete Zunge. Geschichte einer Jugend. München und Wien 1977
Carossa, Hans: Eine Kindheit. Frankfurt a. M. 1977
Carossa, Hans: Verwandlungen einer Jugend. Frankfurt a. M. 1977
Caulfield, Ernest: The Infant Welfare Movement in the Eighteenth Century. In: Annals of Medical History, New Series Vol. II, New York 1930, S. 480-494 u. 660-696
Corti, Egon Caesar Conte: Vom Kind zum Kaiser. Kindheit und erste Jugend Kaiser Franz Josephs I. und seiner Geschwister. Graz, Salzburg und Wien 1950
Cunnington, Phillis und Anne Buck: Children's Costume in England. From the Fourteenth to the End of the Nineteenth Century. London 1965

Davidis, Henriette: Die Hausfrau. Leipzig [8]1876
Devrient, Therese: Jugenderinnerungen. Stuttgart 1924
Dietz, Meister Johann – des Großen Kurfürsten Feldscher und Königlicher Hofbarbier. Nach der alten Handschrift zum 1. Mal in Druck gegeben von Dr. Ernst Consentius. München 1915
Dirx, Ruth: Das Kind, das unbekannte Wesen. Geschichte, Soziologie, Pädagogik. Hamburg 1964
Dittrich, Ursula: Marburger Bürger- und Handwerkerhäuser des 15.-18. Jahrhunderts. (Referat-Ms. – Wintersemester 1977/78 Marburg)
Doucet, Friedrich W.: Taschenlexikon der Sexualsymbole. München 1971
Drews, Jörg: Zum Kinderbuch. Betrachtungen. Kritisches. Praktisches. Frankfurt a. M. 1975

Eberty, Felix: Jugenderinnerungen eines alten Berliners. Berlin 1878 (zitiert nach der Ausgabe von 1925)
Ebner-Eschenbach, Marie von: Meine Kinderjahre. Wien 1906
Ebner-Eschenbach, Marie von: Geschichten aus Dorf und Schloß. Leipzig 1967; Komtesse Muschi (1885) S. 42-63, Er laßt die Hand küssen (1886) S. 64-88, Das Gemeindekind (1887) S. 89-337, Die Totenwacht (1892) S. 453-476, Mâslans Frau (1897) S. 484-527
Eckert, Georg (Hrsg.): Aus den Lebensberichten deutscher Fabrikarbeiter. Zur Sozialgeschichte des ausgehenden 19. Jahrhunderts. Braunschweig 1949, [2]1954
Eilers, Gerd: Meine Wanderung durchs Leben. 1. Teil. Leipzig 1856
Eisenbart, Liselotte: Kleiderordnungen der deutschen Städte zwischen 1350 und 1700. Göttingen 1962
Elias, Norbert: Die höfische Gesellschaft. Darmstadt [2]1975
Elias, Norbert: Über den Prozeß der Zivilisation. 2 Bde. Frankfurt a. M. [2]1977
Elschenbroich, Donata: Kinder werden nicht geboren. Studien zur Entstehung der Kindheit. Frankfurt a. M. 1977
Emmerich, Wolfgang (Hrsg.): Proletarische Lebensläufe. Autobiographische Dokumente zur Entstehung der Zweiten Kultur in Deutschland. Bd. 1: Anfänge bis 1914; Bd. 2: 1914-1945. Reinbek bei Hamburg [2]1975
Enzensberger, Hans Magnus (Hrsg.): Klassenbuch. Ein Lesebuch zu den Klassenkämpfen in Deutschland. Bd. 1: 1756-1850; Bd. 2: 1850-1919; Bd. 3: 1920-1971. Darmstadt 1972/73
Erbach-Schönberg, Marie Fürstin zu, Prinzessin von Battenberg: Entscheidende Jahre 1859, 1866, 1870. Aus meiner

Kindheit und Mädchenzeit. Darmstadt 1923

Erich, Oswald A.: Artikel Spielzeug, in: Erich, Oswald A. und Richard Beitl: Wörterbuch der deutschen Volkskunde. Stuttgart 1936, ³1974

Erich, Oswald A. und Fritz Rumpf: Spielzeug der Völker. Berlin 1922-1925

Erikson, Erik H.: Kinderspiel und politische Phantasie. Frankfurt a. M. 1978

Erman, Adolf: Mein Werden und Wirken. Erinnerungen eines alten Berliner Gelehrten. Leipzig 1929

Escherich, E.: An unserer Seite geht Erinnerung... Ein Familienbilderbuch aus zwei Jahrhunderten. Berlin 1930

Feuerbach, Anselm: s. Goldschmit-Jentner

Fiedler, Alfred: Die Reichskleiderordnungen in der Zeit der frühbürgerlichen Revolution als Instrument zur Stabilisierung der feudalen Ständeordnung. In: Der arm man 1525. Berlin 1975, S. 89-102

Fischer, Wolfram: Arbeitermemoiren als Quellen für Geschichte und Volkskunde der industriellen Gesellschaft. In: Soziale Welt 9 (1958), S. 288-298

Flemming, Willi: Deutsche Kultur im Zeitalter des Barock. Potsdam 1937

Fontane, Theodor: Frau Jenny Treibel. In: Werke, Bd. 3, S. 7-191, München 1974

Fontane, Theodor: Effi Briest. In: Werke, Bd. 3, S. 193-489, München 1974

Fontane, Theodor: Meine Kinderjahre. 1893. Leipzig 1955

Frank, Johann Peter: Biographie von ihm selbst geschrieben. Wien 1802

Freud, Sigmund: Abriß der Psychoanalyse. Frankfurt a. M. und Hamburg 1953

Freytag, Gustav: s. Goldschmit-Jentner

Fritzsch, Karl-Ewald: Vom Bergmann zum Spielzeugmacher. In: Deutsches Jahrbuch für Volkskunde 2 (1956), S. 179-211

Fritzsch, Karl-Ewald: Erzgebirg. Spielzeugmusterbücher. In: Deutsches Jahrbuch für Volkskunde 4 (1958), S. 94 ff.

Fritzsch, Karl Ewald und Manfred Bachmann: Deutsches Spielzeug. Hamburg-Leipzig 1965

Frommel, Emil: Aus der Familienchronik eines geistlichen Herrn; Aus dem untersten Stockwerk; Aus goldenen Jugendtagen. Berlin o. J.

Gamm, Hans-Jochen: Führung und Verführung. Pädagogik des Nationalsozialismus. München 1964

Geering, Agnes: Die Figur des Kindes in der mittelhochdeutschen Dichtung. Zürich 1899

Geist, Hans Friedrich: Spielzeug (1938). München ²1971

Gerok, Karl von: Jugenderinnerungen. Bielefeld und Leipzig 1876

Gert, Valeska: Ich bin eine Hexe. Kaleidoskop meines Lebens. München 1968

Glaeser, Ernst: Jahrgang 1902. Berlin 1929

Gleichmann, Peter R.: Wandel der Wohnverhältnisse, Verhäuslichung der Vitalfunktionen, Verstädterung und siedlungsräumliche Gestaltungsmacht. In: Zeitschrift für Soziologie 5 (1976), S. 321 f.

Göhre, Paul (Hrsg.): Lebensgeschichte eines modernen Fabrikarbeiters. Jena und Leipzig 1905

Goethe, Johann Wolfgang von: Jubiläumsausgabe in 40 Bänden. Stuttgart und Berlin o. J.

Goldschmit-Jentner, Rudolf K. (Hrsg.): Die Jugend großer Deutscher. Von ihnen selbst erzählt. Leipzig 1944. (Darin: Feuerbach, Anselm, S. 388-397; Hebbel, Friedrich, S. 274-291; Freytag, Gustav, S. 302-315; Hindenburg, Paul von, S. 492-503; Ratzel, Friedrich, S. 446-503; Storm, Theodor, S. 330 f.)

Goos, Berend: Erinnerungen aus meiner Jugend. (Aus der Familienausgabe von 1880) 3 Bde. Hamburg 1896, 1897

Gray, Ursula: Das Bild des Kindes im Spiegel der altdeutschen Dichtung und Literatur. Bern und Frankfurt a. M. 1974

Grillparzer, Franz: Selbstbiographie. In: Werke, Bd. 7, S. 1-205. Stuttgart o. J.

Gröber, Karl und Juliane Metzger: Kinderspielzeug aus alter Zeit. Hamburg ²1965

Gutzkow, Karl: Aus der Knabenzeit. Frankfurt a. M. 1852

Hävernick, Walter: Kinderkleidung und Gruppengeistigkeit in volkskundlicher Sicht. In: Beiträge zur deutschen Volks- und Altertumskunde. Teil I: 4 (1959), S. 37-61; Teil II: (1962), S. 21-64

Hävernick, Walter: Der Matrosenanzug der Hamburger Jungen 1890-1939. (Museum für Hamburgische Geschichte, Heft 1, Hamburg 1962)

Hain, Mathilde: Das Lebensbild eines oberhessischen Trachtendorfes (Mardorf). Marburg 1936

Hamann, Richard und Jost Hermand: Gründerzeit. München 1971

Hampe, Theodor: Der Zinnsoldat. Ein deutsches Spielzeug. Berlin 1924

Handwörterbuch des deutschen Aberglaubens. Hrsg. von Hanns Bächtold-Stäubli. 10. Bde. Berlin und Leipzig 1927-1942

Hardach, Gerd und Irene Hardach-Pinke (Hrsg.): Deutsche Kindheiten. Autobiographische Zeugnisse 1700-1900. Kronberg/Ts. 1978

Hausen, Karin: Zum Jahr des Kindes 1979. Kindheitsgeschichte. In: Journal für Geschichte 1 (1979), S. 3-6

Hebbel, Friedrich: s. Goldschmit-Jentner

Heer, Jakob Christoph: Joggeli. Die Geschichte einer Jugend. Stuttgart 1937

Helm, Clementine: Backfischchens Leiden und Freuden. o. O. 1872

Helm, Rudolf: Hessische Trachten. Heidelberg 1932

Hensel, Daniel: System der weiblichen Erziehung, besonders für den mittleren und höheren Stand. Ein Versuch. 2 Teile, Halle 1787

Herdan-Zuckmayer, Alice: Das Kästchen. Frankfurt a. M. 1973

Hetzer, Hildegard: Kindheit und Armut. Psychologische Methoden in Armutsforschung und Armutsbekämpfung. Leipzig 1937

Hills, Jeanette: Das Kinderspielbild von Pieter Bruegel d. Ä. (1560). Wien 1957

Hindenburg, Paul von: s. Goldschmit-Jentner

Hirth, Georg: Kulturgeschichtliches Bilderbuch aus drei Jahrhunderten. Leipzig und München 1887

Hoffmann, Heinrich: König Nußknacker und der arme Reinhold. Darmstadt und Frankfurt a. M. 1851

Hofmann, Ernst: Volkskundliche Betrachtungen zur proletarischen Familie in Chemnitz um 1900. In: Wissenschaftliche Zeitschrift der Humboldt-Universität Berlin. Gesellschaftliche und Sprachwissenschaftliche Reihe 20 (1971), S. 65-81

Holzach, Michael: Ene, mene, muh. Spielen in Deutschland. ZEIT-Magazin 1. Juli 1977

Hottenroth, Friedrich: Deutsche Volkstrachten, städtische und ländliche, vom 16. Jahrhundert an bis in die Mitte des 19. Jahrhunderts. 3 Bde. Frankfurt a. M. 1898-1902

Huizinga, Johan: Holländische Kultur im 17. Jahrhundert (1933). Frankfurt a. M. 1977

Huizinga, Johan: Homo ludens. Vom Ursprung der Kultur im Spiel. Hamburg ³1960

Hunnius, Monika: Baltische Häuser und Gestalten. Heilbronn 1926

Innerhofer, Franz: Schöne Tage. Salzburg 1974

Journal des Luxus und der Moden. Weimar 1791 ff.

geschichte. Vollständige Ausgabe mit

Jung-Stilling, Johann Heinrich: Lebens-Anmerkungen, hrsg. von G. A. Benrath. Darmstadt 1976
Kästner, Erich: Wer nicht hören will, muß lesen. Zürich 1971
Kästner, Erich: Als ich ein kleiner Junge war. Berlin ¹⁷1975
Kalisch, Ludwig: Bilder aus meiner Knabenzeit. Leipzig 1872
Karst, Uwe Volker: Spielen, Toben, Lernen. Freizeit für Kinder. In: Hess. Bll. f. Volks- und Kulturforschung 7/8 (1978), S. 81-90
Kaschnitz, Marie Luise: Rennen und Trödeln. In: Atlas. Zusammengestellt von deutschen Autoren. München 1968
Kaufmann, Heiko: Die Militarisierung des Kindes. Aggressives Spielzeug und Gesellschaftsstruktur. In: Oberfeld/Kauffmann/Becker (Hrsg.): Zwischen Utopie und Heiler Welt. Frankfurt a. M. 1978, S. 253-303
Keil, Wilhelm: Erlebnisse eines Sozialdemokraten. Band 1. Stuttgart 1947
Kerner, Justinus: Das Bilderbuch aus meiner Knabenzeit. Erinnerungen aus den Jahren 1786-1804. Frankfurt a. M. 1978
Key, Ellen: Das Jahrhundert des Kindes. Berlin ²1902
Kimpel, Harald: »Die Revolution trägt Jeans.« In: Talare, Wichs und Jeans. Ausstellung zur Geschichte der Universitätskleidung in Marburg vom 12. 6. - 31. 8. 1977, S. 44-47
Kind, Das: Kleine Enzyklopädie. Leipzig 1972
Kind, Das, und seine Welt: Sonderausstellung im Historischen Museum der Stadt Wien vom 20. 12. 1959 - 19. 3. 1960
Kirstein, Gustav: Das Leben Adolph Menzels. Leipzig 1919
Klöden, Karl Friedrich von: Jugenderinnerungen. Hrsg. und durch einen Umriß seines Weiterlebens vervollständigt von Max Jähns. Leipzig 1874
Knapp, Georg Friedrich: Eine Jugend (hrsg. von Elly Heuss-Knapp). Stuttgart 1926
Köllmann, Wolfgang und Peter Marschalck (Hrsg.): Bevölkerungsgeschichte. Köln 1972
Koenig, Heinrich: Auch eine Jugend. Leipzig 1852
König, René: Materialien zur Soziologie der Familie. Köln 1974
König, René: Kleider und Leute. Zur Soziologie der Mode. Reinbek bei Hamburg 1967
König, René und Peter W. Schupisser: Die Mode in der menschlichen Gesellschaft. Zürich ²1961

Koeppen, Wolfgang: Jugend. Frankfurt a. M. 1976
Kretschmer, Albert: Das große Buch der Volkstrachten. (1887-1890). Neuauflage Eltville 1977
Krille, Otto: Unter dem Joch. Die Geschichte einer Jugend. Berlin 1914
Kruse, Käthe: Das große Puppenspiel. Heidelberg 1951
Kuczynski, Jürgen: Studien zur Geschichte der Lage des arbeitenden Kindes in Deutschland von 1700 bis zur Gegenwart. Berlin 1968
Kuczynski, Jürgen und Ruth Hoppe: Geschichte der Kinderarbeit in Deutschland 1750-1939. 2 Bde. Berlin 1958
Kulischer, Joseph: Allgemeine Wirtschaftsgeschichte des Mittelalters und der Neuzeit. 2 Bde. Berlin ²1958
Kunze, Horst: Schatzbehalter. Vom Besten aus der älteren deutschen Kinderliteratur. Berlin ³1969
Kurz, Isolde: Aus meinem Jugendland. Stuttgart und Berlin 1918

Lagerlöf, Selma: Mårbacka. Jugend-Erinnerungen. München 1924
Laqueur, Walter Z.: Die deutsche Jugendbewegung. Eine historische Studie. Köln 1962
Lehmann, Bernd: Das Kinderzimmer. Wandschmuck als Sozialisationsfaktor. In: Zeitschrift für Volkskunde 66 (1970), S. 140-144
Lehmann, Otto: Spiele und Spielzeug in Schleswig-Holstein. In: Die Sachgüter der deutschen Volkskunde. Berlin 1934, S. 293-310
Leinburg, Gottfried von (1825-1893): Das Paradies meiner Kindheit. Lübeck 1909
Lenz, Hermann: Verlassene Zimmer. Frankfurt a. M. 1978
Lenz, Hermann: Andere Tage. Frankfurt a. M. 1978
Levenstein, Adolf (Hrsg.): Proletariers Jugendjahre. Berlin o. J. [ca. 1875]
Lichnowsky, Mechtilde von: Kindheit. Berlin ⁶1934
Lienhard, Friedrich: Jugendjahre. Erinnerungen. Stuttgart 1918
Lindström, Ulla: Fallhattar i Sverige och Danmark. In: Varbergs Museums Årsbok 1969, S. 1-14
Lirum Larum Löffelstiel, wer mischt mit beim Kinderspiel? Eine Ausstellung des Seminars für Volkskunde der Universität Göttingen im Städtischen Museum. 10. 12. 1978-27. 1. 1979
Liselotte von der Pfalz, Herzogin von Orléans, Die Briefe der. Ausgewählt und biographisch verbunden von C. Künzel.

Ebenhausen bei München 1913
Locke, John: Gedanken über Erziehung. Leipzig 1920
Loesch, Ilse: So war es Sitte in der Renaissance. Leipzig 1964
Lücking, Wolf: Trachtenleben in Deutschland. Bd. I: Schaumburg-Lippe. Text von Martha Bringemeier. Berlin 1958. Bd. II: Die Lausitz. Text von Paul Nedo. Berlin 1956. Bd. III: Hessen. Text von Mathilde Hain. Berlin 1959
Lühr, Dora: Die erste deutsche Modezeitschrift. In: Zeitschrift für deutsche Philologie 71, Heft 3/4, S. 333 ff.
Lühr, Dora: Matrosenanzug und Matrosenkleid. Entwicklungsgeschichte einer Kindermode von 1770-1920. In: Beiträge zur deutschen Volks- und Altertumskunde 5 (1960), S. 19-42

Mann, Katia: Meine ungeschriebenen Memoiren. Frankfurt a. M. 1974
Mann, Klaus: Der Wendepunkt. München 1971
Mann, Thomas: Buddenbrooks. Verfall einer Familie. Berlin 1909
Mann, Thomas: Doktor Faustus. Berlin 1952
Mann, Viktor: Wir waren fünf. Konstanz ²1964
Marcuse, Herbert: Über den affirmativen Charakter der Kultur. In: Zeitschrift für Sozialforschung 6 (1937), S. 54-92
Marie Fürstin zu Erbach-Schönberg: s. Erbach-Schönberg
Maschmann, Melita: Fazit. Mein Weg in der Hitler-Jugend. München 1979
Mause, Lloyd de (Hrsg.): Hört ihr die Kinder weinen. Eine psychogenetische Geschichte der Kindheit. Frankfurt a. M. 1977
Merle, Ursula: Kindheit und Kleidung der Mädchen im Nationalsozialismus (handschr. Hausarbeit, Sommersemester 1977). Marburg, Institut für Europäische Ethnologie
Metzger, Juliane: s. Gröber
Meyer, Conrad: Die Kinderspiele (1657). Hrsg. von Conrad Ulrich. Zürich 1970
Miller, Alice: Das Drama des begabten Kindes und die Suche nach dem wahren Selbst. Frankfurt a. M. 1979
Möller, Helmut: Die kleinbürgerliche Familie im 18. Jahrhundert. Berlin 1969
Mohr, Wolfgang: Murmelspiel. Ein Experiment. In: Festschrift für Jost Trier. Hrsg. von W. Foerste und H. Borck. Köln 1964, S. 47-68
Moser-Rath, Elfriede: Zeugnisse zum Kinderspiel der Barockzeit. In: Jahrbuch des österreichischen Volksliedwerkes XI (1962), S. 194-203

Nienholdt, Eva: Die Volkstracht. In: Peßlers Handbuch der deutschen Volkskunde, Bd. 3 (1936), S. 65-139
Nienholdt, Eva: Die deutsche Tracht im Wandel der Jahrhunderte. Berlin 1938
Nienholdt, Eva: Kostümkunde. Braunschweig 1961
Niethammer, Lutz (Hrsg.): Wohnen im Wandel. Beiträge zur Geschichte des Alltags in der bürgerlichen Gesellschaft. Wuppertal 1979
Nolde, Emil: Mein Leben. Köln 1976. Mit freundlicher Genehmigung der Nolde-Stiftung Seebüll.

Oberfeld, Charlotte und Ingeborg Weber-Kellermann: »Familienglück« im Mädchenbuch. In: Horst Schaller (Hrsg.): Umstrittene Jugendliteratur. Bad Heilbrunn 1976, S. 47-60
Ortmann, Erwin: Zinnfiguren einst und jetzt. Leipzig ²1977

Parthey, Gustav: Jugenderinnerungen. Handschriften für Freunde. Neu hrsg. von Ernst Friedel. Berlin 1907
Passarge, Ludwig: Ein ostpreußisches Jugendleben. Erinnerungen und Kulturbilder. Leipzig ²1906
Pawek, Karl (Hrsg.): Was ist der Mensch? 1509 Photos aus 124 Ländern von 541 Photographen. München 1975
Peesch, Reinhard: Das Berliner Kinderspiel der Gegenwart. Berlin 1957
Petrarcameister: s. Scheidig
Pfeil, Elisabeth: Die Frau in Beruf, Familie und Haushalt. In: Familie und Gesellschaft. Tübingen 1966, S. 141-176
Pfister, Albert: Pfarrers Albert. Fundstücke aus der Knabenzeit. Stuttgart, Berlin und Leipzig 1901
Pieske, Christa: Das freudige Ereignis und der jungen Kindlein Aufzucht. München 1963
Pinon, Roger: Probleme einer europäischen Kinderspielforschung. In: Hessische Blätter für Volkskunde 58 (1967), S. 9-45
Pinon, Roger (Hrsg.): L'enfance en Wallonie. Ausstellungskatalog Musée de la vie Wallone. Liège, 8. 6. - 2. 9. 1973
Planck, Ulrich: Die Eigenart der Bauernfamilie und die bäuerliche Familienverfassung. In: Rosenbaum, H. (Hrsg.): Familie und Gesellschaftsstruktur. Frankfurt a. M. 1974, S. 169-185
Plenzdorf, Ulrich: Die neuen Leiden des jungen W. Rostock 1973
Plessen, Elisabeth: Mitteilung an den Adel. Zürich 1976
Popp, Adelheid: Jugendgeschichte einer Arbeiterin. Von ihr selbst erzählt, mit einführenden Worten von August Bebel. München 1909
Portmann, Paul: Die Kinderspiele. Pieter Bruegel d. Ä. Bern 1961
Probst, Johann Gotthilf August: Handwerksbarbarei oder die Geschichte meiner Lehrjahre. Leipzig 1790
Procházka, Jan: Es lebe die Republik. Recklinghausen 1968
Pross, Helge (Hrsg.): Familie – wohin? Leistungen, Leistungsdefizite und Leistungswandlungen der Familien in hochindustrialisierten Gesellschaften. Reinbek bei Hamburg 1979
Puppe, Fibel, Schießgewehr. Das Kind im kaiserlichen Deutschland. Ausstellung der Akademie der Künste. Berlin 1976/77
Purrucker, Barbara: Knaben in »Mädchenkleidern«. In: Waffen- und Kostümkunde 1 (1975), S. 71-89 und 2 (1975), S. 143-161
Putlitz, Gustav Heinrich G. E. zu: Mein Heim. Erinnerungen aus Kindheit und Jugend. Berlin 1885

Rattelmüller, Paul Ernst: Bayerische Trachten. Rosenheim 1955
Rattelmüller, Paul Ernst: Dirndl, Janker, Lederhosen. Künstler entdecken die oberbayerischen Trachten. München 1970
Ratzel, Friedrich: s. Goldschmit-Jentner
Rehbein, Franz: Das Leben eines Landarbeiters. Hrsg. und eingeleitet von Paul Göhre. Jena 1911
Reuter, Gabriele: Vom Kinde zum Menschen. Die Geschichte meiner Jugend. Berlin 1921
Riehl, Wilhelm Heinrich: Die Familie. Stuttgart 1855
Rudorff, Margarethe: Die Schrumpfung des Begriffes »Wohnung« und ihre Folgerungen. In: Soziale Welt 6 (1955), S. 45-51
Rübberdt, Rudolf: Geschichte der Industrialisierung. München 1972
Rühle, Otto: Zur Psychologie des proletarischen Kindes. Hrsg. von Lutz von Werder und Reinhard Wolff. Frankfurt a. M. 1975
Rühle, Otto: Illustrierte Kultur- und Sittengeschichte des Proletariats. 2 Bde. Berlin 1930, 1977
Rühle, Otto: Das proletarische Kind. Berlin 1911
Rüssel, Arnulf: Das Kinderspiel. Grundlinien einer psychologischen Theorie. München ²1965
Rumpf, Karl: Hessen. Text- und Bildersammlung. N. F. Marburg 1951

Salzmann, Christian Gotthilf: Conrad Kiefer oder Anweisung zu einer vernünftigen Erziehung der Kinder. Ein Buch fürs Volk. Schnepfenthal 1796
Salzmann, Christian Gotthilf: Krebsbüchlein oder Anweisung zu einer unvernünftigen Erziehung der Kinder (1780). Leipzig ³1792
Salzmann, Christian Gotthilf: Ameisenbüchlein oder Anweisung zu einer vernünftigen Erziehung der Erzieher (1805). Leipzig o. J.
Salzmann, Christian Gotthilf: Moralisches Elementarbuch. Zweiter Teil. Neue, verb. Auflage. Leipzig 1795
Sartre, Jean-Paul: Die Kindheit eines Chefs. Frankfurt a. M. 1966
Sax, Emanuel: Die Hausindustrie in Thüringen. 2 Bde. Jena 1882, 1888
Schad, Johann Baptist: Lebensgeschichte. 3 Bde. Altenburg 1828
Schaedler, Karl: Die Lederhose in Bayern und Tirol. Innsbruck 1962
Scheidig, Walther: Die Holzschnitte des Petrarcameisters. Zu Petrarcas Werk: Von der Artzney bayder Glück – des guten und widerwärtigen. Augsburg 1502. Berlin 1955
Schenk, Annemie und Ingeborg Weber-Kellermann (Hrsg.): Interethnik und sozialer Wandel in einem mehrsprachigen Dorf des rumänischen Banats. Marburg 1973
Schleich, Carl Ludwig: Besonnte Vergangenheit. Zitiert nach der Volksausgabe. München 1952
Schmid, Christoph von: Erinnerungen und Briefe. München 1968
Schmidt, Leopold: Volksglaube und Volksbrauch. Gestalten – Gebilde – Gebärden. Berlin 1966
Schnapper-Arndt, Gottlieb: Hoher-Taunus. Eine sozialstatistische Untersuchung in fünf Dorfgemeinden (1883). Allensbach und Bonn 1975
Schneider, Lothar: Der Arbeiterhaushalt im 18. und 19. Jahrhundert. Berlin 1967
Schumacher, Tony: Was ich als Kind erlebt. Stuttgart und Leipzig 1901
Schurz, Carl: Lebenserinnerungen. Bis zum Jahre 1852. Berlin 1906
Schweitzer, Albert: Aus meiner Kindheit und Jugendzeit. München 1924
Seidelmann, Karl: Bund und Gruppe als Lebensform deutscher Jugend. München 1955
Sert, Misia: Pariser Erinnerungen. Deutsch von Hedwig Andertann. Frankfurt a. M. 1971
Shakespeare, William: Das Wintermärchen. In: Dramatische Werke, Bd. 12, S. 133-240. Stuttgart o. J.
Shorter, Edward: Die Geburt der modernen Familie. Reinbek bei Hamburg 1977

Simmel, Georg: Soziologie. Untersuchungen über die Formen der Vergesellschaftung. 7. Kapitel: Der Arme. München und Leipzig ²1922
Stella, Jacques: Les jeux et plaisirs de l'enfance (1657). Games and Pastimes of Childhood. New York und Dover 1969
Stephan, G.: Die häusliche Erziehung in Deutschland während des 18. Jahrhunderts. Wiesbaden 1891
Stifter, Adalbert: Der Nachsommer. Berlin o. J.
Stifter, Adalbert: Die Mappe meines Urgroßvaters (1739). In: Studien. Bd. 2, Pesth 1857, S. 1-184
Storm, Theodor: s. Goldschmit-Jentner
Strobach, Hermann (Hrsg.): Der arm man 1525. Volkskundliche Studien. Berlin 1975

Teuteberg, Hans Jürgen und Annegret Bernhard: Wandel der Kindernahrung in der Zeit der Industrialisierung. In: Fabrik, Familie, Feierabend. Wuppertal 1978, S. 177-214
Thiede, Paula: Die Spielwaren-Arbeiter und -Arbeiterinnen in Sonneberg und Umgegend. In: Sozialer Fortschritt 63/64 (1906), S. 26 f.
Thiessen, Johannes: Kindheit. Erinnerungen. Ebenhausen, München und Leipzig ²1920
Thoma, Ludwig, Lausbubengeschichten. Aus meiner Jugendzeit. München 1978
Tucker, M. J.: Das Kind als Anfang und Ende. Kindheit in England im 15. und 16. Jahrhundert. In: Lloyd de Mause (Hrsg.): Hört ihr die Kinder weinen. Frankfurt a. M. 1977, S. 326-363
Turek, Ludwig: Ein Prolet erzählt. Lebensschilderung eines deutschen Arbeiters. Berlin 1930, Nachdruck Berlin 1963
Tyrell, Hartmann: Historische Familienforschung und Familiensoziologie. In: Kölner Zeitschrift für Soziologie und Sozialpsychologie 29 (1977), S. 677-701

Unseld, Siegfried: Peter Suhrkamp. Zur Biographie eines Verlegers. Frankfurt a. M. 1975

Vanja, Conrad: Dörflicher Strukturwandel zwischen Übervölkerung und Auswanderung. Marburg 1978
Varnhagen von Ense, Karl August: Denkwürdigkeiten des eigenen Lebens. Hrsg. von Joachim Kuhn. 2 Bde. Berlin 1922
Virchow, Rudolf: Die Not im Spessart (1852). Mitteilungen über die in Oberschlesien herrschende Typhus-Epidemie (1849). Darmstadt 1968
Voigt-Diederichs, Helene: Auf Marienhoff. Jena 1933

Waller, Martin: Mappe und Ranzen: In: Württembergisches Jahrbuch für Volkskunde 1956, S. 120-123
Ward, Colin: Das Kind in der Stadt. Frankfurt a. M. 1978
Warnke, Martin: Peter Paul Rubens. Leben und Werk. Köln 1977
Weber, Marianne: Lebenserinnerungen. Bremen 1948
Weber-Kellermann, Ingeborg: Die deutsche Familie. Frankfurt a. M. ⁵1979
Weber-Kellermann, Ingeborg: Die Familie. Geschichte · Geschichten · Bilder. Frankfurt a. M. ²1977
Weber-Kellermann, Ingeborg: Erntebrauch in der ländlichen Arbeitswelt des 19. Jahrhunderts. Marburg 1965
Weber-Kellermann, Ingeborg: Zur Interethnik. Frankfurt a. M. 1978
Weber-Kellermann, Ingeborg: Das Weihnachtsfest. Eine Kultur- und Sozialgeschichte der Weihnachtszeit. Luzern 1978
Weber-Kellermann, Ingeborg: Brauch – Familie – Arbeitsleben. Ausgewählte Schriften, hrsg. von A. C. Bimmer, G. Böth, A. Schenk, H. Schäfer, D. Zeh. Marburg 1978
Weber-Kellermann, Ingeborg und Walter Stolle: Volksleben in Hessen 1970. Göttingen 1971
Wehrhan, Karl: Kinderlied und Kinderspiel. Leipzig 1909
Weiter wohnen wie gewohnt? 19. Ausstellung im Haus Deutscher Ring (Konzeption Deutscher Werkbund e. V.), Hamburg 3. 4.-25. 5. 1979
Weyns, Jozef: Bij Bruegel in de Leer voor honderd-en-een dagelijkse Dingen. Bokrijkse Berichten IX, 1975
Wie Auguste und Wilhelmine ihre Puppe erzogen. Von einer Kinderfreundin. Berlin o. J. [1835]
Wiese, Leopold von: Was wird mit der deutschen Heimarbeiterausstellung in Berlin beabsichtigt? In: Sozialer Fortschritt 63/64 (1906), S. 2 ff.
Wilckens, Leonie von: Das Puppenhaus. Vom Spiegelbild des bürgerlichen Hausstandes zum Spielzeug für Kinder. München 1978
Wimmer, Maria: Die Kindheit auf dem Lande. Reinbek bei Hamburg 1978
Winter, Heinrich: Das Bürgerhaus in Oberhessen. Tübingen 1965
Winter, Max: Ich suche meine Mutter. Die Jugendgeschichte eines »eingezahlten Kindes«. Diesem nacherzählt. München 1910

Witter, Ben: Spaziergang mit Dieter. In: DIE ZEIT, 29. 7. 1977
Wörterbuch der deutschen Volkskunde. Begründet von Oswald A. Erich und Richard Beitl. Stuttgart ²1955, ³1974
Wörterbuch der Soziologie. Hrsg. von W. Bernsdorf. Stuttgart ²1969
Wohmann, Gabriele: Habgier. Hamburg 1978
Wolf, Christa: Kindheitsmuster. Berlin 1978
Wolfgruber, Gernot: Herrenjahre. Salzburg 1976

Zglinicki, Friedrich von: Die Wiege. Regensburg 1979
Zglinicki, Friedrich von: Die Geburt. Braunschweig 1983
Žicina, Milka: Kaja, die Kleinmagd. Düsseldorf 1946
Zuckmayer, Carl: Als wär's ein Stück von mir. Frankfurt a. M. 1966

**Nachweis der Bildquellen**
Die kursive Seitenzahl bezeichnet den Standort des Bildes

Allers, Christian Wilhelm (1857-1915): Altberliner Lampenputzer. 1889, *S. 119*. Schusterwerkstatt. 1889, *S. 166*.
Amman, Jost (1539-1591): Mädchen mit Puppe, *S. 84*.
Anker, Albert (1831-1910): Kinder beim Frühstück, *S. 144*. Die Dorfschule, 1896, *S. 185*.

Baker (?): Hessische Bauernstube mit Wiege. 19. Jahrhundert, *S. 181*.
Bayard, Emil Antoine (1837-1891): Der Schneider nimmt Maß für die erste Toilette des gnädigen Fräuleins, *S. 103*.
Bech, Johan Anton (1797-1825): Kinderbildnis mit Kegelspiel, *S. 218*. Kunstmuseum Kopenhagen.
Bega, Cornelis (1620-1664): Eine Frau ein Kind stillend, *S. 44*. Foto Marburg.
Beham, Hans Sebald (1500-1550): Magd mit Herrschaftskind. 1531, *S. 57*. Foto Marburg.
Bendel, Hans (1814-1853): Pestalozzi im Kreise seiner Schüler. 1845, *S. 157*. Historia-Photo Hamburg.
Bilderbogen:
Die Alterstreppe. Pellerin – Epinal. 19. Jahrhundert, *S. 12*.
Die Ständetreppe. Gustav Kühn – Neuruppin. 19. Jahrhundert, *S. 13*.
Empfang der russischen Zarin. Gustav Kühn – Neuruppin. 1829, *S. 54*.
Der Lebenslauf des Menschen. Pellerin – Epinal. 19. Jahrhundert, *S. 101*.
Aus: Handwerkerleben. Münchener Bilderbogen Nr. 221, *S. 158*.
Soldaten-Ausschneidebogen, *S. 202*.
Ausschneidebogen Bauerndorf. *S. 213*.
Bol, Ferdinand (1616-1680): Knabenporträt. 1656, *S. 58*. Foto Marburg.
Boucher, François (1703-1770): Kleiner Haushalt mit Wiegenkind, *S. 47*.
Brakenburgh, Richard (1650-1702): Bauerntanz, *S. 20/21*. Holländische Familie, *S. 44*.
Bray, Jan de (1627-1697): Beschenkung der Kinder im Arme-Kinder-Hospiz in Haarlem. 1663, *S. 87*. Frans Hals-Museum Haarlem.
Browne, Henriette (1829-1901): Die Kinderstube. 1867, *S. 141*. Hamburger Kunsthalle.
Brouwer, Adriaen (1605/06-1638): Kinder beim Quacksalber, *S. 65*.
Bruegel, Jan d. Ä. (1568-1625): Vornehmer Besuch in der Bauernstube, *S. 48/49*. Kunsthistorisches Museum Wien.

Bruegel, Pieter d. Ä. (1525-1569): Heimkehr der Jäger (Ausschnitt), *S. 40*. Foto Marburg. Die magere Küche, *S. 46*. Foto Marburg. Kirmes (Ausschnitt), *S. 64*. Hochzeit-Spielen (Kinderspiel), *S. 82*.
Bürkner, Hugo (1818-1897): Bürgerlicher Feierabend, *S. 91*. Omnibus. 1865, *S. 143*. Häusliche Beschäftigungen. 1868, *S. 150*. Bildarchiv Preußischer Kulturbesitz Berlin.

Chardin, Jean Baptiste Siméon (1699-1779): Spielender Knabe, *S. 24*. National Gallery London. Kind mit Fallhut, *S. 36*. National Gallery London. Die Morgentoilette. 1740, *S. 62*.
Chocarne-Moreau, Paul Charles (1855-1930): Schornsteinfeger und Bäckerjunge. Um 1900, *S. 159*. Bildarchiv der Österreichischen Nationalbibliothek.
Chodowiecki, Daniel (1726-1801): Sitzendes Mädchen mit Kind mit Fallhut auf dem Schoß, *S. 37*. Städel, Frankfurt/M. Küchenszene, *S. 37*. Mädchen beim Garnwickeln, *S. 71*. Kinderspiele. 1774, *S. 82*. Kinderspiele. 1774, *S. 83*.
Clarot, Johann Baptiste (1797-1854): Der kleine Reitersmann. 1845, *S. 194*. Bildarchiv der Österreichischen Nationalbibliothek.
Corinth, Lovis (1858-1925): Familienbild. 1909, *S. 118*.
Cranach, Lucas d. Ä. (1472-1553): Die hl. Sippe, Torgauer Altar, Mittelbild, *S. 76*. Foto Marburg.
Cranach, Lukas d. J. (1515-1586): Personenreiche Stifterfamilie, *S. 25*. Museum der bildenden Künste zu Leipzig.
Cuyp, Albert (1620-1691): Knabe mit Falke, *S. 31*. Bruckmann, München.
Cuyp, Jacob Gerritsz (1594-1651/52): Zwillinge, *S. 35*. Bruckmann, München.

Davis, Edward (1833-1867): Bettlerin am Wege. Ca. 1856, *S. 159*. Hamburger Kunsthalle.
Delff, Jacob Willemsz (1550-1601): Kinderbildnis »Mädchen mit Hund«. 1581, *S. 31*. Rijksmuseum Amsterdam.
Didion, P.: Das Ziegenfuhrwerk. Um 1860, *S. 226*.
Diekmann, Emil: Knabe mit Eisenbahn. 1929, *S. 199*. Foto Marburg.
Dinant, Inge: Kinderbildnis, *S. 217*. Foto Marburg.
Dix, Otto (1891-1969): Streichholzhändler. 1926, *S. 162*. Städtische Kunsthalle Mannheim.
Doré, Gustave (1832-1883): Handel mit Schuhen im Londoner Armenviertel. 1876, *S. 163*.
Doyle, Richard (1824-1883): Puppenmacherstube (nach Dickens), *S. 211*.
Dürer, Albrecht (1471-1528): Maria mit der Birne. 1511, *S. 33*.
Dyck, Anton van (1599-1641): Die drei ältesten Kinder Karls I. 1636, *S. 32*. Bruckmann, München. Die drei ältesten Kinder Karls I. 1635, *S. 32*. Foto Marburg. Prinz Wilhelm II. von Oranien und seine Gemahlin, die Prinzessin Maria Stuart, *S. 55*. Bruckmann, München.
Duplessis, Michel H. (ca. 1770-?): Stallinneres, *S. 73*. Kunsthalle Bremen.

Engel, Otto Heinrich (1866-1949): Junge beim Ausschneiden. 1940, *S. 205*. Kinderfest, *S. 228*. Nissen-Haus. Nordfriesisches Museum Husum.
Erich, August (1620-1644): Familienporträt des Landgrafen Moritz, *S. 29*. Städtische Kunstsammlungen Kassel.

Fendi, Peter (1796-1842): Knabe im Herrgottswinkel, *S. 178*. Bildarchiv der Österreichischen Nationalbibliothek. Der frierende Brezelbub. 1838, *S. 185*. Historisches Museum der Stadt Wien. Mädchen mit Puppe. 1830, *S. 193*. Bildarchiv der Österreichischen Nationalbibliothek.
Ferrazi: Der Hofknicks, *S. 190*.
Flinck, Govert (1615-1660): Kinderbildnis. 1640, *S. 39*. Bruckmann, München.

*Fotografien*
Armenhaus-Kinder. Schweden 1913, *S. 178*. Hessische Bauernkinder um 1900, *S. 174*. Foto Marburg. Hessische Dorfschulklasse. Zwanziger Jahre, *S. 269*. Foto Marburg. Schwälmer Bauernjunge. 1957, *S. 264*. Wolf Lücking. Biedermeierpuppen am Teetisch, *S. 196*. Burg mit Rittern. Ende 19. Jahrhundert, *S. 201*. Eisenbahn aus Blech. Um 1900, *S. 200*. Elends-Wohnung in der Altstadt Hannover. Um 1933, *S. 165*. Historisches Museum am Hohen-Ufer Hannover. Elends-Wohnung in der Altstadt Hannover. Um 1933, *S. 167*. Historisches Museum am Hohen-Ufer Hannover. Moderne Familie 1975, *S. 260*. 50. Jubiläum eines Eisenbahnwerkes. 1912, *S. 54*. Gehschule. Um 1900, *S. 174*. Bildarchiv der Österreichischen Nationalbibliothek. Gummitwist. 1979, *S. 259*. Götz Fischer. Hängesitz für Kinder in einer schwedischen Bauernstube. Skansen, 19./20. Jahrhundert, *S. 49*. Foto Marburg. Heimarbeit im Erzgebirge. Um 1910, *S. 209*. Hinterhof Berlin Ackerstraße, *S. 255*. Landesbildstelle Berlin. Hirtenjunge, *S. 181*. Bildarchiv der Österreichischen Nationalbibliothek. Bauern-

# Nachweis der Bildquellen

familie. Um 1920, *S. 182*. Bildarchiv der Österreichischen Nationalbibliothek. Kind mit Haarschleife, *S. 249*. August Sanders. Kind mit Puppe. 1920, *S. 199*. Bildarchiv der Österreichischen Nationalbibliothek. Kinder beim Schaukeln, *S. 224*. Kinderarbeit in einer Spinnerei. Um 1900, *S. 169*. Kinderbett. Um 1900, *S. 164*. Nordiska Museet Stockholm. Kinderspiele im Freien. 1956, *S. 251*. Reinhard Peesch. Kinderspiele im Freien. 1956, *S. 257*. Reinhard Peesch. Kinderspiele im Freien. 1956, *S. 258*. Kronprinz Albert von Sachsen beim Kegelspiel. Ca. 1860, *S. 108/09*. Lederhose mit altdeutscher Stickerei, *S. 241*. F. Hubmann. Lehrlinge der Eisenbahn-Hauptwerkstätte Limburg. 1914, *S. 266/67*. Mädchen in Sizilien bei der Osterprozession. 1955, *S. 15*. Nachkriegsspiele. 1945, *S. 253*. Puppenbadestube. Um 1935, *S. 210*. Wiener Puppenhaus. Um 1860, *S. 196/97*. Historisches Museum der Stadt Wien. Puppenküche des 19. Jahrhunderts, *S. 195*. Spielzeugdocken Tirol. 20. Jahrhundert, *S. 43*. Heiner Weber. Trainingshosen, *S. 250*. Turnkleidung. 1906, *S. 137*. Historia-Photo Hamburg. Vater und Sohn, *S. 270*. Götz Fischer. Verkleidungskünste. 1965, *S. 248*. Wachspuppe von 1845, *S. 197*. Weberstube in Schlesien. 1930, *S. 18*.

Frischmann, M.: Die ersten langen Hosen, *S. 188*.

Gasser, Hanns (1817-1868): Mädchen mit Biedermeierfrisur, *S. 117*. Albertina, Wien.
Goya, Francisco José de (1746-1828): La Familia del Duque de Osuna. 1786, *S. 104*. Prado, Madrid.
Granges, David des (1611-1675): Family of Sir Saltonstall. 1635, *S. 43*.
Grimm, Ludwig Emil (1790-1863): Am Frühstückstisch. Um 1820, *S. 150*. Grimm-Museum Kassel. Drei Kinder. 1814, *S. 170*. Grimm-Museum Kassel. Kinderspiel auf der Weide. 1815, *S. 172*. Spielende Dorfkinder. 1828, *S. 184*. Malender Knabe. 1831, *S. 220*.
Gröger, Friedrich Carl (1766-1838): Erbprinz Alexander von Schleswig-Holstein, *S. 112*. Kunsthalle Kiel.
Grosz, George (1893-1959): Straßenszene nach dem 1. Weltkrieg, *S. 130*. Hoffnung? *S. 230*.

Hals, Frans (1580-1660): Kind und Amme, *S. 33*. Foto Marburg. Kinder mit Ziegenbock, *S. 79*. Foto Marburg.
Hanneman, Adriaen (1601-1671): Bildnis der Susanna Huygens, *S. 39*. Bruckmann, München.
Harnier, Wilhelm von (1800-1838): Spielende Biedermeierkinder, *S. 193*. Foto Marburg.
Hendschel, Albert (1834-1883): Tanzstunde. Um 1880, *S. 189*.
Hennig, Gustav Adolf (1797-1869): Knabe mit Ziegenbock, *S. 227*. Museum der bildenden Künste zu Leipzig. Die Töchter auf dem Schulweg, *S. 132*. Museum der bildenden Künste zu Leipzig.
Herrlein, Johann Andreas (1720-1796): Bauernfamilie, *S. 19*. Foto Marburg.
Hilliard, Nicholas (1547/48-1618/19): Königin führt ihren kleinen Sohn am Gängelband. 1610, *S. 34*. British Museum London.
Hitz, Dora (1856-1924): Mädchenbildnis, *S. 122*. Foto Marburg.
Hoffmann, Heinrich (1809-1894): Spiel mit Häuschen aus dem Erzgebirge, *S. 209*. In: König Nußknacker und der arme Reinhold: 1851. Arche Noah, *S. 214*. In: König Nußknacker und der arme Reinhold. 1851.
Hogarth, William (1697-1764): »The nice Edwards«, *S. 47*. Blinkhorns Photo Oxford.
Holbein, Hans d. J. (1497/98-1543): Prinz Edward. 1539, *S. 30*.
Hosemann, Theodor (1807-1875): Die Schusterfamilie. 1845, *S. 156*. Drachensteigen. 1853, *S. 225*. Berlin Museum.
Hoxmanns I, Jan Josef (1682-1759): Beim Kegeln, *S. 72*. Foto Marburg.

Israels, Josef (1824-1911): Mädchen beim Kartoffelschälen, *S. 180*. Foto Marburg.

Janneck, Franz Christoph (1705-1761): Trödelbude, *S. 88*. Foto Marburg.

Klette, Paul (1854-1895): Bildnis eines Bauernjungen. 1884, *S. 170*. Foto Marburg.
Knaus, Ludwig (1829-1910): Bauernkind um 1900, *S. 173*. Hessisches Leichenbegängnis im Winter, *S. 177*. Foto Marburg.
Koepke, Carl Friedrich (ca. 1800-1850): Zwei Kinder der Familie Wollank. 1831, *S. 105*. Berlin Museum.
Köttgen, Gustav Adolf (1805-1882): Kinder beim Puppenspiel. 1840, *S. 151*. Focke Museum Bremen.
Koller, Rudolf (1828-1905): Schularbeiten beim Hüten, *S. 183*.
Kollwitz, Käthe (1867-1945): Pflugzieher und Weib. 1902, *S. 93*. Kunsthalle Bremen. Sich bückender Knabe, *S. 258*. Galerie Pels-Leusden, Berlin.

Kraus, Georg Melchior (1737-1806): Bildnis eines Knaben, *S. 59*. Foto Marburg. Kesselflicker und Bauernkind, *S. 71*. Städel Frankfurt/M. Barfüßiger Knabe mit Dreispitz, *S. 75*. Städel Frankfurt/M. Kind mit Kapuze, *S. 69*. Städel Frankfurt/M.
Krause, Carl August (1724-1764): Eine Mutter, ihr Kind fütternd, *S. 40*. Museum der bildenden Künste zu Leipzig.
Kriehuber, Josef (1800-1876): Die durchlauchtigsten Kinder seiner Kaiserlichen Hoheit Franz Karl. 1838, *S. 107*. Historisches Museum der Stadt Wien.
Krüger, Franz (1797-1857): Mutter mit Kind, *S. 115*.
Kubel, Otto (1868-?): Kinder spielen Soldaten, *S. 201*. Bild aus einer deutschen Schulfibel um 1910.
Kuehl, Gotthardt (1850-1915): In der Schulstube. Um 1890, *S. 184*. Kinder im Lübecker Waisenhaus. Um 1890, *S. 207*. Kunsthalle Bremen.
Kürzinger, Ignaz (1777-1856): Die Kinder des königlichen Hofopernsängers Mittermaier. 1830, *S. 117*.

La Tour, Georges de (1593-1652): Jesus als Wickelkind, *S. 42*.
Le Nain, Antoine (17. Jahrhundert): Singende und musizierende Bauernkinder, *S. 74*. Museum der bildenden Künste zu Leipzig.
Leonhardi, Eduard (1826-1905): Das Reisigfeuer. 1854, *S. 75*. Foto Marburg.
Liebermann, Max (1847-1935): Münchner Bierkonzert. 1883, *S. 123*. Foto Marburg.
Lochner, Stefan: Knaben in der Kirche. 1447, *S. 57*. Foto Marburg.

Maler unbekannt: Die Armen und die Reichen in der Schule. In: Simplicissimus 4, 1899, *S. 354*, *S. 157*. Der erste Ball. Um 1890, *S. 191*. Der Birnendieb. Um 1900, *S. 171*. Biedermeier-Familie. Um 1825. *S. 90*. Städtisches Museum Göttingen. 2 Brüder mit Säbel und Schaukelpferd. Um 1820, *S. 203*. Münchner Stadtmuseum. Familie. 1598, *S. 38*. Staatliche Museen zu Berlin. Gemäldegalerie. Familienstube. Um 1700, *S. 52*. Alte Frau und Knabe, *S. 57*. Foto Marburg. Prinz Georg und Prinzessin Auguste, Kinder von Herzog Adolf. Um 1830, *S. 115*. Bomann Museum Celle. Der Hofknicks, *S. 190*. Kinder James' I. 1613, *S. 53*. Courtauld Institute of Art, London. Zwei Kinder mit Gewehr und Puppe. 1855, *S. 194*. Städtisches Museum Göttingen. Kinderarbeit in einer optischen Fabrik. Um 1870, *S. 168*. Kindergesellschaft in Kostümen. 1851, *S. 190.* Allgemeine Musterzeitung 1851. Kinderzimmer aus einem Ausschneidebuch des 18. Jahrhunderts, *S. 85.* Bayerisches Nationalmuseum München. Knabe mit Spitz. Um 1810, *S. 117.* Kreiselspiel. Um 1835, *S. 223.* »Die Spielwarenverkäuferin und der Bretzenbäck«. Um 1850, *S. 208.* Historisches Museum der Stadt Wien. Das Waldkirchner Spielzeugmusterbuch. Um 1850, *S. 210.* Neu herausgegeben und kommentiert von Manfred Bachmann. Leipzig 1977. Wäscherin mit Kind, *S. 160.* Karikatur aus den Fliegenden Blättern 1848. Tiroler Weihnachtskrippe. 1750, *S. 43.* Frankfurter Wochenstube des 16. Jahrhunderts. Holzschnitt von dem Meister der Egenolffschen Offizin, *S. 17.* Zinnsoldaten. 1808 (Scherenschnitt), *S. 202.*

Mallitsch, Ferdinand (1820-1900): Dorfschulklasse, *S. 179.* Bildarchiv der Österreichischen Nationalbibliothek.
Mantegna, Andrea (1431-1506): Darbringung Christi im Tempel, *S. 42.* Foto Marburg.
Marstrand, Wilhelm (1810-1873): Kinder mit Kegelspiel, *S. 218.*
Meckenem, Israhel van (2. Hälfte des 15. Jahrhunderts): Niederdeutsche Wochenstube. 15. Jahrhundert, *S. 46.* Staatliche Museen Preußischer Kulturbesitz, Kupferstichkabinett, Berlin-Dahlem.
Meister, süddeutsch: Familienbild. 1570, *S. 56.*
Meister, deutscher, von 1588: Susanne Völcker, *S. 61.* Foto Marburg.
Menzel, Adolph (1815-1905): Kind im Spielzimmer, *S. 10.* Kunsthalle Bremen. Die entschwundene Kinderfrau, *S. 111.* Mutter wäscht ihr Kind. 1864, *S. 141.* Foto Marburg. Knabe am Schreibtisch. 1846/47, *S. 142.* Staatliche Museen Preußischer Kulturbesitz, Nationalgalerie, Berlin 30.
Metsu, Gabriel (1629-1667): Knabe mit Papagei. (Ausschnitt aus dem Familienbild des Kaufmanns Geelvink), *S. 39.* Foto Marburg.
Mettenleiter, Johann Michael (1765-1853): Die Preisverteilung (Schulszene), *S. 22.*
Meyer, Conrad (1618-1680): Spiel mit der Schweinsblase, *S. 76.* Kinderspiele im Freien, *S. 81.*
Meyerheim, Eduard (1808-1879): Bauernkind im Hemdchen. 1858, *S. 173.* Foto Marburg. Großmutter und Enkelin, *S. 180.* Museum der bildenden Künste zu Leipzig.
Molenaer, Jan Mieuse (1610-1668): Der Geruch, *S. 28.*

Monet, Claude (1840-1926): Frühstückszene, *S. 145.* Foto Marburg.
Moreelse, Paulus (1571-1638): Bildnis eines Mädchens, *S. 21.* Foto Ann Münchow, Aachen.
Mosler, Dominik (1822-1880): Bildnis J. J. G. C. v... Holzhause, *S. 106.* Foto Marburg.
Müller, H. F.: Der Spaziergang mit der Puppe. 1815, *S. 198.* Historisches Museum der Stadt Wien.

Neuhuys, Albert (1844-1914): Bäuerin beim Buttern, *S. 97.* Foto Marburg.

Olis, Jan (um 1610-nach 1655): Familienbildnis, *S. 58.* Foto Marburg.
Ostade, Adriaen van (1610-1685): Familienglück, *S. 41.* Foto Marburg. Frau mit Kind im Ammenkorb, *S. 45.* Bauerninterieur mit Kindern, *S. 68.*

Pantoja de la Cruz, Juan (1551-1608): Bildnis eines Kindes, *S. 79.* Bruckmann, München.
Perronneau, Jean-Baptiste (1715-1783): Mädchen mit Katze, *S. 63.*
Pesne, Antoine (1683-1757): Friedrich der Große als Kind mit seiner Schwester Wilhelmine, *S. 67.*
Petrarcameister, 16. Jahrhundert: Findelhaus im Walde, *S. 25.* Vom kläglichen Tod eines Kindes, *S. 26.* Bürgerkind, *S. 38.* Familienstube, *S. 50.* Barmherzigkeit vor der Kirche, *S. 86.* Walter Scheidig: Die Holzschnitte des Petrarcameisters zu Petrarcas Werk »Von der Artzney bayder Glück des guten und widerwärtigen« Augsburg 1532. Berlin 1955.
Picasso, Pablo (1881-1973): Kind mit Taube. 1901, *S. 15.*
Pletsch, Oskar (1830-1888): Die Kinderstube, *S. 153.*

Raabe, Josef Karl J. (1780-1846): Die Kinder des Malers Carl Gustav Carus, *S. 112.* Westfälisches Landesmuseum für Kunst- und Kulturgeschichte Münster.
Ranftl, Johann Matthias (1805-1854): Kinder. 1837, *S. 238.* Bildarchiv der Österreichischen Nationalbibliothek. Bauernkinder aus Salzburg, *S. 240.* Bildarchiv der Österreichischen Nationalbibliothek.
Ravesteyn, Jan van (1572-1657): Knabe mit Papagei, *S. 34.* Bruckmann, München.
Rayski, Ferdinand von (1806-1890): Kinderbildnis. 1860, *S. 106.* Staatliche Kunstsammlungen Dresden. Gemädegalerie Alte Meister. Kinder des Freiherrn von Bechtolsheim. 1838, *S. 107.*
R. H. Herr Hinzelmann in der Kinderstube, *S. 140.* Kunstmuseum der Stadt Düsseldorf.
Reinicke, René (1860-1926): Erste Tanzstunde mit Herren, *S. 189.*
Rembrandt (1606-1669): Die Bettler an der Haustür. 1648, *S. 14.* Der ungezogene Knabe, *S. 30.* Staatliche Museen Preußischer Kulturbesitz, Kupferstichkabinett Berlin-Dahlem. Alte Frau mit Kind im Ammenkorb, *S. 45.*
Renoir, Auguste (1841-1919): Mesdemoiselles Cahen. 1881, *S. 125.* Der Nachmittag der Kinder in Vargemont. 1884, *S. 146.*
Reznicek, Ferdinand von (1868-1909): Das vornehme Kind, *S. 123.* In: Simplicissimus 7, 1902, S. 236.
Riepenhausen, Franz (1786-1831): Allegorie der Kindererziehung, *S. 149.* Kunsthalle Bremen.
Rubens, Peter Paul (1577-1640): Kinderbild, *S. 37.* Bildnis eines Kindes mit einem Vogel, *S. 77.* Foto Marburg. Die Söhne Albert und Nikolaus mit dem Vogelspiel. 1626, *S. 78.*
Rumpf, Philipp (1821-1896): Kind im Stühlchen. 1867, *S. 149.* Foto Marburg.
Ryckaert, David (1612-1661): Wirtshausszene, *S. 41.* Foto Marburg.

Saftleven, Cornelis (1607-1681): 2 Knaben mit Rummelpot und Schellen, *S. 80.* Staatliche Museen Preußischer Kulturbesitz, Kupferstichkabinett Berlin-Dahlem.
Schäfer, Karl (1888-?): Jörg. 1926, *S. 114.* Foto Marburg.
Schoelck, A. E.: Großvater und Enkel, *S. 172.* Foto Marburg.
Scholderer, Otto (1834-1902): Knabenbildnis Carl Fr. Stickel, *S. 116.* Foto Marburg.
Schwind, Moritz von (1804-1871): Kinder-Belustigungen. 1827, *S. 222.* Historisches Museum der Stadt Wien. Kinder-Belustigungen. 1827, *S. 223.* Historisches Museum der Stadt Wien.
Seekatz, Johann Konrad (1719-1768): Bettelknaben beim Kartenspiel, *S. 22.* Foto Marburg.
Schoppe, Julius (1795-1868): Zwei Kinder auf der Gartenbank, *S. 115.* Berlin Museum.
Seisenegger, Jakob (1505-1567): Bildnis des Maximilian von Österreich als Kind. 1530, *S. 23.* Bruckmann, München. Erzherzogin Eleonora im 2. Lebensjahre, *S. 23.* Bruckmann, München.
Siebelist, Arthur (1870-1945): Bei der Schularbeit, *S. 183.* Hamburger Kunsthalle.

Simmel, Paul (1887-1910): Drachensteigen. 1925, *S. 226.*
Skarbina, Franz (1849-1910): Berliner Kinder mit Schneemann. 1910, *S. 227.* Berlin Museum.
Sluyters, Jan C. B. (1881-1957): Kinderschlafzimmer. 1910, *S. 147.* Foto Marburg.
Staniland, Charles Joseph (1838-?): Spielzimmer. 1890, *S. 203.*
Steen, Jan (1626-1679): Die Kindtaufe (Ausschnitt), *S. 16.* Foto Marburg. Bauernfamilie, *S. 27.* Verkehrte Welt, *S. 50.* Kunsthistorisches Museum, Stadt Wien. Abendgesellschaft, *S. 82/83.* Historisches Museum der Stadt Wien.
Ströhling, Peter Eduard (1768-1826): Bildnis des Joh. B. Rittershausen mit seinem ältesten Sohn Gottfried Konrad. Frankfurt/M. 1791, *S. 19.* Foto Marburg.

Teniers, David d. J. (1610-1690): Bauernjungen, *S. 64.* Kunsthistorisches Museum, Wien.

Thoma, Hans (1839-1924): Mädchenbildnis. Ella mit Strohhut. 1888, *S. 122.* Staatliche Museen Preußischer Kulturbesitz, Nationalgalerie Berlin 30.
Tischbein, Johann Heinrich (1722-1789): Zweijähriger aristokratischer Knabe. 1744, *S. 33.* Foto Marburg. Der junge Karl August von Weimar, *S. 59.* Foto Marburg.
Tischbein, Carl (1797-1855): Caroline du Fey, *S. 127.* Foto Marburg.
Tischbein, Heinrich Jakob (1760-1804): Joh. Justus von Holzhausen und seine Schwester, *S. 100.* Foto Marburg.
Toorenvliet, Jacob (um 1641-1719): Die kranke Frau, *S. 70.* Foto Marburg.

Uhde, Fritz von (1848-1911): Die Wäscherin. 1893, *S. 92.* Foto Marburg. Drei Bauernkinder, *S. 96.* Foto Marburg. Der Leierkastenmann. Um 1900, *S. 177.* Foto Marburg. 2 Mädchen beim Schularbeitenmachen, *S. 262.* Foto Marburg.
Umbach, Jonas (1624-1693): Kinder im Hühnerhof, *S. 40.* Nordiska museet.

Velazquez, D. (1599-1660): Die kleine Infantin, *S. 61.*
Venne, Adriaen van de (1589-1662): Bettlerfamilie am Feuer, *S. 86.* Foto Marburg.
Victors, Jan (1620-1676): Der Quacksalber, *S. 65.* Foto Marburg.
Vogel, Christian Leberecht (1759-1816): Kinderbild, *S. 221.* Foto Marburg.
Voltz, Johann Michael (1784-1858): Kinderstube um 1825, *S. 138.* Kinderschlafstube um 1825, *S. 153.*
Vos, Cornelis de (um 1585-1651): Familie von Hutten, *S. 28.* Bayerische Staatsgemäldesammlungen München. Kind im Stühlchen, *S. 51.* Städel, Frankfurt/M. Die Töchter des Malers, *S. 35.* Bruckmann, München.
Votivbild: Madonna mit Votantenfamilie mit 8 gestorbenen Kindern. 1775, *S. 18.* Österreichisches Museum für Volkskunde, Wien.

Wagner, Erdmann (1842-1917): Der Abschiedskuß, *S. 140.* Aus der Gartenlaube, um 1895.
Werner, Anton von (1843-1915): Postminister Stephan als Taufpate, *S. 124.* Bundespostmuseum Frankfurt/M.
Wilkie, David (1785-1841): Der Raufbold, *S. 229.*

Ykens, Pieter (1648-1695): Familienbild, *S. 26/27.* Foto Marburg.

Zille, Heinrich (1858-1929): Kinder aus Berlin W und Berlin N, *S. 161.* Eingesegnet. 1905, *S. 186.* Seilspringen. 1920, *S. 256.* Hopse spielen. 1920, *S. 259.*

Alle Bilder ohne Quellenangabe stammen aus der Sammlung der Verfasserin.

**Personenregister**

Acland, Eleanor 118
Agnelli, Susanna 130
Alt, Robert 24
Andersen, Hans Christian 202
Andritzky, Michael 264
Ariès, Philippe 9, 12, 13, 24, 26, 28, 30, 34, 35, 42, 47, 54, 55, 58, 66, 82, 84, 108, 132, 232
Arndt, Ernst Moritz 59, 81
Arnim, Bettina von 162, 163

Baader, Ulrich 82
Bachmann, Manfred 84, 85, 192, 208
Basedow, Johann B. 127
Bayer, Lydia 192
Bayreuth, Friederike Sophie Wilhelmine Markgräfin von 62, 66
Beauvoir, Simone de 136, 154, 198
Bebel, August 92, 157
Bechtel, Heinrich 97
Behler, Wolfgang 13
Bernhard, Annegret 156
Bertuch, Friedrich Justin 103
Bismarck, Hedwig von 114, 121, 152
Blaich, Ute 254
Blank, Richard 166, 167
Bleuel, Hans Peter 162, 254
Bleyle, Wilhelm 128
Blömer, Elke 156, 163, 164
Bodelschwingh, Friedrich von 114, 152, 153, 201, 205
Bodenstedt, Friedrich von 142
Boesch, Hans 24, 29, 45, 46, 55, 57, 66, 74, 82, 84, 85, 88
Borneman, Ernest 255
Bräker, Ulrich 9, 65, 69, 73, 74, 75, 80
Brando, Marlon 248
Brandt, Willy 131
Bringemeier, Martha 100, 103, 174, 250
Bruegel d. Ä., Jan 47, 48, 49, 69
Bruegel d. Ä., Pieter 40, 45, 64, 82
Buck, Anne 35, 38, 39, 42, 47, 57, 61, 112, 113, 115, 116, 118, 124, 125, 127, 132, 137, 155, 176
Buddenbrook, Hanno 130
Büchsel, Carl 96
Bunsen, Marie von 9, 110, 121, 122, 123
Burnett, Hodgson 118

Campe, Friedrich 85
Canetti, Elias 147
Carossa, Hans 133, 134
Caulfield, Ernest 45
Chardin, Jean-Baptiste Siméon 37
Chodowiecki, Daniel 37, 47, 80
Corti, Egon Caesar Conte 107
Cranach, Lucas 76
Crompton, Samuel George 72
Cunnington, Phillis 35, 38, 39, 42, 47, 57, 61, 112, 113, 115, 116, 118, 124, 125, 127, 132, 137, 155, 176

Davidis, Henriette 206
Dean, James 248
Devrient, Therese 223
Dickens, Charles 113, 159
Dietz, Meister Johann 83
Dittrich, Ursula 67
Doré, Gustave 124
Doucet, Friedrich W. 34
Drews, Jörg 219
Dürer, Albrecht 24, 33
Dyck, Anthonis van 32

Eberty, Felix 139
Ebner-Eschenbach, Marie von 95, 106, 179
Eckert, Georg 168
Eilers, Gerd 182
Elias, Norbert 17, 66
Elschenbroich, Donata 218
Emmerich, Wolfgang 156
Enzensberger, Hans Magnus 156
Erasmus 30
Erbach-Schönberg, Marie Fürstin zu 111, 120, 160
Erich, Oswald A. 192
Erikson, Erik H. 83
Erman, Adolf 142
Ertl, Josef 242
Erzherzog Johann 240
Escherich, E. 71

Feuerbach, Anselm 224
Fiedler, Alfred 38, 49
Fischer, Wolfram 156
Flemming, Willi 25
Fontane, Theodor 90, 121, 128, 143, 224
Frank, Johann Peter 26
Franz Joseph I., Kaiser 107
Freud, Sigmund 13
Freytag, Gustav 224
Friedrich der Große 106
Friedrich Wilhelm I. 108
Fritzsch, Karl-Ewald 192, 209
Frommel, Emil 117, 191, 224

Gamm, Hans-Jochen 235
Geering, Agnes 54
Geist, Hans Friedrich 192
Gerok, Karl von 186, 240
Gert, Valeska 147
Glaeser, Ernst 128
Göhre, Paul 158, 168
Göring, Hermann 241
Goethe, Johann Wolfgang von 9, 23, 24, 59, 102, 103, 202
Goldschmit-Jentner, Rudolf K. 147, 224, 226
Goos, Berend 141, 227
Gray, Ursula 56, 82, 87
Grillparzer, Franz 68
Gröber, Karl 192, 195, 216, 218
Grohmann, Christoph 24

Groß, Esther 24
Gutzkow, Karl 9

Hävernick, Walter 129, 130, 131
Hain, Mathilde 174
Hals, Frans 33
Hamann, Richard 139
Hampe, Theodor 203
Hardach, Gerd 55, 70, 86, 106
Hartmann von Aue 54
Hausen, Karin 271
Hebbel, Friedrich 9, 10
Helm, Clementine 188
Helm, Rudolf 174
Hensel, Daniel 71
Herdan-Zuckmayer, Alice 124, 149, 150, 154, 161
Heroard 66
Herodes 14
Hetzer, Hildegard 168
Hills, Jeanette 82
Hindenburg, Paul von 109
Hitler, Adolf 235, 241
Hoffmann, Heinrich 212, 214, 215
Hofmann, Ernst 164
Hogarth, William 47
Holbein d. J., Hans 30
Hoppe, Ruth 156
Hosemann, Theodor 157
Hottenroth, Friedrich 174
Huizinga, Johan 33, 83
Hunnius, Monika 197, 217

Innerhofer, Franz 264, 265

Jesuskind 40
Jung-Stilling, Johann Heinrich 9

Kästner, Erich 9, 135, 156, 194
Kaschnitz, Marie Luise 148
Kaufmann, Heiko 216, 253
Keil, Wilhelm 159, 169, 187
Keller, Gottfried 95
Kerner, Justinus 186, 226
Key, Ellen 148
Kimpel, Harald 245
Klöden, Karl Friedrich von 82, 88, 222, 223
Knapp, Georg Friedrich 166
Köllmann, Wolfgang 93
Koenig, Heinrich 56, 60, 80
König, René 14, 20, 23, 135, 234
Koeppen, Wolfgang 136
Kretschmer, Albert 174
Krille, Otto 177, 178, 183
Kruse, Käthe 215, 216
Kulischer, Joseph 26, 72
Kunze, Horst 198
Kurella, Alfred 164, 165
Kurz, Isolde 120, 122, 147
Kuszynski, Jürgen 72, 156, 160, 211

# Personenregister

Lagerlöf, Selma 150, 151
Laqueur, Walter Z. 136, 137
Larsson, Carl 146
Lehmann, Bernd 263
Lehmann, Otto 193
Leinburg, Gottfried von 226
Levenstein, Adolf 181
Lichnowsky, Mechtilde von 111, 131
Lienhard, Friedrich 174
Lindström, Ulla 36
Liselotte von der Pfalz 18, 25, 28, 30, 43, 56, 57, 70
Locke, John 60, 67, 127
Ludwig XIII. 66
Ludwig XIV. 22, 28
Lücking, Wolf 174
Lühr, Dora 127
Luther, Martin 17

Mann, Katia 130
Mann, Klaus 128
Mann, Thomas 130, 155
Mann, Viktor 131, 160, 228, 229
Marcuse, Herbert 222
Maschmann, Melita 235
Mause, Lloyd de 14, 42, 43, 44, 49
McLuhan, Marshall 245
Menzel, Adolph von 10
Merle, Ursula 234
Metzger, Juliane 192, 195, 216, 218
Meyer, Conrad 76, 80, 82
Miller, Alice 198
Möller, Helmut 67, 68
Mohr, Wolfgang 257, 258

Nedo, Paul 174
Nicolai, Friedrich 141
Nienholdt, Eva 20, 174
Niethammer, Lutz 264
Nolde, Emil 170, 172, 178

Oberfeld, Charlotte 91
Ostade, Adriaen van 45, 69

Parthey, Gustav 109, 141
Passarge, Ludwig 176
Peesch, Reinhard 255 ff.
Pestalozzi, Johann H. 157
Petrarcameister 38, 51
Pfeil, Elisabeth 93
Pfister, Albert 133, 144, 186, 224
Picasso, Pablo 16
Pieske, Christa 45
Pinon, Roger 42, 76, 114
Planck, Ulrich 95
Platter, Felix 24, 57
Plenzdorf, Ulrich 246
Plessen, Elisabeth 256
Popp, Adelheid 9, 158, 166, 167, 168
Prang, Tolke 245
Prince of Wales 127
Prinz Edward 30, 127

Probst, Johann Gotthilf August 71
Procházka, Jan 253
Pross, Helge 260
Purrucker, Barbara 28, 29, 32, 33, 64, 115
Putlitz, Gustav Heinrich G., E. zu 107, 108, 110

Rattelmüller, Paul Ernst 174, 239
Ratzel, Friedrich 146
Rehbein, Franz 165, 181
Reuter, Gabriele 145, 198
Rhoden, Emmy von 91
Richter, Ludwig 76
Riehl, Wilhelm Heinrich 96
Riese, Adam 71
Ringelband, Olaf 245
Rousseau, Jean-Jacques 100, 103, 127
Rubens, Peter Paul 36
Rudorff, Margarethe 263
Rübberdt, Rudolf 72
Rühle, Otto 156, 160, 162, 167, 168, 206
Rüssel, Arnulf 76, 223
Rumpf, Fritz 192
Rumpf, Karl 174

Salzmann, Christian Gotthilf 52, 53, 61, 67, 127
Sartre, Jean-Paul 157
Sax, Emanuel 211, 212
Schad, Johann Baptist 19, 75
Schaedler, Karl 239
Schäfer, Carl 67
Schiller, Friedrich von 127
Schirach, Baldur von 232
Schleich, Carl Ludwig 200, 225
Schmid, Christoph von 18
Schmidt, Leopold 132
Schnapper-Arndt, Gottlieb 94
Schneider, Lothar 165
Schumacher, Tony 10, 108, 144, 152, 153, 182, 188, 197, 221, 227, 228
Schurz, Carl 156, 173, 223
Schweitzer, Albert 183, 184
Seidelmann, Karl 136
Sert, Misia 188
Shakespeare, William 32
Shorter, Edward 139
Simmel, Georg 87
Steen, Jan 37, 51
Steiff, Margarete 216
Stella, Jacques 80
Stephan, G. 36, 44, 59, 62
Stifter, Adalbert 139
Storm, Theodor 226
Strauss, Levi 244, 245
Strobach, Hermann 86

Teuteberg, Hans Jürgen 156
Thiede, Paula 212
Thiessen, Johannes 145
Thoma, Ludwig 187
Tucker, M. J. 18, 41, 42, 44, 47, 70, 82

Turek, Ludwig 161, 166
Tyrell, Hartmann 14

Umbach, Jonas 40
Uttmann, Barbara 71

Vanja, Conrad 96
Varnhagen von Ense, Karl August 102, 169, 219
Velázquez, Diego 61
Virchow, Rudolf 94
Voigt-Diederichs, Helene 146, 154, 252
Voltz, Johann Michael 138, 139, 140

Ward, Colin 254
Warnke, Martin 34
Weber, Marianne 132, 189, 190
Weber-Kellermann, Ingeborg 14, 45, 73, 90, 91, 93, 95, 138, 174, 196, 208, 232, 238
Wehrhan, Karl 81
Weinsberg, Hermann von 57
Weyns, Jozef 45
Wiese, Leopold von 212
Wilckens, Leonie von 193
Wilhelm II. 128
Wimmer, Maria 133, 249, 250, 251, 261, 267, 269
Winter, Heinrich 67
Winter, Max 158, 160, 168
Winterhalter, Franz Xaver 127
Witter, Ben 247
Wolf, Christa 235
Wolfgruber, Gernot 267

Zetkin, Clara 92
Žicina, Milka 180
Zille, Heinrich 114, 136, 161, 186, 256, 259
Zuckmayer, Carl 9, 128

# Sachregister

Abzählreime 254 f., 271
Agrarromantik 180 f., 212 f.
Almosentasche 21, 39, 86
Alterstreppe 12
Amme 33, 44 f., 155
Ammenkorb 45 f.
Anstandsregeln 188 ff.
Anziehpuppe 84, 105
Arbeiter 91 ff.
Arbeiterfamilie, s. Familie
Arbeitskleidung 20 ff., 127
Arche Noah 214 f.
Aristokratenfamilie, s. Familie
Armut 14 f., 73, 86-88, 159 f., 162 ff., 177 ff., 186

Babyfarben 112
BDM 233 ff.
Begräbnis-Spielen 224 f.
Bettelwesen 86-88, 159
Biedermeier 90 f., 100, 105, 115, 138 f.
Bilderbogen 12 f., 101, 219-221
Bildquellen 26, 66
Blechspielzeug 200 f.
Blinde Kuh 80 f., 223
Bourgeoisie 90 f., 140
Bubikopf 102, 125
Bürgerfamilie, s. Familie

Dampfmaschine 200
Dekolleté 33, 62 f.
Diebstahl 88
Dienstboten 90, 96, 168
Dirndl 241
Dockenmacher, s. Puppenmacher
Drachensteigen 76, 81 f., 222, 224-226
Dreschmaschine 97 f.

Ehrenjungfrau 54
Eisenbahn 200
Ende der Kindheit 55, 186-191
Erste Hose 32, 57 f., 113 f.
Erste lange Hose 188
Erzieherin 66, 111
Etikette 22, 66, 106, 110, 187 f., 190

Fallhut 36 f., 38, 40, 50-52
Familie 14 f., 54, 56, 71, 72 f., 90-99, 106, 139, 156, 182, 238, 260 ff., 264, 267 f.
Familienalbum 120, 268
Faschismus 130, 231-235, 238, 241
Fatschenkind 42 f.
Findelkinder 24, 87, 207
Fischbeinmieder s. Schnürleib
Frauenarbeit auf dem Lande 49, 93 f., 97
Frauenbewegung 91, 102
Fußball 255 ff.

Gängelband 34 f., 40, 52, 58
Gänsespiel 218

Gätterei 81
Geburt 17, 96 f., 132
Gehschule 49-51, 53, 148, 174
Gesellschaftsspiele 218 f.
Glücksspiel 88
Gouvernante, s. Erzieherin
Gründerzeit 91, 100, 118-124, 139 f., 147, 167
Gummitwist 254, 258 f.

Haarschleife 249
Hängeärmel 21, 34 f.
Hängesitze für Kinder 49
Hätschelalter 13, 26, 28-53, 95, 112-114, 173-176
Handwerk 71
Hausfrau 139 f.
Haushaltsfamilie 16 ff., 54, 67, 90, 95 f., 98 f.
Hausschneiderin 120
Hausvater, s. Patriarchalismus
Heimarbeit 71, 73, 94, 111, 208 ff.
Heiratsregeln 95 f.
Hemd, -kleid 20 f., 22, 40, 48, 64, 100, 173
Hierarchie 96, 133 ff., 156 f., 173, 266 f.
Himmelbett 67
Hitlerjugend 232 ff.
Hochzeit-Spielen 80, 82, 224
Hofkleidung 22
Hopse, s. Hüpfspiele
Hüpfspiele 224, 255 f., 259
Hütekinder 74 f., 172, 183, 265
Hygiene 26, 28 f., 30, 44, 46, 141, 216

Industrialisierung 90

Jeans 244-247, 250 f.
Jugendbewegung, s. Wandervogel
Justaucorps 22, 33, 58

Kadettenanstalt 71, 106, 108 f., 235
Käthe-Kruse-Puppen 155, 215 f.
Kaiserfamilie als Vorbild 128
Katzentisch 152
Kegeljunge 72
Kegelspiel 108 f., 218
Kinderarbeit 15, 70-75, 111, 156, 168 f., 170 ff., 180 f., 192, 206, 264 f.
Kinderbett 140 f., 144, 147, 152-155, 162-165, 180, 211
Kinderehe 55
Kinderkleidung 23 f., 26-41, 57-65, 79, 88, 100-106, 112-137, 156-161, 173-180, 183 f., 186 f., 239-252
Kindermädchen 47, 52, 57, 111, 123, 140, 155
Kindermöbel 66, 138 f., 141, 143, 150 f., 263
Kinderstube 85, 138-155, 261-264
Kinderstuhl 48, 50-52, 149-151
Kindertrachten 94, 116 f., 174-176
Kinderuniform 109 f., 117, 131, 232-235

Kinderwagen 66, 155
Kittelanzug 113, 116, 125
Klassencharakter von Kinderkleidung 129, 131, 135
Kleiderordnungen 21, 38
Kleinfamilie 17, 90 ff.
Klicker, s. Murmeln
Klöppeln 71
Knaben in Röcken 28 ff., 39, 52, 112 f.
Knabenspielzeug 199-205
Knickerbocker 125, 127
Kniestrümpfe 123, 235
Kommunionskleidung 186 f.
Konfektion 105, 120, 125
Konfirmationskleidung 159, 186 f.
Kopfbedeckungen, s. Kinderkleidung
Koralle 29, 79
Korsett, s. Schnürleib
Kostümgeschichte 20-22
Kreisel 76, 80 f., 82, 223 f.
Kriegsspiel 194, 201, 216, 218, 224, 253
Krinoline 21 f., 61, 100, 120, 122
Kröse 20
Kurze Kinderkleidung, Hosen 161 f., 179 f., 235

Lätzchen 30 f.
Landarbeiter 93 f.
Landfamilie, s. Familie
Lederhose 239-243
Legenden 56, 87
Lehrlinge 157-159, 168 f., 187, 266 f.
Lernalter 13, 26, 54-69, 107 f., 115-125, 182-185
Lotto 218

Mädchenbuch 91, 205
Magie 15 f., 79
Marienbildnisse 14, 33
Matrosenkleidung 105, 113, 126-131, 133
Memoiren 26, 120, 140, 229
Mietskasernen 93, 164 ff.
Mietwohnung 67
Mode 20, 84, 100-105, 127 f., 250
Modejournale 33, 84, 102 ff.
Mühlsteinkrause 20
Murmeln 80, 82, 222, 224, 256-258
Musterbücher 210

Nationalsozialismus, s. Faschismus
Nußknacker 214

Pagenwesen 66, 70
Pate, Patenpfennig 84, 114
Patriarchalismus 17 ff., 90, 106 ff., 238, 260
Puppe 43, 84 f., 138, 193-199, 215 f., 256
Puppenhaus 55, 84 f., 193, 195 f.
Puppenmacher 84, 210 f.

Räuber und Prinzessin 256
Reformkleidung 102, 124 f.

Reifenschlagen 224
Reifentiere 209
Reiterspiel 223
Ritterburg 201
Röhrenhose 22, 100, 116, 127, 235
Rollenverteilung, -fixierung 29, 71, 85, 94 f., 112, 133, 194–202, 250, 267 ff.
Rummelpott 80

Säuglingssterblichkeit 10, 18, 24 ff., 43, 44 f.
Saisonspiele 82
Samtmantel 120 f.
Sans-Culottes 22, 100
Schaukelpferd 203 f.
Schlafgänger 165, 167
Schlittenfahren 83, 227
Schlüsselschießen 224
Schnürleib 33, 39, 60 ff., 100, 102, 118
Schülermütze 129, 132 f., 136
Schülerpult 263
Schürze 30 f., 38, 64, 132
Schuhe 87 f., 120 f., 160, 163, 178 f., 251
Schule, Schularbeiten 67, 73 f., 81, 129, 161, 183, 242, 261 f., 267 ff.
Schulkleidung 132 ff., 160 f., 184 f., 235, 242
Schulmappe 129, 133
Schultüte 132 f., 242, 263
Schweinsblase als Spielzeug 76
Sexualität 14, 66, 255
Skeleton 100, 104, 113, 116, 127
Smoketechnik 124 f.
Sonntagsstaat 159 f., 248 ff., 252
Spiel 66, 76-83, 160, 218-229, 251, 253 ff.
Spielgruppe 228 f.
Spielplätze 81 f., 139, 238, 254 f., 271
Spielzeug 76 ff., 84 f., 138 f., 143, 192-217
Spielzeugherstellung 208-216
Spielzeugpistole 253 f.
Spinnarbeit 71 f., 74, 169
Spitzen 20, 33, 71, 124
Stände 12 f., 17, 21, 23, 33, 38, 48 f., 57, 62, 83, 86 f., 135, 189, 192, 251, 267
Ständerbau 66 f.
Stammhalter 41
Steckenpferd 76, 80 f., 84 f., 204
Steinbaukasten 204 f.
Storchentüte 132 f.
Strafen 52, 56, 66, 111
Straßenspiel, s. Spiel
Studentenbewegung 238, 245
Studentenkleidung 136

T-Shirt 247 f., 252
Tanzstunde 187-191
Taufe 15 f., 124
Teddybär 216 f.
Topfschlagen 81
Tournure 100
Tracht 94 f., 100, 102, 116 f., 239 ff.
Tragekleidchen 112 f.

Trainingsanzug 137, 250
Triesel, s. Kreisel
Trommel 85, 194, 204, 232
Türkenhosen 102, 115
Turnkleidung 136 f., 235

Unschuld 14 ff., 28, 54
Unterwäsche 57 f., 112 f., 118

van-Dyck-Kragen 118
Verkleiden 190, 248
Vogel 34
Vogelspiel 77-79, 81

Wadenstrümpfe 123 f.
Wäschehöschen, lange 115 f.
Wanderkleidung 136 f., 235
Wandervogel 136, 161, 235
Wandschmuck 141
Weihnachtsbescherung 193 f., 206, 208
Weiß (Farbe der Kleidung) 16, 54, 112, 115, 121 ff., 124 f., 155, 161, 241, 252
Werther-Kleidung 100, 103
Wettbewerbsspiele 80, 218 f.
Wiege 47, 48, 66, 173 f., 180 f.
Windrädchen 80 f.
Wohnen 27, 47-53, 66-69, 90 ff., 99, 138-155, 156, 162-169, 180 f., 261

Zeck 223
Ziegenfuhrwerk 79, 226 f.
Zinnsoldaten 202 f.
Zopffrisur 59, 100, 127

**Die Familie**
Geschichte, Geschichten und Bilder
von Ingeborg Weber-Kellermann
348 Seiten. Mit 375 zum Teil
farbigen Abbildungen

»*Die Familie* ist in dieser Auswahl und Deutung kein deutscher Hausschatz und doch ein Lese- und Anschauungsbuch für die ganze Familie. Der Text ist spannend, er mag erregen, er belehrt über vieles, was man zu wissen glaubte und nicht kannte, er läßt mich das Familienleben neu achten, wo es tapfer ist, Leid ertragend, schwer, aufopfernd, selbstlos, gütig, wie der Mensch sein sollte und nicht ist, und die Wörter lassen schaudern in den Beschreibungen des Familienegoismus, der Kinderhölle. *Die Familie* ist ein schönes, ein erbauliches, aufklärendes, unterhaltsames, erschreckendes, nützliches Buch, eine sehr zu empfehlende Lektüre für Väter, Mütter, heranwachsende Kinder. Alleingelassene wird das Familienalbum fröhlich oder traurig stimmen.« So schreibt Wolfgang Koeppen in der *Frankfurter Allgemeinen Zeitung*.

Ingeborg Weber-Kellermann, die Verfasserin des Buchs *Die deutsche Familie*, hat, von dieser Untersuchung ausgehend, das reizvolle und anreizende Thema der deutschen Familie neu und mit einer Unmenge von historischen Bild- und Textbelegen dargestellt. In sechs großen Kapiteln ist der Stoff geschichtlich geordnet, mit volkskundlichen Exkursen veranschaulicht und mit mehr als 300, zum Teil farbigen Bildern ausgestattet, die – ebenso wie die beigegebenen Texte – eine zeitgenössische Authentizität vermitteln. Doch sollen weder die historischen Bilder die Geschichten illustrieren, noch die historischen Texte die Bilder interpretieren. Vielmehr erbrachte die ausgedehnte Suche nach stimmigen Quellen das Phänomen kultur- und sozialgeschichtlicher Gleichzeitigkeit. Denn die Art und Weise, in der die Künstler der verschiedenen Epochen »Familie« dargestellt haben, ist nicht austauschbar; mehr als Haartracht und Kostüm unterscheidet die gemalten Familien. Was den heutigen Betrachter schön, erhebend, rührend, ergreifend oder auch komisch anmutet, überzeugte zu seiner Zeit meist als »richtig« und »wahr« und entsprach dem inneren Verständnis derjenigen, die sich so darstellen ließen, so dargestellt wurden und so darstellten. Das ist zumindest eine mögliche Betrachtungsweise, die zu sozialhistorischer Einordnung führt, und darum geht es in diesem Buch. Durch Anschauung möchte es Eindrücke über die geschichtliche Wirklichkeit der deutschen Familie vermitteln in ihren gesellschaftlichen Wandlungsprozessen.

Fast jeder hat Familie erlebt. Die Erinnerung an ihre stützende und verläßliche Funktion in Notzeiten, an die Geborgenheit der Kinderzeit begleitet den Menschen durch sein Leben – und damit die emotional durchwärmte Überzeugung, daß in der Eltern–Kind-Beziehung ein Hort des Friedens und der Harmonie bestünde, der unangetastet von allen äußeren sozialen Bewegungen als fester Kern der Gesellschaft durch alle Zeiten beharre. Die Verfasserin betont demgegenüber den *geschichtlichen* Zusammenhang und stellt dar, daß die Familie vor allem eine historisch bestimmte Sozialform ist.